A COMPARATIVE STUDY OF EU GUARANTEE SYSTEMS

欧盟担保制度比较研究

辜江南／著

法律出版社
LAW PRESS·CHINA
北京

图书在版编目(CIP)数据

欧盟担保制度比较研究 / 辜江南著. -- 北京 : 法律出版社, 2024
ISBN 978-7-5197-8946-6

Ⅰ. ①欧… Ⅱ. ①辜… Ⅲ. ①担保制度-对比研究-中国、欧洲 Ⅳ. ①D923.34②D950.33

中国国家版本馆CIP数据核字(2024)第054443号

欧盟担保制度比较研究
OUMENG DANBAO ZHIDU BIJIAO YANJIU

辜江南 著

策划编辑 邢艳萍
责任编辑 邢艳萍
装帧设计 贾丹丹

出版发行 法律出版社
编辑统筹 法律应用出版分社
责任校对 朱海波
责任印制 刘晓伟
经　　销 新华书店

开本 710毫米×1000毫米 1/16
印张 25.5　**字数** 330千
版本 2024年1月第1版
印次 2024年1月第1次印刷
印刷 北京新生代彩印制版有限公司

地址:北京市丰台区莲花池西里7号(100073)
网址:www.lawpress.com.cn
投稿邮箱:info@lawpress.com.cn
举报盗版邮箱:jbwq@lawpress.com.cn
销售电话:010-83938349
客服电话:010-83938350
咨询电话:010-63939796

书号:ISBN 978-7-5197-8946-6　**定价**:108.00元
凡购买本社图书,如有印装错误,我社负责退换。电话:010-83938349

目　录

导　论

第一节　选题背景及研究意义

一、选题背景

本书基于《欧洲私法的原则、定义与示范规则：欧洲示范民法典草案》（Principles, Definitions and Model Rules of European Private Law: Draft Common Frame of Reference, DCFR）中的担保制度展开研究。欧盟担保制度是整合、提炼、改造欧盟成员国担保法与欧盟经济贸易发展客观要求相结合的共同结晶，是大陆法系担保法发展的最新成果，是大陆法系担保制度的集大成者。对欧盟担保制度的研究是我国“一带一路”发展战略的客观要求，是促进我国与欧盟贸易往来的必然要求。

二、研究意义

本研究的意义是促进我国法律实践中正确理解和适用欧盟担保制度，为我国《民法典》担保制度的发展和完善提供具体而详尽的立法参考建议，具体而言，有以下两个方面。

1. 全面解读欧盟担保制度，重点解读欧盟动产担保物权与我国动产担保物权不同的非典型动产担保物权、优先顺位、登记制度和实现路径，以及欧盟保证制度中的独立保证和消费者保证。

2. 全面检视我国担保制度，借鉴担保制度的最新理论成果和立法经验，提出我国担保制度完善的基本构想，重点为我国非典型担保物权、动产担保物权的优先顺位、登记制度和实现路径，以及我国独立保证和消费者保证的完善和构建提供解决之道。

第二节　国内外文献研究综述

国内外对欧盟担保制度的研究主要集中于欧盟担保、不动产担保和欧盟消费者保证等方面。

一、国内研究现状

国内关于欧盟担保制度的相关研究较少，且研究问题相对破碎，未成体系。笔者于2023年8月30日在知网以“欧盟担保”“欧洲担保”“欧盟担保法”“欧盟动产担保”“欧盟不动产担保”“欧盟留置权”“欧盟质权”“欧盟抵押权”“欧盟保留所有权交易”“欧盟最高额抵押权”“欧盟保证”“欧盟从属保证”“欧盟一般保证”“欧盟独立保证”“欧盟消费者保证”“DCFR 担保物权”等术语进行篇名检索，检索数量见表1。

表1　相关关键术语与文献数量

相关关键术语	数量合计（个）（民商法领域）
欧盟担保	2
欧洲担保	1
欧盟担保法	0

续表

相关关键术语	数量合计（个）（民商法领域）
欧盟动产担保	0
欧盟不动产担保	1
欧盟留置权	0
欧盟质权	0
欧盟抵押权	0
欧盟保留所有权交易	0
欧盟最高额抵押权	0
欧盟保证	1
欧盟从属保证	0
欧盟一般保证	0
欧盟独立保证	0
欧盟消费者保证	1
DCFR 担保物权	1

由表 1 可知，国内关于欧盟担保法律有关的研究主要集中于欧盟担保本身研究，重点研究消费者保证，对于欧盟担保具体制度的研究寥寥无几。国内学者关于欧盟担保法律的研究基本聚焦于以下内容。

1. 数字内容瑕疵担保责任

吴桂德学者主要分析了德国数字内容瑕疵担保责任，提出我国的完善之道（2020）。

2. 欧盟与美国消费品质量担保法律制度

陈建新、王慧萍、陈澍等学者主要分析了欧盟与美国消费品质量担保制度，并提出对我国的完善建议（2009）。

3. 欧盟消费者保证

笔者全面阐释了欧盟消费者保证产生的背景、理论基础、概念、要件与效力、适用范围与适用规则，并提出了我国消费者保证制度建构的基本构想（2019）。

4. DCFR 动产担保物权的优先顺位

吴俞嘉学者全面剖析了 DCFR 动产担保物权的一般优先顺位、超级优先顺位、优先顺位的持续与变动，并提出了我国动产担保物权优先顺位的完善之道（2017）。

国内研究存在以下缺陷与不足：（1）并未全面考察欧盟担保法；（2）并未全面比较分析欧盟与我国担保法的异同和不足；（3）并未从整体上全面探讨我国担保制度的不足与完善之道。

二、国外研究现状

国外关于欧盟担保法制度的相关研究主要聚焦于欧盟担保法制度条文的解读：克里斯蒂安·冯·巴尔、埃里克·克莱夫主编的《欧洲私法的原则、定义与示范规则：欧洲示范民法典草案》一书，以法条的形式解读了欧盟担保制度（2014）。

第三节　研究内容、方法及思路

一、研究内容

本书主要内容为欧盟动产担保物权制度、欧盟保证制度以及我国担保制度的完善（现代化与国际化）。

（一）欧盟动产担保物权制度

其主要内容为概念、种类、设立、生效、优先顺位、违约前规则、违约与实现、消灭等。

1. 欧盟动产担保物权的概念、种类、设立、生效、优先顺位。欧盟动产担保物权是设立在动产上的定限物权以使担保权人有权就担保财产优先受偿。其分为合同担保物权和非合同担保物权两种，前者包括一般担保物权（定限物权：质押权、物权担保合同所产生的定限物权、留置权和以担保为目的所有权移转)、保留所有权交易；后者主要为以担保为目的的信托、由单方法律行为所设立的动产担保物权(如遗嘱)和财产法中法定担保物权3种。其设立分为一般担保物权的设立、特定种类财产之上担保物权的设立、保留所有权交易的设立3种。其生效方式主要为所有有形与无形财产的登记、有形财产的占有、无形财产的控制、登记与控制结合、占有与控制结合。其中，控制生效主要为金融财产之上担保物权的生效。登记生效，颇值得镜鉴，其主要内容为登记程序与事项、访问、查询、登记、登记期间、续期、涂销、登记费用等。其优先顺位主要关涉一般优先顺位与超级优先顺位、优先顺位的持续与变动等。其中，一般优先顺位颇具特色的种类主要为无对抗效力设立在先担保物权优先于无对抗效力设立在后担保物权、担保物权优先于其他定限物权、其他定限物权优先于无对抗效力担保物权。超级优先顺位的种类较为全面，涵括所有权转移型的担保物权、保留所有权交易、因控制或占有而取得对抗效力的金融财产之上担保物权、留置权、善意取得担保物权、新产品或附合财产之上担保物权的优先顺位等。

2. 欧盟动产担保物权的违约前规则、违约与实现。其违约前规则主要为一般原则、担保财产上担保人与担保权人的权利和义务、担保物权与财产的转让等。其中，担保人的权利和义务中颇具特色的内容是已担保工业原料的加工权和赔偿责任。担保权人的权利与义务中颇具特色的内容是金融财产的处分权和法定孳息抵销权。其实现关涉其一般规则、担保物权的变现、保留所有权交易的实现等。其中，一般规则主要为实现的司法与非司法途径、损害赔偿请求权、流质契约、赎回权、连带责任、追偿权。非司法途径变现前的规则主要为担保权人占有有形财产的权利、债权人固定和保存担保财产的权利、法院介入权、担保给付请求权等。担保财产变现的非司法途径颇为完备，涵括变现方式(变卖、出租、抵偿、担保给付请求权的收款)、强制拍卖、任意拍卖或私下交易、给付请求权、收益分配、以物抵债等。

3. 欧盟动产担保物权的消灭。其主要分为一般担保物权消灭的具体情形与法律后果、所有权保留交易消灭的具体情形与法律后果两种。前者的具体情形包括当事人同意消灭、担保权人获得担保财产的所有权、担保人恢复占有担保财产、第三人善意取得担保财产所有权、担保物权的 2 年消灭时效经过后、其他规定中消灭情形（继承或混同等成同一人）、担保财产灭失 7 种。前者消灭的法律后果分为 4 类：一是一般担保物权自动消灭的，担保人享有请求放弃或解除担保的权利。二是占有型担保物权消灭后，担保权人的返还义务。三是控制金融财产型担保物权消灭的，担保权人的告知义务，担保人的处分权。四是支付请求权设定担保的，告知第三方债务人的义务。所有权保留交易消灭的具体情形有 6 种，即无担保权人获得担保财产的所有权的情形，但特有的情形为担保人取得担保财产的权利或该权利不再存在，其他 5 种消灭情形与担保物权消灭相同。所有权保留交易消灭的法律后果为出卖人等行使的权利不是担保物权；买受人等取得所提供的财产的所有权取决于约定；登记涂销请求权。

（二）欧盟保证制度

其主要涉及一般规则、欧盟从属保证、欧盟独立保证和欧盟消费者保证 4 个方面的内容。

1. 一般规则。其涵括概念、种类（从属保证、独立保证和消费者保证）、成立与生效、保证责任与权利（同时享有内部追偿权、外部追偿权和代位权）等内容。

2. 欧盟从属保证。其涉及概念、认定、特征（从属性、保证担保的范围、诉诸保证的期限）、构成要件、法律效力。其中，从属保证是指担保人为了保证债务人对债权人的现在或将来的债务而对债权人承担的债务，该债务在主债权应当履行时及应当履行的范围内履行。

其构成要件主要为债权人的通知义务、债权人权利的限制、保证人的抗辩权、保证人履行前的通知和查询义务。保证责任为约定外的连带责任。保证人的权利主要为放弃权、代位权、追偿权和优先权。

3. 欧盟独立保证。其主要涵括概念与性质、种类、功用、要件、法律效力与适用范围。独立保证种类颇具特色，分为见索即付的独立保证，定期、未定期的独立保证和备用信用证 3 种。除一般要件外，其特殊要件为主体要件即保证人是完全行为能力人；客观要件即通知义务、履行请求和保证权利的可转让性等。保证人履行责任后的特殊权利为代位权、优先权。

4. 欧盟消费者保证。其主要涵括概念与立法意图、法理依据、作用机理、构成要件、法律效力与适用范围等。欧盟消费者保证是指债务人到期未履行债务，债务人或其他第三人仍不能清偿，消费者保证人依不平等原则通常承担补充责任，但另有规定的除外。立法意图是保护弱者消费者，法律依据是不平等原则，作用机理是实现契约正义。除一般要件外，特殊要件包括保证人是消费者、债权人的先合同义务与年度通知义务、文本形式。保证责任以补充责任为原则、连带责任为例外。消费者保证依次适用消费者保证的特殊规则、适用保证的一般规定、从属保证的规定等。

（三）我国担保制度的现代化与国际化

其主要为我国动产担保权制度与保证制度的现代化与国际化。

1. 我国动产担保权制度的现代化与国际化。其通过立法完善进路和具体规则完善予以实现。其立法完善进路主要为：应与保证、优先权制度并列独立成编，其概念应为有担保的债权意义上的担保权，优先权应为特殊债权意义的优先权，二者性质为优先受偿权，二者是并列关系，应确立典型担保权和非典型担保权二分法。其具体规则完善为：我国动产担保权适用范围、设立、生效、担保责任与权利、优先顺位、担保期间的权利与义务规则、消灭情形与法律后果、违约与实现的完善，重点是完善优先顺位和登记制度。

2. 我国保证制度的现代化与国际化。我国保证制度应与时俱进以实现“保护债权人和保证人并重”的功能与“效率与公平并重”的价值。其立法完善进路主要为：与物的担保权制度并列独立成编，保证本质上是担保，被分为一般保证、独立保证和消费者保证 3 种，并启用这 3 种类型的概念。其具体规则的完善与建构主要为：首先，提炼保证制度的一般规则。其包括保证的概念、种类、保证范围、保证期间、设立、生效、保证责任、保证权利等。其次，从属保证与独立保证的完善。除整合我国保证制度中的保证范围、保证期间、追偿权和抗辩权之外，从属保证还应包括从属保证的概念、保证义务的从属性、从属保证推定、债权人的通知义务、债权人权利的限制、保证人履行前的通知和查询义务、保证人的代位权等内容。我国独立保证应为广义的概念，涵括见索即付的独立保证、定期或未定期独立保证、备用信用证 3 种，独立保证人应扩展至个人，其权利还包括代位权和债权人的优先权等。最后，消费者保证的具体构建。可借鉴欧盟消费者保证，从概念、适用范围与规则、要件、法律效力 4 个方面结合我国现实与时代之需整合、改造、建构。

二、研究方法

本书主要采用的研究方法为比较分析法、文献分析法、案例分析法等。

1. 比较分析法。此方法为本书的主要方法。本书主要对欧盟担保制度与我国担保制度进行比较研究，探究我国担保制度的现代化和国际化。该方法尤其体现在动产担保实现路径的比较、保证制度的比较等。

2. 文献分析法。本书主要参考和查阅与欧盟担保制度有关的欧盟民法典及欧盟各国的民法典、担保法、财产法和私法，大量阅读其有关的外文文献和中文文献，遵循由一般到特殊、由现象到本质及由理论到实践的研究思路，探究我国担保制度的现代化和国际化。

3. 案例分析法。通过案例分析，具体化我国担保物权优先顺位的适用。

三、研究思路

本书的研究思路依次是：(1) 欧盟动产担保物权制度的概念、种类、适用范围、设立、生效、优先顺位、违约前规则、消灭、违约与实现；(2) 欧盟保证制度的一般规则（概念、种类、成立、生效、保证责任与权利)；(3) 欧盟保证制度的具体规则（从属保证、独立保证、消费者保证制度)；(4) 我国动产担保权与保证制度完善的基本构想。

第四节 研究创新点

本书以欧盟民法典，欧盟成员国民法典、财产法等有关欧盟担保制度的文献为研究资料，全面梳理欧盟担保制度的立法与学说，进而比较分析欧盟与我国担保制度的异同与缺陷，提出完善我国担保制度的基本构想，以实现我国担保制度的现代化和国际化。

第一章　欧盟动产担保物权制度概说

第一节　动产担保物权的概念

动产担保物权是欧盟动产担保制度的核心，性质上是定限物权，是指设立在动产上的定限物权以使担保权人有权就担保财产优先受偿。[①] 其要义是限制所有权人和担保人的优先权。所有权通常由担保人所享有，不过，第三方当事人虽然不享有所有权，但仍可利用权利或职权以自己的名义设定一个担保权，并不仅仅是以所有权人的代理人的身份。但在多数情况下，担保人通常是担保物权所担保的债权的债务人，不过，第三人也可以自愿或被请求以其财产提供担保。担保物权的优先受偿权是所有担保物权的精髓，其应在现实中被尊重，无论是担保财产的所有人的其他债权人在执行担保财产的过程中协议出售担保财产时，还是在债务人的所有资产进入破产程序时，但其具有相对性。倘若不同担保权人就相同的担保物享有担保权，权利行使的先

① 参见 DCFR 第Ⅸ—1：102 条第 1 款。

后顺序就应该按照优先原则进行。担保物权也可能受到法定优先权的影响。[①] 值得注意的是欧盟动产担保物权的相关概念。[②]

第二节　欧盟动产担保物权的种类

欧盟动产担保物权的种类分为合同担保物权和非合同担保物权两种，具体分类见表 2。[③]

表 2　欧盟动产担保物权的种类

合同担保物权				非合同担保物权		
担保物权			保留所有权	以担保为目的的信托	单方法律行为所设担保物权	符合法律规定宗旨的担保物权
定限物权，如质押	依担保合同所产生的定限物权	视为担保物权的权利，如留置权、所有权转移				

一、合同担保物权

合同担保物权，亦称担保协议，是通过物权担保合同而设立的担保物权。可由债务人或第三人提供担保。倘若担保由第三人提供，一般由当事人协商一致并在借贷合同中签订担保条款或由债权人和第三人单独签订一个附属的担保合同，并明定有关担保权利的条款。担保

① 参见［德］克里斯蒂安·冯·巴尔、［英］埃里克·克莱夫主编：《欧洲私法的原则、定义与示范规则：欧洲示范民法典草案》（第 9、10 卷），徐强盛等译，法律出版社 2014 年版，第 6 页。

② 参见 DCFR 第Ⅸ—1：201 条。

③ 参见 DCFR 第Ⅸ—1：101 条，第Ⅸ—1：102 条第 2 款、第 4 款，第Ⅸ—1：103 条和第Ⅸ—1：104 条。

协议的双方为债务人或第三人与债权人。担保协议是意思自治的产物，仅具有合同效力，属于合同范畴。当事人因而可基于意思自治原则约定担保条款的具体内容，如担保财产由担保人占有还是交付担保权人占有、担保财产的保险等。合同担保物权大致分为担保物权和所有权保留两种。

（一）担保物权

欧盟动产担保物权分为定限物权、依物权担保合同所产生的定限物权（如质押）和其他被视为担保物权的权利（如以担保为目的的所有权移转）3 种。① 一种物权是否属于欧盟担保物权种类，有两个判断标准：当事人是否有设立担保物权的意思和当事人的协议能否产生设立担保物权的效果。② 其中任何一个标准都足以认定一种物权是否为欧盟动产担保物权。

1. 定限物权：质押权

定限物权是一种被公认为具有物权担保作用的权利，质押权即是典例。③ 占有性的质押权在整个欧洲普遍被认为是担保权。这就可以扩展到非占有性的质押中。因为，质押条款通常都包含设立担保物权的意思。对于其他在一国范围内所形成的类似的权利也可以以此类推。倘若在一国之内，某种权利被公认为具有财产担保作用，这就足以将其纳入担保规则的适用范围之内。某种权利是否构成担保物权，既不考虑其是否在立法或法律规范中有所体现，也不依其是否在商业实践

---

① 参见 DCFR 第Ⅸ—1：102 条第 2 款、第 3 款。

② 参见［德］克里斯蒂安·冯·巴尔、［英］埃里克·克莱夫主编：《欧洲私法的原则、定义与示范规则：欧洲示范民法典草案》（第 9、10 卷），徐强盛等译，法律出版社 2014 年版，第 7 页。

③ 参见 DCFR 第Ⅸ—1：102 条第 2 款（a）项。

中被广泛应用，而只需要法院认可。①

2. 物权担保合同所产生的定限物权

物权担保合同所产生的定限物权的两个判断标准是，“定限物权”必须是经“动产担保合同”设立②，但这两个标准不应作限制性解释，即当事人设立的定限物权名称为何无关紧要，但须由相应的物权担保合同所设立。物权担保合同是否成立生效的关键在于，当事人主观上是否具有愿意设立担保物权的意思和当事人之间的担保协议所具有的客观效果。例如，甲与乙是好朋友。乙骄傲地告诉甲，他最近继承了一笔数量可观的、经济效益较好的公司股票。由于甲正打算修建一座房屋，需要向一个私人债主借贷，在得知这一情况后，甲就想请乙作为他的担保人，乙以其1/3的股票作为债权担保。甲、乙同天将这一意向签署下来并交给出借人。如果甲到期无法清偿债务，出借人可否执行乙的担保财产？基于当事人的合意和签署条款的效力，甲、乙之间的担保合同成立且生效。

3. DCFR 视为的担保物权：留置权和以担保为目的的所有权移转

被 DCFR 视为的担保物权主要为留置权和以担保为目的的所有权移转。③

（1）留置权

留置权是依法定或意定而设立的对留置财产享有优先受偿权的一种占有型担保物权。④ 但欧盟担保法并未规定留置权产生的条件，仅

---

① 参见［德］克里斯蒂安·冯·巴尔、［英］埃里克·克莱夫主编：《欧洲私法的原则、定义与示范规则：欧洲示范民法典草案》（第9、10卷），徐强盛等译，法律出版社2014年版，第7页。

② 参见［德］克里斯蒂安·冯·巴尔、［英］埃里克·克莱夫主编：《欧洲私法的原则、定义与示范规则：欧洲示范民法典草案》（第9、10卷），徐强盛等译，法律出版社2014年版，第7页。

③ 参见 DCFR 第Ⅸ—1：102 条第2款（c）项。

④ 参见 DCFR 第Ⅸ—2：114 条。

规定了留置权产生后所具有的法律效力，即如果发生了违约，则担保权人可以依据第七章的规定来寻求救济。尽管债权人通常有权留置财产，但许多国家立法不允许对留置财产实现担保权，如果债务人拒绝支付价款，则留置财产的债权人有权将这种留置对方财产的方法上升为一种占有的担保物权以有效地解决拒付价款的问题。此外，尽管法律已经有对于修理人、仓储保管人、旅馆经营人等类似一方当事人的有效的法律保护，允许他们利用交易对方的财产作为其付款请求权的担保，但实现这种保护一部分是利用法律上的担保物权，另一部分通过留置权实现。将留置权上升为担保物权，则二者的区别就无关紧要，并且不管国内法对担保权人的法律地位如何规定，都有利于担保权人得到同样的法律救济。[①] 只需留置权人对留置财产基于法定或意定占有即可。[②] 判断留置权是不是欧盟担保物权，需满足欧盟担保物权设立的一般要件，即该动产客观存在，具有可转让性，所担保的权利的客观存在，符合通过担保人授权、保留所有权交易或留置标的物而设立担保物权的其他补充条件等。[③] 依法设立留置权的主体不必是担保财产的所有权人。依意定设立留置权，双方同意即可。如果留置权是法律规定的，要产生担保物权只需依据一国法律中关于留置权的具体规定即可。值得注意的是，无论如何，在依据留置权设立担保物权的情况下，都不可能根据善意取得担保物权的原则，特别是不可能依据DCFR第Ⅸ—2：108条（担保物权的善意取得）的规定来获得法律保

---

① 参见［德］克里斯蒂安·冯·巴尔、［英］埃里克·克莱夫主编：《欧洲私法的原则、定义与示范规则：欧洲示范民法典草案》（第9、10卷），徐强盛等译，法律出版社2014年版，第53页。

② 参见［德］克里斯蒂安·冯·巴尔、［英］埃里克·克莱夫主编：《欧洲私法的原则、定义与示范规则：欧洲示范民法典草案》（第9、10卷），徐强盛等译，法律出版社2014年版，第53页。

③ 参见DCFR第Ⅸ—2：102条。

护。[1] 依据留置权取得的担保物权是一种典型占有性担保物权，留置权人享有 DCFR 第Ⅸ—4：102 条（超优先顺位）第 3 款规定的超级优先权，即依据留置权取得担保物权的担保权人的权利优先于其他一切在留置财产之上主张担保物权的担保权人。[2]

（2）以担保为目的的所有权转移

所有权转移可以产生担保物权的决定性因素是当事人的意愿或他们的交易之间具有类似担保效果的条款。[3] 只要当事人明示或默示地以担保为目的进行所有权转移，就可将所有权转移认定为担保物权，其性质上是定限物权。以担保为目的的所有权转移的 4 种典型类型为有形动产所有权担保转让、担保让与、出售并回租、出售并转售。[4] 其中，有形动产所有权担保转移被定性为担保物权的两个条件是：一是出卖人仍占有已经转移的有形财产；二是当事人通常达成了一个相应的所有权回复协议。[5] 在担保转移涉及的债务清偿之后，担保权人依法或依合同的规定的义务，应将财产所有权转移给担保人，即这个所有权的担保转移实际上是一个非占有性担保物权。[6] 上述两个条件也是上述后 3 种典型类型成为担保物权的条件。[7]

---

① 参见［德］克里斯蒂安·冯·巴尔、［英］埃里克·克莱夫主编：《欧洲私法的原则、定义与示范规则：欧洲示范民法典草案》（第 9、10 卷），徐强盛等译，法律出版社 2014 年版，第 54 页。

② 参见［德］克里斯蒂安·冯·巴尔、［英］埃里克·克莱夫主编：《欧洲私法的原则、定义与示范规则：欧洲示范民法典草案》（第 9、10 卷），徐强盛等译，法律出版社 2014 年版，第 54 页。

③ 参见 DCFR 第Ⅸ—1：102 条第 2 款（b）项。

④ 参见 DCFR 第Ⅸ—1：102 条第 4 款。

⑤ 参见 DCFR 第Ⅸ—1：102 条第 4 款（a）项。

⑥ 参见［德］克里斯蒂安·冯·巴尔、［英］埃里克·克莱夫主编：《欧洲私法的原则、定义与示范规则：欧洲示范民法典草案》（第 9、10 卷），徐强盛等译，法律出版社 2014 年版，第 8 页。

⑦ 参见 DCFR 第Ⅸ—1：102 条第 4 款（b）（c）（d）项。

（二）保留所有权交易

供应动产的所有权人保留动产的所有权，以担保债务的履行。[①] 其为欧洲最为典型的为了担保购置款融资（购置款融资）而适用的担保交易制度，购置款融资总体上有利于经济的发展，在广泛的国际协议中有特殊的法律制度设计。为了实现给予购置款融资的安全性提供特殊保证，立法上有两种可供适用的方案。[②] 一个方案是基于对普通担保物权的适用。如果将其作为购置款融资的担保，它就被赋予了一个特殊的优先权，但也适用担保的一般规则。倘若将买方购买的动产作为担保物以担保购置款融资，买方必须是这些动产的所有权人。这就意味着，为了使买方能够为未支付的贷款将担保物权给予卖方或第三方，卖方不得不将已售商品的所有权转移给买方。另一个方案是欧盟成员国所普遍认可的方案，即买受人占有出卖人的动产，出卖人保留其所有权。这种方案尤其适用于分期付款买卖合同、融资租赁合同和寄售合同的情形。这两种方案——无论是适用担保物权还是所有权保留——在广泛意义上是可以共存的。两种都可以由当事人选择适用。但值得注意的是，二者在其他方面的效果——在动产担保物权的方式之外——是不相同的。特别是，买方履行不能或进入破产清偿程序的，当买方的其他债权人实现债权时，与单一的动产担保物权相比，所有权保留给予卖方更强的保障。

值得注意的是，通说认为动产担保物权的特别保护应适用于购置款融资的担保，但这种观点却被多数欧盟成员国否认。通常情况下，尽管已经将售出的货物交付给买方，卖方仍可以保留售出货物的所有

---

① 参见 DCFR 第Ⅸ—1：102 条第 1 款。

② 参见［德］克里斯蒂安·冯·巴尔、［英］埃里克·克莱夫主编：《欧洲私法的原则、定义与示范规则：欧洲示范民法典草案》（第 9、10 卷），徐强盛等译，法律出版社 2014 年版，第 8 ~ 9 页。

权直至货款付清。当买方破产或其他债权人起诉买方时，卖方可以通过主张所有权以全面维护权益。卖方可以从破产财产中收回其已售出的动产。当然，应考虑扣除买方已经支付的所有货款，并且可以对已售出货物的使用和磨损费用等进行反诉。这是对售出的动产进行执行时应适用的规则。但瑞典和其他几个欧盟成员国选择了另一个直接而效果相同的方法，即该方法并非依赖所有权的特殊法律地位，而是赋予卖方享有与所有权保留中出卖人一样的超级优先权（担保物权）。虽然这两种方法取得的效果都相同，但依赖所有权的方法采取的手段更为直接、简洁和合理，但这种方法并未被大多数欧盟成员国认可，而且单一的担保物权也存在致命的缺陷，即当买方破产时，有担保的债权人不再享有所有权人的特殊优先权；债权人不能从破产财产中收回其售出的动产。同样的规则适用于买方的其他债权人的执行行为，排除修订有关的破产或执行的规则，在购货款方面给予债权人特殊的保护。现今，这种给予债权人特殊保护的规则在许多欧盟成员国中仍是空白。面对这两种方式，欧盟民法典既沿用传统的保留所有权的方式，也允许适用更为现代的购置款融资的担保物权的概念。在实体法规则中仅适用现代的担保方式会产生很大的风险。只要成员国的破产法、执行方面的规制以及执行者不赋予担保物权具有超级优先权的效力来保障购置款融资，那么适用新规则会严重地减弱在最为紧急的情况下对购置款融资的保护，如担保人破产时，对售出的财产执行时，或强制执行担保物权时。更为重要的是，要达到这些实质性的目标并向现行的欧洲法律及实践靠拢，而不仅仅是提供一种担保物权基础上的精妙而单一的解决方法。对待融资租赁的安排是另一个有利于这种双重担保方式的依据。另外，并非所有权保留交易制度在所有方面都有别于担保物权。恰恰相反，二者之间存在广泛的相同点，并且为使目前规则易于适用，应尽可能制定统一规则。大部分担保物权规定同样适用于所有权保留交易制度。通常情况下，二者适用统一的规则，例外情况下，应建立明晰的所有权保留交易的制度。

需要说明的是，所有权保留意味着所有权不转移而将资产支付给购买者，如果该购买者指示所有人，也可以交付给第三人。购买者或第三人占有并可以使用所取得的财产。所有权人可规定使用的条件或使用上的限制。基于不同的情况，所有权人甚至可能允许持有者处分资产。特殊情况下，可能会允许再次销售这些已转让资产，特别是如果涉及的资产是商品，再次销售对于商人来说是筹集资金偿还从最初销售者或所有权人所借资金的唯一的现实方式。上述的处分权利会被限制在正常的商业贸易中。对于销售商，正常的商业贸易通常被严格限制在现金交易或类似的直接变现形式，如信用卡、银行转账或支票。①

保留所有权交易大致可分为以下 4 种类型：第一，卖方在销售合同项下保留所有权，亦称附条件买卖，是指合同中，尤其是买卖合同中，当卖方将货物交付买方占有时，卖方保留售出货物的所有权作为付款担保直到买方在约定的时间支付货款。② 但实务中卖方的所有权保留必须适当地限制，即使买方尚未全部支付货款，卖方通常在支付货物时立即向买方转移某种形式的所有权。③ 也就是说，买方此时不仅获得了货物占有权，也取得了货物不完全的所有权。当买方全部支付货款之时就取得了货物的完整所有权。

第二，供应人在分期付款的合同项下所享有的所有权，亦称分期

---

① 参见［德］克里斯蒂安·冯·巴尔、［英］埃里克·克莱夫主编：《欧洲私法的原则、定义与示范规则：欧洲示范民法典草案》（第 9、10 卷），徐强盛等译，法律出版社 2014 年版，第 11 页。

② 参见［德］克里斯蒂安·冯·巴尔、［英］埃里克·克莱夫主编：《欧洲私法的原则、定义与示范规则：欧洲示范民法典草案》（第 9、10 卷），徐强盛等译，法律出版社 2014 年版，第 11 页。

③ 参见［德］克里斯蒂安·冯·巴尔、［英］埃里克·克莱夫主编：《欧洲私法的原则、定义与示范规则：欧洲示范民法典草案》（第 9、10 卷），徐强盛等译，法律出版社 2014 年版，第 12 页。

付款买卖[①]，分期付款合同由两个阶段构成。第一个阶段，签订分期付款合同；第二个阶段，分期付款人支付完所有分期付款的款项。第二个阶段结束后，分期付款人有权选择在无偿或支付少量款项后得到货物的所有权。[②]

第三，在租赁合同项下对租赁物的所有权，亦称融资租赁，在结构上非常接近于分期付款购买。[③]

第四，供应人在意图实现担保目的或效果的出售合同项下的所有权，包含寄售行为。以担保为目的或效果的寄售合同下的所有权被认定为欧盟动产担保物权[④]，是所有权保留交易的一种。[⑤]

二、非合同担保物权

非合同担保物权主要为以担保为目的的信托、由单方法律行为所设立的动产担保物权（如遗嘱）和财产法中法定的担保物权 3 种。[⑥]譬如，债务人或其他担保人将其自己的财产交给担保债权人或作为信托受托人的第三人以实现担保目的，也可以交付具有担保目的的信托收据。[⑦]

---

① 参见 DCFR 第Ⅸ—1：102 条第 2 款（b）项。

② 参见［德］克里斯蒂安·冯·巴尔、［英］埃里克·克莱夫主编：《欧洲私法的原则、定义与示范规则：欧洲示范民法典草案》（第 9、10 卷），徐强盛等译，法律出版社 2014 年版，第 12 页。

③ 参见 DCFR 第Ⅸ—1：102 条第 2 款（c）项。

④ 参见 DCFR 第Ⅸ—1：102 条第 3 款。

⑤ 参见［德］克里斯蒂安·冯·巴尔、［英］埃里克·克莱夫主编：《欧洲私法的原则、定义与示范规则：欧洲示范民法典草案》（第 9、10 卷），徐强盛等译，法律出版社 2014 年版，第 12 页。

⑥ 参见 DCFR 第Ⅸ—1：105 条。

⑦ 参见［德］克里斯蒂安·冯·巴尔、［英］埃里克·克莱夫主编：《欧洲私法的原则、定义与示范规则：欧洲示范民法典草案》（第 9、10 卷），徐强盛等译，法律出版社 2014 年版，第 4 页。

第三节　欧盟动产担保物权的适用范围

一、适用范围的一般条款

欧盟动产担保法规制上述合同担保物权和非合同担保物权。① 值得注意的是，以担保为目的的信托条款受欧盟担保法制度的调整，不受欧盟信托法的调整，以避免可能产生的法律冲突。财产法中所包含的符合法律规定宗旨的担保物权是指欧盟成员国立法所规定的法定担保物权，其首先适用欧盟成员国立法所规定的法定担保物权制度的规定，其次才适用欧盟担保物权法制度的规定。②

二、适用范围的特别条款

欧盟动产担保法适用范围的特别条款是指“担保人营业所在地或居住地的国内法特别规定了小额信贷担保人的保护规则的，本编不再适用于小额贷款的担保物权。本编规定的事项，受国际条约调整且约束成员国的，对成员国而言，该条约优先于本编规定而适用”。③ 需要说明的是，成员国关于小额信贷担保人优先保护的任何具体的强制性规定都应优先适用。如果是跨国小额信贷的，应当优先适用担保人营业地或住所地的法律，欧盟民法典赋予每个成员国自由地对小额贷款进行定义的权利。如果在某个国际公约中各国已经就有关担保物权的专门事项的规则达成一致意见的，对已经批准该公约的成员国而言，

---

① 参见 DCFR 第Ⅸ—1：101 条。

② 参见［德］克里斯蒂安·冯·巴尔、［英］埃里克·克莱夫主编：《欧洲私法的原则、定义与示范规则：欧洲示范民法典草案》（第 9、10 卷），徐强盛等译，法律出版社 2014 年版，第 4 页。

③ 参见 DCFR 第Ⅸ—1：105 条。

该公约的规则优先于欧盟动产担保物权的规定。[①]

三、保留所有权交易的适用规则

保留所有权交易的适用规则是指：（1）保留所有权交易适用以下担保物权规则，法律另有规定除外。（a）第Ⅸ—2：104 条（可转让性、现实存在以及特定化的特别规定）第 2 款至第 4 款；（b）第二章第三节和第四节；（c）第三章至第六章；（d）第七章第一节。（2）将担保物权规则适用于保留所有权交易时，应适用以下变通：（a）担保财产分别指通过买卖合同、分期付款买卖合同、租赁合同或寄售合同项下所担保的财产；（b）买卖合同项下保留所有权交易中，担保权人是指卖方，担保人是指买方；（c）在分期付款买卖合同项下保留所有权交易中，担保权人是指供货方，担保人则是指分期付款的买方；（d）在融资租赁合同项下保留所有权交易中，担保权人是指出租人，担保人是指承租人；（e）在寄售合同项下保留所有权交易中，担保权人是指寄售人，担保人是指代售人。[②]

除非法律另有规定，保留所有权交易适用担保物权规则。保留所有权交易的法律建构在结果上并未偏离动产担保物权基础上的普通的担保交易规则。例如，虽然单纯的购置款融资上的担保物权的概念允许运用优先权本身这一理念作为解决若干竞争性的动产担保物权的优先顺序的关键，但保留所有权这一传统概念的适用却更为复杂。因为，基于任何人不得转让不属于自己的财产的原则，在第三人对已售财产或租赁财产主张所有权时，买方或承租人被认为不享有已售财产或租赁财产的所有权，因此其通常不能将这些担保财产的所有权转移给第

---

① 参见［德］克里斯蒂安·冯·巴尔、［英］埃里克·克莱夫主编：《欧洲私法的原则、定义与示范规则：欧洲示范民法典草案》（第 9、10 卷），徐强盛等译，法律出版社 2014 年版，第 15 页。

② 参见 DCFR 第Ⅸ—1：104 条。

三人。[①]

对购置款融资的担保信贷和类似交易领域的担保方法都予以认可的主要原因在于，欧盟多数成员国的破产、执行及强制执行制度不认可购置款融资之上担保物权等同于所有权的法律地位。[②] DCFR 第Ⅸ—3：107 条（购置款融资登记）以及第Ⅸ—4：102 条（特别优先权）第①款的规定，主要着重于法律的适用效果而非法律构架。这可以确保保留所有权交易涉及优先权即相抵触的所有权时，在实际上能够取得与购置款融资担保物权相同的效果。[③]

---

① 参见［德］克里斯蒂安·冯·巴尔、［英］埃里克·克莱夫主编：《欧洲私法的原则、定义与示范规则：欧洲示范民法典草案》（第 9、10 卷），徐强盛等译，法律出版社 2014 年版，第 13～14 页。

② 参见［德］克里斯蒂安·冯·巴尔、［英］埃里克·克莱夫主编：《欧洲私法的原则、定义与示范规则：欧洲示范民法典草案》（第 9、10 卷），徐强盛等译，法律出版社 2014 年版，第 14 页。

③ 参见［德］克里斯蒂安·冯·巴尔、［英］埃里克·克莱夫主编：《欧洲私法的原则、定义与示范规则：欧洲示范民法典草案》（第 9、10 卷），徐强盛等译，法律出版社 2014 年版，第 14 页。

第二章　欧盟动产担保物权的设立

欧盟动产担保物权的设立大致可分为一般担保物权的设立、保留所有权交易的设立和在特定种类财产之上担保物权的设立 3 种。

第一节　欧盟动产一般担保物权的设立

一、动产一般担保物权设立的方式

欧盟一般担保物权的设立方式大致可分为 3 种：授权方式，即担保人授权为担保权人设立担保物权；保留担保物权方式，即保权人在转移财产所有权给担保人时，保留担保物权[①]；留置标的物方式，即担保权人因留置权而占有标的物。[②]

二、动产一般担保物权设立的要件

动产一般担保物权设立的要件包括一般要件和

---

① 参见高圣平：《〈民法典〉视野下统一动产和权利担保登记制度的构造》，载《浙江工商大学学报》2020 年第 5 期。

② 参见 DCFR 第Ⅸ—2：101 条。

特殊要件，一般要件有以下5个[①]。

（一）一般要件

1. 动产的客观存在

动产的客观存在是指现实存在的动产，包括现存的动产和将要取得的动产。只有现实存在的动产之上才能够设立担保物权。但迟延设立的担保物权仍具有优先权效力。倘若该担保物权经由登记而生效，则其优先权效力是根据其登记时间予以确定；登记的时间可能还会早于担保物权的实际创设时间。[②]

2. 动产的可转让性

动产的可转让性是指该动产的所有权可以转让。[③] 只有在可转让的动产之上才能设立担保物权，倘若动产不具有可转让性，就不可能通过执行该担保动产来实现担保物权。

3. 所担保的权利存在

其意为所担保的权利现实客观存在。在未来的财产上设立担保物权的，双方当事人协商一致即可为尚未存在的权利或附条件的权利创设担保物权。但只有在被担保的权利成为现实存在的权利或变成无条件的权利时担保物权方可成立。[④]

4. 担保物权不同设立方式的补充条件

只有在满足补充条件时，才能通过担保人授权、保留所有权交易或基于留置权来设立担保物权，这些条件的内容根据设立方式的不同

---

① 参见DCFR第Ⅸ—2：102条。

② 参见［德］克里斯蒂安·冯·巴尔、［英］埃里克·克莱夫主编：《欧洲私法的原则、定义与示范规则：欧洲示范民法典草案》（第9、10卷），徐强盛等译，法律出版社2014年版，第23～24页。

③ 参见［德］克里斯蒂安·冯·巴尔、［英］埃里克·克莱夫主编：《欧洲私法的原则、定义与示范规则：欧洲示范民法典草案》（第9、10卷），徐强盛等译，法律出版社2014年版，第24页。

④ 参见DCFR第Ⅸ—2：104条。

而不同。对于当事人之间的协议有不同的要求，基于留置权创设担保物权，仅仅取决于担保权人有权保留动产作为担保的补充条件。①

5. 担保财产是否转移占有

合同（意定）担保物权依登记实现对抗第三人的效力，担保权人无须占有担保财产，但约定除外。② 但担保权人占有担保财产是法定担保物权成立的要件之一，不能因约定而予以排除。③

（二）特殊要件

除了上述一般要件，在动产之上创设动产一般担保物权还需满足以下 4 个特殊要件。④

1. 担保财产的特定化

担保财产的特定化是指依物权特定原则当事人应当对该担保财产进行特定化。⑤ 如果权利所涉及的财产没有特定化，当事人不能创设担保物权。但特定化不一定包含在物权担保合同的内容之中，可以在将来对拟担保财产进行特定化。如果在物权担保合同缔结后才对拟创设担保物权的种类物进行特定化，该种类物一旦特定化，担保物权即成立。如果担保物权设立在一定数量的集合财产之上，未将特定财产从集合财产中识别出来，担保物权也并非完全无效。担保物权虽然不能设立在集合物中的特定财产之上，但可设立于集合物不可分割的份

---

① 参见［德］克里斯蒂安·冯·巴尔、［英］埃里克·克莱夫主编：《欧洲私法的原则、定义与示范规则：欧洲示范民法典草案》（第 9、10 卷），徐强盛等译，法律出版社 2014 年版，第 24 页。

② 参见 DCFR 第Ⅸ—2：103 条。

③ 参见［德］克里斯蒂安·冯·巴尔、［英］埃里克·克莱夫主编：《欧洲私法的原则、定义与示范规则：欧洲示范民法典草案》（第 9、10 卷），徐强盛等译，法律出版社 2014 年版，第 25 页。

④ 参见 DCFR 第Ⅸ—2：105 条。

⑤ 参见 DCFR 第Ⅸ—2：105 条（a）项。

额之上。[1]

2. 担保人设立担保物权的权利或权限

该要件是指担保人享有对某一财产设立担保物权的权利。[2] 财产的所有权人依法享有对其财产自由处分的权利，如转让、放弃财产或为财产设立负担（设立担保物权），但其处分财产的权利也可能受到限制，比如担保财产在破产之时。但担保人可依据善意取得规则获得担保物权之后，创设一个新的担保物权[3]，也可在同一担保财产上设立若干担保物权，在先担保物权优先于后担保物权（除善意取得的后担保物权之外）。[4] 这些担保物权的优先效力由优先顺位的规定予以确定。值得注意的是，担保权人一般无权在担保财产之上设立重复担保，因为这可能会使得担保人的担保财产因履行其他义务而被处分。但担保权人为了债权人的利益可以通过在其被担保的权利之上设定担保来间接利用其担保物权。譬如，一个金钱债权之上的担保物权允许担保权人行使一切担保权利来保障其金钱债权的实现。[5]

需要说明的是，保留所有权交易项下的财产设立担保物权。买受人、分期付款购买人、受托人以及承租人通常并不享有担保财产的所有权，因此依法其不享有处分该财产的权利，但他们可以经同意在保留所有权之上创设担保物权。买受人为了债权人的利益，可以作为这种暂时附条件权利的所有权人在该权利之上设立担保。如果买受人付清了标的物的价款，则买受人的担保权人就可以自动地获得买受人的

---

① 参见［德］克里斯蒂安·冯·巴尔、［英］埃里克·克莱夫主编：《欧洲私法的原则、定义与示范规则：欧洲示范民法典草案》（第9、10卷），徐强盛等译，法律出版社2014年版，第28～29页。

② 参见DCFR第Ⅸ—2：105条（b）项。

③ 参见［德］克里斯蒂安·冯·巴尔、［英］埃里克·克莱夫主编：《欧洲私法的原则、定义与示范规则：欧洲示范民法典草案》（第9、10卷），徐强盛等译，法律出版社2014年版，第28页。

④ 参见DCFR第Ⅸ—2：109条。

⑤ 参见DCFR第Ⅸ—2：301条。

担保财产所有权之上的物权。不过，如果保留所有权交易的所有权人行使保留所有权交易下违约后果所规定的权利，则买受人为第三方所设立的任何权利都会归于无效。[①] 在相关交易下，买受人、分期付款购买人、受托人以及承租人并没有这种暂时的附条件的权利，但上述买受人、分期付款购买人、受托人以及承租人依然可以在这个实际为保留所有权交易的所有权人享有所有权的财产之上为他人设定有效的担保物权，只要他们最终取得该担保财产的所有权。即只有在按照设立担保物权规定的要件缔结物权担保合同后，上述买受人、分期付款购买人、受托人以及承租人等取得担保财产所有权之后，才享有设立担保物权的权利，担保物权才能设立。另外，保留所有权交易的所有权人（出卖人、供货商或出租人）依然是担保财产的所有权人。保留所有权交易的所有权人即使违反了基本的买卖合同、分期付款合同、寄售合同或租赁合同的义务，其依然有权在担保财产之上设立担保物权。[②]

3. 担保权人对担保物权的权限

该要件是担保权人有权依据物权担保合同所授予的担保物权对抗担保人。[③] 担保权人只有依据物权担保合同所授予的担保物权对抗担保人时才能创设担保物权。

4. 协商一致创设担保物权

该要件是指担保人同意为担保权人创设担保物权。[④] 担保权人和担保人签订物权担保合同仅使得担保权人具有获得担保物权的资格，担保物权是否创设需担保权人与担保人协商一致决定。在创设占有性担保物权的情形下，交付通常是一个所有权转移的标志。非占有性担

---

① 参见 DCFR 第Ⅸ—7：301 条第 2 款。

② 参见［德］克里斯蒂安·冯·巴尔、［英］埃里克·克莱夫主编：《欧洲私法的原则、定义与示范规则：欧洲示范民法典草案》（第 9、10 卷），徐强盛等译，法律出版社 2014 年版，第 30 页。

③ 参见 DCFR 第Ⅸ—2：105 条（c）项。

④ 参见 DCFR 第Ⅸ—2：105 条（d）项。

保物权不存在交付或等同于交付的行为，不过，对担保财产的实际交付，可以作为初步的证据，不仅证明当事人协商一致缔结了物权担保合同，也证明了当事人实际上已经同意创设担保物权。[①]

三、动产一般担保物权设立的种类

（一）可移转财产上担保物权的设立

可移转财产上担保物权的设立主要涉及其设立的种类和要件两方面的内容，见表3。[②]

表3　可移转财产上担保物权设立的种类与要件

种类	一般要件	特殊要件
债权上设立担保物权	1. 设立担保的财产可移转。 2. 担保财产的客观存在。 3. 担保财产的特定化。 4. 担保权的客观存在	金钱债权之外的其他债权，无论其是否能够转让，只要能转化为金钱债权，均可创设担保物权[③]
动产上设立担保物权		任何动产都可设立担保物权，即使其所有权人已经承诺对该动产不予以转让或不设立权利负担。该规则同样适用于债权，而且无论其是合同之债还是非合同之债，除非依据第Ⅲ—5：109条（可转让性：专属于债权人的权利）第1款的规定该债权不可转让。[④] 基于法律规定的不得转移财产上不得设定担保物权。约定不得转让的履行权上可设立担保物权，除非履行权具有强烈人身性[⑤]

---

① 参见［德］克里斯蒂安·冯·巴尔、［英］埃里克·克莱夫主编：《欧洲私法的原则、定义与示范规则：欧洲示范民法典草案》（第9、10卷），徐强盛等译，法律出版社2014年版，第31页。

② 参见DCFR第Ⅸ—2：104条。

③ 参见DCFR第Ⅸ—2：104条第1款。

④ 参见DCFR第Ⅸ—2：104条第2款。

⑤ 参见［德］克里斯蒂安·冯·巴尔、［英］埃里克·克莱夫主编：《欧洲私法的原则、定义与示范规则：欧洲示范民法典草案》（第9、10卷），徐强盛等译，法律出版社2014年版，第26页。

续表

种类	一般要件	特殊要件
未来种类物或不可转让的财产之上设立担保物权		当事人旨在未来的、种类物或不可转让的财产之上设立担保物权，则仅在该财产客观存在、已特定化或可转让情况下，担保物权才生效①
附条件权利之上设立担保物权		在附条件权利之上设立的担保物权②
为了担保未来的或附条件的权利设立担保物权		为了担保未来的或附条件的权利而设立担保物权③

（二）在有形担保财产之上担保物权的设立：善意取得担保物权

这种担保物权包括 DCFR 第Ⅸ—1：102 条（动产担保物权）所定义的担保物权和另一种定限物权［由 DCFR 第Ⅸ—2：108 条（担保物权的善意取得）涵盖的在属于保留所有权交易项下的财产之上善意取得的担保物权］。这种善意取得可能的情形是，在先担保权人的登记所对抗的只是其他人而不是意图创设新担保物权的担保人。即便担保人这时不存在善意取得，也仍然有可能在同一财产之上创设新的（附条件的）担保物权；在先及在后的担保物权被视为构成竞争性的担保物权，它们之间的优先效力适用欧盟担保法上担保物权的优先顺位规则④。

这种担保物权设立的种类、条件与法律效果情形的种类大致为以

① 参见 DCFR 第Ⅸ—2：104 条第 3 款。

② 参见 DCFR 第Ⅸ—2：104 条第 4 款。

③ 参见 DCFR 第Ⅸ—2：104 条第 5 款。

④ 参见［德］克里斯蒂安·冯·巴尔、［英］埃里克·克莱夫主编：《欧洲私法的原则、定义与示范规则：欧洲示范民法典草案》（第 9、10 卷），徐强盛等译，法律出版社 2014 年版，第 41 ~ 42 页。

下 4 种，如表 4 所示。

表 4　有形担保财产之上担保物权设立的种类、条件与法律效果

情形	前提条件	担保权人的条件（除 1 外）	法律效果
1	有形财产上已有在先担保物权或其他定限物权负担，担保人无权且受在先担保物权限制但仍在之上创设新担保物权①	有形财产（可流通票据）已由担保人占有，或其所有权人已经被登记为担保人②	获得新担保物权
2		善意	
3		善意	
4	同上 + 在先已登记的担保物权	善意	

担保人对已经设立担保物权或定限物权的有形财产处分受限，但仍可在其之上创设新的担保物权，其后于在先担保物权。但是如果担保人根据合同的约定或法律的规定有权在不受在先担保物权的制约情况下处分担保财产，则新担保权人只有依据善意取得规则才能取得担保物权。③

在第一种有形担保财产之上善意取得担保物权中，担保人占有担保财产即可，而无须将担保财产交付给担保权人，担保权人依据欧盟担保法受到保护。立法不要求担保人将担保财产交付给新的担保权人，这既可避免让最初的担保权人承担更多的法律风险，也不会产生担保人为不同的债权人分别创设担保物权的问题。有关的担保权人只要能确保物权依法具有法律效力，这就限制了第三人在满足上述条件之后善意取得担保物权。显然，占有行为使担保物权产生效力，或者说，担保人不占有担保财产的，满足上述条件之后，担保权人善意取得担保物权。如果担保物权已经被登记，则可能出现上述第一种的情形。

① 参见 DCFR 第Ⅸ—2：109 条第 1 款。

② 参见 DCFR 第Ⅸ—2：108 条第 1 款（a）项。

③ 参见［德］克里斯蒂安·冯·巴尔、［英］埃里克·克莱夫主编：《欧洲私法的原则、定义与示范规则：欧洲示范民法典草案》（第 9、10 卷），徐强盛等译，法律出版社 2014 年版，第 42 页。

这种登记可以对抗任何新的担保人。[①]

在第二种有形担保财产之上善意取得担保物权中，担保权人在满足上述条件之后善意取得担保物权，就应当承担举证责任。有关该举证责任的规则也适用于在未设定担保的动产之上善意取得所有权的情形。[②]

在第三种有形担保财产之上善意取得担保物权中，担保人意图在其无权处分并已经设定担保的财产之上创设担保物权，新的拟担保权人对该财产之上存在担保物权是恶意的，但是对担保人无权处分该财产不是恶意的，只要能够符合 DCFR 第Ⅸ—2：108 条（担保物权的善意取得）规定的其他条件，新的担保权人也可以在该财产之上取得担保物权，并且另一在先担保物权不受影响；二者之间的优先顺序根据担保物权优先顺位的一般规则来确定。[③]

在第四种有形担保财产之上善意取得担保物权中，只要属于担保交易项下的财产已经针对担保人进行了登记，不需要担保权人实际知情，也不需要更多的说明，即可避免担保权人依法善意取得担保物权。[④]

没有日常商业活动中特殊的交易规则，即如果转让人以日常商业程序行事，就不会仅仅义务担保已经登记这一事实，而认定意图在担保财产之上取得所有权的第三人知道该转让人没有权利或权限而不顾

---

① 参见［德］克里斯蒂安·冯·巴尔、［英］埃里克·克莱夫主编：《欧洲私法的原则、定义与示范规则：欧洲示范民法典草案》（第9、10卷），徐强盛等译，法律出版社2014年版，第43页。

② 参见［德］克里斯蒂安·冯·巴尔、［英］埃里克·克莱夫主编：《欧洲私法的原则、定义与示范规则：欧洲示范民法典草案》（第9、10卷），徐强盛等译，法律出版社2014年版，第43页。

③ 参见［德］克里斯蒂安·冯·巴尔、［英］埃里克·克莱夫主编：《欧洲私法的原则、定义与示范规则：欧洲示范民法典草案》（第9、10卷），徐强盛等译，法律出版社2014年版，第45页。

④ 参见［德］克里斯蒂安·冯·巴尔、［英］埃里克·克莱夫主编：《欧洲私法的原则、定义与示范规则：欧洲示范民法典草案》（第9、10卷），徐强盛等译，法律出版社2014年版，第44页。

在先担保处分该财产。DCFR 第Ⅸ—6：102 条第 2 款（a）项中也没有规定关于担保人正常商业程序的相应交易规则。原因是这些条款仅涉及取得担保物权的问题，一般也没有必要出于商业利益而制定特别保护买卖交易的特殊规则，不能也不应该将创设担保物权的行为理解为是任何人日常商业行为的组成部分。

(三) 现金、流通票据和无记名凭证之上担保物权的设立

现金、流通票据和无记名凭证之上担保物权的设立是指现金、流通票据、无记名凭证之上的担保物权可以不受在先权利的约束而设立，只要其被占有即可。①

这 3 种可流通财产之上设立担保物权的特殊规则如下：现金、流通票据和无记名凭证包括国内货币或外币、无记名可流通票据（如无记名汇票或支票等）、无记名可流通单据（如签发的无记名的提单或仓单）。其中，单据是最基本的形式，因为相关规定要求将这类担保财产转移给担保权人直接占有。在此类财产之上设立担保物权，不受有关在这类财产之上创设担保物权的一般条件的制约。即便是担保人没有在该类财产上创设担保物权的权利或权限，并且即使担保权人不能适用 DCFR 第Ⅸ—2：108 条（担保物权的善意取得）规定的善意取得原则，也依然可以取得有效的动产担保物权。就现金而言，查明特定现金的来源或任何前所有权人以及调查取得现金的过程几乎不可能。适用的唯一例外的条件是将这类担保财产直接转移给担保权人直接占有。有关规定通常不要求转移占有来设立担保物权，即便是依据善意取得原则设立担保物权也不要求转移占有。然而，现金、流通票据和无记名凭证之上设立担保物权，要求直接占有是必要的，因为有必要限制这一规则的适用，这是因为现金、流通票据和无记名凭证之上设

① 参见 DCFR 第Ⅸ—2：111 条。

立担保物权的规则也适用于担保权人的非善意取得和担保财产是从所有权人盗用的情形，因此有必要规定担保权人直接占有担保财产以证明其受到法律保护的正当性。当然，这一直接占有的要件实际上也限制了现金、流通票据和无记名凭证之上设立担保物权规则的适用范围。现金、流通票据和无记名凭证之上设立担保物权的规则还适用于在现代的金融账户形式——电子票据或单据之上设立担保物权的情形。如果不顾在先担保物权在有关财产之上取得担保物权，根据 DCFR 第Ⅸ—4：101 条（优先顺位：一般规则）第 5 款的规定，新的（占有性）担保物权便享有优先于在先担保物权的效力。理论上，在后的这三种担保物权优先于在后的担保物权的这一规则也适用于在先设立的保留所有权交易，但是不大可能适用于在 DCFR 第Ⅸ—2：111 条所规定的财产之上设立这种形式的担保。DCFR 第Ⅸ—4：102 条（超级优先顺位）第 2 款的规定对金融财产之上的担保物权与产生类似的优先权后果，根据该优先权规则，占有或控制这些金融财产的担保权人，享有优先于在先担保物权的权利。①

值得注意的是，通过创设行为而设立担保物权的时间。在符合 DCFR 第Ⅸ—2：110 条（迟延成立）之规定时，通过创设行为设立担保物权的时间为前述条款所规定的各项条件成就之时，当事人另有约定的除外（DCFR 第Ⅸ—2：106 条）。只有在符合前条规定的所有条件的情况下才能创设担保物权，即要符合设立担保物权的一般要件的规定，但并非要求在缔结物权担保合同时必须满足所有的条件。如果其中一些条件是在稍后的时间内才满足，也不会导致整个交易的无效；相反地，在上述缺少的条件成就时担保物权即成立。依据 DCFR 第Ⅸ—2：110 条（迟延成立）的规定所包含的创设应符合 DCFR 第Ⅸ—

① 参见［德］克里斯蒂安·冯·巴尔、［英］埃里克·克莱夫主编：《欧洲私法的原则、定义与示范规则：欧洲示范民法典草案》（第 9、10 卷），徐强盛等译，法律出版社 2014 年版，第 47～48 页。

2：107 条（消费者所创设的担保物权）所规定的附加条件，或符合 DCFR 第Ⅸ—2：108 条（担保物权的善意取得）规定的可替代的条件，而由于担保人没有创设担保物权的权利或权限，因此即使在之后也不符合 DCFR 第Ⅸ—2：105 条（创设担保物权的要件）（b）项规定的条件。在上述情况下，只有所有的附加条件（DCFR 第Ⅸ—2：107 条）或替代性条件（DCFR 第Ⅸ—2：108 条）成就时，才能创设担保物权。本条款的最后部分明确规定了当事人之间约定担保物权成立时间的可能性，即允许当事人特别约定在满足一定的附加条件后担保物权才能成立，或约定在物权担保合同缔结时担保物权并不能立即设立，而是在稍后才能成立。予以明定并不是为了满足担保权人迟延设立担保物权的意图，这种迟延设立担保物权的可能性主要是考虑一些情况较为特殊的当事人的利益，譬如，第三方担保人要求只有规定了反担保条款才愿意设立附条件的担保。

仍需讨论的是，迟延成立是指根据通过创设设立担保物权的时间的规定在有关财产之上设立担保物权时，还未符合 DCFR 第Ⅸ—2：107 条（消费者所创设的担保物权）和 DCFR 第Ⅸ—2：108 条（担保物权的善意取得）规定条件的，一旦实现上述规定条件，该担保物权即自动设立（DCFR 第Ⅸ—2：110 条）。本条款的内容是对 DCFR 第Ⅸ—2：106 条（通过创设行为而设立担保物权的时间）规定的一般规则的补充，根据其一般规则的规定，如果满足 DCFR 第Ⅸ—2：105 条（创设担保物权的要件）规定的要件，即可通过创设设立担保物权。DCFR 第Ⅸ—2：105 条的内容只涉及了通过创设设立担保物权的一般要件，没有涉及 DCFR 第Ⅸ—2：107 条（消费者所创设的担保物权）规定的消费者作为担保人的附加条件。因此，根据 DCFR 第Ⅸ—2：107 条和第Ⅸ—2：108 条规定的条件，其设立的时间是在这些附加的或替代性的条件都满足的时候，而不是在 DCFR 第Ⅸ—2：106 条指定的时间就能成立。

（四）担保物权的保留：以保留方式设立担保物权

1. 概说

担保物权的保留是通过保留方式设立担保物权。保留设立担保物权的法律构造，以买卖合同中的保留担保物权为例，见图 1 予以说明。

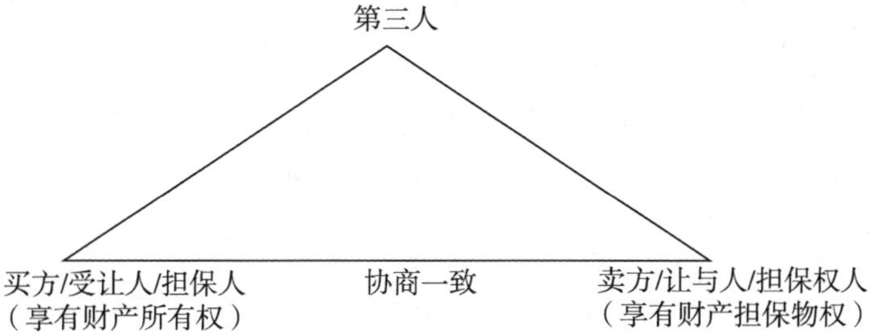

图 1　担保物权的保留

在保留担保物权的情形下，卖方（担保权人或让与人）享有出卖财产的担保物权，买方（受让人或担保人 ）享有出卖财产有限的所有权。实践中，以保留这种方式设立担保物权通常发生在所有人意欲出卖财产，但还想通过该财产为出卖的价金做担保的情况下。作为保留所有权的替代方式，买卖双方可以协商一致将售出财产的所有权转移给买方而卖方仅保留该财产的担保物权，这样买方就没有成为所售货物的所有权人。无论是保留所有权还是保留担保物权，卖方所享有的担保物权的效力都优先于其他担保权人，也只在违约的情况发生时卖方的权利才会受到较多限制。欧盟立法也认可当事人双方可约定设立保留担保物权。例如，受让人在再次转移担保物权之前破产时，或将担保物权再次转移给新的担保权人时，将会成为第二顺位的权利人，仅仅是因为在同一财产上有受让人为另一担保权人设立的在先担保物权。[①]

---

① 参见［德］克里斯蒂安·冯·巴尔、［英］埃里克·克莱夫主编：《欧洲私法的原则、定义与示范规则：欧洲示范民法典草案》（第 9、10 卷），徐强盛等译，法律出版社 2014 年版，第 49～50 页。

2. 要件

除了上述设立担保物权的一般要件，依保留方式设立动产担保物权时还应符合下列特别要件。[①]

（1）要件之一：担保权人享有保留担保物权的权利

要件之一是根据 DCFR 第Ⅸ—2：113 条第 1 款（a）项的规定，担保权人为对抗受让人有权保留依物权担保合同设立的担保物权。担保权人必须具有保留担保物权的权利，这一规定与只有当担保权人有权取得担保物权时才可能通过创设设立担保物权的规则相一致。[②] 只有在物权担保合同中就担保权人具有保留担保物权的权利达成合意时，才能设立担保物权。与保留所有权交易的不同之处有二：一是该担保权人不保留所有权；二是担保权人在转让财产所有权的同时设立并保留担保物权。这种转让要求双方当事人达成合意，而转让的效力取决于受让人有取得所有权的权利。这些条件必须经必要的变通后适用于在所有权转移给受让人过程中为担保权人保留担保物权的情形。[③]

（2）要件之二：担保权人有让与行为

要件之二是担保权人将保留担保物权的担保财产的所有权让与受让人。[④] 该要件是保留所有权交易和通过保留设立担保物权的根本区别。卖方、供货方以及出租人等根据保留所有权交易规则保留所有权或根本不转移所有权，或者仅根据与担保权相对应的义务履行的中止条件转移所有权，即价款的支付，而担保权人转移所有权而保留担保物权，即在担保财产之上的定限物权。由于既可以在有形财产之上也可以在无形财产之上通过保留创设担保物权，转让所有权就包括有形

---

① 参见 DCFR 第Ⅸ—2：113 条。

② 参见 DCFR 第Ⅸ—2：105 条（c）项。

③ 参见［德］克里斯蒂安·冯·巴尔、［英］埃里克·克莱夫主编：《欧洲私法的原则、定义与示范规则：欧洲示范民法典草案》（第 9、10 卷），徐强盛等译，法律出版社 2014 年版，第 50 页。

④ 参见 DCFR 第Ⅸ—2：113 条。

财产所有权的转让和其他权利的转让。担保权人转让所有权的条件间接包含了第八卷（有形财产所有权转移的情形）规定的附加条件以及第三卷第五章（履行请求权转让的情形）的内容。在双方当事人将拟担保财产特定化及达成转让协议的情况下，能通过保留设立担保物权，即使该担保财产已经受制于在先担保物权。只有在担保权人转让其财产所有权的情况下，才可能通过保留设立担保物权。①

3. 通过保留设立担保物权的时间

当通过保留设立担保物权时，只有在符合了所有有关的条件后担保物权才会产生，但这可能是发生在物权担保合同缔结之后。②

4. 被视为担保人的受让人

通过保留设立担保权范围内财产的受让人基本上很少会被视为担保人，因此前条我们一直称为受让人。不过，为了第九卷的其他规则，比如预期违约的效力以及一般违约的后果，这时候受让人被看作普通担保人。

5. 保留的担保物权的优先效力

虽然关于优先权的规则中并没有规定通过保留设立的这类担保物权享有优先的法律地位，但是，通过保留设立担保物权的担保权人通常享有优先于其他竞争性担保权人的权利。因为，通过保留设立的担保物权通常具有购置款融资的功能。如果在转移所有权给买方时，买方保留担保物权作为价金的担保，则此时的担保物权应遵循 DCFR 第Ⅸ—1：201 条（定义）第 3 款（b）项（i）目的规定。作为购置款融资交易，此时的担保物权依据 DCFR 第Ⅸ—4：102 条（超级优先顺位）第 1 款的规定享有最优先权利。此外，此种超级优先权不

① 参见［德］克里斯蒂安·冯·巴尔、［英］埃里克·克莱夫主编：《欧洲私法的原则、定义与示范规则：欧洲示范民法典草案》（第 9、10 卷），徐强盛等译，法律出版社 2014 年版，第 50 ~ 51 页。

② 参见 DCFR 第Ⅸ—2：113 条。

因担保物权转让而受影响，即这一超级优先权可以伴随着保留的担保物权的让与而转移给另一担保权人。如果这种购置款融资交易例外地不具有这样的超级优先权，则担保权人就无法受到DCFR第Ⅸ—5：303条（担保财产的转让）第3款同等的法律保护；这一条款适用于在财产转让之前已经通过保留设立担保物权的财产所有权的转让。

（五）留置权：留置方式设立担保物权

留置权是指依意定或法定对占有的他人财产享有优先受偿的权利。[①] 即使当事人之间没有任何协议，也可依据法定对财产的留置权设立担保物权。

留置权产生于一方有义务为他方（通常是所有权人）保管财物，并有权保留该财产直到一定的条件实现为止。如果发生了违约，担保权人可以依据担保物权实现规则来寻求救济。尽管债权人通常有权留置财产，但许多国家立法不允许对留置财产实现担保权，如果债务人拒绝支付价款，则留置财产的债权人就陷入了僵局。将这种留置对方财产的方法上升为一种占有的担保物权，就可以迅速有效地解决这一问题。尽管法律已经有对于修理人、仓储保管人、旅馆经营人等类似一方当事人的有效的法律保护，允许他们利用交易对方的财产作为其付款请求权的担保，但实现这种保护一部分是利用法律上的担保物权，另一部分是通过留置权实现。将留置权上升为担保物权，则二者的区别就无关紧要，并且不管国内法对担保权人的法律地位如何规定，都有利于担保权人得到同样的法律救济。[②]

---

① 参见DCFR第Ⅸ—2：114条。

② 参见［德］克里斯蒂安·冯·巴尔、［英］埃里克·克莱夫主编：《欧洲私法的原则、定义与示范规则：欧洲示范民法典草案》（第9、10卷），徐强盛等译，法律出版社2014年版，第52～53页。

通过留置权这种方式设立担保物权时，必须符合担保物权设立的一般条件（特别是担保财产的客观存在、可转让性及所担保的权利的客观存在），并且要求留置权人（担保权人）必须享有对抗留置财产的所有权人的留置权。如果留置权是基于合同产生，这实际上意味着只有在所有权人或所有权人的代理人同意的情况下，才可以产生担保物权。其他的合同无法约束所有权人。如果留置权由法律规定，则产生留置权需要符合国家法律中关于留置权的具体规定。无论如何，在依据留置权设立担保物权的情况下，都不可能根据欧盟法规定的善意取得担保物权的原则，特别是不可能依据 DCFR 第Ⅸ—2：108 条（担保物权的善意取得）的规定来获得法律保护。[①]

留置权是超级优先权，即依据留置权取得担保物权的担保权人的权利优先于其他一切在留置财产之上主张担保物权的担保权人。[②]

（六）消费者所创设的担保物权

其是指由消费者作为担保人通过授权而设立的担保物权，只有在以下情形下才有效：一是设定担保的财产项目必须一一进行列举和区分；二是未来的定期的金钱收入，诸如薪金、退休金和社会保障金等不能成为担保财产。[③] 明定消费者所创设的担保物权，是为了保护动产物权的消费者担保人，以避免担保而产出的经济风险。值得注意的是，消费者设定的小额信贷的担保通常适用国内的特别立法［第Ⅸ—1：105 条（适用范围的特别条款）第 1 款］。第Ⅸ—3：107 条（融资购买交易的登记）第 3 款免除了消费者作为保证人对购置款融资担保

① 参见［德］克里斯蒂安·冯·巴尔、［英］埃里克·克莱夫主编：《欧洲私法的原则、定义与示范规则：欧洲示范民法典草案》（第 9、10 卷），徐强盛等译，法律出版社 2014 年版，第 53～54 页。

② 参见 DCFR 第Ⅸ—4：102 条第 3 款。

③ 参见 DCFR 第Ⅸ—2：107 条。

方式登记的要求，而其他情况下应当进行登记。①

四、动产一般担保物权设立的特殊情形

即使担保人没有权利处分有形资产，但如符合以下条件，担保权人依然有权取得该财产之上的担保物权：一是作为担保财产的合法的有形财产和可流通票据已被担保人占有或登记。② 二是该担保物权设立之时，担保权人善意。只有在担保权人不知道或应当不知道担保人没有权利或权限在担保财产之上创设担保物权时，其才可以善意取得担保物权。③ 三是有形财产不得为赃物。④ 在赃物之上不得产生担保物权的善意取得。其旨在保护日常的商业实践中特殊的交易行为。取得动产担保物权并不被认为属于债务人的日常交易行为。但即使现金、可流通票据或无记名可流通单据等财产是从所有权人处盗取的，担保权人依然可以在这些财产之上善意取得担保物权。

需要讨论的是，保留所有权交易项下的财产的善意取得。⑤ 买受人、分期付款购买人、承销人及承租人没有权限在保留所有权交易的权利人所保留的所有权之上设立担保物权，如果在有关财产之上设定作为定限物权的担保物权，担保权人只有在不知道或应当不知道拟设定担保的财产是保留所有权交易项下的财产时，才可以善意取得担保物权。

值得注意的是，担保物权的取得与登记无关，即担保权人已经将担保物权登记在册这一事实并非表明其有理由相信担保人具有处分有关担保财产的权限。在登记簿上进行登记并不能成为保护第三人对于

---

① 参见［德］克里斯蒂安·冯·巴尔、［英］埃里克·克莱夫主编：《欧洲私法的原则、定义与示范规则：欧洲示范民法典草案》（第9、10卷），徐强盛等译，法律出版社2014年版，第33页。

② 参见DCFR第Ⅸ—2：108条第1款（a）项。

③ 参见DCFR第Ⅸ—2：108条第1款（b）项。

④ 参见DCFR第Ⅸ—2：108条第3款。

⑤ 参见DCFR第Ⅸ—2：108条第1款（b）项、第2款。

所登记担保物权实际存在信赖的充分依据。在有关财产之上的担保物权登记的事实不会构成 DCFR 第Ⅸ—2：108 条规定的善意取得的障碍。

对于担保权人善意取得担保物权后所有权人的法律地位，如果有关财产属于保留所有权交易项下的财产，担保权人根据本条规定取得的权利就不再被按照第七章规定行使权利的保留所有权交易的权利人消灭。而且，最初的保留所有权交易和之后的善意取得的担保物权谁优先的问题由 DCFR 第Ⅸ—4：101 条（优先权的一般规定）调整，即后者享有优先权。

第二节　特定种类财产之上担保物权的设立

第二节主要涉及在特殊类型财产之上设立担保权的问题，是对前述章节条款的补充。在特定种类财产之上设立担保物权的 9 种类型是：金钱债权的担保物权、公司股份之上的担保物权、债券之上的担保物权、流通物权凭证和流通票据之上的担保物权、从物之上的担保物权、原担保财产的收益、担保财产用于加工或附合、保留所有权交易的标的物的加工或附合、担保财产的混合。

一、金钱债权之上担保物权的设立

金钱债权之上设立担保物权还应符合以下 3 个特别规定：一是本示范法第三卷第五章（违约前的规则）的规定经变通后均可适用于金钱债权的担保，不包括 DCFR 第Ⅲ—5：108 条（可转让性：合同禁止的效力）第 2 款和第 3 款及 DCFR 第Ⅲ—5：121 条（连续性受让人之间的冲突）的规定。二是担保人对担保权人享有的金钱债权，也可用来为担保权人设定担保。三是金钱债权之上的担保物权的效力及于任何对该金钱债权进行担保的保证担保或担保物权。①

付款请求权实际上是金钱债权，包括付款请求权在内的所有金钱债权都可以通过授权在其之上设立担保物权。这种担保物权的特性是占有权与所有权相分离。担保人所持有的对担保权人的付款请求权还可以作为对后者的担保。如果发生违约，则担保权人不仅可以在付款请求权之上执行其担保物权，还可以选择行使对付款请求权的担保物权以实现其担保物权。包括付款请求权在内的所有金钱债权的担保物权的转让适用第Ⅲ—5：115 条（转移给受让人的权利）第 1 款的规定。包括付款请求权在内的所有金钱债权的担保物权的效力规定适用第Ⅸ—7：214 条（给付请求权或流通票据之上担保物权的变现）的规定。②

二、公司股份之上担保物权的设立

公司股份之上担保物权的内容既适用于传统的可转让股权凭证的交易制度，也适用于现代的全面扩展的制度，如间接持有凭证、国际性凭证以及凭证式账目表的制度。无论是否经过登记，只要公司股票没有满足“直接持有公司的可流通股票视为占有公司股份”的③，其就不能成为占有性担保物权项下的财产。不论公司股份上的担保物权到底被认为是占有性的还是非占有性的，都会产生担保物权的范围问题。持有公司股份的股东通常不仅有分享资本和收益的权利，还有参与公司重要事务决策的权利。公司股份之上设立的担保物权的效力可以及于股息、红利以及其他通过股票所获得的财产之上，但仅限于股

---

① 参见 DCFR 第Ⅸ—2：301 条。

② 参见［德］克里斯蒂安·冯·巴尔、［英］埃里克·克莱夫主编：《欧洲私法的原则、定义与示范规则：欧洲示范民法典草案》（第 9、10 卷），徐强盛等译，法律出版社 2014 年版，第 58～59 页。

③ 参见 DCFR 第Ⅸ—2：302 条第 1 款。

票和此类财产的货币价值①，不包括股东的投票权等。②

三、债券之上担保物权的设立

无论可流通的债券或债券凭证是否登记，直接持有或占有就足以在其之上设立占有性担保物权，否则不能在其之上设立占有性担保物权。③

四、流通物权凭证和流通票据之上担保物权的设立

只要直接占有流通物权凭证或流通票据就足以在其所涵盖的财产之上，或在流通票据所代表的权利之上设立占有性担保物权。④ 流通凭证代表了一定的有形财产；流通票据则代表了一定的无形财产，特别是在汇票、支票及本票上的付款请求权。流通物权凭证通常是仓单和提单。⑤ 流通物权凭证担保物权的范围为：流通物权凭证的效力及于动产的，物权凭证之上的担保物权也及于该动产。流通票据之上担保物权的范围为：对于流通票据，流通票据之上的担保物权也及于该票据所体现的权利。⑥

---

① 参见 DCFR 第Ⅸ—2：302 条。

② 参见［德］克里斯蒂安·冯·巴尔、［英］埃里克·克莱夫主编：《欧洲私法的原则、定义与示范规则：欧洲示范民法典草案》（第 9、10 卷），徐强盛等译，法律出版社 2014 年版，第 59～60 页。

③ 参见［德］克里斯蒂安·冯·巴尔、［英］埃里克·克莱夫主编：《欧洲私法的原则、定义与示范规则：欧洲示范民法典草案》（第 9、10 卷），徐强盛等译，法律出版社 2014 年版，第 60 页。

④ 参见［德］克里斯蒂安·冯·巴尔、［英］埃里克·克莱夫主编：《欧洲私法的原则、定义与示范规则：欧洲示范民法典草案》（第 9、10 卷），徐强盛等译，法律出版社 2014 年版，第 61～62 页；吴俞嘉：《论 DCFR 之动产担保物权的优先顺位问题——兼论对中国动产担保物权优先受偿次序的启示》，苏州大学 2017 年硕士学位论文，第 20～23 页。

⑤ 参见［德］克里斯蒂安·冯·巴尔、［英］埃里克·克莱夫主编：《欧洲私法的原则、定义与示范规则：欧洲示范民法典草案》（第 9、10 卷），徐强盛等译，法律出版社 2014 年版，第 61 页。

⑥ 参见 DCFR 第Ⅸ—2：304 条。

五、从物之上担保物权的设立

从物与主物结合并不会失去其独立性；从物从主物中分离出来，不会或不会明显地损害其自身。譬如，机动车、飞机或船舶等运输工具的引擎，建筑物的窗户，供热系统的锅炉等。如果满足了这些从物的技术标准，从物就具有独立的法律地位。[①] 从动产或不动产主物上分离后，从物之上的担保物权依然存在；在有形财产之上设立的担保物权，在该财产后来成为动产或不动产的从物后担保物权继续存在。[②]

六、原担保财产的收益之上担保物权的设立

确定担保物权效力范围的基本原则是，担保物权一般不应该从原担保财产的范围扩大至原担保财产的收益，特别是原担保财产销售款的付款请求权。其缘由是，为给其他提供信贷的债权人提供公平的机会，使其能够在对债务人一般交易进行融资过程中，通过在这些收益之上设立担保物权，为其付款请求权提供担保。[③] 收益是指任何来自担保财产的价值，譬如，通过出卖、其他处分行为，或收取款项所实现的价值；因缺陷、损害或损失而取得的损害赔偿金或保险金；法定的或天然的孳息，包括分红、收益的收益。[④] 收益不包括那些通过生产、组合或混合出来的新的财产，其分别由 DCFR 第Ⅸ—2：307 条至

---

① 参见［德］克里斯蒂安·冯·巴尔、［英］埃里克·克莱夫主编：《欧洲私法的原则、定义与示范规则：欧洲示范民法典草案》（第9、10卷），徐强盛等译，法律出版社2014年版，第62～63页。

② 参见 DCFR 第Ⅸ—2：305 条。

③ 参见［德］克里斯蒂安·冯·巴尔、［英］埃里克·克莱夫主编：《欧洲私法的原则、定义与示范规则：欧洲示范民法典草案》（第9、10卷），徐强盛等译，法律出版社2014年版，第63页。

④ 参见 DCFR 第Ⅸ—1：201 条第11款。

第Ⅸ—2：309 条的规定进行调整。[①] 原担保财产的收益之上的担保物权的规定不仅适用于一般担保物权项下的原始财产，也扩大适用于保留所有权交易下的卖方、供应方和出租方对保留所有权交易项下提供的财产收益之上的权利。然而，即使存在扩大适用的情况，卖方、供应方和出租方也仅取得这些收益之上的担保物权，而不是所有权。[②]

担保物权效力范围的基本原则存在例外：担保物权从原始担保财产扩大至其收益之上，即原担保物权的收益之上可以设立担保物权。例外情况存在以下 3 种，而每种例外都有自身的原因和适用范围。

第一种例外情形是担保物权的效力及于因原担保财产的缺陷、损坏或灭失而产生的给付请求权，包括保险收益。[③] 这种例外情形自动适用，不需要当事人的特别约定。所列举的那些情形可能因为担保人、其代理人或受雇人的行为而导致。自动扩展适用于收益的正当理由是担保财产价值的贬损或全部损失。因此，当上述情况或类似情况发生时，为了保护担保权人的利益，其担保物权就扩展至付款请求权。[④] 这类收益之上的担保物权不需要满足对抗第三人效力的条件即具有法律效力。这类收益之上的担保物权仍然享有原担保财产之上担保物权的优先权，而且原始担保财产之上的担保物权享有的超级优先权也依然存在。甚至原始担保财产之上的保留所有权交易为此类收益上的担

---

① 参见［德］克里斯蒂安·冯·巴尔、［英］埃里克·克莱夫主编：《欧洲私法的原则、定义与示范规则：欧洲示范民法典草案》（第 9、10 卷），徐强盛等译，法律出版社 2014 年版，第 63 页。

② 参见［德］克里斯蒂安·冯·巴尔、［英］埃里克·克莱夫主编：《欧洲私法的原则、定义与示范规则：欧洲示范民法典草案》（第 9、10 卷），徐强盛等译，法律出版社 2014 年版，第 63～64 页。

③ 参见 DCFR 第Ⅸ—2：306 条第 1 款。

④ 参见［德］克里斯蒂安·冯·巴尔、［英］埃里克·克莱夫主编：《欧洲私法的原则、定义与示范规则：欧洲示范民法典草案》（第 9、10 卷），徐强盛等译，法律出版社 2014 年版，第 64 页。

保物权所取代，后者同原始财产之上的担保物权享有同样的优先权。[①]

第二种例外情形是占有型担保物权的效力及于原担保财产的法定孳息和天然孳息，但当事人另有约定的除外。[②] 因为，在占有性担保情况下，担保权人实际占有担保财产，自然成为收取孳息的最佳人选。动物的后代是天然孳息的典例，利息或股息是法定孳息的典例。这种天然孳息和法定孳息之上的担保物权的法律效力受 DCFR 第Ⅸ—3：101 条（对抗第三人的效力）第 2 款规定的调整。

第三种例外情形是经当事人同意，担保物权的效力也及于原担保财产的其他收益[③]，即只有当事人（担保权人与担保人）之间协议约定在那些属于上述两种情形所列举的收益之上可以设立担保物权。这种其他收益之上的担保物权只有在当事人依据规定协商一致的情况下才能适用，也不能排除其只有在登记后或担保财产为债权人所实际占有或控制的情况下才会产生效力。但根据 DCFR 第Ⅸ—4：104 条（孳息和收益：一般规则）和第Ⅸ—4：105 条（孳息和收益：例外规定）所规定的条件，其依然可以享有原担保物权所具有的优先权。[④]

七、担保财产的加工物或附合物担保物权的设立

担保财产用于加工或附合涉及两个问题，即担保财产用于加工和附合对于担保财产之上担保物权的影响问题和原材料前所有权人的担保物权的界定问题。前一个问题由 DCFR 第Ⅸ—2：307 条第 1 款、第 2 款规定。后一个问题由第Ⅸ—2：307 条第 3 款、第 4 款规定。第 1

---

① 参见［德］克里斯蒂安·冯·巴尔、［英］埃里克·克莱夫主编：《欧洲私法的原则、定义与示范规则：欧洲示范民法典草案》（第 9、10 卷），徐强盛等译，法律出版社 2014 年版，第 65 页。

② 参见 DCFR 第Ⅸ—2：306 条第 2 款。

③ 参见 DCFR 第Ⅸ—2：306 条第 3 款。

④ 参见［德］克里斯蒂安·冯·巴尔、［英］埃里克·克莱夫主编：《欧洲私法的原则、定义与示范规则：欧洲示范民法典草案》（第 9、10 卷），徐强盛等译，法律出版社 2014 年版，第 65 页。

款涉及担保财产用于新产品的加工，第 2 款涉及担保财产和其他财产的附合，第 3 款涉及第八卷和第九卷的原材料前所有权人的担保物权界限，第 4 款涉及原材料的前担保权人的担保物权及于原材料的前所有权人的担保物权。

（一）担保财产用于新产品的加工

根据 DCFR 第Ⅸ—2：307 条第 1 款的规定，担保财产用于加工新产品的，担保权人仅对新产品中担保财产部分享有担保物权，对新产品中的其他材料并不享有担保物权。因为担保财产的所有权仍属于担保人，但担保权人可与担保人重新约定将新产品的其他部分设立担保物权。担保人因加工而仅取得对生产者的付款请求权，虽然不是新产品的所有权人，但也可与原担保权人在付款请求权上设立担保物权。①

（二）担保财产和其他财产的附合

根据 DCFR 第Ⅸ—2：307 条第 2 款的规定，担保财产和其他财产附合后，担保财产增值，但二者不能分离，即使能分离但其价值减少的，担保人必须与担保权人就原担保财产增值部分和享有的付款请求权约定设立担保物权，否则担保权物设立无效。②

值得注意的是，担保财产的加工和附合的法律效力和优先权。在新加工物、附合物之上或担保人对这些财产的所有权人的付款请求权之上的新担保物权后于已用于加工或附合的原材料之上的前担保权人的担保物权，但条件是，后者的担保权人必须占有或控制这些财产或

---

① 参见［德］克里斯蒂安·冯·巴尔、［英］埃里克·克莱夫主编：《欧洲私法的原则、定义与示范规则：欧洲示范民法典草案》（第 9、10 卷），徐强盛等译，法律出版社 2014 年版，第 66～67 页。

② 参见［德］克里斯蒂安·冯·巴尔、［英］埃里克·克莱夫主编：《欧洲私法的原则、定义与示范规则：欧洲示范民法典草案》（第 9、10 卷），徐强盛等译，法律出版社 2014 年版，第 68 页。

对其进行登记。①

（三）第八卷和第九卷原材料前所有权人的担保物权的界限：DCFR 第Ⅸ—2：307 条第 3 款

第八卷第五章关于生产和混合的规定也涉及为在生产和混合过程丧失所有权的原材料的前所有权人设立的担保物权。这些担保物权是受第八卷还是第九卷规定调整，主要依据 DCFR 第Ⅷ—5：101 条（当事人意思自治以及与相关规定的关系）确定。DCFR 第Ⅸ—2：307 条第 3 款中的依法定设立担保物权，即如果因法律的规定，原材料的前所有权人取得了新产品之上的担保物权，第八卷的规定优先于第九卷适用。第八卷没有涉及的其他问题，如担保物权的执行，第九卷的规定仍然适用。在用于生产或混合的原材料的前所有权人本来就是该原材料之上的保留所有权交易的权利人时，第 3 款第 1 句不能适用该款规定。对于保留所有权交易项下的财产，第八卷第五章的规定不能直接适用；保留所有权交易项下的财产的生产或混合后的法律后果规定在 DCFR 第Ⅸ—2：308 条（保留所有权交易的标的物的加工或组合）第 1 款，适用第八卷第五章的规定。加工和组合依当事人协议设立的担保物权适用第八卷第五章设立的法定担保物权的规定。依据 DCFR 第Ⅷ—5：101 条（当事人意思自治以及与相关规定的关系）第 4 款第 2 句的规定，按照当事人之间的协议设立的担保物权适用第九卷的规定。DCFR 第Ⅷ—5：204 条（关于担保物权的补充规定）第 3 款的规定是 DCFR 第Ⅷ—5：101 条第 4 款第 2 句规定的唯一例外，即原材料的前所有权人的担保物权作为材料价款的担保物权或保留所有权交易

① 参见［德］克里斯蒂安·冯·巴尔、［英］埃里克·克莱夫主编：《欧洲私法的原则、定义与示范规则：欧洲示范民法典草案》（第 9、10 卷），徐强盛等译，法律出版社 2014 年版，第 68 页。

同样享有绝对优先权。①

（四）原材料的前担保权人的担保物权及于原材料的前所有权人的担保物权：DCFR 第Ⅸ—2：307 条第 4 款

DCFR 第Ⅸ—2：307 条第 4 款涉及两个担保物权：一个是作为生产和混合的后果而丧失原材料的所有权的担保人的新的（通常是法定的）担保物权；另一个是最初在用于生产或混合的原材料之上就享有担保物权的担保权人依合同设立的新的担保物权。②

八、保留所有权交易的标的物的加工物或附合物之上担保物权的设立

保留所有权交易项下的加工或附合明定于 DCFR 第Ⅸ—2：308 条第 2 款至第 4 款。③

（一）DCFR 第Ⅸ—2：308 条第 1 款：第八卷第五章变通后的适用

DCFR 第Ⅸ—2：308 条第 1 款的规定不能直接适用第八卷第五章的规定的原因是保留所有权交易这种物权担保有别于普通所有权，而且保留的所有权的专有地位较弱，不能像第八卷第五章规定的一般所有权那样得到认可。DCFR 第Ⅸ—2：308 条第 1 款通过变通适用第八卷的规定，即对于涉及保留所有权交易项下的财产的加工或附合的情

---

① 参见［德］克里斯蒂安·冯·巴尔、［英］埃里克·克莱夫主编：《欧洲私法的原则、定义与示范规则：欧洲示范民法典草案》（第 9、10 卷），徐强盛等译，法律出版社 2014 年版，第 67 ~ 68 页。

② 参见［德］克里斯蒂安·冯·巴尔、［英］埃里克·克莱夫主编：《欧洲私法的原则、定义与示范规则：欧洲示范民法典草案》（第 9、10 卷），徐强盛等译，法律出版社 2014 年版，第 69 页。

③ 参见 DCFR 第Ⅸ—2：306 条和第Ⅸ—2：308 条。

形，参照第八卷的规定，以确保在所有权归属问题上适用相同的规则。但准用第八卷第五章的规定受到一个重要限制性条款的限制，保留所有权交易的权利人是买方、分期付款购买方、承租人及承销人，即财产是由所有权人向其提供并受制于保留所有权交易、随后用于加工或附合的人，才被视为所有权人。该限制性条款强调了保留所有权的担保功能，并使得买卖合同、分期付款合同、融资租赁合同或寄售合同的当事人的意图得以实现。①

（二）加工或附合后保留所有权交易持有人的权利

DCFR 第Ⅸ—2：308 条（保留所有权项下的标的物用于加工和附合）第 2 款至第 4 款规定的保留所有权交易的持有人对用于生产或附合的财产所享有的权利不会及于最初提供的财产之外，除非双方当事人之间（在卖方、供应商或出租人与买方、分期付款购买方、承租人及承销人之间）重新进行约定。但保留所有权交易的权利人在新加工物、附合物之上，或在买方、分期付款购买方、承租人及承销人对这些财产的所有权人享有的付款请求权之上取得的担保物权必须满足第三章（对抗第三人的效力）的条件。满足此条件而设立的担保物权有效的，他们就享有最初的保留所有权交易的优先权，包括超级优先权。②

九、担保财产的混合物之上担保物权的设立

根据 DCFR 第Ⅸ—2：309 条的规定，担保财产的混合大致可分为担

---

① 参见［德］克里斯蒂安·冯·巴尔、［英］埃里克·克莱夫主编：《欧洲私法的原则、定义与示范规则：欧洲示范民法典草案》（第 9、10 卷），徐强盛等译，法律出版社 2014 年版，第 70～71 页。

② 参见［德］克里斯蒂安·冯·巴尔、［英］埃里克·克莱夫主编：《欧洲私法的原则、定义与示范规则：欧洲示范民法典草案》（第 9、10 卷），徐强盛等译，法律出版社 2014 年版，第 72～73 页。

保物权项下的商品的混合和保留所有权交易项下的商品的混合两种。①

（一）担保物权项下的商品的混合

根据 DCFR 第Ⅷ—5：202 条（混合）第 1 款的规定，不同混合财产的所有权人变成了集合物或混合物的共同所有权人，每个人享有与在混合时各自财产价值相等的份额。依据 DCFR 第Ⅸ—2：309 条第 1 款的规定，已经融入集合物或混合物的特定部分的担保物权继续保留。混合前在某部分财产之上所取得的担保物权的效力自动地扩展至在集合物或混合物中的各自的份额之上，但各种份额之上担保物权的优先权包括绝对优先权不受混合的影响。②

（二）保留所有权交易项下的商品的混合

保留所有权交易的权利人即所有权人在集合物或混合物份额上所取得的权利不能视为（完全的）所有权，但可以作为原保留所有权交易的延续，因此一般受本编规定的调整。但保留所有权交易的权利人在集合物或混合物的份额上的权利不受第三章规定的对抗第三人的效力条件的限制，原保留所有权交易的任何绝对优先权也不受影响。③需提及的是，商品的混合不包括金融财产，因为在这些财产之上设立的担保并不是为了持有人的利益，但法律并不排除当事人之间的约定。④

---

① 参见 DCFR 第Ⅸ—2：309 条。

② 参见［德］克里斯蒂安·冯·巴尔、［英］埃里克·克莱夫主编：《欧洲私法的原则、定义与示范规则：欧洲示范民法典草案》（第 9、10 卷），徐强盛等译，法律出版社 2014 年版，第 74 页。

③ 参见［德］克里斯蒂安·冯·巴尔、［英］埃里克·克莱夫主编：《欧洲私法的原则、定义与示范规则：欧洲示范民法典草案》（第 9、10 卷），徐强盛等译，法律出版社 2014 年版，第 74 页。

④ 参见［德］克里斯蒂安·冯·巴尔、［英］埃里克·克莱夫主编：《欧洲私法的原则、定义与示范规则：欧洲示范民法典草案》（第 9、10 卷），徐强盛等译，法律出版社 2014 年版，第 75 页。

第三节　保留所有权交易的设立

DCFR 第Ⅸ—1：103 条第 1 款（保留所有权交易的范围）主要定义保留所有权交易，第Ⅸ—2：201 条规定了保留所有权交易设立条件，第Ⅸ—1：102 条（动产之上的担保物权）第 1 款规定了保留所有权交易的适用规则。担保物权和保留所有权交易的根本区别是设立方式不同，因此适用于担保物权也适用于保留所有权交易的一般原则不能适用于此条款。对于在特殊类型的财产之上的保留所有权交易，还需要满足第二章第三节规定的附加条件。①

保留所有权交易设立需要满足以下 5 个要件：第一个要件是适用情形。保留所有权交易仅适用于依据买卖合同、分期付款合同、融资租赁合同或寄售合同提供财产的情形。② 第二个要件是卖方、供应商或出租人是所提供财产的所有权人或有权处分这些财产。倘若卖方、提供方或出租人没有所有权或未得到所有权人的授权提供财产，则保留所有权交易设立无效，真正的所有权人的权利也不会受到任何影响，卖方、提供方或出租人等也无法设立此种担保物权。即使真正的所有权人依然享有所售出财产的所有权，卖方、提供方或出租人，即以自己的名义签订买卖合同、分期付款合同、融资租赁合同或寄售合同的人，根据第九卷保留所有权交易的适用规则的目的被视为担保权人。第三个要件是在物权担保合同即买卖合同、分期付款合同、融资租赁合同或寄售合同中对保留所有权交易项下的担保财产进行特定化。第四个要件是享有保留所有权所担保的履行请求权。第五个要件是卖方、

① 参见［德］克里斯蒂安·冯·巴尔、［英］埃里克·克莱夫主编：《欧洲私法的原则、定义与示范规则：欧洲示范民法典草案》（第 9、10 卷），徐强盛等译，法律出版社 2014 年版，第 54～55 页。

② 参见 DCFR 第Ⅸ—2：201 条。

提供方或出租人在相关交易范围内一定时间可保留所有权。作为定限物权的担保物权只有在达到特定标准时才被认为构成购置款融资交易，而保留所有权交易总是被购置款融资交易的定义覆盖。需提及的是，作为购置款融资的保留所有权交易应当按照 DCFR 第Ⅸ—3：107 条（融资购买交易的登记）的规定进行登记。其除了应符合本条款规定的成立要件，还应当根据第三章第三节的规定对保留所有权交易进行登记，保留所有权交易才能对抗第三人。保留所有权交易满足上述要件的，其成立生效。其效力范围为，根据 DCFR 第Ⅸ—2：401 条，担保物权在最高限额内（如果有的话），不仅担保主债权，还担保债权人对债务人的从债权，特别是以下的给付请求权：约定的违约利息；债务人不履行合同所产生的损害赔偿金、罚金或其他约定赔偿金；非司法途径。对担保人和非担保人的债务人的债务提起诉讼和执行程序所产生的合理费用的给付请求权，担保权人在进行法律程序之前已经在足够的时间内通知了债务人以避免上述费用的，也属于担保物权的效力范围。总括担保仅担保因债权人和债务人之间合同所产生的权利。①

---

① 参见［德］克里斯蒂安·冯·巴尔、［英］埃里克·克莱夫主编：《欧洲私法的原则、定义与示范规则：欧洲示范民法典草案》（第9、10卷），徐强盛等译，法律出版社2014年版，第55～57页。

第三章　欧盟动产担保物权的生效：对抗第三人的效力

第一节　对抗第三人的效力的一般规则

一、概说

根据 DCFR 第Ⅸ—3：101 条，（1）依第九卷第二章规定创设的担保物权不具有对抗以下类别的第三人的效力：担保财产之上的物权的持有人，包括有效的担保权人；已经进入担保财产执行程序的，并依法取得优先保护地位以对抗轮候执行的债权人；符合第三章规定条件的担保人的破产管理人，构成例外情况的例外。（2）依据第三章的规定取得对抗第三人效力的担保物权，根据第九卷规定不需要另外约定，其效力可以扩展至原担保财产之外的其他财产之上的，担保物权效力的扩展不受第三章要求的限制。（3）依善意取得原则取得的担保物权，即使不符合第三章规定的条件，都具有对抗保留所有权交易的持有人或在先担保权人的效力，而不必顾及该保留所有权交易或担保财产之上存在的在先担保物权。这些对抗第三人效力的规则不仅对作为定限物权的担保物权适用，也适用于保留所有权交易。后一类型的担保交易不是仅根据第二章的规则设立就具有对抗第三人的效力，而是只有符合第三章登记规定的条件才具有对抗第三人的效力。

二、担保物权生效的方式

担保物权生效的方式可分为主要方式和其他方式。主要方式有3种：第一，所有有形与无形财产的登记。[①] 第二，有形财产的占有。第三，无形财产的控制。[②] 其他方式是指担保物权通过登记、占有和控制生效，也可以通过其他方式生效。各种方式的生效不同，所选择方式中具有更强的效力者优先。[③] 实践中，两种以上相结合的方式为占有与登记相结合的方式，控制与登记相结合的方式。[④] 值得注意的是，担保物权的效力在取得时开始生效。较强效力意味着担保物权的生效时间要早于因其中一种生效方式而生效的时间。[⑤]

三、担保物权生效方式的变更

担保物权生效方式变更的，只要前一个方式终止时能够立刻符合新生效方式的条件，其效力延续。[⑥] 担保权人要变更担保物权生效方式的，必须保持前种方式与新方式的连续性不被中断。譬如，如果双

---

① 参见DCFR第Ⅸ—3：102条第1款。

② 参见DCFR第Ⅸ—3：102条第2款。

③ 参见DCFR第Ⅸ—3：103条第1款。

④ 参见［德］克里斯蒂安·冯·巴尔、［英］埃里克·克莱夫主编：《欧洲私法的原则、定义与示范规则：欧洲示范民法典草案》（第9、10卷），徐强盛等译，法律出版社2014年版，第82页。

⑤ 参见［德］克里斯蒂安·冯·巴尔、［英］埃里克·克莱夫主编：《欧洲私法的原则、定义与示范规则：欧洲示范民法典草案》（第9、10卷），徐强盛等译，法律出版社2014年版，第82页。

⑥ 参见DCFR第Ⅸ—3：104条。

方当事人决定把占有担保物权变更为非占有担保物权，只有在担保权人把担保财产返还给担保人之前，对非占有担保物权进行了有效登记，公示和其效力的连续性才会得到维持。

四、担保物权生效的特殊问题

（一）不动产添附物之上担保物权的生效

不动产添附物之上担保物权的生效是指土地登记法律有相应规定的，不动产添附物之上的担保物权可以在添附之时经土地登记簿的登记或标注而生效。[①] 登记或备案的方式可能把对担保权人的保护及于不动产的添附物，备案的方式可以确保不动产添附物之上的担保物权具有对抗不动产抵押权人的效力。[②]

（二）混合财产之上担保物权的生效

混合财产之上担保物权的生效是指已经生效的担保物权项下的有形财产发生混合时，特别是金融财产在基金中发生混合时，依第Ⅸ—2：309条（担保财产的混合）规定的混合物相应份额上的担保物权继续有效。[③] 每一个通过混合被整合进混合物或基金的个体部分财产的权利之间具有法律连续性。对单个、几个或全部的混入混合物或集合物的个人财产之上可能已取得的效力，继续各自维持。因为，在集合物或混合物中各自的每一个份额分别与其对集合物或混合物中贡献一致。如果金融财产合并入一只基金，也是如此。[④]

---

① 参见DCFR第Ⅸ—3：105条。

② 参见［德］克里斯蒂安·冯·巴尔、［英］埃里克·克莱夫主编：《欧洲私法的原则、定义与示范规则：欧洲示范民法典草案》（第9、10卷），徐强盛等译，法律出版社2014年版，第84页。

③ 参见DCFR第Ⅸ—3：106条。

④ 参见DCFR第Ⅸ—3：107条。

（三）融资购买交易的登记

DCFR 第Ⅸ—3：107 条第 1 款至第 4 款明定了融资购买交易登记的生效问题。[①] 根据第Ⅸ—3：107 条第 1 款的规定，融资购买交易的两种类型，即保留所有权交易和符合第Ⅸ—1：201 条（定义）第 3 款的条件的担保物权，性质上是非占有担保物权，其因登记而生效。相关财产交付后 35 日内登记的，这两种融资购买交易设立之日即为生效之日。[②] 根据第Ⅸ—4：102 条（超级优先顺位）第 1 款的规定，融资购买交易享有超级优先权，优先于在此期间产生和生效的其他担保物权，后于卖方、供货方、出租人或其他融资购买交易的担保权人的优先的担保物权。同样地，融资购买交易也优先于在 35 日期限内进行执行的买方、分期付款购买人、承租人或承销人的执行债权人的权利，也优先于在 35 日期限内买方、分期付款购买人、承租人或承销人的财产的破产管理人所享有的权利。相关财产交付之日起 35 日后进行登记的，作为所有权担保方式的融资购买交易只能自登记时生效，不具有第Ⅸ—4：102 条（超级优先权）规定的优先权。[③] 但在没有登记的情况下，在提供给作为担保人（特别是买方、分期付款购买人、承租人）的消费者的财产之上设立的担保物权和保留所有权交易有效。原因有 4 个：一是第Ⅸ—3：107 条第 4 款，不进行登记的特权被严格限制在消费者的购买融资之上，融资交易主要是根据保留所有权协议和

---

① 参见 DCFR 第Ⅸ—3：107 条；吴俞嘉：《论 DCFR 之动产担保物权的优先顺位问题——兼论对中国动产担保物权优先受偿次序的启示》，苏州大学 2017 年硕士学位论文，第 17 页。

② 参见［德］克里斯蒂安·冯·巴尔、［英］埃里克·克莱夫主编：《欧洲私法的原则、定义与示范规则：欧洲示范民法典草案》（第 9、10 卷），徐强盛等译，法律出版社 2014 年版，第 85 页。

③ 参见［德］克里斯蒂安·冯·巴尔、［英］埃里克·克莱夫主编：《欧洲私法的原则、定义与示范规则：欧洲示范民法典草案》（第 9、10 卷），徐强盛等译，法律出版社 2014 年版，第 86 ~ 87 页。

融资租赁合同所进行的买卖；二是为了使消费者对其得到的财产取得物权的效力，对担保物权或保留所有权交易没有登记的要求；三是尽管未登记，担保物权或保留所有权交易的效力仍可适用第Ⅸ—4：102条第1款的规定；四是登记的例外仅限于提供给消费者的主要客体，并不扩展至收益和其他财产，以保护消费者的取得权。[①]

（四）进口担保财产之上担保物权的效力

担保财产来自欧盟以外的国家，只要在三个月内满足第三章规定的要件，则任何在先的担保物权仍然继续有效。[②]

第二节　担保物权的生效：占有与控制

有形财产的占有与无形财产的控制虽然是担保物权生效的两种方式，但二者适用的客体不同。

一、有形财产之上担保物权的生效：占有

该占有主要有非担保人占有、担保权人占有和共同占有3种。非担保人占有由个人和技术两个要素构成。[③] 个人要素是指担保权人必须亲自占有或通过代理人进行占有。担保人不能为代理人。代理人是被授权以另一个人的名义行事的人。因为代理人是本人的另一个自我；本人是通过代理人来作为，作为本人的担保权人通过代理

---

① 参见［德］克里斯蒂安·冯·巴尔、［英］埃里克·克莱夫主编：《欧洲私法的原则、定义与示范规则：欧洲示范民法典草案》（第9、10卷），徐强盛等译，法律出版社2014年版，第87页。

② 参见DCFR第Ⅸ—3：108条。

③ 参见DCFR第Ⅸ—3：201条（a）项规定，保物权人或担保权人的代理人（非担保权人）对担保财产实施直接的物理控制；云晋升：《动态质押中的权利冲突及解决》，载《北京理工大学学报（社会科学版）》2020年第5期。

人间接占有担保财产。担保人通常与担保权人存在明显的私人利益，不能为担保权人的代理人。[①] 担保权人占有中，第三人（不包括担保人）为了担保权人的利益持有担保财产视为担保权人对担保财产的占有。[②] 共同占有的主体为担保权人和担保人，或他们所指定的第三人。[③]

二、流通物权凭证和流通票据之上担保物权的生效：占有

流通物权凭证和流通票据之上担保物权因占有而生效，占有足以使流通物权凭证代表的货物或流通票据所体现的权利之上的担保物权生效[④]，足以有效取得物权凭证项下的货物或票据所代表的权利之上的有效对抗第三人的担保物权。但这种占有存在一个例外情形：物权凭证所代表的货物，根据标注了合理日期的信托收据交付给担保人或其他人，为期至多 10 日。货物交付给担保人或他的代理人，担保权人对提单项下商品的占有出现以下 3 种短暂的中断，并不影响合法、有效成立的担保物权[⑤]：一是一个严格的限制期限，即最长 10 天；二是附随票据的一个正式信托凭证；三是只为装货或卸货、出售、交换或提单项下货物的其他交易方式的担保意图，而不是竞争性担保物权的

---

① 参见［德］克里斯蒂安·冯·巴尔、［英］埃里克·克莱夫主编：《欧洲私法的原则、定义与示范规则：欧洲示范民法典草案》（第 9、10 卷），徐强盛等译，法律出版社 2014 年版，第 90 页。

② DCFR 第Ⅸ—3：201 条（b）项规定，第三人（非担保人）占有担保财产的，第三人和担保权人达成协议，仅为担保权人占有担保财产。

③ 参见 DCFR 第Ⅸ—3：201 条（c）项规定，担保权人和担保人共同占有担保财产；云晋升：《动态质押中的权利冲突及解决》，载《北京理工大学学报（社会科学版）》2020 年第 5 期。

④ 参见 DCFR 第Ⅸ—3：202 条第 1 款。

⑤ 参见 DCFR 第Ⅸ—3：202 条第 2 款；吴俞嘉：《论 DCFR 之动产担保物权的优先顺位问题——兼论对中国动产担保物权优先受偿次序的启示》，苏州大学 2017 年硕士学位论文，第 20～22 页。

设立。①

三、有证书的股票和债券之上担保物权的生效：占有

有证书的股票和债券之上担保物权因占有而生效，即因占有可流通的直接持有的公司股票证书及直接持有的债券证书之上的担保物权生效。②

四、金融财产之上担保物权的生效：控制

金融财产之上担保物权因控制而生效。控制的对象是金融资产，金融资产特指中介金融资产（金融机构持有的金融资产）和非中介金融工具。前者被金融机构持有或入账即可，后者被登记即可。判断是否构成控制的实质要件和形式要件如下：实质要件为担保权人实施控制的方式（实现担保物权生效的途径），其包括3种方式：（1）经担保人同意，担保权人指示管理账户的金融机构，未经担保权人同意，不得许可担保人处分账户中的财产。这一规定预设金融担保财产仍在担保人的名下，但限制其处分这些财产的行为。（2）金融机构在特殊账户中为担保权人持有财产。担保权人把担保财产转移给自己的一个特别账户里，这个特别账户使担保资产既区别于担保人的普通资产，也区别于担保权人的普通资产。（3）金融机构就是担保权人。形式要件为书面形式、电子记录手段或其他持久介质的记载证明等。③ 如果先后为不同的担保权人的利益对财产进行控制，他们之间的关系由优

---

① 参见［德］克里斯蒂安·冯·巴尔、［英］埃里克·克莱夫主编：《欧洲私法的原则、定义与示范规则：欧洲示范民法典草案》（第9、10卷），徐强盛等译，法律出版社2014年版，第92页。

② 参见DCFR第Ⅸ—3：203条。

③ 参见DCFR第Ⅸ—3：204条；吴俞嘉：《论DCFR之动产担保物权的优先顺位问题——兼论对中国动产担保物权优先受偿次序的启示》，苏州大学2017年硕士学位论文，第23页。

先顺位的一般规则调整，即担保物权生效的顺序对优先权具有决定性的作用。如果控制优先于任何其他担保物权或定限物权，控制享有绝对优先权（第Ⅸ—4：102条超优先顺位第2款），即使这些担保物权或定限物权设立或生效的时间更早。但在几个不同的担保权人之间，各自对同一个财产行使控制权，适用决定优先权的普通规则。①

第三节　动产担保物权生效：登记

动产担保登记公示是欧洲私法的一个基本原则。登记并不是成立动产担保物权必要的要件，譬如，对于担保物权或保留所有权交易的设立，登记并没有实质性的影响。在第二章的条件得以满足时，担保物权和保留所有权交易即得以成立。第三章只涉及对抗第三人的效力，这些效力也可以通过登记以外的方式取得，即通过占有或控制，或者例外情况下不需要满足任何额外条件。登记并不足以使担保物权或保留所有权交易成立。如果第二章的要求没有得到满足，如担保人无权在有关财产之上设立担保物权，仅依据登记担保人并不能取得任何权利。

第一分节　担保物权登记程序

一、欧洲担保物权登记簿

第Ⅸ—3：301条第1款至第3款明定了登记公示制度的目的、登记系统的一般特征、其他登记及备案系统的变通、欧盟担保物权登记

① 参见［德］克里斯蒂安·冯·巴尔、［英］埃里克·克莱夫主编：《欧洲私法的原则、定义与示范规则：欧洲示范民法典草案》（第9、10卷），徐强盛等译，法律出版社2014年版，第95页。

簿的建立、其他登记或备案系统等内容。[①]

（一）登记公示制度的目的

在公共登记册上对动产物权担保进行登记公示，其本身不是目的，而是服务于以下 4 个目的：一是提供担保权人和与担保人交易的第三人的信息。二是对登记的担保权人的保护。三是预防欺诈。担保物权或保留所有权交易的登记是一件既可以准确确定又易于证明的事情。这使得登记制度就像一个预防欺诈的有效机制。登记可以作为担保物权何时生效的证明。登记也在担保权人和试图阻止担保权人对财产进行执行的担保人之间发生作用，该担保人主张涉及的财产实际上受到为另一债权人而设立的在先担保物权的限制。担保物权登记公示的要求可以保护其对抗倒签日期的担保。四是不同动产担保物权的登记时间先后决定了优先受偿的先后[②]，因为优先受偿的顺序通常可按登记时间先后确定。[③]

（二）本节规则下登记系统的一般特征

欧盟动产担保物权登记系统是一个便捷、简单、安全的提供欧盟动产担保物权存在与否信息的通知备案系统[④]，是动产担保物权当事人直接进入登记系统进行登记的开放系统，是公众可直接在线访问的开放系统，是涵括所有合法成立而生效的欧盟动产担保物权类型的登

---

① 参见 DCFR 第Ⅸ—3：301 条。

② 参见吴俞嘉：《论 DCFR 之动产担保物权的优先顺位问题——兼论对中国动产担保物权优先受偿次序的启示》，苏州大学 2017 年硕士学位论文，第 11 页。

③ 参见［德］克里斯蒂安·冯·巴尔、［英］埃里克·克莱夫主编：《欧洲私法的原则、定义与示范规则：欧洲示范民法典草案》（第 9、10 卷），徐强盛等译，法律出版社 2014 年版，第 96～97 页。

④ 参见于夏楠：《动产抵押登记制度研究——以〈动产抵押登记办法〉和〈中国人民银行征信中心动产融资统一登记平台操作规则〉为基础》，南京财经大学 2017 年硕士学位论文，第 25～26 页。

记系统。[①]

（三）其他登记及备案系统的变通

本节规定的登记制度与传统的登记制度不同，后者是在担保物权的详情被载入登记簿前，由公共登记机构检查当事人提供的信息。其与普通法或英美法系国家的登记备案制度相比，也有所不同：一是对所有不需要进行登记的事项，必须经担保人同意被视为对担保人提供保护的核心要求；二是善意取得可能会导致不同于登记内容的结果；三是有些成员国的法律环境问题，特别是涉及法院诉讼程序的期限，使得仅通过诉讼程序和损害赔偿请求权向担保人或其他登记用户提供保护不切实际。[②]

（四）欧盟担保物权登记簿的建立

一个担保物权要实现登记对抗第三人的效力，必须在欧盟登记系统中进行登记。由于各国立场不同，对于登记的细节、条件和效力，欧盟登记系统规则无法仅依据登记机构的运作程序选择出一个解决方案。其意在通过一个最有效的方式达到登记公示的目的；该目的意味着有必要引进一个专门为这些规则所设计的全新的登记方式。虽然国内的登记系统可以依照这些规定进行调适，但成员国层面上 25 个或更多独立单元的登记制度的零碎化似乎并不符合这些规则的通常目的。[③]

---

① 参见［德］克里斯蒂安·冯·巴尔、［英］埃里克·克莱夫主编：《欧洲私法的原则、定义与示范规则：欧洲示范民法典草案》（第 9、10 卷），徐强盛等译，法律出版社 2014 年版，第 97 页。

② 参见［德］克里斯蒂安·冯·巴尔、［英］埃里克·克莱夫主编：《欧洲私法的原则、定义与示范规则：欧洲示范民法典草案》（第 9、10 卷），徐强盛等译，法律出版社 2014 年版，第 97 页。

③ 参见［德］克里斯蒂安·冯·巴尔、［英］埃里克·克莱夫主编：《欧洲私法的原则、定义与示范规则：欧洲示范民法典草案》（第 9、10 卷），徐强盛等译，法律出版社 2014 年版，第 99 页。

（五）其他登记或备案系统

特别是在以下两种情形下，第Ⅸ—3：301 条第 2 款和第 3 款明确指出在其他登记机构进行的登记足以使相关的担保物权生效：一是存在权属证书的登记或备案系统中也包括特殊类型财产之上担保物权（包括保留所有权交易）的登记，在根据欧洲的法律或国际法建立的任何这样的登记系统中进行担保交易的登记和备案，都能取代在欧洲物权担保登记簿上进行的登记。效力上，欧盟或国际法制度享有优先权，关于后者，第Ⅸ—3：301 条第 2 款第 1 句的效力与第Ⅸ—1：105 条（适用范围的特别条款）第 2 款阐明的优先权相对应。但对于根据成员国的国内法所建立的登记系统，他们的立场是不同的。为符合第Ⅸ—3：301 条第 2 款第 1 句的规定，有必要同时在两个登记机构进行平行登记。二是第Ⅸ—3：301 条第 3 款包含了涉及金融票据登记的特殊规则，特别是公司股份登记的规则，无论是由发行人进行登记，还是由公司或独立于发行人的特定机构为发行人的利益进行登记，金融票据登记直接决定其担保物权优先效力，英国“GRest”登记即是典例。如果这样的登记机构允许在其所登记的金融票据之上的担保交易（无论担保物权还是保留所有权交易）的登记，该登记不受本节任何额外条件的限制。相反地，这样的登记可能构成控制；这种生效的方式优于在同一财产之上的竞争性担保物权登记，比如超级优先权。实际上，发行人对金融票据之上的担保交易进行的登记，或为发行人利用进行的登记，优先于欧洲的担保物权登记，即使根据国际法或欧洲法律还没有成立这样的登记。这样做的缘由在于，欧盟担保物权登记规则，规则的初衷是尽可能少地干预公司股份交易的规则。此外，以额外条件对金融财产之上设立担保物权进行限制，不符合《金融担保财产的指令》的规定。①

---

① 参见［德］克里斯蒂安·冯·巴尔、［英］埃里克·克莱夫主编：《欧洲私法的原则、定义与示范规则：欧洲示范民法典草案》（第 9、10 卷），徐强盛等译，法律出版社 2014 年版，第 99 页。

值得注意的是登记簿的结果和运作。该登记簿是一个记载符合登记系统要求的担保物权信息的登记簿，是一个可通过网络登录查询的登记簿[①]。需要说明的是，登记的范围：保留所有权交易和担保物权。

登记的范围为所有类型的动产之上的担保物权[②]，其登记程序完全相同。

二、登记的条件

用户在线向登记系统提交任何担保物权的信息，该系统都会提示按系统要求进行验证；验证只需身份信息和电话号码即可。[③] 在欧盟或成员国采用普遍应用的网上安全身份验证系统后，可以使用该系统进行验证。[④] 欧洲物权担保登记系统要求在用户作出首次登记申报前，要验证他们的身份和联系方式等。值得注意的是，担保权人登记备案必须经担保人同意。这种同意是登记声明的另一种类型。[⑤]

第二分节 登 记 事 项

一、担保权人登记的事项

担保权人享有在线直接登录登记系统登记有关担保物权信息的权

---

① 参见 DCFR 第Ⅸ—3：302 条；吴俞嘉：《论 DCFR 之动产担保物权的优先顺位问题——兼论对中国动产担保物权优先受偿次序的启示》，苏州大学 2017 年硕士学位论文，第 33 页。

② 参见 DCFR 第Ⅸ—3：303 条。

③ 向网上登记簿提交的任何声明，比如登记申请、修正或涂销登记簿中的登记事项，或者同意的声明，都需要声明人予以确认。参见 DCFR 第Ⅸ—3：304 条；吴俞嘉：《论 DCFR 之动产担保物权的优先顺位问题——兼论对中国动产担保物权优先受偿次序的启示》，苏州大学 2017 年硕士学位论文，第 33 页。

④ 参见 DCFR 第Ⅸ—3：304 条。

⑤ 参见［德］克里斯蒂安·冯·巴尔、［英］埃里克·克莱夫主编：《欧洲私法的原则、定义与示范规则：欧洲示范民法典草案》（第 9、10 卷），徐强盛等译，法律出版社 2014 年版，第 102 页。

利。这种登记可发生在担保物权设立或成立的前后，发生在其设立或成立之前的登记即为预告登记，其是一种独立登记，完全是担保权人的个人行为。[①] 登记的内容涉及担保的，无论其是已经存在还是将来才设立的，担保权人登记时不受任何限制。有效的预告登记使担保权人享有优先地位。担保权人在担保物权设立后才进行备案登记的，只有在完成登记后担保物权才能生效，是否享有优先权取决于登记时间而不是担保物权设立的时间。[②]

二、登记内容的最低要求

登记内容的最低要求实际上是登记簿中所列举的备案登记的 5 项必备内容[③]：一是有经认证的担保人。二是涵括仅说明担保物权成立的基本信息的声明。[④] 这种声明虽然无须详细，但可能会免除担保权人答复第Ⅸ—3：320 条（信息的内容）第 4 款要求提供的信息。三是就一个或多个财产类型表中指出担保财产所属的财产类别。该要求是为了让其他用户一眼就能看出担保人的财产是否属于特定的财产类型，是否可能已经受到担保物权或保留所有权交易的限制，但该要求以不构成担保人在取得担保物权效力的障碍为限。担保权人也应避免错误的分类，如果担保权人并未掌握正确的分类，可以经过担保人的同意，在网上登记表的一个以上的方框内打钩标示，但登记申请应经担保人同意。四是涉及担保人的，需得到其认可。五是担保权人必须对登记信息的真实性负责，否则承担不利后果。[⑤] 登记不包括这 5 项必备内

---

① 参见 DCFR 第Ⅸ—3：305 条。

② 参见［德］克里斯蒂安·冯·巴尔、［英］埃里克·克莱夫主编：《欧洲私法的原则、定义与示范规则：欧洲示范民法典草案》（第 9、10 卷），徐强盛等译，法律出版社 2014 年版，第 103 页。

③ 参见 DCFR 第Ⅸ—3：306 条。

④ 参见 DCFR 第Ⅸ—3：306 条；谢鸿飞：《民法典担保规则的再体系化——以〈民法典各分编（草案）二审稿〉为分析对象》，载《社会科学研究》2019 年第 6 期。

⑤ 参见 DCFR 第Ⅸ—3：306 条。

容，担保权人就无法提交登记。如果没有前两项内容，就不能进行登记。这5项必备内容得不到满足，就不能确定担保物权是否确实属于登记的范围。

值得注意的是，在登记备案时担保权人的姓名和地址并未列在必须登记的信息范围之内。因为，根据担保权人事先登记或使用的其他在线身份验证系统所必要的对担保权人申报的验证，这些信息已经提供给了登记系统。

上述登记内容的最低要求规则不仅适用于担保物权项下财产的登记，也适用于有关保留所有权交易的财产的登记。这两种类型登记的必要内容也完全相同。但这些规则适用于保留所有权交易时，有必要对专门术语变通适用，就是改为适用担保物权这一术语。在已验证的买方、分期付款购买人、承租人或承销人作为担保人时，必须满足上述登记的5项必备内容，才能进行登记。①

三、登记事项的附加内容

登记事项的附加内容为登记簿的登记事项可以包括3项其他内容②：一是债权人提供的关于担保财产或担保物权内容的其他信息。担保权人通常可以填写担保物权和保留所有权交易项下的财产的任何信息，譬如，物权担保合同的条款、担保人协商一致的违约条款。合同中禁止担保权人将这些信息公开，公开意味着合同之外责任的，担保权人可以不提供，也不承担由此对担保人的责任。因为这些信息可能会在进行在线登记的过程中用到。二是在通常的5年期限届满之前，登记到期日（担保权人可以指定登记的期满时间）。三是担保的最高

---

① 参见［德］克里斯蒂安·冯·巴尔、［英］埃里克·克莱夫主编：《欧洲私法的原则、定义与示范规则：欧洲示范民法典草案》（第9、10卷），徐强盛等译，法律出版社2014年版，第104页。

② 参见DCFR第Ⅸ—3：307条。

限额（担保权人可以确定所登记担保的最高限额）。这 3 项登记的其他内容不是必须具备的，但是是担保权人也可以进行登记的内容。①

四、登记簿显示的内容

就每一项登记而言，登记簿上显示以下 5 项内容，任何用户均可查询到：担保人的名称和联系方式；担保权人的名称和联系方式；登记日期；必备登记事项；附加登记事项。②

五、担保人同意的情形

欧盟登记备案系统与欧盟成员国很多登记备案系统不同，登记事项记入登记簿，担保人须向登记簿提交同意登记的声明，其旨趣是保护担保人，并以不会过分地妨碍登记的速度和效率为限。③ 但担保人享有自由地终止此种同意的权利，但终止同意不影响终止声明提交登记簿之前已登记事项的效力。欧盟登记备案系统要求登记事项记入登记簿需担保人同意的规定并不影响担保人和担保权人之间任何协议的有效性、条款或效力，但同意登记的声明除外。④

这种同意声明大致可分为 3 种。第一，担保人对指定的担保权人的无条件同意。这种同意存在于有密切商业往来关系的当事人之间。倘若如此，担保权人就可以针对该担保人自由地进行备案登记，而不需要为每一个具体登记获得一个额外的同意声明。第二，特定内容登记的同意。特定内容的登记关涉担保人的切身利益，为防止错误登记

---

① 参见［德］克里斯蒂安·冯·巴尔、［英］埃里克·克莱夫主编：《欧洲私法的原则、定义与示范规则：欧洲示范民法典草案》（第 9、10 卷），徐强盛等译，法律出版社 2014 年版，第 105 页。

② 参见 DCFR 第Ⅸ—3：308 条。

③ 参见［德］克里斯蒂安·冯·巴尔、［英］埃里克·克莱夫主编：《欧洲私法的原则、定义与示范规则：欧洲示范民法典草案》（第 9、10 卷），徐强盛等译，法律出版社 2014 年版，第 107 页。

④ 参见 DCFR 第Ⅸ—3：309 条。

造成担保人的损害，这种登记必须经担保人同意。同意采取形式主义原则。第三，部分内容登记的同意。登记内容无条件需担保人同意，自然会给担保人带来过大的风险，为此，欧盟担保法允许担保人仅就部分登记内容予以同意。这种同意可使用能够通过电子系统加以确认的标准，即登记是否有最高限额，或指出担保财产是否属于特定类别的财产。①

六、担保人登记的事项：担保人的身份、担保财产的说明和登记的效力

该内容明定于 DCFR 第Ⅸ—3：310 条，即登记生效的担保物权项下的担保财产和保留所有权交易项下的财产，以及担保权人与担保人双方同意登记的这些财产的收益②都应成为登记内容③，其旨趣是避免担保权人不必要的负担和风险。但担保权人不承担仅因在登记财产时未能准确说明具体财产的特征和担保物权或保留所有权交易不能生效的这种风险。其他未来的债权人有权从担保权人那里查询上述登记内容。④

七、登记事项的修改

登记事项的修改是指登记之后，担保权人可以修改其登记的任何事项。修改的主体是担保权人，修改的客体是已经登记的内容。修改无须担保人同意，因为修改没有扩展担保权人权利的作用，也不应给担保人的地位带来消极影响。修改的登记事项可记入登记簿需满足以

---

① 参见［德］克里斯蒂安·冯·巴尔、［英］埃里克·克莱夫主编：《欧洲私法的原则、定义与示范规则：欧洲示范民法典草案》（第 9、10 卷），徐强盛等译，法律出版社 2014 年版，第 108 页。

② 参见 DCFR 第Ⅸ—2：306 条第 3 款。

③ 参见 DCFR 第Ⅸ—3：303 条第 2 款。

④ 参见［德］克里斯蒂安·冯·巴尔、［英］埃里克·克莱夫主编：《欧洲私法的原则、定义与示范规则：欧洲示范民法典草案》（第 9、10 卷），徐强盛等译，法律出版社 2014 年版，第 109 页。

下条件：对特定的登记项目的修改；包括关于修改内容的声明；附有担保权人的声明，表明其将承担对原登记的错误修改对担保人或第三人所造成的损失。修改旨在有限制而非扩大担保权人权利的作用，尤其是：使担保权人的权利劣后于其他债权人；表明将担保物权转让给其他债权人；限制担保权人关于担保财产的同意声明中担保财产的范围；设定或提起登记的有效期。修改后的结果是，原有的内容及修改后的内容将同时出现在登记簿上。[①]

八、登记事项的过渡性规定

就欧盟成员国中所建立的特殊登记系统而言，通常认为未必以设立欧洲担保物权登记系统来取代欧盟立法上根据国内法建立的关于其他登记或备案系统中有关登记事项的过渡性规定。国内的立法者认为，如果是对于信贷担保的某个特定市场领域，这些具体登记比欧洲的物权登记更为高效，因为这些特殊登记比公共机构登记的信息更为可靠，在特殊登记簿上的登记可以持续有效。[②] 但基于欧洲登记公示制度的效率考虑，有必要采用平行登记。只有在国内特殊的登记系统和普通的欧洲登记簿上同时登记，担保物权和保留所有权交易才能有效，否则任何未来的债权人不可能信赖后者登记的内容，而是还要去核实是否存在国内法上的其他登记簿或注册系统，其中可能会登记有关的担保物权。该规则只适用于根据成员国的国内法确立的登记，因为将其适用于依据国际法确立的登记会与之发生冲突。但公共机构运行根据国内法建立的特殊的登记或注册系统，受第Ⅸ—3：312 条第 1 款规定的在欧洲登记簿上对担保人登记的约束，当然，该规定不影响担保权人自己进行登记的可能性。此外，即使是由公共机构进行备案登记，该担保权人与第九编规定的其他登记中的担保权人的法律地位相同，

① 参见 DCFR 第Ⅸ—3：311 条。

② 参见 DCFR 第Ⅸ—3：301 条第 2 款。

即该担保权人必须回答询问，并有权修改或注销登记。

既然第Ⅸ—3：312条要求进行双重登记，就必须由一个附加规则来确定哪个登记或注册决定优先权顺序。本条第2款规定，在根据国内法建立的特殊的登记或注册系统中进行登记或注册的时间是基于第Ⅸ—4：101条（优先顺位：一般规则）规定的相关时间。

九、登记证书自动发送

第Ⅸ—3：313条规定，在对登记事项或修改登记作出备案后，有关证书自动地发送至担保权人和担保人。这些证书可作为证据。

十、担保权人的代理人

担保权人有权通过授权行为指定第三人作为其代理人，代表自己向登记簿提交登记声明和进行备案登记，该第三人将受本节规定的担保权人的所有义务的约束。登记事项经担保权人和第三人同意方可载入登记簿。登记簿上显示代理人的而不显示担保权人的名称和联系方式。调查者可以向该第三人调查信息。该第三人虽然不是担保权人本人，但必须像担保权人本人一样回答请求的信息。该第三人如果违反了第五分节规定的提供信息的义务还要对调查者或担保权人承担损害赔偿责任。但担保权人本人仍然要对第三人的任何不履行行为承担损害赔偿责任，并适用第Ⅸ—3：321条至第Ⅸ—3：323条的规定。[①] 如果登记事项确认第三人为担保权人的代理人，担保权人和第三人作为连带债务人对担保权人依本节规定所负的全部债务承担连带责任。[②]

---

① 参见［德］克里斯蒂安·冯·巴尔、［英］埃里克·克莱夫主编：《欧洲私法的原则、定义与示范规则：欧洲示范民法典草案》（第9、10卷），徐强盛等译，法律出版社2014年版，第113页。

② 参见DCFR第Ⅸ—3：314条。

第三分节　对担保人的保护

一、担保人注销修改登记的请求权

相应的担保物权不存在的，特别是登记内容过于宽泛或者作为基础的担保物权或保留所有权交易已经不复存在的，只有担保权人可以进行注销或修改，但担保人有权要求担保权人注销或修改。[①]

二、登记机构对登记争议审查

担保人要求担保权人注销或修改登记时，可以向登记机构申请帮助。但这种帮助是有限的，因为登记机构不希望成为一个额外的司法机构。[②] 担保权人同意担保人的申请的，登记机构可以按照担保人的申请注销或修改登记。如果担保权人反对担保人的请求，登记机构就不能注销登记，但可以对争议进行标注。[③] 值得注意的是，该标示为有争议的登记并不意味着登记的失效，仅意味着相应的担保物存在争议。担保人只能就其要求的内容求助于法院的判决。

第四分节　访问、查询登记簿

一、访问登记簿

为查询目的，任何人只要付费都可以访问登记簿，不需要经过担保人或担保权人的同意。[④] 支付费用不是为了限制查询，只是维护登

---

① 参见 DCFR 第Ⅸ—3：315 条。

② 参见［德］克里斯蒂安·冯·巴尔、［英］埃里克·克莱夫主编：《欧洲私法的原则、定义与示范规则：欧洲示范民法典草案》（第 9、10 卷），徐强盛等译，法律出版社 2014 年版，第 114 页。

③ 参见 DCFR 第Ⅸ—3：316 条。

④ 参见 DCFR 第Ⅸ—3：317 条。

记系统的需要。[1]

二、查询登记簿

可以查询登记簿中个别担保人的登记事项，或具体说明担保财产的登记事项。[2] 其包括担保权人在登记时对担保财产进行的详细说明，通过担保权人对担保物权或保留所有权交易项下的担保财产登记了独特的序列号查找有关的登记信息。登记查询人虽然享有可以随时查阅上述信息的权利，但如果在先担保交易针对让与人进行了登记，就可以推定已经告知其即将取得物权担保的财产之上存在在先担保物权或保留所有权交易。如果第三人在与让与人的正常交易过程中将要取得的不是担保物权而是完全的所有权，第三人不能查询物权担保登记的任何内容。其他用户的查询结果不同于担保人的主要原因是根据《欧盟担保法》之规定，担保权人没有对担保财产进行详细说明的义务，第三人就不能查询到这些登记财产的详细说明。即使担保权人在登记时进行了详细的说明，但未对该财产之上的担保物权和保留所有权交易进行可以向让与人开放的登记，第三人正是要取得这些财产之上的担保物权和保留所有权交易，第三人仍不可能查询到该财产之上的担保物权和保留所有权交易。

第五分节　登记的担保权人提供信息的义务

一、义务的主体

经担保人同意，任何已登记的担保权人（名称出现在特定登记簿

---

① 参见［德］克里斯蒂安·冯·巴尔、［英］埃里克·克莱夫主编：《欧洲私法的原则、定义与示范规则：欧洲示范民法典草案》（第9、10卷），徐强盛等译，法律出版社2014年版，第115页。

② 参见DCFR第Ⅸ—3：318条。

上的担保权人）均有义务向包括未来债权人或其他利害关系人在内的查询人答复提出的关于登记事项中的担保物权和担保财产的信息请求。[①] 请求必须使用担保权人的营业地、公司所在地或居住地所在地的欧盟成员国的官方语言或英语。担保权人必须自收到请求及担保人的同意函后 14 日之内答复请求。担保权人对查询人和担保人依据上述各款规定提出的信息请求均有答复义务。违反答复义务的担保权人应向查询人和担保人承担相应的过错赔偿责任。[②] 欧盟立法之所以明定担保权人提供信息的义务和违反此义务的责任，一方面是因为直接登录系统的登记簿上得到的信息可能是不同的、不可靠的。譬如，登记中包含的信息已经过时，有关的担保物权和保留所有权交易不复存在，但登记还没有注销。登记中对担保财产的说明过于宽泛，或对单个特定财产说明得不够具体，这仅说明可能存在担保物权或保留所有权交易。查询者仍需进一步查询以获取更为详细具体的信息。另一方面是因为拥有有关在担保人的财产之上的担保物权或保留所有权交易的信息的人，如登记的担保人，可能对询问的信息迟延答复或根本就不答复。必须作出规定强制他们提供准确的信息，不得无故拖延。

值得注意的是，担保权人不仅对查询人负有回答义务，对担保人也负有此义务。后者与担保权人答复的内容有利害关系，因为如果不能向未来债务人提供可靠的信息，担保人在取得进一步的贷款时会有困难。对担保权人违反回答信息请求义务的基本救济措施是承担损害赔偿责任，如果担保人就是承担担保义务的债务人，该救济措施对其尤为重要。担保权人的行为可能使担保权人不能得到更多的担保信贷，

---

① 参见 DCFR 第Ⅸ—3：319 条第 1 款；吴俞嘉：《论 DCFR 之动产担保物权的优先顺位问题——兼论对中国动产担保物权优先受偿次序的启示》，苏州大学 2017 年硕士学位论文，第 34 页。

② 参见 DCFR 第Ⅸ—3：319 条；吴俞嘉：《论 DCFR 之动产担保物权的优先顺位问题——兼论对中国动产担保物权优先受偿次序的启示》，苏州大学 2017 年硕士学位论文，第 34 页。

所以后者只能以高利率获得无担保贷款，担保人对这种利率差别造成的损失可以要求损害赔偿。但对于想要取得担保权人地位的查询人而言，损害赔偿不是唯一可能的救济措施。即使在有错误或误导性信息情况下，损害赔偿可能使查询人得到像担保权人一样的地位，该救济措施正好是查询人实际上想要的法律地位。该目的至少部分地通过第Ⅸ—3：321条（担保权人提供正确信息的法律后果）至第Ⅸ—3：323条（担保权人未提供信息的后果）的规定来实现。除了通过一些基本的规制和原则必然获得善意取得之外，还提供了一些对查询人的特殊保护。而且，允许担保权人答复信息请求的期间是两个星期。该时间限制并不排除迟延答复的可能性，但假如担保权人未在该期间内答复请求的信息，可以采取损害赔偿责任和第Ⅸ—3：323条（担保权人未提供信息的后果）规定的救济措施。[①]

二、信息的内容

担保权人必须答复依据第Ⅸ—3：319条的规定提出的信息要求，提供当时在特定财产之上担保物权存在的信息。担保权人只需要指出查询人查询的具体财产是否被设定担保或是否属于保留所有权交易项下的财产。在有关资料事先被要求保密的情况下，担保权人没有义务提供担保人的担保财产的全部情况，也不需要陈述其与担保人签订的物权担保合同的详细情况。担保权人也可以提供其与担保人之间涉及物权担保的提供与保留的协议的部分重要内容。担保权人怀疑特定财产之上已经设立担保物权的，或希望避免就一个广泛的财产清单说明这些财产是否属于担保物权或保留所有权交易项下的财产的，担保权人不必发送全部的物权担保合同，但至少应提供与担保人之间有关设

---

① 参见［德］克里斯蒂安·冯·巴尔、［英］埃里克·克莱夫主编：《欧洲私法的原则、定义与示范规则：欧洲示范民法典草案》（第9、10卷），徐强盛等译，法律出版社2014年版，第117～118页。

立物权担保的那部分协议内容。

担保权人提供信息的方式是明确地指出相关的财产已经存在担保物权并转发担保人和担保权人之间关于授予或保留担保物权协议的相关部分。[①]

担保物权已经转让的，登记簿上记载的担保权人必须公开受让人的名称和联系方式，也只需要告知查询人转让的事实，查询人欲知详情可以求助于新的担保权人。[②]

提供信息必须使用营业地、注册地或居住地所在的欧盟成员国官方语言或使用英语。在担保权人与担保人之间已经存在物权担保合同，但在担保人和查询人之间未必存在物权担保合同的，担保权人在提供信息使用的语言方面应该享有优势地位。[③]

担保权人无须提供信息的两个例外情形[④]：一是如果从登记内容本身就可以明显地看出查询涉及的财产不受担保物权或保留所有权交易的限制，这就不必予以答复。譬如，担保权人在登记簿中声明A财产已经设定担保，就不必再回答在B财产之上是否存在该担保物权的有关咨询。但即使在登记时对担保财产的说明赋予了为担保人设定担保的特定财产以个人化的特征，担保权人仍然应该回答涉及该担保财产的信息请求。二是担保权人已经在过去三个月内答复了同一查询人关于同一财产的信息请求，且所提供的信息仍然是正确的。规定这种例外情形的目的是保护担保权人对抗重复的咨询请求。[⑤]

担保物权所涉及义务的信息，即第Ⅸ—3：320条的规定并不影响担保权人依据第Ⅸ—5：401条（担保权人告知担保物权内容的义务）

---

① 参见DCFR第Ⅸ—3：320条第2款（a）项。

② 参见［德］克里斯蒂安·冯·巴尔、［英］埃里克·克莱夫主编：《欧洲私法的原则、定义与示范规则：欧洲示范民法典草案》（第9、10卷），徐强盛等译，法律出版社2014年版，第119页。

③ 参见DCFR第Ⅸ—3：320条第3款。

④ 参见DCFR第Ⅸ—3：320条第5款。

⑤ 参见DCFR第Ⅸ—3：320条第5款。

的规定应承担的提供被担保债务的信息义务，不影响对担保人应该承担的提供该信息的同等义务，也不影响担保人因不履行这些义务应该承担的法律后果。①

三、提供正确信息的法律后果

担保权人提供正确信息的法律后果分为担保权人提供财产未设定担保的正确信息的法律后果和担保权人提供财产已设定担保的正确信息的法律后果两种。

（一）担保权人提供财产未设定担保的正确信息的法律后果

担保权人提供财产未设定担保的正确信息的法律后果是指担保权人根据本分节的规定，准确地告知查询人相关的财产未设定担保（相关财产不受担保物权或保留所有权交易的限制），随后为该担保权人利益在这些财产之上设立的担保物权，后于依初始登记的查询人所取得的担保物权。② 之所以如此规定，相比其他可用的方法更为可行，一方面是因为要求注销原担保权人的登记不太现实。该担保权人相对于其他潜在的担保权人来说享有优先权，其不应该失去这一地位。另一方面是因为让查询人的优先顺位依赖于一个从属协议，这似乎不当地加重了查询人的负担。查询人应该可以在得到担保权人的答复后立即获得一个有保障的优先顺位的担保物权，而不需要为了查询人的权利去缔结从属协议。该法律后果的适用规则受 3 个方面的限制：一是查询人只受 3 个月的保护。二是即使在 3 个月期间之内，如果担保权人进行了新的登记，原担保权人还是可以设立优先于查询人取得的权利的担保物权。第Ⅸ—3：321 条第 1 款的效力仅受依初始登记授予的优先权的限制。三是第Ⅸ—3：321 条第 1 款仅涉及查询人的物权担保

---

① 参见 DCFR 第Ⅸ—3：320 条第 6 款。

② 参见 DCFR 第Ⅸ—3：321 条第 1 款。

的权利，而第Ⅸ—3：322条（担保权人提供错误信息的法律后果）涉及一般物权的取得。因为，一旦查询人取得所有权，担保人就不能有效地在相关财产之上为担保权人设立另一个担保物权。[①]

（二）担保权人提供财产已设定担保的正确信息的法律后果

担保权人根据本分节的规定，准确地告知查询人相关财产已经设定担保的（相关财产受担保物权或保留所有权交易的限制）[②]，在大部分情形下，担保权人在查询人的权利设立之前，其担保物权已经设立并生效，因此享有优先于后者的优先权。但在查询人可以依善意取得原则的情况下，也会有一些例外。如果在担保人的日常经营业务中，允许在后担保人依据善意取得原则免受在先登记的担保物权或保留所有权交易的限制而善意取得担保财产所有权。如果担保权人已经告知查询人有关财产事实上已经受担保物权或保留所有权交易限制的情形下，查询人不能依据善意取得原则取得该担保财产的所有权。[③]

四、提供错误信息的法律后果

（一）担保权人提供财产未设定担保的错误信息的法律后果

根据本分节的规定，担保权人错误地告知查询人相关的财产没有设定担保的，即使登记簿上已经记载了该担保权人的权利，依据善意

---

① 参见［德］克里斯蒂安·冯·巴尔、［英］埃里克·克莱夫主编：《欧洲私法的原则、定义与示范规则：欧洲示范民法典草案》（第9、10卷），徐强盛等译，法律出版社2014年版，第121页。

② 参见DCFR第Ⅸ—3：321条第2款。

③ 参见［德］克里斯蒂安·冯·巴尔、［英］埃里克·克莱夫主编：《欧洲私法的原则、定义与示范规则：欧洲示范民法典草案》（第9、10卷），徐强盛等译，法律出版社2014年版，第122页。

取得原则，查询人可以依赖该信息依然可以在3个月内在该财产之上取得不受为担保权人设立的担保物权限制的物权。[①] 如果担保人不按照其日常业务程序进行交易，似乎不允许依善意取得原则取得免受已经登记担保物权限制的完全的所有权，根据这些基本原则，根本不能善意取得无形财产的完全所有权或担保物权。[②]

（二）担保权人提供财产已设定担保的错误信息的法律后果

担保权人提供财产已设定担保的错误信息的法律后果是指根据本分节的规定，担保权人错误地告知查询人相关的财产已经设定担保（受担保物权或保留所有权交易限制）的，查询人通常会避免进行交易，但查询人仍然从担保人处取得相关财产之上的担保物权的，准用第Ⅸ—3：321条第1款第1句的规定[③]，即担保权人不应该从错误信息中获得任何优势地位。如果担保权人已经告知查询人相关财产没有设定担保，查询人可以取得相关财产之上不受该担保权人的任何在先权利限制的物权。[④] 查询人取得物权不会仅仅因为相关的财产已经进行登记的事实而受到禁止，因此查询人可以取得一个物权利益，无论是来自实际上不受担保权人的担保物权或保留所有权交易的限制的权利的持有人的担保物权还是所有权。不仅是查询人，还有担保权人随后取得相关财产之上的担保物权的情况，准用担保权人随后取得的担

---

① 参见DCFR第Ⅸ—3：322条第1款；吴俞嘉：《论DCFR之动产担保物权的优先顺位问题——兼论对中国动产担保物权优先受偿次序的启示》，苏州大学2017年硕士学位论文，第33页。

② 参见［德］克里斯蒂安·冯·巴尔、［英］埃里克·克莱夫主编：《欧洲私法的原则、定义与示范规则：欧洲示范民法典草案》（第9、10卷），徐强盛等译，法律出版社2014年版，第123页。

③ 参见DCFR第Ⅸ—3：322条第2款。

④ 参见［德］克里斯蒂安·冯·巴尔、［英］埃里克·克莱夫主编：《欧洲私法的原则、定义与示范规则：欧洲示范民法典草案》（第9、10卷），徐强盛等译，法律出版社2014年版，第123页。

保物权不能享有初始登记授予的优先权的规定。①

五、没有提供信息的法律后果

担保权人没有根据第Ⅸ—3：319条（提供信息的义务）和第Ⅸ—3：320条（信息的内容）的规定答复信息请求的法律后果与上述担保权人提供正确信息的法律后果相同，错误地答复和查询人已经设立并取得物权情形之下担保权人迟延答复的法律后果与上述担保权人提供错误信息的法律后果相同。②

六、请求形式与提供信息形式

根据本分节的规定，信息请求和答复都必须使用文本形式。二者均可以使用登记机构提供的电子通信方式，这样，查询或答复的证明可以通过登记机构发送给查询人或担保权人，其分别作为另一方收到请求或答复的证明。③

第六分节　登记的期间、续期和涂销

一、登记的期间

担保权人对担保物权或保留所有权交易的登记事项中包含补充内容所规定的到期日，登记事项在到期日之后便不再显示在登记簿上。如果没有此类到期日，则登记事项自登记5年后到期。到期后，登记事项便失去了本节规定的任何效力，即此登记中包含的担保物权或保留所有权交易不再具有依登记对抗第三人的效力，任何用户也不能在

---

① 参见［德］克里斯蒂安·冯·巴尔、［英］埃里克·克莱夫主编：《欧洲私法的原则、定义与示范规则：欧洲示范民法典草案》（第9、10卷），徐强盛等译，法律出版社2014年版，第124页。

② 参见DCFR第Ⅸ—3：323条。

③ 参见DCFR第Ⅸ—3：324条。

登记簿上直接访问查询登记的内容。但登记事项的内容仍需要保留在登记机构的档案文件中①，因为将来遇到有需要确定到期日之前登记事项的法律地位的情况时，此登记内容可能会变得非常重要。②

二、登记的续期

多数情况下，为期 5 年的登记事项的一般期间包括担保物权或保留所有权交易的全部有效期限，在此期间终止前，担保物权可能实现或被执行。对于动产担保物权的期限，立法上允许担保权人再续期 5 年，这种续期可以重复。这种续期因担保权人向登记机构发出续期单方声明即可生效，无须担保人的同意。③ 但担保人的同意会有效地促使担保权人在 5 年期限到期之前行使担保物权或与担保人达成协议。如果登记内容中包含到期日，则没有适用续期有关规定的可能。④

三、登记的涂销

只有担保权人可以在任何时间向登记机构发出涂销声明而涂销登记事项，这种声明的法律后果准用第Ⅸ—3：325 条（期间）第 2 款的规定。⑤ 但担保人享有请求担保权人的权利。如果担保人自己能够涂销登记，这将会单方破坏担保权人面对第三人时的担保地位。⑥

---

① 参见 DCFR 第Ⅸ—3：325 条。

② 参见［德］克里斯蒂安·冯·巴尔、［英］埃里克·克莱夫主编：《欧洲私法的原则、定义与示范规则：欧洲示范民法典草案》（第 9、10 卷），徐强盛等译，法律出版社 2014 年版，第 126 页。

③ 参见 DCFR 第Ⅸ—3：326 条。

④ 参见［德］克里斯蒂安·冯·巴尔、［英］埃里克·克莱夫主编：《欧洲私法的原则、定义与示范规则：欧洲示范民法典草案》（第 9、10 卷），徐强盛等译，法律出版社 2014 年版，第 127 页。

⑤ 参见 DCFR 第Ⅸ—3：327 条。

⑥ 参见［德］克里斯蒂安·冯·巴尔、［英］埃里克·克莱夫主编：《欧洲私法的原则、定义与示范规则：欧洲示范民法典草案》（第 9、10 卷），徐强盛等译，法律出版社 2014 年版，第 127 页。

第七分节　担保物权或担保财产的转让

一、担保物权的转让：一般规则

作为一般规则，无论是担保物权或保留所有权交易还是依登记而生效的担保交易，其转让并不影响原效力，其仍将因初始登记而继续有效。即使没有依据第Ⅸ—3：329 条（转让声明）的规定作出转让声明，自转让之日起，受让人都像担保人一样受本章第五分节的约束。即使没有原担保权人或新担保权人的另行登记，登记效力依然不变。[①] 此转让声明的细节由第Ⅸ—3：329 条（转让声明）进行规定。但欧盟立法否认依据新担保权人的登记来保持担保物权或保留所有权交易的效力。因为，即使没有如此规定，其他既存担保权人和现存担保权人的利益也能得到充分保护。担保物权转让的一般规则见图 2。

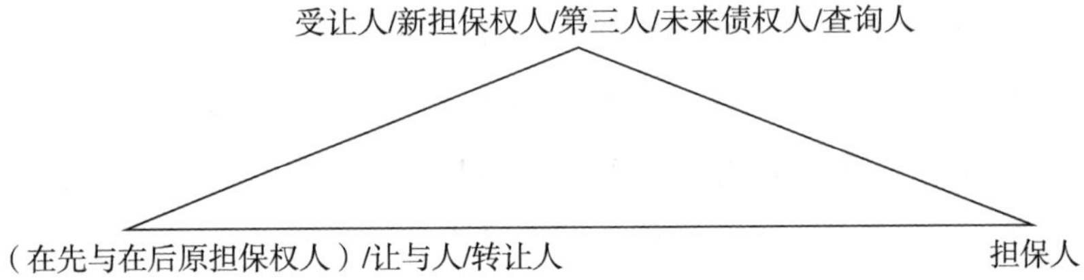

图 2　担保物权转移的一般规则

1. 原担保权人

转让人对因与登记事项有关的行为所造成的任何损失对受让人承担责任，同时，转让人对因担保物权转让后，转让声明登记之前，或转让人依第Ⅸ—3：329 条（转让声明）的规定宣布同意这一声明之前的修正或涂销登记行为所造成的损失也要向受让人承担责任。[②]

---

① 参见 DCFR 第Ⅸ—5：301 条第 3 款（a）项。

② 参见 DCFR 第Ⅸ—3：328 条。

2. 其他担保权人

某一担保财产之上存在数个担保物权，一个或多个担保权人转让担保物权的，不影响其他担保权人在该财产之上的担保物权。如果那些新的担保权人的权利顺位低于转让人的担保物权，这些在先担保权人在担保物权转让后就不应通过享有较高的优先顺位而意外获利。[①]

3. 担保人

一般情况下，担保人的法律地位不因担保权人的变更而受影响。担保人也有权要求在登记中表明担保物权的转让。[②]

4. 未来债权人：第三人

只要转让未经登记，第三人便无法从登记簿中确定谁持有相关担保物权或保留所有权交易。因此，大多数关于登记的担保物权的查询将直接指向仍登记在册的转让人而非受让人。但未来债权人仍可得到充分保护[③]：一是转让人有义务向查询人披露担保交易的转让；二是即使未经登记，受让人也有义务回答信息请求；三是转让人关于担保物权或保留所有权交易已经转让的答复也约束受让人。[④]

5. 担保权人：受让人

担保物权或保留所有权交易的转让通常不需要当事人特别同意，当事人就无须一直关注其转让，其转让也并不影响担保交易的效力和优先顺位。但只要受让人没有在登记簿上登记成为新担保权人，受让人就要承担转让人可能涂销登记或提供给查询人虚假信息的风险。对抗这些风险的保护措施有若干条款规定：一是转让人有义务告知受让

---

① 参见［德］克里斯蒂安·冯·巴尔、［英］埃里克·克莱夫主编：《欧洲私法的原则、定义与示范规则：欧洲示范民法典草案》（第9、10卷），徐强盛等译，法律出版社2014年版，第128页。

② 参见DCFR第Ⅸ—3：329条。

③ 参见［德］克里斯蒂安·冯·巴尔、［英］埃里克·克莱夫主编：《欧洲私法的原则、定义与示范规则：欧洲示范民法典草案》（第9、10卷），徐强盛等译，法律出版社2014年版，第128页。

④ 参见DCFR第Ⅸ—3：320条第2款、第3款。

人担保物权的存在；二是转让人须对其与登记相关的行为引起的损害承担责任；三是受让人有权要求转让人同意按照第Ⅸ—3：329 条第 5 款的规定作出转让的声明。[①]

二、担保物权的转让：转让声明

通常情况下，转让人不会转让同一登记事项中的全部担保物权或保留所有权交易，只转让其中一部分。这就有必要设立两个相互独立的登记，一个是转让人拥有的剩余担保物权或保留所有权交易的登记，一个是转让给受让人拥有的担保物权或保留所有权交易的登记。为了表明担保物权的转让，初始登记会被修正。这种修正包括指出转让哪些财产的声明。此修正的法律效果是初始登记中不再包括已经被声明转让的财产。登记的修正可以由原担保权人提出，或得到转让人的同意后由受让人提出。担保人的同意不是必需的，因为此修正仅仅限于已经在登记中存在的担保物权或保留所有权交易，与新登记注册相比，这种修正对担保人而言风险较小。对于在修正的初始登记中的剩余担保物权或保留所有权交易，转让人仍然是担保权人。转让人有义务回答相关信息的问询，也可涂销这种登记。[②]

转让声明受第Ⅸ—3：311 条（登记事项的修改）和第Ⅸ—3：329 条所规定的补充规定的约束。只有在以下情况下，转让声明才能记入登记簿：指向特定的登记事项；表明了被转让的担保物权；指明了受让人；附有作为登记修正人的声明，表明他将承担因错误登记而给担保人或第三人造成损害的责任。转让声明可以由转让人登记，或得到转让人的同意后，由受让人登记。在担保物权转让的基础上和限度内，

---

① 参见 DCFR 第Ⅸ—5：301 条第 2 款、第 3 款。

② 参见［德］克里斯蒂安·冯·巴尔、［英］埃里克·克莱夫主编：《欧洲私法的原则、定义与示范规则：欧洲示范民法典草案》（第 9、10 卷），徐强盛等译，法律出版社 2014 年版，第 129～130 页。

担保人有权请求转让人作出转让声明，且受让人有权请求转让人根据前款作出同意的表示，主张这些权利可以参照第Ⅸ—3：316条（登记机构对登记争议的审查）的规定。一旦转让声明被登记，初始登记即作出相应修正，且其效力不再及于已被转让的担保物权。一旦转让声明被登记，对担保人的新登记事项会自动生成，新登记事项将重申初始登记的内容，并表示该担保物权已经转让给受让人。依新登记，受让人取得本节中所称之担保权人的地位，就被转让的担保物权而言，新登记维持原始登记所确立的优先顺位。①

三、担保财产的转让：一般规则

担保财产转让的一般规定明定于第Ⅸ—3：330条：（1）无须在登记簿上进行新的登记，担保财产的所有权即可转移，但仍应受既存担保物权的约束。（2）登记簿上的初始登记所确立的担保财产之上的担保物权的对抗效力和优先顺位的持续，适用第Ⅸ—5：303条（担保财产的转让）的规定。（3）在本节中，自转让之日起，受让人即取得被转让财产之上的担保物权的担保人地位。（4）买受人、分期付款购买人、承租人和受托人对所提供的财产或与其有关的权利被转让，且受既存的保留所有权交易约束的，可以准用前款的规定。

担保财产所有权的转让和买受人、分期付款购买人、承租人和受托人所提供的财产之上或与之相关的权利的转让，受限于既存的保留所有权交易。转让本身不会对登记带来困难，但在原担保权人与取得担保财产的受让人的担保权人之间，或与从后者那里取得此财产之上的物权的其他人之间却有可能产生冲突。这些问题主要根据第Ⅸ—5：303条（担保财产的转让）的规定处理，第Ⅸ—3：330条第2款也有所规定。该问题也可以依善意取得原则解决，体现在第Ⅸ—2：108条

---

① 参见DCFR第Ⅸ—3：329条。

（担保物权的善意取得）、第Ⅸ—2：109 条（在担保财产之上善意取得担保物权）和第Ⅸ—6：102 条（所有权的善意取得导致担保物权的丧失）的规定。这些条文均包含了关于善意取得原则适用的特殊规定，都适用于受担保物权或保留所有权交易所约束的财产所有权转让之后的情况。事实上，即使担保财产的所有权转让后或在保留所有权交易的情况下，买受人、分期付款购买人、承租人和受托人的权利被转让后，担保交易可能仍然仅针对转让人登记，而不是针对新担保人或受让人进行登记，无论与受让人交易的当事人是否应当知道相关财产已设定了担保或受到保留所有权交易的限制，该问题的具体结果是，受让人受在先权利的约束转让该财产之上的物权。与第Ⅸ—3：330 条中所涉及的情形相比，第Ⅸ—3：303 条（保留所有权交易和担保物权）中的一般规则适用于欧盟担保物权登记簿的登记，它对担保物权和保留所有权交易没有区别。但实体法问题总是有细微区别的。因此，第Ⅸ—3：330 条第 4 款作出的区别规定有利于担保物权和保留所有权交易的区分。①

（一）担保财产所有权的转让并不一定影响担保物权的效力

第Ⅸ—3：330 条第 2 款的规定与第Ⅸ—5：303 条（担保财产的转让）的规定一致，第Ⅸ—3：330 条第 1 款是建立在担保人可以转让既存担保物权项下担保财产所有权的假设之上的。受让人不需要转让登记，也能取得该权利。担保权人在担保财产之上的权利继续有效，并不以对抗受让人的新登记为要件。由于初始登记可对抗原始担保人，担保物权仍然具有对抗所有非担保债权人的效力。但前述各款并不适用于受让人取得免受在先担保物权约束的相关担保财产所有权的情况。

---

① 参见［德］克里斯蒂安·冯·巴尔、［英］埃里克·克莱夫主编：《欧洲私法的原则、定义与示范规则：欧洲示范民法典草案》（第 9、10 卷），徐强盛等译，法律出版社 2014 年版，第 131 页。

如果转让担保人有权进行此种转让，或受让人按照第Ⅸ—6：102 条（所有权的善意取得导致担保物权的丧失）及第Ⅷ—3：102 条（善意取得没有负担有限物权的所有权）规定的善意取得原则，就可以取得免受在先担保物权约束的相关担保财产的所有权。在这种情况下，受让人获得免受担保财产限制的财产，担保权人的担保物权在转让后就不再发生效力。[①]

（二）原担保权人和从受让人处得到物权（包括担保物权）的人之间的冲突

担保财产之上的担保物权不会因该担保财产的所有权转移给第三人（受让人）而转移或消灭，其仍然存在和有效。这时，原担保权人、在受让人的担保财产之上取得担保物权的受让人的担保权人，已经从受让人处就相关财产取得物权尤其是所有权的其他人之间，可能会产生冲突。[②]

1. 在转让前取得担保物权的受让人的担保权人

第Ⅸ—4：101 条（优先顺序：一般规则）中有关优先顺位的一般规则在涉及担保财产转让情况时，必须作出细微调整。当按下列顺序发生时，登记的顺序不是决定性的。首先，担保权人 A 在担保人 B 的种类为 X 的现有财产上取得并登记担保物权。其次，担保权人 C 在担保人 D 的种类为 X 的现有财产上取得并登记的担保物权。最后，受让人 B 从转让人 D 处获得既存的担保物权项下的担保财产。如果登记顺序具有决定性的话，担保物权 A 的权利就优先于担保权人 C。这样，仅仅因为担保财产作为担保转让给 B，担保权人 C 就失去了优先顺位。

① 参见 DCFR 第Ⅸ—5：303 条第 1 款、第 2 款。

② 参见［德］克里斯蒂安·冯·巴尔、［英］埃里克·克莱夫主编：《欧洲私法的原则、定义与示范规则：欧洲示范民法典草案》（第 9、10 卷），徐强盛等译，法律出版社 2014 年版，第 132 页。

显然，这样的解决方式不合理。因此依第Ⅸ—3：330条第2款和第Ⅸ—5：303条（担保财产的转让）第3款的规定，在担保财产所有权转让时设立的担保物权优先于在担保财产所有权转让前设立的担保物权，这能更好地保护受让人的担保权人。在这种情况下，善意取得规则通常不予以适用和讨论，因为在为其债权人设立担保时，受让人还没有占有财产。①

2. 转让后取得担保物权的受让人的担保权人

在涉及担保财产转让后取得担保物权的受让人的担保权人时，将出现不同的问题。在登记簿上已经就有问题的财产登记的有关担保物权仅针对原担保人的，受让人的担保权人就难以知悉该担保物权的存在。因此，必须考虑对抗同一财产之上取得担保物权的这些受让人的担保权人时，转让财产之上的原担保物权是否有效，并且在什么条件下有效。如果担保权人只有在登记簿上作出对抗受让人的补充登记，其注明受让人已经取得转让人设立的担保物权项下的财产后，才取得并登记他们的担保物权，问题就简单了。在这种情况下，受让人的担保权人在同一财产之上仅可以取得受限于原担保权人的优先顺位的担保物权。同样的结果适用于受让人的担保权人得到原担保权人的担保物权通知的情况。所以，没有理由不维护原担保权人担保物权的优先顺位。在针对受让人的登记事项完成之前，受让人的担保权人取得担保物权，且该担保权人不知道之前的担保，情况就会不同。必须假设这样的事实，登记以对抗转让人的担保物权，不应该在任何情况下排除这一可能性，即在已经转让的同一财产之上拟取得担保物权的其他债权人也应该受到保护。在什么程度和什么情况下，这种所提供的保护应被视为善意取得原则的适用，要考虑推定而不是实际上的告知，

① 参见［德］克里斯蒂安·冯·巴尔、［英］埃里克·克莱夫主编：《欧洲私法的原则、定义与示范规则：欧洲示范民法典草案》（第9、10卷），徐强盛等译，法律出版社2014年版，第132页。

此告知也许是依据包含相关担保物权的登记的存在而推定的。

善意取得担保物权的规定虽然不适用于无体物，但对于想要取得免受在先担保限制的物品上获得担保物权的担保权人来说，并不能完全依善意取得规则，因为有时担保物权已经登记。第Ⅸ—2：109 条（在有形担保财产之上善意取得担保物权）第 1 款（b）项仅要求债权人不知道或不应该知道转让人没有权利或权限转让担保物权，而无论相关动产之上是否存在第三人的定限物权，才适用善意取得。并不是在所有情况下，只要有在欧盟担保物权登记簿上的登记这一事实就具有决定性，仍然需要考虑登记事项的内容及其他相关情形。处理登记由登记方自己完成从而可能导致登记的不可靠，还必须想到，登记中有关担保财产的描述也有可能是不具体的。查询登记簿不是为了具体担保人的登记事项，而是想要查询相关具体财产的登记项目，这在实践中是极有可能的。登记簿上没有受让人（第三人）对担保物权进行登记的信息的，受让人的担保权人就须查明受让人从谁手中取得相关担保财产的所有权，然后他们不得不联系转让人的担保权人，并询问相关财产是否确实为其设定了担保。① 但未来担保权人确定相关财产是否已设定担保的责任比完全所有权的未来受让人的责任更加严格，这种广泛的责任走得太远了。如果未来担保权人总是需要调查相关担保财产的来源，而非仅需要查询是否有针对担保人的相关登记事项，这样就会大大减损登记系统的公示效力。②

故而，在担保财产所有权转移的情况下，善意取得规则仍可适用。只要在登记簿上记载的相关财产之上的担保物权未对受让人进行登记，

---

① 参见［德］克里斯蒂安·冯·巴尔、［英］埃里克·克莱夫主编：《欧洲私法的原则、定义与示范规则：欧洲示范民法典草案》（第 9、10 卷），徐强盛等译，法律出版社 2014 年版，第 133 页。

② 参见［德］克里斯蒂安·冯·巴尔、［英］埃里克·克莱夫主编：《欧洲私法的原则、定义与示范规则：欧洲示范民法典草案》（第 9、10 卷），徐强盛等译，法律出版社 2014 年版，第 133 页。

而仅针对转让人进行登记，就不能排除从受让人处善意取得免受在先担保限制的担保物权。除非受让人的担保权人确实知道，受让人没有权利或权限不顾在先担保转让相关财产之上的担保物权，否则就不需要在登记簿上查询正在与其交易的受让人以外的人的登记事项。①

很明显，按照此规则所规定的直接登记系统，原担保权人并非总能把初始登记作为保护手段，以对抗受让人的担保权人，使其免受原担保权人的权利限制取得担保财产之上的担保物权。这说明，实际上，对受让人的登记是必要的，它可以对原担保权人权利的丧失提供保护。

3. 从受让人取得其他物权的人

类似的情形适用于从受让人处取得转让的财产之上的其他物权而不是担保物权的人。从第Ⅸ—6：102 条（所有权的善意取得导致担保物权的丧失）第 2 款可以看出，仅有担保登记的存在，并不能完全排除善意取得的可能性。该款（a）项限于发生在日常经营活动中的处分，而无论处分是否在日常交易的过程中发生，该款（b）项的规定都适用。如果担保财产所有权转让后，担保物权没有被登记为对抗受让人，仅对转让人进行了登记，则并不排除按照第Ⅸ—6：102 条及第Ⅷ—3：102 条（取得有效性的方法）的规定，善意取得免受担保物权限制的所有权。

（三）作为担保人的受让人

在本节中所建议的登记系统是高度规范的，因此可以假定，只有转让声明已经被登记的情况下，受让人才能被认为是担保人。第Ⅸ—3：330 条第 3 款也明确表明受让人自转让时起被视为担保人，因此允许受让人按照第三分节来适用这些保护方法。

---

① 参见［德］克里斯蒂安·冯·巴尔、［英］埃里克·克莱夫主编：《欧洲私法的原则、定义与示范规则：欧洲示范民法典草案》（第 9、10 卷），徐强盛等译，法律出版社 2014 年版，第 133 页。

（四）受既存的保留所有权交易约束的担保财产的转让

根据第Ⅸ—3：330条第4款之规定，即使在没有担保财产所有权转让的情况下，买受人、分期付款购买人、承租人、受托人的相关财产的权利转让仍然受到既存的保留所有权交易的约束，可准用该条第1款至第3款的规定。

无论是否存在担保财产所有权的转让或买受人、分期付款购买人、承租人、受托人对相关财产或与之相关的权利的转让，登记的过程都不受影响。但实体法问题总是有差异的，因此对其进行分类并区别对待是比较可行的。受限于保留所有权交易的买受人、分期付款购买人、承租人、受托人并不是这些财产的所有人，这些人只能依据买卖合同、分期付款合同、融资租赁合同、运输合同等来转让有关财产之上或与之相关的权利来替代所有权的转移。因此，虽然受让人一般情况下不会成为所有人，而仅仅是受托人，比如，买方依据买卖合同而取得的对抗卖方的权利——受让人取得买受人、分期付款购买人、承租人、受托人之前持有的权利，即自转让时起，受让人不需要登记就因本节的规定而取得上述法律地位，这时，可准用第Ⅸ—3：330条第1款、第3款的规定。

1. 一般情况下，保留所有权交易不受转让的影响

买受人、分期付款购买人、承租人、受托人在既存的保留所有权交易项下的财产之上或与之相关的权利的转让，可准用推定。这种转让一般情况下不会影响保留所有权交易，第Ⅸ—5：303条（担保财产的转让）第1款也可适用于此情况。但是买受人、分期付款购买人、承租人、受托人同意转让所有权给受让人，而后者依据善意取得原则不受既存的保留所有权交易限制的，受让人将取得所有权。如果事实上的所有权人已经授权给转让人，则保留所有权交易的持有人就会因

善意取得规则而丧失担保物权。[①]

2. 原担保权人与从受让人处取得物权（包括担保物权）的人之间的冲突

只要买受人、分期付款购买人、承租人、受托人所持有的权利转让受既存保留所有权交易的限制，受让人就不可能成为该财产的所有权人。因此，任何试图从受让人手里取得物权（包括担保物权）的人，都不会得到任何与所涉财产相关的权利，除非它们能适用善意取得原则。所以，在原始买受人、分期付款购买人、承租人、受托人的权利转让之前，声称自己基于在这些财产之上的担保物权的取得而成为受让人的担保权的人，最终并不能取得财产所有权。这种情况不适用善意取得原则，过去和现在都不是相关财产所有权人的受让人，不能在这些财产之上设立物权。该冲突的解决有利于保留所有权交易的持有人。

四、担保财产的转让：转让声明

受让人与其担保的债权人有可能因针对原担保人（转让人）的初始登记而受到限制，针对受让人的登记可以为原担保权人提供额外保护，以对抗受让人的担保权人、其他取得担保物权的人、依善意取得原则不顾原担保权人的优先利益的其他担保物权人。

原担保人通常享有转让担保财产的权利，也就不负有通知担保权人的义务。原担保权人就不可能登记转让声明，以阻止特定情况下因受让人的处分而出现的善意取得。因而受让人或在相关财产上的担保物权的其他受让人承担在登记簿上对自己进行所指明的转让登记的责任。一方面，只有在担保财产的转让未导致转让人的担保权人的担保

---

① 参见［德］克里斯蒂安·冯·巴尔、［英］埃里克·克莱夫主编：《欧洲私法的原则、定义与示范规则：欧洲示范民法典草案》（第9、10卷），徐强盛等译，法律出版社2014年版，第134～135页。

物权丧失的情况下，受让人才负有这一登记义务。第Ⅸ—3：331 条第 1 款规定的条件①确认适用这一规定的前提是，转让的担保财产必须是既存的担保财产项下的财产。事实上，只有当转让人无权不顾担保处分该财产的，和受让人非善意的情况下，受让人才有义务登记转让声明。因此，该条第 1 款中的义务对于受让人并非完全出乎意料。另一方面，受让人有义务登记转让声明的最重要的作用，是受让人必须依第Ⅸ—3：331 条第 2 款的规定承担损害赔偿责任。② 只有第三人从受让人处取得转让的担保财产的物权或担保物权，并导致原担保权人的优先顺位或全部权利丧失，即第三人必须依据第Ⅸ—3：330 条（担保财产的转让：一般规则）中的善意取得原则而得到此种权利时，才会因没有转让登记而引起这种损害赔偿。只有受让人未告知第三人其知道相关财产之上已经设定担保物权或受原担保权人的保留所有权交易的限制的，受让人才可能承担损害赔偿责任，仅由受让人个人承担责任。但除了要保护从受让人处取得物权的人，还必须考虑到受让人和原担保人/债务人的财务状况。此外，担保权人允许原担保人占有财产，可以视为承担了额外的丧失其物权人地位的风险。第Ⅸ—3：331 条第 1 款和第 3 款③也表明允许由担保权人登记表明转让的声明。即使由担保权人登记转让声明，也不需要作为新的担保人的受让人的同意。对担保人而言，转让声明的登记与初始登记相比，风险较小。因为该担保人总能向未来的担保权人指出，不是从转让人处取得财产，因此

---

① DCFR 第Ⅸ—3：331 条第 1 款规定，取得受限于既存担保物权的担保财产物的所有权的受让人，有义务在登记簿中记载转让实现，但担保人已经登记了该转让声明的除外。

② DCFR 第Ⅸ—3：331 条第 2 款规定，受让人对因违反前款规定的义务而给持有被转让财产的担保物权之担保权人所造成的损失承担责任。

③ DCFR 第Ⅸ—3：331 条第 3 款规定，在以下情况下，转让声明可以由受让人或担保权人进行：（1）它表明了特定的担保人是受让人；（2）它指明作为转让人的特定担保人的身份；（3）它最低程度地描述了被转让财产；（4）它指明了被转让财产所属的某一或某些财产种类；（5）附有作出转让声明的人的声明，表明他将承担因错误登记而给受让人、担保人或第三人造成的损害的责任。

不受担保权人依错误表明担保财产转让的声明主张的担保物权的限制。

按照第Ⅸ—3：331条第4款的规定[①]，该条第1款至第3款对担保财产所有权转让的规定，也可以适用于买受人、分期付款购买人、承租人和受托人在提供的或与之相关的既存保留所有权交易项下的财产之上权利的转让。在这种情况下，尽管对于转让本身和保留所有权交易的效力的持续性和有效性而言，这并非必不可少的，但登记簿上的转让登记仍能够为保留所有权交易的持有人提供额外的保护，并对抗第三人的善意取得。[②]

第八分节　费　　用

通常情况下，登记用户承担登记的费用。无论何时进行登记声明或进行其他行为，这些费用都由用户直接向登记机关支付。具体而言，在当事人之间，每一方须承担网上安全身份识别系统的注册费用或准入费用；担保人需要承担其他由担保人支出的与登记有关的合理费用。但问询和回复问询的费用由问询者承担。[③]

第九分节　登记制度建立前设立的担保物权

第Ⅸ—3：312条（根据国内法建立的关于其他登记或备案系统中有关登记事项的过渡性规定）中包括在欧盟担保物权登记簿建立后，还在运营的有关特殊财产的担保物权的登记或备案系统。第Ⅸ—3：

---

① DCFR第Ⅸ—3：331条第4款规定，适用于买受人、分期付款购买人、承租人、受托人对所提供的财产或与此财产相关的权利被转让时，若受既存的保留所有权交易的限制，则可以准用前款的规定。

② 参见［德］克里斯蒂安·冯·巴尔、［英］埃里克·克莱夫主编：《欧洲私法的原则、定义与示范规则：欧洲示范民法典草案》（第9、10卷），徐强盛等译，法律出版社2014年版，第137页。

③ 参见DCFR第Ⅸ—3：332条。

333 条是关于在先已设立生效的担保物权或保留所有权交易的规定。[①]根据此条款，即使在欧盟担保物权登记簿建立后，在先已设立生效的担保物权或保留所有权交易仍然继续有效，并不需要另外登记。因为对于已经在国内登记的物权，使其继续有效符合现代法律思想中的主流做法。对于新登记簿建立之前没有进行登记的担保物权或保留所有权交易，通常认为应被要求至少在一定过渡期届满后登记。但为了保护担保权人，这些规则作出了对抗此结果的选择。因为依据本节规定，担保权人不经担保人的同意不能进行登记，因而，其面对第三人时的担保地位取决于担保人的仁慈。在欧盟担保物权登记簿建立前，已经在国内登记或备案的担保物权，应由该担保物权的登记系统的主管机构进行再次登记或备案，并非由担保权人进行再次登记或备案，因此，这些担保物权的再次登记或备案，无须经担保人同意。[②] 第Ⅸ—3：312 条第 2 款则要求该主管机构将任何之前在登记系统中登记或备案的内容，重新在新的欧盟登记簿登记并重申其内容。当然，担保权人如能取得担保人的同意，就可以在登记簿上登记担保人的有关事项以对抗担保人。值得注意的是，依据第Ⅸ—3：312 条第 2 款规定所进行的登记，并非担保物权继续有效的必要条件。

---

① DCFR 第Ⅸ—3：333 条规定：（1）欧盟担保物权登记簿启用之前已生效的担保物权，无须依本节规定登记，即可保持其效力。（2）根据成员国的国内法，担保物权已经在权利凭证登记或备案系统登记或备案的，一旦本登记簿得以建立，原主管该登记系统的机构应在欧盟担保物权登记簿登记，重申登记或备案的内容，包括登记或备案的日期，以对抗担保人。

② 参见［德］克里斯蒂安·冯·巴尔、［英］埃里克·克莱夫主编：《欧洲私法的原则、定义与示范规则：欧洲示范民法典草案》（第 9、10 卷），徐强盛等译，法律出版社 2014 年版，第 139 页。

第四章　欧盟动产担保物权的优先顺位

第一节　一般优先顺位

欧盟动产担保物权的一般优先顺位的一般规则主要规定于第Ⅸ—4：101 条第 1 款至第 5 款。[①] 欧盟动产担保物权是无排他性的定限物权[②]，担保人可以在已设定担保的财产上设立其他担保物权 C，B 不会侵犯在先担保权人的物权 A，担保人也不会

---

① DCFR 第Ⅸ—4：101 条规定：(1) 同一财产之上，数个担保物权之间及担保物权与其他定限物权之间的优先顺位由相关时间的先后而确定，但有例外规定的除外。(2) 相关时间是指：就担保物权而言，如果登记了，是依第九卷第三章第三节规定登记的时间，或是担保物权依第九卷第三章的其他规则的规定而取得对抗效力的时间，以两者在先者为准；就其他定限物权而言，指设立的时间。(3) 已经取得对抗效力的担保物权的效力优于未取得对抗效力的担保物权，即使后者设立的时间在先。(4) 两个或更多未取得对抗效力的担保物权之间依其设立时间确定其优先顺位。(5) 保留所有权交易的标的物之上依善意取得规则取得的担保物权，或同一财产上不顾在先权利负担而依善意取得的担保物权，优先于保留所有权交易或在先的担保物权，但第Ⅸ—4：108 条（优先顺位的变动）另有规定的除外。

② 参见 DCFR 第Ⅸ—1：102 条。

丧失处分担保财产的权利，比如转让担保财产。[1] 相互冲突的担保物权 A、B、C 同存于同一担保财产之上，就产生了担保物权的优先顺位问题，见图 3。

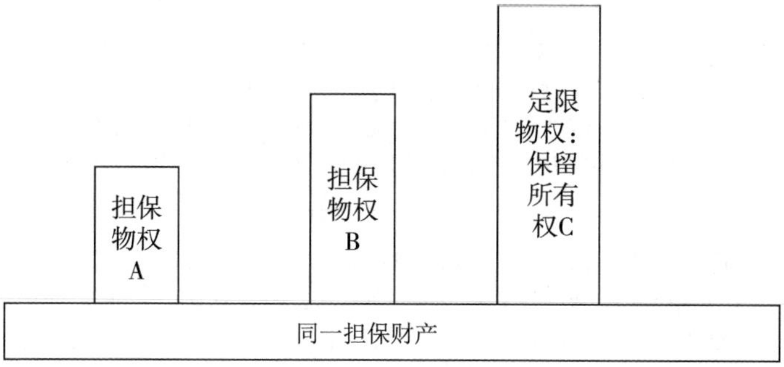

图 3　同一担保财产之上的担保物权通常依据时间顺序享有优先顺位

担保物权的优先顺位问题除法律例外规定之外，通常由相关时间先后确定（譬如，担保财产的总数额大于高顺位担保权人有权执行的金额，则低顺位担保权人只能参与到高顺位的担保权人请求的执行程序中[2]），但也存在某些例外，还会受限于相关时间的计算标准［第Ⅸ—4：102 条（超级优先顺位）］。相关时间分为担保物权的相关时间和其他定限物权的相关时间，前者包括如下 4 种，后者仅为如下 1 种，如表 5 所示。担保物权无论是依担保权人占有，还是依担保物权登记或任何其他情形生效，其生效的确定时间是最早实现相关生效条件的时间。[3] 担保物权优先顺位相关时间的种类与含义见表 5。

---

① 参见 DCFR 第Ⅸ—2：105 条。

② 参见 DCFR 第Ⅸ—7：215 条。

③ DCFR 第Ⅸ—3：103 条规定，担保物权以多种方法取得对抗效力。

表 5　担保物权优先顺位的相关时间的种类与含义

种类	含义
担保物权设立时间	是指担保物权生效的时间是设立的时间，即设立即生效，设立时间决定他们的优先顺位，但存在例外情形，如当事人约定
担保物权登记时间	是指担保物权生效的时间是其登记时间，即登记即生效，登记时间决定他们的优先顺位。譬如，担保权人 A 先于 B 而登记，即使 B 的担保物权设立时间比 A 早，A 的担保物权也优于 B
担保物权占有时间	是指担保物权生效的时间是其实际占有时间，占有即生效①，占有时间决定他们的优先顺位，但存在例外情形，如留置权②
担保物权控制时间	是指担保物权生效的时间是其实际控制时间，即控制即生效。实际控制担保物权的时间决定他们的优先顺位。③ 实际控制而生效的担保物权与其他担保物权相比，具有超级优先顺位。④ 只有数个担保权人因实际控制而生效的数个担保物权之间的关系，才适用第Ⅸ—4：102 条的规定［第Ⅸ—4：102 条（超级优先顺位）第 2 款第 2 句］
其他定限物权设立时间	是指其他定限物权的生效时间是其他定限物权的设立时间，即设立即生效。设立时间决定他们的优先顺位

担保物权的优先顺位的问题实质上是同一财产之上数个担保物权之间的优先顺位和担保物权与其他定限物权之间的优先顺位，其具体种类、效力及其例外规定见表 6。

---

① 参见 DCFR 第Ⅸ—5：301 条第 4 款。

② 对于第Ⅸ—2：114 条（留置权）规定的留置权之上的担保物权，第Ⅸ—4：102 条（超级优先顺位）第 3 款作出了优先顺位的特别规定。

③ 参见 DCFR 第Ⅸ—5：301 条第 3 款（c）项、第 4 款。

④ 参见 DCFR 第Ⅸ—4：102 条（超级优先顺位）第 2 款第一句。

表 6　担保物权优先顺位的种类、效力与例外

担保物权 A 与担保物权 B（其他定限物权 C/D）之间的优先顺位		
种类	效力	例外规定
登记在先 A 与登记在后 B	例外规定 > A > B	
登记在先 A 与无登记 B	例外规定 > A > B	
设立在先 A 与设立在后 B	例外规定 > A > B	
无对抗效力设立在先 A 与无对抗效力设立在后 B	例外规定 > A > B①	竞合担保权人仅可依其担保物权，采取对抗担保人的行为无对抗效力的担保物权，都不能对抗该强制执行程序。② 无对抗效力的担保物权均不能享有超级优先顺位
有对抗效力在先 A 与有对抗效力在后 B	例外规定 > A > B	
有对抗效力 A 与无对抗效力 B	例外规定 > A > B	无对抗效力的担保物权均不能享有超级优先顺位
善意取得在先 A 与善意取得在后 B	例外规定 > A > B	
善意取得在先 A 与无善意取得在先 B	例外规定 > A > B	仅有的例外情况是第Ⅸ—4：108 条(优先顺位的变动)的规定
担保物权 A 与其他定限物权 C	例外规定 > A > C	如果担保财产在执行过程中出售给第三人，其他优先顺位较低的定限物权就会丧失③
设立在先 C 与设立在后 D	例外规定 > C > D	
其他定限物权 C 与无对抗效力担保物权 A	例外规定 > C > A	

值得注意的是本章之外的物权权益冲突的规则。有关善意取得的

① 参见 DCFR 第Ⅸ—4：101 条第 4 款。

② 参见 DCFR 第Ⅸ—3：101 条（对抗第三人的效力）第 1 款（b）项。

③ 参见 DCFR 第Ⅸ—7：213 条。

规定①，已经成为调整本章范围之外冲突的物权关系规则的范例。但是，对此最重要的原则，是不能给付自己没有的东西的原则。如果担保人无权处分已设定担保的权利，担保人便不能创设担保物权。在先转让的所有权优于之后转让人拟为其他担保权人设立的担保物权。该原则也确定了履行请求权的全部转让②和担保让与③之间的关系。如果履行请求权的全部转让早于在同一权利之上的担保物权的设立时间，结果就会不同，转让一旦生效，履行请求权的前持有人就没有权限在同一权利之上再为其债权人设立担保。因此，后者将在所谓的履行请求权的担保转让中一无所获。

第二节　超级优先顺位

欧盟动产担保物权的超级优先顺位规则规定于第Ⅸ—4：102 条第 1 款至第 4 款④，是上述欧盟动产担保物权一般优先顺位规则的例外情形。超级优先顺位意味着不管其相关时间的顺序，其优先于任何担保物权。即使其他竞合担保物权生效在先，特殊优先顺位的担保物权也具有优先性，但也有例外。

一、所有权转移型担保物权的优先顺位

所有权转移型的担保物权，包括保留所有权交易和担保财产所有权转移给第三人的担保物权⑤，其优先于同一财产之上的担保人设立

---

① 参见 DCFR 第Ⅸ—2：109 条、第Ⅸ—6：102 条。

② 例如，B 将对 A 的付款请求权转让给 C。

③ 例如，B 将对抗 A 的可实现的权利转让给 C，作为 C 债权的担保。

④ 参见 DCFR 第Ⅸ—4：102 条。

⑤ 财产所有权转移给买受人时，设定于该财产之上的对以下权利的担保物权。参见 DCFR 第Ⅸ—1：201 条第 3 款（b）项；吴俞嘉：《论 DCFR 之动产担保物权的优先顺位问题——兼论对中国动产担保物权优先受偿次序的启示》，苏州大学 2017 年硕士学位论文，第 16 页。

的任何担保物权或其他定限物权。[①] 所有权转移型担保物权享有超级优先顺位所具备的两个条件：一是须有效对抗第三人。如果不符合第三章的条件，所有权转移型担保物权的优先顺位必须依据第Ⅸ—4：101 条（优先顺位：一般规则）第 3 款、第 4 款的规定。二是所有权转移型担保物权应该依据第Ⅸ—3：107 条（融资购买交易的登记）第 1 款登记的，必须在 35 日内予以登记后，其方可享有该条第 1 款项下的超级优先顺位。这两个条件不具备的，所有权转移型的担保物权只能适用第Ⅸ—4：101 条（优先顺位：一般规则），尤其是该条第 2 款（a）项的规定。

值得注意的是，担保人设立所有权转移型的担保物权是受限制的。如果由所有权转移型的担保物权购买贷款，担保财产的买受人为担保人。相关财产应在出售前就已经设定担保。

二、保留所有权交易的优先顺位

保留所有权交易的持有人和作为所有权担保方式的担保物权的担保权人所享有的优先顺位是相同的。第Ⅸ—4：102 条第 1 款可以视为保留所有权交易的法律地位的重述。主要表现在以下几点：首先，保留所有权交易优先于其他竞合物权。其次，如果其无对抗效力，不适用第Ⅸ—4：102 条第 1 款。最后，超过第Ⅸ—3：107 条（融资购买交易的登记）规定的 35 日后登记的保留所有权交易。保留所有权交易超过 35 日的期限后登记也有对抗效力，但依据第Ⅸ—4：102 条第 1 款的规定不享有超级优先顺位。[②]

---

① 参见 DCFR 第Ⅸ—4：102 条第 1 款；吴俞嘉：《论 DCFR 之动产担保物权的优先顺位问题——兼论对中国动产担保物权优先受偿次序的启示》，苏州大学 2017 年硕士学位论文，第 16 页。

② 参见［德］克里斯蒂安·冯·巴尔、［英］埃里克·克莱夫主编：《欧洲私法的原则、定义与示范规则：欧洲示范民法典草案》（第 9、10 卷），徐强盛等译，法律出版社 2014 年版，第 148 ~ 149 页。

三、因控制或占有而取得对抗效力的金融财产之上担保物权的优先顺位

该担保物权优先于担保人所设立的任何担保物权（包括所有权转让型的担保物权和在先登记的竞合担保物权）或其他定限物权。数个因控制或占有而取得对抗效力的金融财产之上的担保物权的优先顺位按照占有或控制时间先后确定。[①] 欧盟立法赋予其超级优先顺位，是遵循特别法优先原则的结果，是因占有或控制取得对抗效力。[②]

值得注意的是，由发行人运营的或为发行人运营的金融票据在登记簿上的登记或依据国内法的规定是确定所有权的决定性因素，同时，这些财产之上的担保物权可以视为是按照第Ⅸ—3：301 条（担保物权登记簿：其他登记或备案系统）第 3 款的规定实施控制的，而不是按照登记的。[③]

需要说明的是，依据遵循第Ⅸ—2：111 条（现金、流通票据和无记名单证之上的担保物权）和第Ⅸ —4：101 条（优先顺位：一般规则）的规定，占有现金、流通票据和无记名单证之上的担保物权优先于同一财产之上在先的担保物权。[④]

四、留置权的优先顺位

依据第Ⅸ—2：114 条的规定，留置权优先于该财产上的其他任何

① 参见 DCFR 第Ⅸ—4：102 条。

② 参见［德］克里斯蒂安·冯·巴尔、［英］埃里克·克莱夫主编：《欧洲私法的原则、定义与示范规则：欧洲示范民法典草案》（第 9、10 卷），徐强盛等译，法律出版社 2014 年版，第 149 页；吴俞嘉：《论 DCFR 之动产担保物权的优先顺位问题——兼论对中国动产担保物权优先受偿次序的启示》，苏州大学 2017 年硕士学位论文，第 20 ~ 24 页。

③ 参见［德］克里斯蒂安·冯·巴尔、［英］埃里克·克莱夫主编：《欧洲私法的原则、定义与示范规则：欧洲示范民法典草案》（第 9、10 卷），徐强盛等译，法律出版社 2014 年版，第 149 页。

④ 参见吴俞嘉：《论 DCFR 之动产担保物权的优先顺位问题——兼论对中国动产担保物权优先受偿次序的启示》，苏州大学 2017 年硕士学位论文，第 11 页。

权利。[①] 之所以赋予留置标的物所产生的担保物权的超级优先顺位，是因为修理、改进担保财产的工作有利于担保权人，也符合所有权转让型担保物权的超级优先顺位的正当性。[②]

五、善意取得担保物权的优先顺位

所有权转移型担保物权、保留所有权交易、因控制或占有而取得对抗效力的金融财产之上的担保物权、留置标的物所产生的担保物权的超级优先顺位的规定受第Ⅸ—4：101 条（优先顺位：一般规则）第 5 款和第Ⅸ—4：108 条规定的约束。[③] 如果在第Ⅸ—4：101 条（优先顺位：一般规则）第 5 款和第Ⅸ—4：108 条（优先顺位的变动）的范围之内，则这四种担保物权并不享有第Ⅸ—4：102 条第 1 款至第 3 款规定的超级优先顺位。在有从合同的情况下，在担保物权或保留所有权交易项下的财产之上善意取得担保物权的，享有超级优先顺位，原担保物权或保留所有权交易后于依善意取得而受到保护的担保权人的权利。[④]

六、新产品或附合财产之上担保物权的优先顺位

依据第Ⅷ—5：204 条（担保物权的补充规定）第 3 款，新产品或附合财产之上的担保物权优先于新产品或附合财产的所有人的权利。第Ⅷ—5：204 条第 3 款适用于两种情况：一是原材料所有者与加工物或用于加工或附合的主体部分的所有权人之间没有达成协议。二是二者之间达成协议，且协议规定的担保物权等同于在第Ⅷ—5：101 条

① 参见 DCFR 第Ⅸ—4：102 条第 3 款。

② 参见［德］克里斯蒂安·冯·巴尔、［英］埃里克·克莱夫主编：《欧洲私法的原则、定义与示范规则：欧洲示范民法典草案》（第 9、10 卷），徐强盛等译，法律出版社 2014 年版，第 150 页。

③ 参见 DCFR 第Ⅸ—4：102 条第 4 款。

④ 参见［德］克里斯蒂安·冯·巴尔、［英］埃里克·克莱夫主编：《欧洲私法的原则、定义与示范规则：欧洲示范民法典草案》（第 9、10 卷），徐强盛等译，法律出版社 2014 年版，第 150 页。

(意思自治及其他相关条款) 第4款规定的担保物权。[①]

第三节　优先顺位的持续

担保财产(包括受保留所有权交易限制的财产)发生以下3种变化的，担保物权和保留所有权交易之间的原优先顺位不受影响：一是担保财产成为动产的添附物；二是动产担保财产成为不动产的添附物，除非不动产法另有规定[②]；三是担保财产成为加工物、混合物、附合物等新物的，新物之上担保物权的效力及于担保人对新物所享有的权利。[③]

受担保物权或保留所有权交易限制的担保财产，即使成为添附物，担保物权和保留所有权交易之间的原优先顺位通常也会保持不变。受担保物权或保留所有权交易限制的担保财产仅成为添附物的一部分，添附物与主物分离时不会对每一财产造成实质性损害的，除了担保财产之上的担保交易继续存在[④]，其原优先顺位也不受到影响。[⑤]

加工物、附合物、混合物之上的权利替代用于混合、附合、加工的原始财产之上的前物权，在原始财产之上的担保物权和保留所有权交易也因被替代而随之消失，倘若其无条件地继续存在，无利于其他债权人。但新产品(加工物、附合物、混合物)之上的担保物权和保留所有权交易与用于加工、混合或附加的原财产之上的担保物权和保

---

① 参见[德]克里斯蒂安·冯·巴尔、[英]埃里克·克莱夫主编：《欧洲私法的原则、定义与示范规则：欧洲示范民法典草案》(第9、10卷)，徐强盛等译，法律出版社2014年版，第151页。

② 参见马红升：《论不动产物权登记》，山东大学2008年硕士学位论文，第3页。

③ 参见DCFR第Ⅸ—4：103条；魏嘉均：《土地抵押权制度的完善策略分析》，载《法制博览》2020年第32期。

④ 参见DCFR第Ⅸ—2：305条第2款。

⑤ 参见[德]克里斯蒂安·冯·巴尔、[英]埃里克·克莱夫主编：《欧洲私法的原则、定义与示范规则：欧洲示范民法典草案》(第9、10卷)，徐强盛等译，法律出版社2014年版，第152页。

留所有权交易的顺位相同。[①]

孳息和收益之上担保物权的优先顺位的持续是初始担保物权担保或保留所有权交易项下担保财产上的孳息和收益担保物权的优先顺位的持续。根据第Ⅸ—4：104条和第Ⅸ—4：105条，孳息和收益之上担保物权的优先顺位与初始担保物权担保或保留所有权的优先顺位相同。之所以如此规定，是因为担保权人的物权及于孳息和收益，这两种担保物权均具有对抗第三人的效力。如果分别确定二者的优先顺位，初始担保财产之上的担保物权则可享有较有利的优先顺位，因为孳息和收益之上的担保物权仍可能晚于初始担保物权产生并取得对抗效力。如果后一时间点与优先顺位的确定有关，则孳息和收益如果初始担保财产之上的担保物权后于第Ⅸ—4：102条所规定享有超级优先顺位的担保物权。[②] 其优先顺位的持续显得更重要，但孳息和收益之上担保物权超级优先顺位的持续却受第Ⅸ—4：105条（孳息和收益：例外情况）中附加规定的限制。

孳息和收益之上担保物权优先顺位的确定方法有两种。[③] 第一种确认方法是由初始担保财产之上担保物权的优先顺位确定，有以下3种。

一是与初始担保财产种类相同的孳息和收益。例如非占有担保中，一群设定担保的羊所生育的小羊，如果孳息和收益与初始担保财产种类相同，而孳息和收益也设立了担保，就优先顺位而言，分别适用不同的规定显然不合理。

二是因初始担保财产的缺陷、损坏或灭失而产生的赔偿给付请求权，包括保险收益。赔偿给付请求权只不过是损坏或灭失的原始财产

---

① 参见［德］克里斯蒂安·冯·巴尔、［英］埃里克·克莱夫主编：《欧洲私法的原则、定义与示范规则：欧洲示范民法典草案》（第9、10卷），徐强盛等译，法律出版社2014年版，第153页。

② 参见吴俞嘉：《论DCFR之动产担保物权的优先顺位问题——兼论对中国动产担保物权优先受偿次序的启示》，苏州大学2017年硕士学位论文，第15页。

③ 参见DCFR第Ⅸ—4：104条。

的替代品。为了保护担保权人，担保物权的优先顺位及于收益之上，因为赔偿数额与初始担保物损坏的价值相同。

三是初始担保财产的担保物权登记的已经涵盖的孳息和收益。对于初始登记所包含的孳息和收益而言，在初始担保交易依超级优先顺位的规定享有超级优先顺位时，初始担保交易的优先顺位的持续也是特别重要的。孳息和收益记载入初始登记之中，债权人的担保物权出售所有权担保方式项下的财产所得到的收益中取得的，担保物权优先于买方或承租人在这些收益之上为担保权人设立的担保物权。

第二种确认方法是不能由第一种确认方法确定的，依第Ⅸ—4：101条（优先顺位：一般规则）和第Ⅸ—4：102条（超级优先顺位）予以确定。

值得注意的是孳息和收益之上担保物权的优先顺位的持续的例外规定，即所有权担保方式的标的物或财产的孳息和收益之上担保物权后于初始担保财产之上的担保物权①；初始担保财产的缺陷、损坏或灭失而产生的给付请求权，包括保险收益；初始担保财产的变价收益优先于初始担保财产之上的担保物权。

值得注意的是执行债权人担保物权的优先顺位。执行债权人担保物权的优先顺位（债权人执行的优先顺位）是指担保人的债权人（执行债权人）对担保人的金钱债权提起特定财产上的执行程序，仅根据执行地的程序法，该执行程序的所有条件都得到满足②，自开始执行之时起，担保人的债权人就取得该特定财产上的具有对抗效力的担保物权。③ 自开始执行之时起，执行债权人担保物权优先于该特定财产

① 参见DCFR第Ⅸ—4：105条第1款和第Ⅷ—5：204条第3款；吴俞嘉：《论DCFR之动产担保物权的优先顺位问题——兼论对中国动产担保物权优先受偿次序的启示》，苏州大学2017年硕士学位论文，第13页。

② 参见高圣平：《民法典动产担保权登记对抗规则的解释论》，载《中外法学》2020年第4期；DCFR第Ⅸ—4：107条。

③ 参见高圣平：《民法典动产担保权登记对抗规则的解释论》，载《中外法学》2020年第4期；DCFR第Ⅸ—4：107条。

之上的其他合法有效的担保物权、其他定限物权、不符合第三章规定条件的已有对抗第三人的担保物权，除保留所有权交易外。[①] 在执行程序开始之前，如果竞合担保物权就已经生效，其优先于执行债权人担保物权。值得注意的是，欧盟立法并未对执行程序开始的具体时间和执行特定财产需要符合的条件作出具体规定。欧盟法仅对执行所需符合的条件规定依据执行地的程序法确定。假如金钱支付的判决不能得到实现时，不同的国内程序法也适用于确定执行程序的开始时间。根据各国程序法，执行程序需要符合的条件也不同。[②]

需提及的是进入欧盟之前已经生效的担保物权优先顺位的保留。进入欧盟之前已经生效的担保物权的优先顺位是担保财产从欧盟成员国之外带入本地区，在进入欧盟之前已经生效的担保物权只有在 3 个月的期限内实现的[③]，其优先顺位仍有效。[④] 担保财产进入欧盟之前，该担保物权或保留所有权交易依据准据法的规定，还没有取得对抗效力的，或不符合第Ⅸ—3：108 条规定的条件，但只要符合第三章的要求，该担保物权或保留所有权交易的优先顺位仍有效。如果担保财产在进口后，其他担保权人也在同一财产之上主张竞合的担保物权，该担保物权或保留所有权交易的优先顺位由担保财产进口之后取得对抗效力的时间确定。[⑤]

---

① 参见高圣平：《民法典动产担保权登记对抗规则的解释论》，载《中外法学》2020 年第 4 期。

② 参见［德］克里斯蒂安·冯·巴尔、［英］埃里克·克莱夫主编：《欧洲私法的原则、定义与示范规则：欧洲示范民法典草案》（第 9、10 卷），徐强盛等译，法律出版社 2014 年版，第 159 页。

③ 参见 DCFR 第Ⅸ—3：108 条。

④ 参见 DCFR 第Ⅸ—4：106 条。

⑤ 参见［德］克里斯蒂安·冯·巴尔、［英］埃里克·克莱夫主编：《欧洲私法的原则、定义与示范规则：欧洲示范民法典草案》（第 9、10 卷），徐强盛等译，法律出版社 2014 年版，第 158 页。

第四节　优先顺位的变动

优先顺位的变动是同一财产的担保物权与其他担保物权以及其他定限物权之间的优先顺位的改变。改变的方式有以下 3 种：一是受优先顺位变动影响的有关权利人书面同意。二是受优先顺位变动影响的有关第三人在欧盟担保物权登记簿上做了优先顺位修改。三是受优先顺位变动影响的有关第三人知道或应当知道优先顺位变更协议。[①]

① 参见 DCFR 第Ⅸ—4：108 条。

第五章　欧盟动产担保物权的违约前规则

违约前阶段是在第二章规定的担保交易的设立和终止之间的被延伸的期限，其因依据第七章规定的非司法强制执行而终止。本章违约前规则的内容包括违约事件发生之前的担保物权以及与之相关的权利义务的规定。本章的违约前规则，聚焦于担保权人和担保人之间的内部关系，担保物权或保留所有权交易仅需合法设立即可。这些规则，特别是第一节与第Ⅸ—5：201 条（担保财产的保管和保险）所规定的一般原则、第三节和第四节的规定，都适用于所有上述欧盟法的动产担保物权类型，但也存在例外。譬如，在第二节第一分节中担保人权利和义务的规定不适用于第二节第二分节的保留所有权交易的持有人，因为出售人、供应人或出租人很少占有所提供的财产。

第一节　担保财产自由处分的一般原则

违约前规则的一般原则为自由原则，即担保人和担保权人自由决定其担保财产之间的相互关系。之所以确立该原则，是因为必须区分担保权人和担保人之间相互关系的两种不同类型的基础。第一种类型是物权担保合同。该合同不是第九卷所涵盖的内容，但也受合同法基本原则的约束。第二种类型是担保权人和担保人的关系。其受到建立在担保物权根本原则上的物权法的约束。在违约事件结果的范围之内，当这些原则具有强制性时，当事人通常可以自由地确定违约之前的担保物权的条款。

该自由原则也存在两种例外：一是 DCFR 另有规定。二是解约条款无效。[①] 依据该原则，担保人不能依据违约前缔结的担保财产抵偿债务的协议而被剥夺财产。解约条款无效原则确立的因由是，担保财产抵偿债务的协议（把为担保的所有权转让给担保权人以抵消担保义务的协议）会给担保人带来巨大风险，会失去所有的保护。解约条款无效原则的两个例外情况如下：一是法定孳息抵偿债务。二是作为担保权人的银行与担保人协商一致，享有处分担保的金融财产和以其抵债。[②] 这仅仅是一种暂时的许可，因为银行有义务按照有权处分金融财产的银行的规定对相等价值的财产再次转让。

值得注意的是，所有权的担保转让和售后回租的协议是有效的。虽然当事人可能有把所有权转让给担保权人的意图，但这仅仅是以担保为目的的转让，而不是以担保财产抵债。因此，这两种形式的交易，在第九卷中被视为设立了仅可作为定限物权的担保物权，即担保人依然被视为相关财产的所有权人。[③]

---

① DCFR 第Ⅸ—5：101 条规定，解约条款无效是指违约前所达成的担保权人取得担保财产所有权的协议，或有类似效果的协议，均为无效，但另有明确规定的除外。

② 参见［德］克里斯蒂安·冯·巴尔、［英］埃里克·克莱夫主编：《欧洲私法的原则、定义与示范规则：欧洲示范民法典草案》（第 9、10 卷），徐强盛等译，法律出版社 2014 年版，第 163 页。

③ 参见［德］克里斯蒂安·冯·巴尔、［英］埃里克·克莱夫主编：《欧洲私法的原则、定义与示范规则：欧洲示范民法典草案》（第 9、10 卷），徐强盛等译，法律出版社 2014 年版，第 163 页。

第二节　担保财产上担保人与担保权人的权利和义务

担保财产的保管义务是指占有担保财产的当事人（担保人和担保权人）有义务将担保财产与其他人的财产区分予以保管，善尽合理的注意义务，以保持和维护担保财产。① 担保人的保管义务源于善意原则的适用②，其旨趣是用担保财产的价值以实现担保义务履行请求权。占有担保财产的担保权人负有保管义务是因为其对担保财产享有定限物权。违反保管义务的责任并非严格责任，担保财产的占有人对担保财产自身的正常贬损并不负责，仅对保管和维护时未尽到合理注意义务引起的损失负责。但该占有人应确保担保财产的确定性，以防止其他当事人担保财产之上的物权因为与持有人或第三人的同类财产混合而丧失。即便与其他财产一起存放，只要它们仍然可区分，就没有必要把担保物权或保留所有权交易项下的财产单独存放。③ 需要提及的是，其他当事人基于调查相关财产的目的，享有在任何合理时间检查担保财产的权利。双方可就检查的时间和方式自愿达成一致。④

担保财产的投保义务是担保人有义务像一个审慎的所有人在财产处于相同情形时通常会投保的那样为担保财产投保，以抵御相关风险。应担保权人的请求，担保人必须提供承保范围的证明，没有或仅有不充足的承保范围或没有此类证明的，担保权人有权办理充足的保险，且将相

---

① 参见 DCFR 第Ⅸ—5：201 条第 1 款。

② 参见［德］克里斯蒂安·冯·巴尔、［英］埃里克·克莱夫主编：《欧洲私法的原则、定义与示范规则：欧洲示范民法典草案》（第 9、10 卷），徐强盛等译，法律出版社 2014 年版，第 164 页。

③ 参见［德］克里斯蒂安·冯·巴尔、［英］埃里克·克莱夫主编：《欧洲私法的原则、定义与示范规则：欧洲示范民法典草案》（第 9、10 卷），徐强盛等译，法律出版社 2014 年版，第 165 页。

④ 参见 DCFR 第Ⅸ—5：201 条第 2 款。

关费用加入担保债权的范围内。[①] 该投保义务的旨趣是担保财产毁损灭失的，担保权人依据保险合同有权要求理赔担保财产。值得注意的是，该投保义务主体仅为担保人。[②] 担保人不投保或没有足额投保的，担保权人可以投保，但投保的相关费用加入担保债权的范围内。投保义务的保险范围仅限于审慎的所有人通常在财产所在地所投保的风险。

需要说明的是，保管义务和投保义务的违反都应承担赔偿责任。但赔偿金额的确定必须考虑担保权人可能已执行的相关财产之上物权的情况。这种赔偿责任不是法定赔偿责任，仅是违约赔偿责任，当事人可以自愿达成内容与此相反的协议。[③]

第一分节　担保财产上担保人的权利和义务

一、担保财产的合理使用权

合理使用权是指占有担保财产的担保人享有以合理方式使用自己占有的担保财产权利。[④] 合理使用视具体情况和担保财产的性质而定。譬如，担保汽车用于日常运输、担保财产的实质利用和处分、未经许可的不合理使用都不是合理使用。担保人未合理使用担保财产的，担保权人享有获得禁止不合理使用的禁令，造成担保财产的价值贬损进而导致担保物权丧失的，还享有赔偿请求权。担保人存在违约的，应承担违约责任。[⑤]

---

① 参见 DCFR 第Ⅸ—5：201 条第 3 款。

② 参见云晋升：《动态质押中的权利冲突及解决》，载《北京理工大学学报（社会科学版）》2020 年第 5 期。

③ 参见［德］克里斯蒂安·冯·巴尔、［英］埃里克·克莱夫主编：《欧洲私法的原则、定义与示范规则：欧洲示范民法典草案》（第 9、10 卷），徐强盛等译，法律出版社 2014 年版，第 165～166 页。

④ 参见 DCFR 第Ⅸ—5：202 条。

⑤ 参见［德］克里斯蒂安·冯·巴尔、［英］埃里克·克莱夫主编：《欧洲私法的原则、定义与示范规则：欧洲示范民法典草案》（第 9、10 卷），徐强盛等译，法律出版社 2014 年版，第 166～167 页。

二、已担保工业原料的加工权

已担保工业原料的加工权是指担保人享有对自己占有的已经设定担保的工业原料（如原材料或半成品）的加工权，但当事人明文禁止的除外。① 欧盟立法之所以赋予担保人此种加工权，是因为这种加工符合利益最大化原则，也符合担保权人的切身利益。② 如果当事人明确达成协议禁止担保人行使加工权，但担保人仍行使之，则应承担违约责任。但原担保物权的效力不能及于原担保财产的新产品。③

三、担保人的处分权

担保人的处分权是作为销售者或制造者的担保人，在正常的经营活动中，出现担保权人违约时，享有对占有的特定担保财产（特指标明出售或出租的财产；工业原料与存货；工业原料的加工物；担保权人有明确授权的已设定担保的设备）出售的权利④，即使出售会导致担保权人担保物权的丧失。欧盟立法赋予担保人这种处分权，旨在保护担保权人的利益，也符合利益最大化原则。特定财产中的存货是指担保人持有的用以出售和出租的财产和工业原料，包括原材料和半成品。⑤ 立法通常禁止担保人处分担保设备，一是因为设备的单独价值

---

① 参见 DCFR 第Ⅸ—5：203 条。

② 参见［德］克里斯蒂安·冯·巴尔、［英］埃里克·克莱夫主编：《欧洲私法的原则、定义与示范规则：欧洲示范民法典草案》（第 9、10 卷），徐强盛等译，法律出版社 2014 年版，第 167 页。

③ 参见［德］克里斯蒂安·冯·巴尔、［英］埃里克·克莱夫主编：《欧洲私法的原则、定义与示范规则：欧洲示范民法典草案》（第 9、10 卷），徐强盛等译，法律出版社 2014 年版，第 167 页。

④ 参见 DCFR 第Ⅸ—5：204 条。

⑤ 参见［德］克里斯蒂安·冯·巴尔、［英］埃里克·克莱夫主编：《欧洲私法的原则、定义与示范规则：欧洲示范民法典草案》（第 9、10 卷），徐强盛等译，法律出版社 2014 年版，第 168 页。

远大于存货，二是因为在日常生产过程中，出售设备也不视为使用设备的典型方式，三是因为处分设备将给担保权人带来难以承受的风险。但立法的例外是，在担保权人明示授权时，担保人可以出售设备。仅凭默示的约定是立法所禁止的。①

值得注意的是受让人的法律地位。既然担保人有权不受担保限制地处分担保财产，受让人就可以得到免受担保权人权利限制的担保财产的物权或所有权。但如果存在其他第三人的物权，该物权并不受影响。担保人无权出售这些特定担保财产的，受让人也可以依据善意取得相关财产之上的无权利负担的所有权。但如果相关财产的担保物权或保留所有权交易已经登记，对于设备而言，几乎不可能依据这些规定适用善意取得原则，因为对设备的处分不是发生在担保人日常经营中的行为。②

需要说明的是处分后担保人的法律地位。如果担保人依法或与担保权人的协议有权处分担保财产，则担保人不需要承担由此产生的责任。如果担保人与债务人为同一人，则担保人仍须承担担保责任。③无论存在于初始担保财产之上的担保物权是否及于处分行为的收益，相关处分行为均依据第二章的规定进行。④

---

① 参见［德］克里斯蒂安·冯·巴尔、［英］埃里克·克莱夫主编：《欧洲私法的原则、定义与示范规则：欧洲示范民法典草案》（第9、10卷），徐强盛等译，法律出版社2014年版，第169页。

② 参见［德］克里斯蒂安·冯·巴尔、［英］埃里克·克莱夫主编：《欧洲私法的原则、定义与示范规则：欧洲示范民法典草案》（第9、10卷），徐强盛等译，法律出版社2014年版，第169页。

③ 参见郑宗英：《反担保适用范围研究》，内蒙古大学2014年硕士学位论文，第3~5页。

④ 参见［德］克里斯蒂安·冯·巴尔、［英］埃里克·克莱夫主编：《欧洲私法的原则、定义与示范规则：欧洲示范民法典草案》（第9、10卷），徐强盛等译，法律出版社2014年版，第170页。

四、违反未经授权使用或处分义务的赔偿责任

（一）损害赔偿责任

违反未经授权使用或处分义务的赔偿责任是指担保人未经授权使用和处分了担保物权或保留所有权交易项下的财产造成担保财产毁损灭失的，应向担保权人承担损害赔偿责任。① 这种损害赔偿包括因担保财产之上的权利灭失而造成损害赔偿和因未经授权的使用导致担保财产价值贬值造成的损失赔偿。损害赔偿数额以恢复到违约前的状态为限，损害赔偿数额的确定适用以下规则：一是参照初始状态下担保财产之上的担保物权执行后的价值。二是参照担保权人通过担保物权、剩余的担保财产或担保此权利的其他担保物权的执行而实际得到的赔付。二者之间的差额为损害赔偿数额。如果债务人已经完全赔付了担保权人，或担保人未经授权处分后的担保财产的剩余价值仍能够充分满足担保权人的要求，则不存在损害赔偿金。②

（二）说明返还义务

担保人的说明返还义务是指第三人（受让人）未经授权使用和处分担保财产，担保人对该使用或处分所获得的未设立担保物权的全部价值或收益负有向担保物权人说明的义务③，并返还该价值或收益，但以担保物权未受清偿的数额为限。④

---

① 参见 DCFR 第Ⅸ—5：205 条第 1 款。

② 参见［德］克里斯蒂安·冯·巴尔、［英］埃里克·克莱夫主编：《欧洲私法的原则、定义与示范规则：欧洲示范民法典草案》（第 9、10 卷），徐强盛等译，法律出版社 2014 年版，第 170～171 页。

③ 参见［德］克里斯蒂安·冯·巴尔、［英］埃里克·克莱夫主编：《欧洲私法的原则、定义与示范规则：欧洲示范民法典草案》（第 9、10 卷），徐强盛等译，法律出版社 2014 年版，第 171 页。

④ 参见 DCFR 第Ⅸ—5：205 条第 2 款。

第二分节　担保财产上担保权人的权利和义务

一、担保财产的有限使用权

担保财产的有限使用权是指在发生违约前，占有或控制担保财产的担保权人无权使用担保财产，但仅为保管和保护财产所必需的正当使用除外。[①] 这种有限使用权的行使，旨在维护担保权人自身的利益，其仅适用于担保权人占有、控制担保财产的情形。但担保人违约后，一旦担保物权需要强制变现，担保权人可以按照第七章规定的条件使用担保财产，以请求实现担保物权取得其变现的利益。

但该有限使用权的例外是，只要担保人和担保权人双方协议不允许担保权人变现担保财产，当事人均不构成违约。在担保权人未经授权使用的情况下，特别是如果担保财产丧失价值或已被担保权人处分时，担保人可采用的制裁措施包括禁止使用的禁令和提出损害赔偿请求。但在计算损害时，必须考虑担保权人可能已经执行了相关财产之上的担保物权。此外，担保人与担保的债务人为同一人的，有可能抵消后者对担保人的损害赔偿请求权的义务。[②] 另外，按照第七卷不当得利的规定，担保权人也许要对未经授权使用担保人的财产所取得的价值负有说明的义务。[③]

二、金融财产的处分权

金融财产的处分权是指享有金融财产所有权的担保人通过明示

---

① 参见 DCFR 第Ⅸ—5：206 条。

② 参见刘鹭华：《债权人撤销权的行使》，载《福建政法管理干部学院学报》2006 年第 3 期。

③ 参见［德］克里斯蒂安・冯・巴尔、［英］埃里克・克莱夫主编：《欧洲私法的原则、定义与示范规则：欧洲示范民法典草案》（第 9、10 卷），徐强盛等译，法律出版社 2014 年版，第 173 页。

合同赋予担保权人（金融机构）对其使用、占有、处分的权利，担保权人的担保物权一旦实现，其仅负有向担保人转移同种类、同性质和同价值的金融财产的义务。[①] 欧盟立法赋予担保权人此处分权，是因为金融财产用于日常经营符合经济目的，而且金融财产具有可替代性，担保权人实现担保物权后，将种类、性质或价值相同的金融财产重新转让给担保人，担保人的利益并未受损。需要说明的是，经担保权人和担保人明确同意，担保人对作为担保财产的金融财产所获得的任何利益或类似的应付款享有权利，但担保权人并没有对处分担保财产产生的孳息和收益作出解释的义务。值得注意的是，该处分权中的金融财产特指由银行或其他金融机构享有的金融工具和金钱债权。[②]

三、法定孳息抵销权

法定孳息抵销权，是指担保人与担保权人明确同意担保物权的效力及于初始担保财产的法定孳息，担保权人就有权收取并以之充抵担保债权，减少担保物权的范围。即使担保债权未届清偿期，也不例外。[③] 担保权和担保权人也可以协商一致同意担保权人享有有限的抵销权。此种抵销权仅适用于担保物权的情形，不适用于保留所有权交易的情形。因为，只有法定孳息（金钱）才能抵偿担保债权而使得担保权人滥用此种抵销权的情况不可能发生。[④]

---

① 参见 DCFR 第Ⅸ—5：207 条。

② 参见［德］克里斯蒂安·冯·巴尔、［英］埃里克·克莱夫主编：《欧洲私法的原则、定义与示范规则：欧洲示范民法典草案》（第 9、10 卷），徐强盛等译，法律出版社 2014 年版，第 174 页。

③ 参见 DCFR 第Ⅸ—5：208 条。

④ 参见［德］克里斯蒂安·冯·巴尔、［英］埃里克·克莱夫主编：《欧洲私法的原则、定义与示范规则：欧洲示范民法典草案》（第 9、10 卷），徐强盛等译，法律出版社 2014 年版，第 175 页。

第三节　当事人变更：担保物权与担保财产的转让

一、担保物权的全部转让

担保物权的全部转让是指担保权人（转让人）将被担保的权利转让给其他债权人（受让人），作为从权利的担保物权也随之转让，同时应告知该权利上存在担保物权①，见图4。

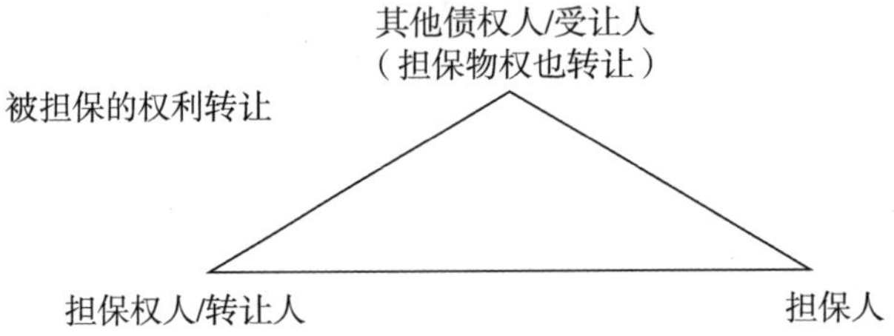

图4　担保物权全部转让

担保物权转让后，受让人可以通过以下4种方式取得对抗第三人的效力。②

1. 依据第Ⅸ—3：328条（一般规则）第1款所规定的初始登记。通过作为原担保权人的转让人在登记簿上登记担保物权的事项而取得对抗效力的，没有必要对于担保交易的转让事项在登记簿上进行另外的登记或公示，担保物权因初始登记而保持对抗效力。

2. 受让人取得担保财产的占有或控制。担保物权因占有或控制而取得对抗效力的，只有当该占有或控制转让给受让人时，担保物权才继续保持对抗效力。

3. 转让人同意为受让人占有或控制。担保物权因占有或控制而取

---

① 参见DCFR第Ⅸ—5：301条第1款、第2款。

② 参见DCFR第Ⅸ—5：301条第3款。

得对抗效力的，只有转让人同意为受让人代为占有或控制时，担保物权才继续保持对抗效力。

4. 没有满足第三章规定要求的担保物权也是有效的。没有附加任何额外条件的担保物权或不需要符合第三章规定条件的担保物权，转让前就具有对抗效力的，保留所有权交易转让后，它们的担保仍保持对抗效力。这种担保物权可为消费者财产之上的所有权转让型担保物权、法定担保物权和欧盟担保物权登记簿建立之前设立的担保物权。[①]

值得注意的是，转让后担保物权仍然有效的，其优先顺位不受转让的影响。[②] 在转让之前担保物权或保留所有权交易有对抗效力，且保持对抗效力，转让之后，其优先顺位不受影响。担保交易在转让之前就无对抗效力或无法通过上述4种方式取得对抗效力的，转让后的担保交易的优先顺位依据第四章的一般规则确定。如果担保物权在转让后不再有对抗效力，则其优先顺位必须后于其他有对抗效力的担保物权。担保物权在转让后才取得对抗效力的，满足对抗效力条件的时间由第Ⅸ—4：101条第2款确定。[③]

二、担保物权的部分转让

担保物权的部分转让分为全部担保物权转让给数个受让人和全部担保物权部分转让给受让人两种，见图5。

---

① 参见［德］克里斯蒂安·冯·巴尔、［英］埃里克·克莱夫主编：《欧洲私法的原则、定义与示范规则：欧洲示范民法典草案》（第9、10卷），徐强盛等译，法律出版社2014年版，第177页。

② 参见DCFR第Ⅸ—5：301条第4款。

③ 参见［德］克里斯蒂安·冯·巴尔、［英］埃里克·克莱夫主编：《欧洲私法的原则、定义与示范规则：欧洲示范民法典草案》（第9、10卷），徐强盛等译，法律出版社2014年版，第178页。

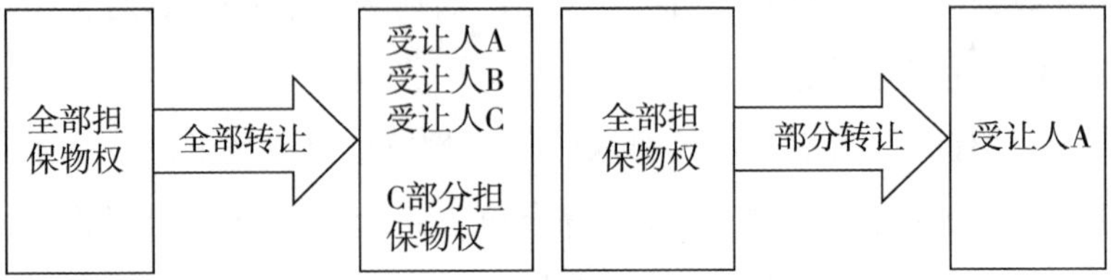

图 5　全部担保物权的全部转让与部分转让对比

这两种转让中的每个受让人仅得到初始或原担保物权的一部分。每个受让人按比例享有其持有的部分担保物权，但当事人同意的，也可以不依比例享有。[①] 每个受让人对抗第三人的效力也应一一确定。任何单独的担保权人都有可能不仅为自己，也有可能为其他担保权人占有或控制担保财产。因此，对担保财产的占有或控制也可以由部分担保物权人代表其他人实施。[②] 担保物权的部分转让的优先顺位问题适用第Ⅸ—5：301 条（担保物权的转让）第 4 款的基本规则予以解决，即只要担保交易保持对抗效力，即使是被担保的权利部分转让，优先顺位也不受担保物权或保留所有权交易的转让的影响。[③]

三、担保财产所有权的转让

担保财产所有权的转让明定于第Ⅸ—5：303 条，是指担保财产的包括担保人在内的所有权人（如留置权人）将其所有权让与第三人，

① 参见［德］克里斯蒂安·冯·巴尔、［英］埃里克·克莱夫主编：《欧洲私法的原则、定义与示范规则：欧洲示范民法典草案》（第 9、10 卷），徐强盛等译，法律出版社 2014 年版，第 178 页。

② 参见 DCFR 第Ⅸ—5：302 条。

③ 参见［德］克里斯蒂安·冯·巴尔、［英］埃里克·克莱夫主编：《欧洲私法的原则、定义与示范规则：欧洲示范民法典草案》（第 9、10 卷），徐强盛等译，法律出版社 2014 年版，第 179 页。

该财产之上的担保物权及其对抗效力不变①，如图6所示。当然，对于因占有或控制而取得对抗效力的担保物权，必须指出的是，一旦担保权人丧失占有或控制，就有可能发生所有权的转让，担保物权就会失去对抗效力，但原因并不在于转让本身，而在于不符合第三章规定的取得对抗效力的要件。对于已经登记的担保物权，这些规则规定了新登记的要求，以对抗取代原担保人而取得担保人地位的担保财产的新所有权人时，即使该担保物权公示的内容有效，一般也不应当让担保权人承担担保地位可能自动丧失的风险，或承担为对抗新担保人而重新登记的义务。在现行的解决方式下，他人的利益，尤其是受让人的其他担保权人的利益，在一定程度上可以适用善意取得原则进行保护。不过可以在登记簿上进行指明转让的补充登记，可以对担保权人提供额外的保护。担保财产所有权转让见图6。

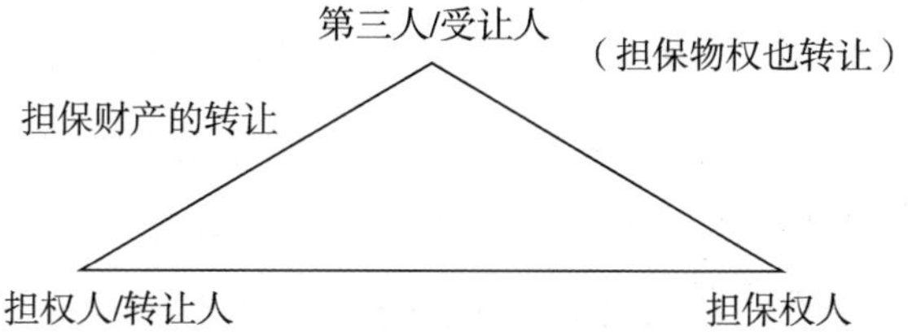

图6　担保财产所有权的转让

担保物权具有物权属性。转让后的担保物权不仅约束初始担保人，也约束担保财产之上后来的所有权人。② 此规则可适用于有形担保财

① DCFR第Ⅸ—5：303条规定：(1) 担保财产所有权转让给其他人的，担保财产之上担保物权的存在和对抗第三人的效力均不受影响。(2) 转让人经授权处分担保财产并免受担保物权约束的，或受让人基于善意取得担保财产并免受担保物权约束的，不适用前款规定。(3) 在担保财产的所有权转移之前，已在新所有人的未来财产之上为另一担保权人所设立的担保物权，不具有优先于在转让时被转让财产之上担保物权的顺位。(4) 买受人、分期付款购买人、承租人、受托人在既存保留所有权交易的标的物之上的或与该标的物有关的权利转让，准用该条规定。

② 参见吴俞嘉：《论DCFR之动产担保物权的优先顺位问题——兼论对中国动产担保物权优先受偿次序的启示》，苏州大学2017年硕士学位论文，第12～15页。

产所有权的转让和担保履行请求权的让与。但此规则存在两种例外情况：一是担保人经担保财产的所有权人授权可以转让担保财产之上未担保部分的所有权。二是即使担保人没有得到免受担保权人权利限制处分担保财产的授权，受让人依善意取得原则也可以取得未担保部分的所有权。[①] 譬如，根据第Ⅸ—6：102条（所有权的善意取得导致担保物权的丧失）和第Ⅷ—3：102条（解除定限物权的所有权的善意取得）的规定，担保物权即使已经登记，也有可能丧失。[②] 由于担保物权具有物权性，担保财产所有权转让给受让人后，受让人（新所有权人）须承担原担保人的义务并享有对抗其财产的权利（要求执行其转让的担保财产之上担保物权的权利），受让人视为担保人。

值得注意的是转让前受让人设立的担保物权的优先顺位。担保财产转移之前，担保财产所有人允许受让人在尚未取得的该担保财产之上为他人所设立的新担保物权的效力后于在转让时该担保财产之上已经设立的担保物权。[③] 受让人在其未来的财产之上设立担保物权，且在该担保财产之上的担保物权转让之前已经登记的，该登记的担保物权引起的优先顺位问题应结合登记的有关规定处理。

上述担保财产转让的规则也适用于保留所有权交易的情形，即在买受人、分期付款购买人、承租人或受托人在既存保留所有权交易项下的财产或与该财产有关的权利被转让的情形。[④]

---

① 参见DCFR第Ⅸ—5：303条第2款。

② 参见［德］克里斯蒂安·冯·巴尔、［英］埃里克·克莱夫主编：《欧洲私法的原则、定义与示范规则：欧洲示范民法典草案》（第9、10卷），徐强盛等译，法律出版社2014年版，第180页。

③ 参见房绍坤、柳佩莹：《论购买价款担保权的超级优先效力》，载《学习与实践》2020年第4期；DCFR第Ⅸ—5：303条第3款。

④ 参见DCFR第Ⅸ—5：303条第4款。

第四节　担保权人告知担保物权内容的义务

其是指担保权人负有向担保人或第三人提供与担保债务数额有关信息的法定义务。[①] 担保人不是担保债务的债务人的，担保人依据第Ⅸ—5：303条规定所享有的权利规则取决于债务人的同意。[②] 未履行告知义务的制裁措施以及由担保权人的不当说明产生的其他法律后果由一般规则进行规定。告知信息重要的后果之一是担保权人将受到其限制，担保权人不能要求相关担保物权比所告知的债务数额承担更多的数额。但实际起到上述作用还取决于个案的具体情况。担保权人可能在告知信息时，明确说明对事态发展超出其控制范围，因此，严重的法律后果适用于第三章第五分节规定的更正式的告知义务，而第三节不适用于现行的法律体系。[③]

---

① 参见DCFR第Ⅸ—5：401条第1款。

② 参见DCFR第Ⅸ—5：401条第2款。

③ 参见［德］克里斯蒂安·冯·巴尔、［英］埃里克·克莱夫主编：《欧洲私法的原则、定义与示范规则：欧洲示范民法典草案》（第9、10卷），徐强盛等译，法律出版社2014年版，第183页。

第六章　欧盟动产担保物权的消灭

第一节　担保物权消灭的情形

担保物权可能因违约、意思自治行为（如放弃）、法律行为（如担保债权完全消灭）、法律事件和担保物权的实现而消灭。担保物权消灭情形根据欧盟担保物权的种类分为一般担保物权消灭和保留所有权交易消灭两种[1]，这两种类型消灭的具体情形见表7。

表7　担保物权消灭具体情形

一般担保物权消灭情形	保留所有权交易消灭情形
当事人同意消灭	相同
担保权人放弃	相同
担保权人获得担保财产的所有权	无
担保人恢复占有担保财产	相同
第三人取得担保财产所有权也不受担保物权约束	相同

① 参见 DCFR 第Ⅸ—6：101 条。

续表

一般担保物权消灭情形	保留所有权交易消灭情形
其他规定中消灭情形（因继承或混同等变成同一人）	相同
担保财产灭失/担保债权完全消灭（担保物权和担保债权已转给受让人，其向原担保权人清偿的除外）	相同
无	担保人取得担保财产的权利/该权利不再存在

第二节 因所有权善意取得的担保物权灭失

因所有权善意取得的担保物权灭失是指无权转让但占有、控制或登记担保财产的所有权人（非所有权人）转让担保财产给第三人，第三人依据善意取得规则[①]取得免受既存的担保物权和保留所有权交易限制的财产并免受担保物权的约束而导致担保物权的丧失[②]，详见图7。此种担保物权灭失适用于一般担保物权和保留所有权交易。在一般担保物权的情形下，非所有权人通常是担保权人，也可能是代为占有和控制的第三人。在保留所有权交易的情形下，非所有权人是买受人、分期付款买受人、承租人或受托人。

① 参见 DCFR 第Ⅷ—3：101 条、第Ⅷ—3：102 条。

② 参见［德］克里斯蒂安·冯·巴尔、［英］埃里克·克莱夫主编：《欧洲私法的原则、定义与示范规则：欧洲示范民法典草案》（第 9、10 卷），徐强盛等译，法律出版社 2014 年版，第 187 ~ 188 页。

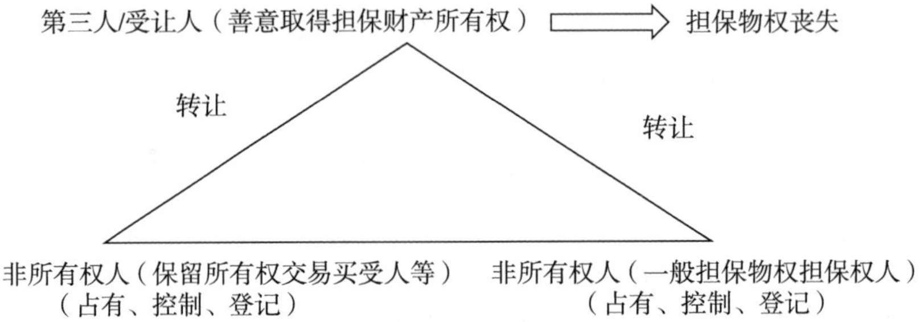

图 7　因所有权善意取得的担保物权灭失

一、登记和普通善意取得

就第Ⅷ—3：102 条（善意取得所有权并免除受定限物权的约束）第 1 款（d）项第一句而言，担保物权已经按照第三章第三节登记的，即视为受让人知道或应当知道[①]转让人没有权利或权限转让免受担保物权约束的所有权，不能发生善意取得，因而担保物权并不消灭，但以下情形除外：（1）转让人是在从事政策的经营活动中实施交易行为；（2）登记簿显示的担保人并非转让人。值得注意的是，为了避免关于登记效力的争议，以及在什么具体情况下受让人应该知道转让者没有权利或权限的意图，有关法律推定适用第Ⅸ—2：108 条第 2 款和第Ⅸ—2：109 条第 2 款的规定。[②]

二、在日常的经营活动中的登记和所有权的善意取得

已经登记的担保物权之上的担保财产转让时，如果发生在转让人的日常经营活动中，第三人可基于善意取得规则取得该担保财产，其

① 参见 DCFR 第Ⅷ—3：102 条第 1 款（d）项、第Ⅷ—3：101 条第 1 款（d）项。

② 参见［德］克里斯蒂安·冯·巴尔、［英］埃里克·克莱夫主编：《欧洲私法的原则、定义与示范规则：欧洲示范民法典草案》（第 9、10 卷），徐强盛等译，法律出版社 2014 年版，第 188 页。

之上的担保物权消灭。[①] 相反地，转让人的行为超出了其日常经营活动范围的，不发生善意取得，担保物权并未消灭。[②] 转让人日常经营活动中的行为符合第Ⅸ—2：108 条（担保物权的善意取得）第 2 款的规定，但登记的担保权人已经告知受让人相关财产受担保交易的约束的，也不发生善意取得。只要受让人从其他途径知道或应当知道转让人没有转让的权利或权限，即使转让人的转让行为发生在其日常经营活动中，也不发生善意取得。受让人不能表明符合第Ⅷ—3：102 条（善意取得所有权并免除受定限物权的约束）第 1 款（d）项第一句和第Ⅷ—3：101 条（通过没有权利或权限转让所有权的人善意取得）第 1 款（d）项规定的善意条件的，法律推定受让人知道转让者没有不受在先担保的约束转让所有权的权利或权限，不发生善意取得。

三、对抗转让人以外的人的登记

如果登记簿上有关担保物权或保留所有权交易的登记事项不具有登记对抗转让的效力且仅登记了取得相关财产人的信息，未登记对抗转让人，而仅登记了从哪个人处取得相关财产，就想要取得该财产之上的物权的第三人而言，就没有必要查询该登记事项了。这种情形下，可以认为受让人不知道转让人没有权利或权限转让所有权[③]，即使担保物权或保留所有权交易已经登记，也发生善意取得。[④]

四、第 2 款中的其他例外规定

依据担保物权或保留所有权交易的登记就可认定第三人知道转让

① 参见［德］克里斯蒂安·冯·巴尔、［英］埃里克·克莱夫主编：《欧洲私法的原则、定义与示范规则：欧洲示范民法典草案》（第 9、10 卷），徐强盛等译，法律出版社 2014 年版，第 189 页。

② 参见 DCFR 第Ⅸ—6：102 条第 2 款（a）项。

③ 参见 DCFR 第Ⅸ—6：102 条第 2 款（b）项。

④ 参见 DCFR 第Ⅸ—3：330 条。

人没有转让担保财产的权利，但受其他例外规定的限制。[①] 其中，一种例外规定是担保物权的持有人告知担保财产的受让人该财产未设定担保的错误信息的，即使该担保物权已经登记，该受让人仍可取得不受担保约束的权利，发生善意取得。[②] 另一种例外规定是从善意和公平交易的一般原则中产生的。[③]

五、欧盟担保物权登记簿之外的登记或备案系统

对于欧盟担保物权登记簿之外的其他登记或备案的效力，不一定适用前述条款中解释的原则。即使这些专业系统是按照成员国的国内法设定的，第Ⅸ—3：301 条（担保物权登记簿；其他登记或备案系统）第 2 款和第Ⅸ—3：312 条（根据国内法建立的关于其他登记或备案系统中有关登记事项的过渡性规定）的规定也允许这些系统继续运行。即使相关财产是在转让人日常经营活动中取得的，仍可依据这些系统中的登记或备案推定受让人知道转让人没有权利或权限，不发生善意取得。

第三节　担保物权的消灭时效

欧盟时效的一般效力是在时效期间届满后，债务人有权拒绝履行[④]，但债务人在期间届满后履行的，不能仅因为时效已经届满而主张返还。履行请求权的时效期间届满并不消灭规定的权利，而是仅仅给予了债务人拒绝履行相应的义务的权利。欧盟担保物权的时效的效力是，即使担保物权已过消灭时效，担保物权的债务人向债权人提出

---

① 参见 DCFR 第Ⅸ—2：108 条、第Ⅸ—2：109 条。

② 参见 DCFR 第Ⅸ—3：322 条第 1 款。

③ 参见 DCFR 第Ⅸ—2：109 条。

④ 参见 DCFR 第Ⅲ—7：501 条。

消灭时效后 2 年内，担保物权仍可强制执行。[①] 但债务人援引担保物权的时效的效力在欧盟成员国存在争议。对于担保权人主张其担保的权利的情况，多数国家似乎否认债务人援引时效的效力。但在其他几个国家，被担保的付款请求权的债务人已经成功地援引了时效的，也允许担保人援引时效。后一种解决方式的主要原因是，担保物权从属于被担保的权利，因此有必要共享后者的命运。通过对比，欧洲各国主流观点是，担保物权是被担保的权利的强化措施，因为其通常是由债务人自己所创设的，从而超越了担保的从属性。这一理由比有关从属性的理论观点更令人信服。[②]

第四节 担保物权消灭的法律后果

一、全部或部分担保物权消灭的法律后果

担保物权的全部或部分消灭，是指相关财产的权利负担相应地消灭。[③] 放弃担保物权即是典型。因支付而消灭担保物权的，只能是全部担保物权消灭，即只有在清偿全部被担保的权利之后，才能消灭全部担保物权。[④] 其法律后果如下：

一是担保物权自动消灭的，担保人享有请求担保权人放弃或解除担保的权利[⑤]；担保权人丧失担保物权或担保人丧失所有权的，担保权人和担保人之间有无责任主要取决于一方当事人是否违反了第五章

① 参见 DCFR 第Ⅸ—6：103 条。

② 参见［德］克里斯蒂安·冯·巴尔、［英］埃里克·克莱夫主编：《欧洲私法的原则、定义与示范规则：欧洲示范民法典草案》（第 9、10 卷），徐强盛等译，法律出版社 2014 年版，第 190 ~ 191 页。

③ 参见 DCFR 第Ⅸ—6：104 条第 1 款。

④ 参见 DCFR 第Ⅸ—6：101 条第 2 款。

⑤ 参见［德］克里斯蒂安·冯·巴尔、［英］埃里克·克莱夫主编：《欧洲私法的原则、定义与示范规则：欧洲示范民法典草案》（第 9、10 卷），徐强盛等译，法律出版社 2014 年版，第 191 ~ 192 页。

规定的任何义务。[①]

二是占有型担保物权消灭后，担保权人不再有权占有原来的担保财产，必须把该担保财产返还给作为该财产所有权人的担保人。如果担保权人占有的可替代的担保财产已经混合[②]，担保权人依第Ⅸ—6：104 条第 1 款规定对担保财产的返还责任是指，返还给担保人不分份额的混合物或混合的整体。如果担保权人依其他任何原因仍然有权占有，他仍然可拒绝其他当事人任何重新占有的请求。占有型担保物权消灭的法律后果也适用于控制型和登记型担保物权。控制如果是通过持有担保财产的第三人行使的，担保权人必须指示第三人解除控制。[③] 如果登记事项不符合或不再符合既存的担保物权，担保权人涂销欧盟担保物权登记簿的登记事项的义务遵循第Ⅸ—6：104 条第 2 款涉及的第Ⅸ—3：315 条（担保人注销或修改登记的请求权）的一般规则。

三是控制金融财产型担保物权消灭的，担保权人必须将其放弃控制权和将重新恢复担保人的初始权力的信息告知持有这些金融担保财产的银行。[④] 担保人将被许可处分其冻结的账户。[⑤] 对于金融机构为担保权人持有财产而开设的专业账户，担保权人必须要求担保人对专用账户给予指示。[⑥]

四是支付请求权设定担保的，该担保物权的存在可以告知第三方债务人。如果已经发生担保的撤销，担保权人有义务将撤销的事项告

---

① 参见［德］克里斯蒂安·冯·巴尔、［英］埃里克·克莱夫主编：《欧洲私法的原则、定义与示范规则：欧洲示范民法典草案》（第 9、10 卷），徐强盛等译，法律出版社 2014 年版，第 191～192 页；齐秀梅：《动产让与担保制度之可行性探讨》，载《长春理工大学学报（社会科学版）》2007 年第 4 期。

② 参见 DCFR 第Ⅸ—2：309 条。

③ 参见 DCFR 第Ⅸ—6：104 条第 3 款。

④ 参见 DCFR 第Ⅸ—6：104 条第 4 款。

⑤ 参见 DCFR 第Ⅸ—3：204 条第 2 款（a）项。

⑥ 参见 DCFR 第Ⅸ—3：204 条第 2 款（b）项。

知第三方债务人。[①]

二、保留所有权交易消灭的法律后果

保留所有权交易消灭的法律后果有二：一是保留所有权交易消灭时，出卖人、供应商或出租人对所提供的财产的所有权不再受第九卷规定的约束，即不再是行使担保职能的物权。买受人、分期付款买受人、承租人或受托人取得所提供的财产的所有权或其使用所提供的财产的权利，由当事人的协议调整。[②] 具体而言，如果保留所有权交易不是受事件影响而消灭的，担保财产的所有权不再是行使担保职能的物权，从出卖人、供应商或出租人自动转移给买受人、分期付款买受人、承租人或受托人，担保财产所有权的主人为作为担保人的买受人、分期付款买受人、承租人或受托人。例如，作为担保人的买受人、分期付款买受人、承租人或受托人清偿了被担保的权利的情况。如果保留所有权交易是受事件影响而消灭的，在导致消灭的事件发生之后，担保财产的所有权是否从出卖人、供应商或出租人自动转移给买受人、分期付款买受人、承租人或受托人，买受人、分期付款买受人、承租人或受托人是否有权在导致消灭的事件发生之后使用所担保的财产？对此，经双方协商同意可以。二是欧盟担保物权登记簿登记的涂销请求权，适用第Ⅸ—6：104 条第 2 款的规定。保留所有权交易消灭的法律后果见图 8。

---

① 参见［德］克里斯蒂安·冯·巴尔、［英］埃里克·克莱夫主编：《欧洲私法的原则、定义与示范规则：欧洲示范民法典草案》（第 9、10 卷），徐强盛等译，法律出版社 2014 年版，第 193 页。

② 参见 DCFR 第Ⅸ—6：104 条第 5 款。

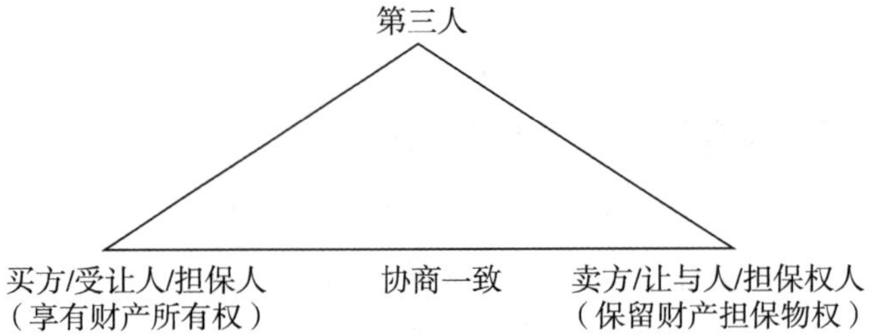

图 8　保留所有权交易消灭的法律后果

值得注意的是，担保物权消灭之后，担保权人清算收益的义务和第三人或担保人的物上保证人追偿权的问题。

担保权人清算收益的义务是指占有或控制型担保物权一旦消灭，担保权人即负有向担保人说明和返还已经获得的担保财产的收益的义务，无论是否收到、使用或消费这些收益。[①] 收益事实上取代了初始担保财产，本质上是初始担保财产，因为担保物权及于初始担保财产的收益。[②] 一旦担保物权消灭，担保权人便负有说明和返还的义务。担保人和担保权人已经约定担保物权还及于法定和天然孳息的，则担保权人也负有此义务[③]。但此义务也存在一个例外：银行作为担保权人持有金融财产的收益的情况；如果收益已用以实现担保物权，无论是采用抵偿还是抵销的方式，担保权人都没有对收益说明的义务。[④]

物上保证人的追偿权是指数个第三人中的一人不是物上保证人，数个保证人中的一个保证人不是担保物权的主债务人的，代替债务人向作为债权人的担保权人全部清偿债务后，取得为担保权人设立的担

---

① 参见 DCFR 第Ⅸ—6：105 条。
② 参见 DCFR 第Ⅸ—2：306 条第 1 款。
③ 参见 DCFR 第Ⅸ—2：306 条第 2 款、第 3 款。
④ 参见 DCFR 第Ⅸ—5：207 条。

保物权，享有向债务人和其他保证人追偿的权利[①]，见图 9。第三人或保证人履行后享有的权利和义务适用第Ⅳ. G—2：113 条的规定，对主债务人的追偿权适用第Ⅳ. G—1：107 条的规定，第三人或保证人之间的追偿权适用第Ⅳ. G—1：106 条（多数保证人的内部追索权）和第Ⅳ. G—1：107 条（多数保证人对债务人的追索权）的规定。物上保证人在对抗债务人时其地位相当于从属担保人，其除适用物上保证人第Ⅳ. G—2：113 条（保证人履行后的权利）的规定之外，也适用第Ⅳ. G—2：111 条（债务人对保证人的救济）和第Ⅳ. G—2：112 条（保证人履行前的通知和查询义务）的规定。[②]

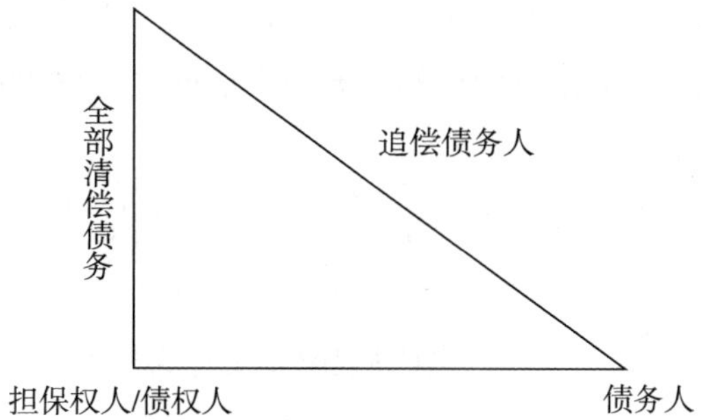

图 9　物上保证人的追偿权

① 参见 DCFR 第Ⅸ—6：106 条；［德］克里斯蒂安·冯·巴尔、［英］埃里克·克莱夫主编：《欧洲私法的原则、定义与示范规则：欧洲示范民法典草案》（第 9、10 卷），徐强盛等译，法律出版社 2014 年版，第 195 页；王利明：《民法典物权编应规定混合共同担保追偿权》，载《东方法学》2019 年第 5 期。

② 参见［德］克里斯蒂安·冯·巴尔、［英］埃里克·克莱夫主编：《欧洲私法的原则、定义与示范规则：欧洲示范民法典草案》（第 9、10 卷），徐强盛等译，法律出版社 2014 年版，第 195 页。

第七章　违约与欧盟动产担保物权的实现

本章是非常重要的部分。本章仅规定了不履行被担保的权利，属于债法问题，聚焦担保责任。

第一节　违约与实现的一般规则

一、违约后担保权人的权利

其是指：(1) 违约事件发生后，只要符合第三人约定的其他条件，担保权人就可行使本章规定的权利。(2) 涉及第Ⅸ—3：101 条（对抗第三人的效力）第 1 款所列举的第三人，且符合该条规定的条件的，只有在担保物权依据第九卷第三章的规定具有对抗效力时，担保权人才可行使本章规定的权利。不涉及此类第三人的，只要担保物权被有效设立就够了，优先顺位的规则不受影响（第Ⅸ—7：101 条）。

（一）违约事件

第Ⅸ—7：101 条第 1 款规定的违约事件是引起

权利可以行使的主要条件和本章规定的一般义务的起点。在违约事件发生之前，担保权人只是持有担保财产以作为担保，实际上并不一定会为了清偿担保物权担保的债务而去实现担保物权，但该规则的例外见第Ⅸ—5：208条（以法定孳息抵偿债务）的规定。第Ⅸ—1：201条（定义）第5款规定的违约事件的定义涉及本卷范围之外的因素，主要是指担保债务的不履行［第Ⅸ—1：201条第5款（a）项］，这被视为违约事件，此债务的成立、条件、到期和不履行的其他因素受调整相关债务的规定的约束。即使没有债务的不履行，担保权人也可以和担保人对视为违约的其他事件或各种情况达成一致意见［第Ⅸ—1：201条第5款（b）项］，例如，在交叉违约时。

（二）当事人约定的其他条件

第Ⅸ—1：201条（定义）第5款（b）项允许当事人对视为违约的其他条件或各种情况达成一致意见，第Ⅸ—7：101条第1款涉及当事人约定的其他条件，即担保权人和担保人对其他条件达成一致的，且该条件必须在担保权人行使本章所规定的权利之前具备，如时间限制，或债务人不是担保人的，担保权人必须要从债务人处实现其担保物权的条件。①

（三）依本章规定行使权利

第Ⅸ—7：101条第1款涉及本章规定的一般权利的行使，即在违约发生后，担保权人可以行使保留、变现和本章规定的类似权利等所有权利，而无论是否通过司法执行程序，有没有法院或其他主管部门的支持。合法有效的担保物权项下的违约并未满足所有这些规定的

① 参见［德］克里斯蒂安·冯·巴尔、［英］埃里克·克莱夫主编：《欧洲私法的原则、定义与示范规则：欧洲示范民法典草案》（第9、10卷），徐强盛等译，法律出版社2014年版，第198页。

需要。

(四) 担保物权的设立和对抗效力

根据DCFR第Ⅸ—7：101条第2款的规定，担保物权的设立和对抗效力分为担保物权的设立与涉及第三人的对抗效力、担保物权的设立与不涉及第三人的对抗效力两种。① 担保物权的设立与涉及第三人的对抗效力是违约事件发生后，担保物权已经合法设立且未消灭，只要符合第三人约定的其他条件，担保物权依据第九卷第三章的规定具有对抗效力，担保权人可行使第三章规定的权利，实现担保物权，但倘若该担保物权与其他担保物权竞合的，依据第四章优先顺位规则予以解决。其中，第三人特指以下情况下的第三人②：一是无论何时，担保权人拟依据某一财产之上的担保物权行使权利，其他第三人也拥有该财产之上的物权，尤其是有对抗效力的担保物权；二是担保权人拟依据某一财产之上的担保物权行使权利，如果其他债权人已经进入该财产的执行程序，且已经取得了可以对抗轮候执行的法律地位；三是如果担保权人已经破产，且正式的破产程序已经开始，因而在担保人财产之上的担保物权的强制执行中涉及了破产管理人的。担保物权的设立与不涉及第三人的对抗效力是违约事件发生后，没有涉及第三人的，只要担保物权已经合法设立且未消灭，担保权人就可行使第三章规定的权利，实现担保物权，即使担保物权没有登记或担保财产没有被担保权人占有或控制，但倘若该担保物权与其他不涉及第三人的无对抗效力的担保物权竞合的，仍按照设立的顺序来解决其优先顺位。③

---

① 参见［德］克里斯蒂安·冯·巴尔、［英］埃里克·克莱夫主编：《欧洲私法的原则、定义与示范规则：欧洲示范民法典草案》（第9、10卷），徐强盛等译，法律出版社2014年版，第198～199页。

② 参见DCFR第Ⅸ—3：101条第1款。

③ 参见DCFR第Ⅸ—4：101条第4款。

二、强制规则

就实现担保物权的担保权人和担保人之间，第三章的规则具有强制性，但另有相反规定的除外。[①] 只要第三章中有明确规定，该章规则中所包含的不同的政策就对担保权人和担保人之间的当事人协议的范围有所要求。但第三章的很多规定不具有强制性。譬如，担保人和担保权人可以通过协议放弃担保人依据第三章的违约规定享有的受保护的权利；又如，担保权人可以同意其他条件或强制执行的形式，以给予担保人更多的保护。第三章仅限制了担保权人和担保人之间的协议，并未禁止担保权人之间的协议。

三、实现担保物权的司法途径和非司法途径

（一）为一般担保人所规定的非司法途径执行与司法途径执行

发生违约时，一般担保物权的执行可由担保权人向法院或其他主管机关申请执行，或担保权人自己执行。担保物权执行的方式有非司法途径和司法途径两种。前者是更高效和低成本的方式，后者是比前者更容易接受的方式。

实现一般担保物权的非司法途径，是指发生违约时，担保权人自己执行担保物权。其分为意定的非司法途径和法定的非司法途径两种。前者是指担保人和担保权人缔结一个实现担保物权的非司法途径的特别协议，欧盟成员国国内法才予以认可。该特别协议可以在早期阶段（如担保物权合同中）就达成，也可以在之后（如在强制执行之前或之后）达成。譬如，在违约之后，消费者担保人同意以非司法途径实现担保物权，也即担保权人可以以非司法途径实现担保物权。此种非

---

① 参见 DCFR 第Ⅸ—7：102 条。

司法途径并非为了优待担保权人，而是通过允许担保权人自己执行担保财产，以减少担保人因执行程序而产生的费用。适用实现担保物权的非司法途径应符合以下 4 个要求：一是欧盟法必须规定保护措施以确保非司法途径执行的效率及收益。比如第二节中的第一分节、第二分节的规定。二是担保权人应以商业合理的方式实现担保物权，并尽可能取得与担保人和第三人的合作。三是担保权人不得滥用非司法执行，以免给担保人带来困扰和增加执行负担，并避免担保财产浪费。四是担保权人仍可适用司法途径实现担保物权。这种权利的详细内容和相关程序都有可适用的欧盟成员国国内法。实现担保物权的司法途径是指担保权人享有请求法院或其他主管机关执行担保物权的权利。[①]其包括担保权人依法所享有（法定）的司法途径和约定排除非司法途径而适用的司法途径两种。

（二）为消费者担保人进行的非司法途径与司法途径的执行

为消费者担保人进行的非司法途径与司法途径的执行，与为一般担保人所规定的非司法途径执行与司法途径执行有区别。只有在发生违约后双方约定适用非司法途径，才能通过非司法途径实现消费者担保人财产之上的担保物权。[②] 对消费者担保人优先采用司法途径执行。如此能更好地保护消费者担保人。不过非司法途径费用低的话也可接受。

（三）为保留所有权交易持有人进行的非司法途径与司法途径的执行

保留所有权交易的持有人不必把担保财产通过出售或其他方法变

---

① 参见［德］克里斯蒂安·冯·巴尔、［英］埃里克·克莱夫主编：《欧洲私法的原则、定义与示范规则：欧洲示范民法典草案》（第9、10卷），徐强盛等译，法律出版社2014年版，第200页；李林启、李焱：《实现担保物权案件中被申请人异议及其处理探析——以河南省相关司法裁判案例为样本》，载《河南财经政法大学学报》2019年第1期。

② 参见 DCFR 第Ⅸ—7：103 条第 2 款。

现，相反，保留所有权交易的持有人，可以消灭担保目的的买卖、分期付款、融资租赁或寄售合同等基础合同所产生的法律关系，且可收回担保财产的占有。但保留所有权交易的持有人可能会寻求法庭的救济，以取得担保财产的占有。①

四、寻求法庭救济的权利和损害赔偿请求权

对主管法院或其他机关的请求权是在司法途径和非司法途径的执行中，非法地执行担保物权的措施侵犯当事人或第三人的个人权利，当事人或第三人始终有权利请求管辖法院或其他机关迅速作出裁决，指令当事人依法采取实现措施。譬如，要求担保权人停止其执行措施；要求担保人或其他担保财产的其他持有人停止抗辩。但必须依据欧盟成员国国内法的规定确定哪个法院或其他机关有权决定其请求。欧盟成员国国内法也适用于法院或其他机关的程序性规定。权利受侵犯的当事人，可以适用简易程序。②

执行的抗辩权是指在司法或非司法途径的执行程序中，当事人或第三人对合法执行担保物权的措施享有请求管辖法院或其他机关迅速作出裁决并指令当事人依据本章规定采取实现措施的抗辩权。在非司法途径的执行程序中，第Ⅸ—7：203 条（法庭或其他机关的介入）更具体地规定了请求法院或其他主管机关介入权利。该请求权可由受对合法执行措施抗辩影响的担保权人提出，也可以是担保人或第三人请求保护，即合法利益受执行措施影响的其他人请求保护。③

---

① 参见 DCFR 第Ⅸ—7：103 条第 3 款。

② 参见［德］克里斯蒂安·冯·巴尔、［英］埃里克·克莱夫主编：《欧洲私法的原则、定义与示范规则：欧洲示范民法典草案》（第 9、10 卷），徐强盛等译，法律出版社 2014 年版，第 202 页。

③ 参见［德］克里斯蒂安·冯·巴尔、［英］埃里克·克莱夫主编：《欧洲私法的原则、定义与示范规则：欧洲示范民法典草案》（第 9、10 卷），徐强盛等译，法律出版社 2014 年版，第 202 页。

损害赔偿请求权，是指在司法途径和非司法途径的执行中，非法地执行担保物权的措施侵犯当事人或第三人的个人权利的，他们有权要求担保人或担保权人赔偿损失。值得注意的是，双方当事人不仅对自己的行为承担责任，也要对第三人在执行措施中代表他们的行为承担责任。损害赔偿请求权的法律基础是第Ⅵ—2：206 条（侵犯财产权或合法占有造成的损失）的规定。

五、流质契约

流质契约是指担保权人和担保人违约前所缔结的，在违约后由担保权人取得担保财产的所有权的协议无效。[①] 但其无效存在如下两种例外：一是担保财产是以公开的、公认的市场价格进行交易的可替代物或种类物。[②] 股票即是典型。担保人和担保权人可以在违约前协商一致订立违约后才发生效力的流质契约。如果担保权人用取得担保财产的所有权相交换，使担保人相信抵偿生效时担保财产公开的市场价格，这不会对担保人造成不利。

二是当事人事先约定了便于确定合理的市场价格的其他方法。[③] 其目的是允许违约后缔结流质契约。此外，这种例外的决定性因素是仍然有其他确定担保财产价值的可能性，因此可以防止担保人低估担保财产造成损失。例如，担保权人和担保人协商一致，对于作为担保财产的旧汽车的价格，可参照特定的二手车指南所列举的价格来确定。值得注意的是，这种例外情形不适用于消费者保证人。因为消费者担保人对金融没有特别的经验，他们通常对担保财产价值的确定方法缺乏合理的解释。作为担保权人的银行持有担保人的担保金融财产，即

---

① 参见 DCFR 第Ⅸ—7：105 条第 1 款；陆青：《以房抵债协议的法理分析——〈最高人民法院公报〉载“朱俊芳案”评释》，载《法学研究》2015 年第 3 期。

② 参见 DCFR 第Ⅸ—7：105 条第 2 款。

③ 参见 DCFR 第Ⅸ—7：105 条第 2 款；高圣平：《论流质契约的相对禁止》，载《政法论丛》2018 年第 1 期。

在公认的市场上以公开价格交易的种类物的典型实例，银行可以在违约前占有财产，即使担保人是消费者。[①]

需要提及的是担保财产的评估。只有根据客观标准的评估才能避免对担保人不利的风险。以下两种标准可以视为客观标准[②]：一是公认市场的公开价格。该公认的市场也许是官方规定的，例如，一些主管机关规定的，或根植于一般公众观念中的某一个机构。且公开价格是公众控制的，具有一定的保证。二是合理的市场价格。但由于其客观确定性程度较低，需要对此规定严格的标准和狭义的解释。[③]

值得注意的是，流转契约的规则不适用于保留所有权交易，因为此种情况下担保权人已经是且依然是所有权人。

六、担保人的赎回权

担保人的赎回权是担保人向担保权人偿还全部债务之后，享有请求担保权人终止行使第七章规定的权利（停止执行程序），并要求返还担保财产的权利。[④] 担保人享有赎回权的情形包括担保财产的拍卖计划的取消和按照第四卷第二部分的规定，以收益为目的的任何出租担保财产给第三人的协议的终止等情况。该赎回权的基本原理是担保人通过支付全面履行了担保债务，担保物权消灭[⑤]，担保权人由此丧失了其法律地位，也不再有权行使第七章规定的权利。该基本原理也适用于保留所有权交易。依据保留所有权条款进行出售的，

---

① 参见［德］克里斯蒂安·冯·巴尔、［英］埃里克·克莱夫主编：《欧洲私法的原则、定义与示范规则：欧洲示范民法典草案》（第9、10卷），徐强盛等译，法律出版社2014年版，第204页。

② 参见DCFR第Ⅸ—7：105条第2款（a）（b）项。

③ 参见［德］克里斯蒂安·冯·巴尔、［英］埃里克·克莱夫主编：《欧洲私法的原则、定义与示范规则：欧洲示范民法典草案》（第9、10卷），徐强盛等译，法律出版社2014年版，第204页。

④ 参见DCFR第Ⅸ—7：106条第1款。

⑤ 参见DCFR第Ⅸ—6：101条。

卖方经常依据价款全部支付的中止条件转让其所有权，买方一旦支付价款，即成为完全的所有权人，卖方不再对售出的财产享有任何权利。

担保人赎回权的限制包括以下 3 种情况，即在以下 3 种情况下，担保人的赎回权可不再行使：一是担保财产已经被担保权人出售、以物抵债、占有。二是担保权人已与第三人订立了有效的买卖合同。三是发生违约后，保留所有权交易的持有者终止或消灭了由买卖、分期付款、金融租赁或寄售合同所产生的关系[①]，以便收回担保财产的占有，也即买受人、分期付款买受人、承租人或受托人的权利消灭。一旦这种法律关系消灭，买受人、分期付款买受人、承租人或受托人未偿付的债务即消灭［第Ⅲ—3：509 条（对合同债务的效力）第 1 款］；这些债务的执行不再可能，且买受人、分期付款买受人、承租人或受托人不再有权占有出卖人、供应人和出租人提供的担保财产。[②] 事实上，一旦担保权人和保留所有权交易持有人实施了上述行为，即使担保人随后清偿了担保债务，担保人和保留所有权交易持有人也不能取得担保财产。如果债务已经随着担保财产的变现而消灭，担保人随后也不再承担清偿债务的法律后果。

七、对消费者担保人的执行通知

担保权人依据第七章规定要对消费者担保人行使权利的，都要依据第Ⅸ—7：107 条规定，给予执行通知。对消费者担保人的执行通知，是指担保权人至少应在开始实现担保物权之前 10 日内，以书面形式通知消费者担保人，且如果担保人不是债务人，而债务人也是消费

---

① 参见 DCFR 第Ⅸ—7：106 条第 2 款。

② 参见［德］克里斯蒂安·冯·巴尔、［英］埃里克·克莱夫主编：《欧洲私法的原则、定义与示范规则：欧洲示范民法典草案》（第 9、10 卷），徐强盛等译，法律出版社 2014 年版，第 208 ~ 209 页。

者，还需要通知债务人。只有在以上情形下，担保权人才可以依据第七章规定对消费者担保人行使权利。① 该通知被视为担保权人即将启动执行程序的警告。担保人是消费者的，需要额外的通知，这样可有效地给予后者第二次警告。为了避免对其财产的执行，消费者担保人有额外的10天时间可以清偿担保债务。

该执行通知必须涵括以下6个方面的内容和要求：一是明确指明担保物权所担保的债务，并列明通知发送之前的未受清偿额。这是为了给消费者担保人提供信息。二是说明当事人约定的事项担保物权的其他条件已经满足。三是说明担保权人拟实现担保物权，并指明担保权人拟实现担保物权所针对的担保财产。四是由担保权人签字或代表担保权人签字。该要件是保留证据的需要，也是为了强化执行通知的警告作用。五是通知所使用的语言必须是消费者居所地的语言。② 即使居所地所在的成员国在不同的地区有不同的官方语言，这种要求也可以视为对消费者提供了最高级别的保护。六是收件人。担保人是消费者的，该通知必须送达其本人。如果担保人不是债务人且后者是消费者，此人也必须收到执行通知。相反地，如果债务人只是消费者，而不是物上保证人，就不需要本条规定的执行通知。与消费者担保人持有的给付请求权相关的执行中，第三方债务人也必须收到执行通知的副本。③ 但给予第三方债务人的通告本身，不受本条规定的约束，且也不需要担保权人执行开始前的10天时间。

上述一般担保物权中的对消费者担保人的执行通知的内容和要求也适用于保留所有权交易的持有者享有的处分权的行使。④ 如果动产是依据保留所有权交易提供给消费买受人、分期付款买受人或承租人

---

① 参见DCFR第Ⅸ—7：107条第1款。
② 参见DCFR第Ⅸ—7：107条第3款。
③ 参见DCFR第Ⅸ—7：204条第1款（a）项（i）。
④ 参见DCFR第Ⅸ—1：104条第1款（d）项。

的，保留所有权交易的持有人，即出卖人、供应人或出租人，可能消灭买卖、分期付款、融资租赁、寄售合同所产生的法律关系。保留所有权交易的持有人行使第Ⅸ—7：301 条（保留所有权交易的违约后果）规定权利的，在行使该权利的 10 天前对消费买受人、分期付款买受人、承租人发出执行通知，就可以要求收回其动产。在此情况下，消费者也有额外的最后机会对出卖人、供应商或出租人支付未偿款项。[①]

违反执行通知要求的，在以下 3 种情形下，担保人有权享有寻求法庭救济的权利和损害赔偿请求权[②]：一是担保权人未能遵循上述对执行通知的要求；二是担保权人没有给予执行通知就开始执行了；三是通知后未满 10 天即开始执行。担保人可以请求管辖法院或其他机关以获得禁令，阻止担保权人继续进行这样的执行程序。担保人也可以要求损害赔偿。但如果担保权人已经处分了担保财产，第三方受让人的法律地位不会受到担保权人未遵守对消费者担保人的执行通知要求的影响。[③] 担保人仅可针对债权人行使救济。在保留所有权交易的情况下，持有担保财产的消费买受人、分期付款买受人、承租人也享有上述两种权利。[④]

八、多数担保人的连带责任

多数担保人的连带责任分为物权连带责任和物权担保与保证相结

① 参见［德］克里斯蒂安·冯·巴尔、［英］埃里克·克莱夫主编：《欧洲私法的原则、定义与示范规则：欧洲示范民法典草案》（第 9、10 卷），徐强盛等译，法律出版社 2014 年版，第 208 页。

② 参见 DCFR 第Ⅸ—7：104 条。

③ 参见 DCFR 第Ⅸ—7：213 条。

④ 参见［德］克里斯蒂安·冯·巴尔、［英］埃里克·克莱夫主编：《欧洲私法的原则、定义与示范规则：欧洲示范民法典草案》（第 9、10 卷），徐强盛等译，法律出版社 2014 年版，第 209 页。

合的连带责任两种。[①] 这两种连带责任相应地适用第Ⅳ. G—1：105 条的规定，见图 10。

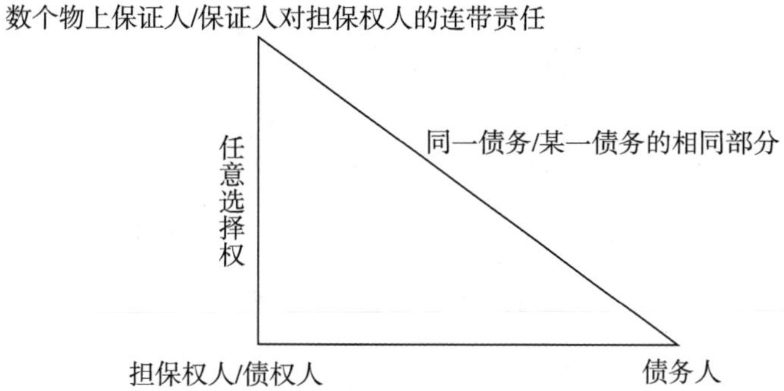

图 10　多数担保人的连带责任

九、物上保证人的追偿权

物上保证人的追偿权是指担保债务已经通过执行对担保人的财产实现担保物权清偿后，所产生的追偿权，包括数个物上保证人之间或物上保证人与保证人之间的追偿权以及担保人对债务人的追偿权 3 种，[②] 见图 11。这三种追偿权分别准用第Ⅳ. G—2：113 条（保证人履行后的权利）、第Ⅳ. G—1：106 条（多数保证人的内部追索权）和第Ⅳ. G—1：107 条（多数保证人对债务人的追索权）的规定。

---

① 前者是指数个担保物权担保同一债务或某一债务的相同部分的，担保权人可以选择行使任一、数个或所有担保物权以满足其债权。后者是指除一个或多个担保物权之外，还有一个或多人为同一债务或某一债务的相同部分提供了保证的，担保权人可以选择行使任一、数个或所有担保物权以满足其债权。参见 DCFR 第Ⅸ—7：108 条。

② 参见 DCFR 第Ⅸ—7：109 条；王利明：《民法典物权编应规定混合共同担保追偿权》，载《东方法学》2019 年第 5 期。

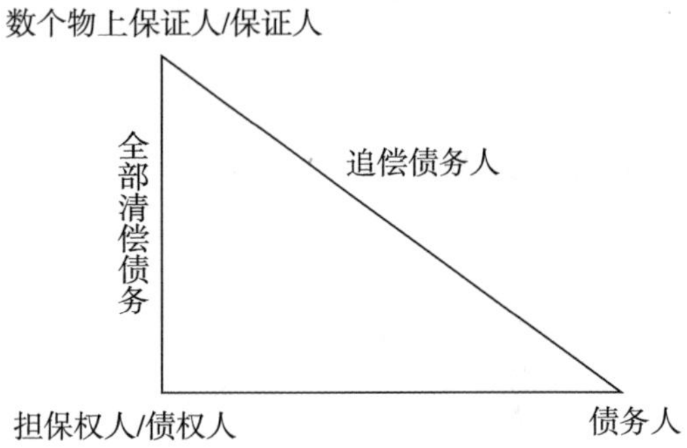

图 11　物上保证人的追偿权

第二节　担保物权的变现

第二节仅规定担保物权的执行。第三节单独规定保留所有权交易的执行。不过，第三节的一项规定，即当所有权人将所有权转移给买受人，仅保留担保卖方支付（剩余）价款的担保物权的，适用第二节的规定。因为所有权已经转让给买方，卖方处于和任何其他为担保权人创设担保物权的担保人同等的法律地位。前所有权人仅保留担保权人的法律地位。

第二节概括地规定了担保物权的非司法途径和司法途径的执行。第二节的前两个分节规定了非司法途径。第一分节主要规定担保权人执行占有有形担保财产的权利。第二分节主要规定担保财产的变现。第三分节仅规定了一个独立的条款，仅指国内程序法中的司法强制执行。这主要需要由前面分节的非司法途径执行的规则中所列举的一些实体规定进行补充。

第一分节　非司法途径：变现前的规则

一、担保权人占有有形财产的权利

其是指担保权人经担保人同意后享有占有有形担保财产的权利。[①] 欧盟立法之所以赋予担保权人此权利，是因为占有作为担保财产的有形财产是担保物权实现的第一步，能避免不合理处分的风险和解决担保人和为继续生存或出售或其他商业活动而急需担保财产的人拒绝或试图推迟占有的转让。[②] 担保人同意涉及以下 3 种情形[③]：一是担保权人行使此权利时担保人明示同意，或者即使没有明示同意，但有“默示同意 + 行使之前有同意协议”。二是担保权人行使此权利时，实现担保物权的通知送达 10 日后，消费者担保人明示同意，或者即使没有明示同意但有“默示同意 + 行使之前有同意协议”。三是除非法律另外规定，担保人同意还包括同意担保权人进入担保人的处所，如房屋、商业处所或厂房。[④] 这三种同意的情形也适用于流通票据和流通凭证之上的担保物权执行。[⑤]

---

① 参见 DCFR 第Ⅸ—7：201 条；云晋升：《动态质押中的权利冲突及解决》，载《北京理工大学学报（社会科学版）》2020 年第 5 期。

② 参见［德］克里斯蒂安·冯·巴尔、［英］埃里克·克莱夫主编：《欧洲私法的原则、定义与示范规则：欧洲示范民法典草案》（第 9、10 卷），徐强盛等译，法律出版社 2014 年版，第 211 页。

③ 参见 DCFR 第Ⅸ—7：201 条。

④ 参见［德］克里斯蒂安·冯·巴尔、［英］埃里克·克莱夫主编：《欧洲私法的原则、定义与示范规则：欧洲示范民法典草案》（第 9、10 卷），徐强盛等译，法律出版社 2014 年版，第 211 页。

⑤ 参见［德］克里斯蒂安·冯·巴尔、［英］埃里克·克莱夫主编：《欧洲私法的原则、定义与示范规则：欧洲示范民法典草案》（第 9、10 卷），徐强盛等译，法律出版社 2014 年版，第 211 页；谢鸿飞：《民法典担保规则的再体系化——以〈民法典各分编（草案）二审稿〉为分析对象》，载《社会科学研究》2019 年第 6 期。

二、债权人固定和保存担保财产的权利

债权人固定和保存担保财产的权利是指担保权人有权采取必要的措施固定担保财产（包括流通票据和科技设备），以阻止无权使用或处分，并从物理上保护此财产。[①] 欧盟法之所以赋予担保权人此权利，是因为担保权人往往基于主观或客观原因不愿意占有担保财产，比如移动担保财产不便、费用太高。此权利实际上是担保权人占有担保财产的替代立法方案。关于担保权人占有担保财产的规定[②]因此适用于此权利。值得注意的是，此处对担保权人可采取的必要保护措施的规范在立法技术上采取了列举式。具体而言，担保权人有权：一是采取合理措施保存、维护担保财产或为其投保，且可以为此向担保人请求偿还；二是为保存担保财产的价值而将其出租给第三人；三是采取担保人同意的任何其他保护措施。[③] 这些必要保护措施旨在保护担保权人的财产权益。

三、法院或其他机构的介入

法院或其他机构的介入是指占有财产的担保人或第三人拒绝交付或拒绝担保权人接触担保财产的，担保权人可以向有管辖权的法院或其他机关申请裁定，以取得担保财产或有权接触担保财产；一旦收到当事人的申请，法院或其他机关可以裁定采取前条所规定的任何保护措施。[④] 其旨趣是解决当事人无法达成以当事人约定为依据的非司法途径的一致协议这一僵局。[⑤]

---

① 参见 DCFR 第Ⅸ—7：202 条第 1 款。

② 参见 DCFR 第Ⅸ—7：201 条。

③ 参见 DCFR 第Ⅸ—7：202 条第 2 款。

④ 参见 DCFR 第Ⅸ—7：203 条。

⑤ 参见［德］克里斯蒂安·冯·巴尔、［英］埃里克·克莱夫主编：《欧洲私法的原则、定义与示范规则：欧洲示范民法典草案》（第 9、10 卷），徐强盛等译，法律出版社 2014 年版，第 213 页。

四、给付请求权的担保给付请求权：重要担保财产上担保物权的实现

给付请求权的担保给付请求权是指担保人对第三债务人（担保人的债务人）享有请求给付担保财产价款的权利。执行担保权人向第三债务人送达通知，第三债务人告知执行担保权人自己所知道的其他担保权人的竞合权利的数额和到期日之后，执行担保权人取得担保财产价款的给付请求权。该通知包括：担保人是消费者的，一份符合第Ⅸ—7：107 条（对消费者实现担保物权的通知）所有条件的实现担保物权的通知的副本；其他情形的，一份符合第Ⅸ—7：107 条（对消费者实现担保物权的通知）第 2 款（a）（d）项规定所有条件的实现担保物权的通知。该通知的担保权人应尽可能精确地告知第三债务人，担保人对第三债务人的给付请求权的性质、数额和到期日等信息。[①] 给付请求权的担保给付请求权见图 12。

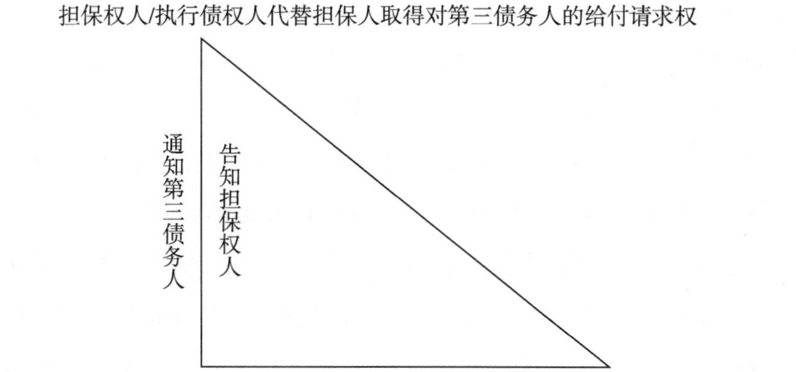

图 12　给付请求权的担保给付请求权

---

① 参见 DCFR 第Ⅸ—7：204 条。

给付请求权的担保给付请求权旨在实现具有重要经济价值的财产的担保物权。货币是最具有流动性的财产，是比大多数通常需要出售转换为货币的有形财产更受欢迎并广泛使用的财产。该请求权的规定不适用于流通票据。该请求权变现的标的是担保人请求担保人的债务人（第三方债务人）给付金钱。担保标的和此后执行的标的是担保人对第三方债务人所具有的给付请求权。值得注意的是，告知其他竞合担保权人的信息，包括担保物权的数额和到期日等细节，是为了使担保权人评估是否存在其他担保权人在先的优先顺位。自优先顺位在先的权利起，剩下的给付请求权的经济价值可决定担保物权所包含的给付请求权的实际价值。如果第三债务人故意或过失提供任何错误信息，将产生第Ⅳ—1：101 条（基本规定）第 1 款规定的损害赔偿请求权。[①]

五、流通票据之上担保物权的执行

流通票据之上设立的担保物权的执行划分为两个阶段：第一阶段，流通票据作为一个文件，执行债权人只能通过票据来行使包括在票据内的给付请求权。第Ⅸ—7：202 条（债权人固定和保存担保财产的权利）的规定，也适用于流通票据的取得占有。流通票据是有形的，也适用第Ⅸ—7：201 条（担保权人占有有形财产的权利）和第Ⅸ—7：203 条（法院或其他机关的介入）对常见的普通有形财产的规定。第二阶段，对于流通票据中的执行权，执行给付请求权之上的担保物权的一般规则可适用第Ⅸ—7：214 条（给付请求权或流通票据之上担保物权的变现）的规定。这就会减少对第三债务人权利的保护。第Ⅸ—7：204 条（给付请求权的担保、给付请求权抵押）的规定不适用于流

① 参见［德］克里斯蒂安·冯·巴尔、［英］埃里克·克莱夫主编：《欧洲私法的原则、定义与示范规则：欧洲示范民法典草案》（第 9、10 卷），徐强盛等译，法律出版社 2014 年版，第 214～215 页。

通票据。[①]

第二分节　非司法途径：担保财产的变现

一、变现方式

担保财产的变现是执行担保权人利用担保财产或源于担保财产的收益，以实现其担保物权。[②] 担保权人有权通过 4 种法定方式将担保财产变现，并以其收益清偿担保债权。这 4 种法定变现方式见表 8。[③]

表 8　担保财产的变现种类、含义与例外

变现种类	含义	例外
变卖	强制拍卖、任意拍卖或私下交易而变卖担保财产[④]	约定
出租	向第三人出租担保财产并收取孳息，超出部分返还[⑤]	无
抵偿	违约后，担保权人以担保财产抵偿债务取得其所有权[⑥]	无
担保给付请求权的收款	采取给付请求权和流通票据的变现方法（收款、变卖或以物抵债）[⑦]	无

需要提及的是消费者担保人的执行。[⑧] 担保权人发出将要采取执行措施通知 10 日后，开始执行时，担保权人通过上述法定变现方式变

---

① 参见 DCFR 第Ⅸ—7：205 条。

② 参见亓旭岩、刁培峰：《反思与重构：担保物权非诉执行的制度构建》，载《山东审判》2009 年第 3 期。

③ 参见 DCFR 第Ⅸ—7：207 条第 1 款。

④ 参见 DCFR 第Ⅸ—7：211 条。

⑤ 参见 DCFR 第Ⅸ—7：202 条第 2 款（b）项。

⑥ 参见 DCFR 第Ⅸ—7：216 条。

⑦ 参见 DCFR 第Ⅸ—7：214 条。

⑧ 参见 DCFR 第Ⅸ—7：107 条第 1 款；第Ⅸ—7：207 条第 2 款。

现担保财产。[①] 值得注意的是，任命私人代理或向执行法官申请执行的情况。担保权人有权委派一个私人代理或请求主管的法庭执行官员，采取所有或部分措施，以变现担保财产。[②] 尽管非司法途径的规定允许担保权人亲自执行，但担保权人始终可寻求法庭的帮助，如在强制拍卖的过程中申请帮助。

二、变现的通知：以非司法途径处分担保财产的通知

以非司法途径处分担保财产的通知是指担保权人只有在通知了其处分意图时，才能行使处分担保财产的权利（第Ⅸ—7：208 条），见表 9。

表 9　以非司法途径处分担保财产通知的内容与含义

内容	含义
适用范围	以非司法途径处分担保财产。例外是担保财产的出租、抵债，或是担保财产易腐烂、贬值，或是以公开价格在公认市场上进行交易的替代物（如股票）[③]
通知时间	至少在处分前 10 日送达收件人。[④] 使用挂号信或信差送达
发件人	担保权人
通知内容	（1）处分担保财产的时间、地点、合理描述；（2）处分担保财产的最低价位和支付条款；（3）担保人、债务人和其他利害关系人通过偿付担保债务的未受清偿部分而避免担保财产的处分的权利[⑤]
通知语言	必须使用能够预期通知到其收件人的语言

① 参见 DCFR 第Ⅸ—7：107 条第 1 款；第Ⅸ—7：207 条第 2 款。
② 参见 DCFR 第Ⅸ—7：207 条第 3 款。
③ 参见 DCFR 第Ⅸ—7：208 条第 1 款。
④ 参见 DCFR 第Ⅸ—7：210 条第 1 款；第Ⅸ—7：208 条。
⑤ 参见 DCFR 第Ⅸ—7：210 条第 2 款。

续表

内容	含义
收件人	(1) 担保人；(2) 不是担保人的债务人；(3) 担保权人所知道的对担保义务负责的其他人（如保证人)；(4) 其他已经登记了担保物权的担保权人；(5) 开始实现担保物权时占有或控制担保财产的人；(6) 担保权人实际知道的对担保财产享有权利的其他人①
未通知后果/救济	(1) 任何一方当事人可以获得对抗担保权人的禁令和要求损害赔偿时，担保财产的第三方买受人的地位不受因违反程序性规定而产生的后果影响。(2) 没有通知担保人和债务人造成执行程序的费用支出，其享有合理费用的给付请求权②

三、通过强制拍卖、任意拍卖或私下交易而变卖

(一) 变卖方式

变卖担保财产是最重要的变现方法之一，变卖的方法有强制拍卖、任意拍卖和私下交易3种，见表10。以这三种方法变卖担保财产的具体细节（包括处分财产的地点、日期和其他条件）可由担保权人决定。③ 这种自由处分的权利受商业合理性的一般要求和取得商业合理价格的特殊要求的约束。④ 担保权人通常会通过代表执行。⑤ 该变卖的担保财产之上存在更高顺位的担保物权的⑥，如买受人要求，担保权人必须向其披露相关细节。⑦ 但该变卖不会影响更高顺位的担保物权。如果担保权人没有告知买受人，担保权人应该承担责任。如果担保权

① 参见DCFR第Ⅸ—7：209条。
② 参见DCFR第Ⅸ—2：401条第2款。
③ 参见DCFR第Ⅸ—7：211条第3款。
④ 参见DCFR第Ⅸ—7：103条第4款；第Ⅸ—7：212条。
⑤ 参见DCFR第Ⅸ—7：207条第3款。
⑥ 参见DCFR第Ⅸ—7：213条第2款（a）项。
⑦ 参见DCFR第Ⅸ—7：211条第4款。

人在强制拍卖或任意拍卖过程中取得担保财产，担保人可以在拍卖后10日之内撤销交易。担保人撤销权的行使在符合程序法和实体法的规定前提下，无须给予理由。撤销的法律后果是有必要再次变现担保财产。如果担保财产出售给担保财产的所有权人（买受人）则视为担保物权的解除。[①] 担保权人的给付请求权可相应减少。[②]

表10　变卖担保财产方法种类与含义

种类	含义
强制拍卖	有官方监督的拍卖，监督不会影响变现的性质[③]
任意拍卖	无官方监督，以合理方式做广告，公众参与拍卖[④]
私下交易	双方同意或担保财产有公开市场价格时的变卖[⑤]

（二）变卖的价格：商业合理价格

非司法途径中的变卖担保财产的价格是商业合理价格[⑥]，这是欧盟法实现担保物权的司法途径和非司法途径中的商业合理性的一般规则的特别适用。[⑦] 因为，担保财产的变卖行为只为实现担保物权，担保人仍是担保财产的所有权人，有权获得变卖的任何收益。[⑧] 因此，变卖担保财产的价格应是担保财产的实际价值，如担保财产上还存在更高顺位的担保物权，其价格应是担保财产的实际价值减去该财产仍需对更高顺位的担保物权承担责任的金额。担保财产的实际价值是通

---

① 参见DCFR第Ⅸ—7：211条第5款、第6款。

② 参见DCFR第Ⅸ—7：215条第2款。

③ 参见DCFR第Ⅸ—7：207条第3款。

④ 参见［德］克里斯蒂安·冯·巴尔、［英］埃里克·克莱夫主编：《欧洲私法的原则、定义与示范规则：欧洲示范民法典草案》（第9、10卷），徐强盛等译，法律出版社2014年版，第225页。

⑤ 参见DCFR第Ⅸ—7：211条第2款。

⑥ 参见DCFR第Ⅸ—7：212条第1款。

⑦ 参见DCFR第Ⅸ—7：103条第4款。

⑧ 参见DCFR第Ⅸ—7：215条第4款。

过公开的市场价格反映和体现的。变现担保财产的价格即为商业合理价格，不是担保债务的未清偿部分的价格。

第Ⅸ—7：212 条第 2 款至第 4 款基于现实考虑和避免商业合理价格的争议，明定了视为商业合理价格的 3 种具体情形：一是在公开的市场上基于担保财产的特性当时出售的市场价格即为商业合理价格。二是已经采取必要有效的措施之后变卖担保财产的价格即为商业合理价格。三是以拍卖代替私下交易所获得的价格。担保人能证明以私下交易方式变现的价格显著低于任意或强制拍卖的价格，进而以拍卖所获得价格，即使变现不充足，此价格也视为商业合理价格，担保人必须接受。但例外是，担保权人因拍卖获得担保财产的，担保人可在拍卖后 10 日内撤销拍卖。①

（三）变卖的救济

不以商业合理价格变卖担保财产的，如果交易未完结，担保人享有请求终止变现的权利和请求赔偿的权利。如果交易完毕，买受人不为担保权人的，买受人获得担保财产②，但买受人为担保权人的，法院可依法要求其返还③，即使在变卖撤销权的 10 日期限届满后。④

（四）变卖后买受人的权利

变卖后买受人的权利见图 13。

① 参见 DCFR 第Ⅸ—7：211 条。
② 参见 DCFR 第Ⅸ—7：213 条第 3 款。
③ 参见 DCFR 第Ⅸ—7：104 条（a）项。
④ 参见 DCFR 第Ⅸ—7：211 条第 5 款。

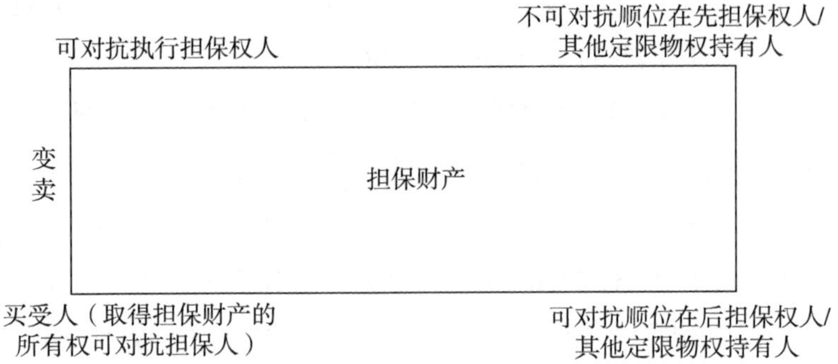

图 13　变卖后买受人的权利

在非司法途径的执行中，执行担保权人通过买卖合同基于公平合理的商业价格将担保财产出卖给第三人（买受人），执行担保权人通过获得担保财产的价款获得清偿，其担保物权消灭，买受人获得担保财产的所有权。[①] 即使担保人不是买受人与担保权人的买卖合同中的当事人，担保权人经法律授权也是如此。如果担保财产实际上为第三人所有，只要担保人经第三人授权，或买受人可以依据欧盟善意取得规则[②]善意取得所有权，买受人就能成为担保财产的所有权人。因为这是一般的所有权取得问题。根据第Ⅷ—1：101 条（适用范围）第 3 款第一句的规定，DCFR 第八卷（物的所有权的取得与丧失）关于动产所有权的取得和丧失的规定也适用于非司法途径的所有权的取得和丧失。执行担保权人的权利因执行而丧失［第Ⅸ—7：213 条第 1 款（b）项］。因此，在担保物权执行中，买受人在其购买的财产之上取得的所有权可以对抗担保人的权利、执行担保权人的权利、顺位在后的担保权人的权利（无论是担保权人还是保留所有权交易的持有人）、顺位低于正在实现担保物权的其他定限物权持有人的权利[③]，即不受

① 参见 DCFR 第Ⅸ—7：211 条。

② 参见 DCFR 第Ⅷ—3：101 条。

③ 参见 DCFR 第Ⅸ—7：213 条第 1 款。

这些权利约束。因为，凭借其作为高顺位债权人的地位，执行担保权人可以法律所授权的方式处分不受低顺位担保物权约束的担保财产。[①] 低顺位物权的持有人依据第Ⅸ—7：215 条（收益的分配）第 3 款的规定，可以参与担保财产变现的收益的分配，从而获得补偿。但如果收益并不足以满足低顺位担保物权中的债务的未清偿部分或其他定限物权的价值，这些低顺位权利的持有人将不能再获得任何补偿。不能认为此结果不公平，因为这是他们接受较低优先顺位的担保物权时所存在风险的必然后果。[②] 他们通常对较低顺位担保物权所担保的贷款要求更高的利息，来使其增加的商业风险减少到最低限度。

买受人虽然取得了担保财产所有权，但该担保财产之上的担保物权仍然存在，但例外是，执行担保权人经这些在先顺位的担保权人和定限物权人的授权处分担保财产，或买受人依据欧盟善意取得规则善意取得担保财产。[③] 对于买受人而言，担保权人行使非司法途径所规定的权利，出售担保财产的，该变卖可视为发生在卖方的日常交易中，因此，即使高顺位担保权人的权利已经登记，也不能推断买受人有恶意。[④]

如果其他担保权人的担保物权享有的优先顺位超越拟执行权利的担保权人的权利，就不能阻止担保权人执行其担保物权。此规定的唯一例外规定在第Ⅸ—7：214 条（给付请求权或流通票据之上担保物权的变现）第 2 款中。低顺位担保权人不能收取担保给付请求权的款项。

---

① 参见［德］克里斯蒂安·冯·巴尔、［英］埃里克·克莱夫主编：《欧洲私法的原则、定义与示范规则：欧洲示范民法典草案》（第 9、10 卷），徐强盛等译，法律出版社 2014 年版，第 230 页。

② 参见［德］克里斯蒂安·冯·巴尔、［英］埃里克·克莱夫主编：《欧洲私法的原则、定义与示范规则：欧洲示范民法典草案》（第 9、10 卷），徐强盛等译，法律出版社 2014 年版，第 230 页。

③ 参见 DCFR 第Ⅸ—7：213 条第 2 款。

④ 参见 DCFR 第Ⅸ—6：102 条第 2 款。

这也是本条第2款规定这些权利即使在转让后仍应继续存在的原因。[①]这些高顺位担保物权的持有人按照第Ⅸ—7：215条（收益的分配）规定不参与收益的分配，因为他们仍然可以强调执行其对担保财产的权利。对这些高顺位担保物权的持有人而言，即使担保人把担保财产的所有权转让给第三人，仍然受该既存担保的约束，其高顺位担保物权不受影响。如果高顺位担保权人的权利，因买受人依前款善意取得所有权而丧失，则其对按照第Ⅸ—7：215条（收益的分配）的规定变现的收益，就不能再要求分配。但如果执行担保权人因而获得较高的担保财产的价格，执行担保权人有责任按照第Ⅸ—7：104条（寻求法庭救济的权利和损害赔偿请求权）（b）项和DCFR第七卷关于不当得利的规定，对高顺位担保权人进行损害赔偿。[②] 担保享有的优先权超越执行担保权人的权利，并继续存在，这一事实可能对担保财产的出售构成主要障碍。买受人倾向于取得为担保负担的权利，至少变现的价格要明显低于买受人取得不受担保约束的财产变现后的价格。因此，低顺位担保物权的执行担保权人会明智地寻求和高顺位担保物权的持有人达成协议，执行担保权人可经高顺位担保权人授权，处分免受担保物权约束的担保财产。这样，买受人将得到免受这些高顺位担保约束的权利。[③] 作为交换，高顺位担保权人依据与执行担保权人之间的协议，有权按照其优先顺位参与收益的分配。对高顺位的担保权人而言，此协议将提供优先实现其担保物权的机会，而不再需要亲自对担保人执行其担保物权。

担保权人或担保人作为买受人参加了变卖方式的变现活动，如果

---

① 参见［德］克里斯蒂安·冯·巴尔、［英］埃里克·克莱夫主编：《欧洲私法的原则、定义与示范规则：欧洲示范民法典草案》（第9、10卷），徐强盛等译，法律出版社2014年版，第231页。

② 参见［德］克里斯蒂安·冯·巴尔、［英］埃里克·克莱夫主编：《欧洲私法的原则、定义与示范规则：欧洲示范民法典草案》（第9、10卷），徐强盛等译，法律出版社2014年版，第230页。

③ 参见DCFR第Ⅸ—7：213条第2款。

担保人取得担保财产，应与担保权人对担保物权的解除协商一致，执行担保权人则丧失担保财产之上的权利。相反地，担保权人在拍卖中买到担保财产的，担保人的权利丧失。此外，担保权人和担保人在此时，将取得免受任何低顺位担保约束的担保财产之上的权利。[①]

根据第Ⅸ—7：213 条第 3 款，若仅违反第七章规定的变现或拍卖程序，买受人的地位不受影响。即使执行担保权人不遵守第七章的通知要求，或未依商业合理价格变现，买受人依然能够按照前款规定取得担保财产的所有权。例外在第Ⅸ—7：104 条（寻求法庭救济的权利和损害赔偿请求权）（b）项的规定中体现。当担保权人本人在违反本章的程序性规定的拍卖中取得担保财产时，若担保权人尚未将财产所有权转让给第三人，担保权人会被责令归还担保财产。不过，在后一情况中，担保权人可能将对非合同之债承担责任。[②]

四、给付请求权或流通票据之上担保物权的变现

给付请求权或流通票据之上担保物权的变现是指在非司法途径执行中，执行担保权人可就未清偿的债务向担保人的债务人（第三债务人）收款，或变卖和转让给付请求权或流通票据给第三人变现担保物权的权利[③]，见图 14。其中，收款是比较高效便捷的方法，只要第三债务人有偿还能力，执行担保权人就可以迅速收到现金。通常这种途径更迅速。[④] 如果执行担保权人并未向第三债务人送达一式两份写明

---

① 参见 DCFR 第Ⅸ—7：213 条第 4 款。

② 参见 DCFR 第Ⅵ—2：101 条第 1 款（b）项。

③ 参见 DCFR 第Ⅸ—7：214 条第 1 款。

④ 给付请求权的收款也受第Ⅸ—7：204 条（给付请求权的担保、给付请求权抵押）的调整。流通票据的收款，主要依据调整已发行的特定类型的流通票据的规定，即担保权人可采用变卖、转让给付请求权或使用流通票据的变现方式。变卖适用第Ⅸ—7：207 条（变现的一般规则）至第Ⅸ—7：213 条（以变现方式变现后买受人对财产的权利）规定的程序；已转让适用第Ⅸ—7：216 条（担保权人以担保财产抵偿债务）。

具体数额的通知，并附有足够证据，第三债务人有权拒绝付款[①]，其旨在是保护第三债务人。担保权人主张的担保债务的具体数额必须有充分的证据支持。充分的证据，是指账单副本或担保债务的债务人显示负债余额的现金账户。当然，对担保给付请求权的存在或到期，或其他执行的条件有争议，第三债务人也可以拒绝支付。无论是面对依担保给付请求权要求收款的担保权人，还是面对直接转让时履行请求权的受让人，第三债务人的法律地位是一致的。如果在到期前开始执行，不能强迫被执行的债务人立即付款。此外，也可排除依给付请求权进行收款。担保权人可能希望到期时，或者想快速变现担保的，才会变卖和转让给付请求权，在这种情况中，不得行使执行担保权人的选择权。收款的上述规则不适用于流通票据，因为流通票据适用严格责任。

值得注意的是，担保财产的给付请求权或流通票据之上还有其他顺位在先的担保物权的，依据 DCFR 第四卷第四编所规定的优先顺位法律后果的规则，执行担保权人无权向顺位在先的担保权人主张给付请求权或流通票据，即不可对抗顺位在先的担保权人。[②] 另外，担保权人也可以收款或以其他方式，根据第Ⅸ—2：301 条（金钱债权的担保物权）第 4 款的规定，实现担保权人的执行权及于给付请求权之上的保证担保和担保物权。[③] 这些从权利包括各种形式的保证担保或担保物权［第Ⅳ. G—2：113 条（保证人履行后的权利）第 3 款第一句］。

---

① 参见 DCFR 第Ⅸ—7：214 条第 3 款。

② 参见 DCFR 第Ⅸ—7：214 条第 2 款。

③ 参见 DCFR 第Ⅸ—7：214 条第 4 款；［德］克里斯蒂安·冯·巴尔、［英］埃里克·克莱夫主编：《欧洲私法的原则、定义与示范规则：欧洲示范民法典草案》（第 9、10 卷），徐强盛等译，法律出版社 2014 年版，第 233 页。

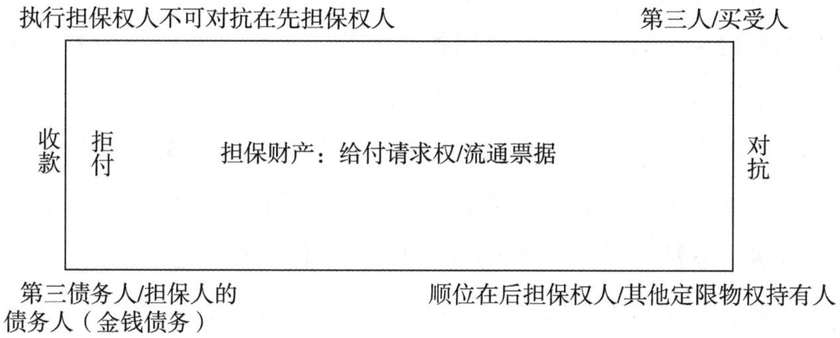

图 14　给付请求权或流通票据之上担保物权的变现

五、收益的分配

收益的分配是指，（1）依上述规则和第Ⅸ—7：215 条规定，以非司法途径变现担保财产所取得的收益，由担保权人根据以下顺序进行分配。（2）已经实现担保物权的担保权人，可以以该收益清偿担保物权，以及因实现担保物权所发生的费用。（3）扣除前述规定数额后，收益仍有剩余的，顺位低于正在实现担保物权的担保权人的担保权人，在其担保物权所担保的债务数额范围内受偿。存在数个顺位在后的担保权人的，剩余收益将按照这些权利之间的优先顺位予以分配。此分配规则，可准用于顺位在后或执行担保权人的其他定限物权的持有人，这些定限物权的价值，而非担保债务，起着决定性的作用。（4）扣除后的剩余收益必须返还给担保人。（5）担保权人的受偿额不得超过约定的或等级的该担保权人的担保物权的最高数额，这一限制不适用于因执行而产生的合理费用。①

值得注意的是，本条未规定可能在担保财产之上存在的高顺位担保物权的问题。该担保物权的优先权超越执行担保权人的权利，因此不受担保财产变卖的影响。其担保物权在变卖后的财产之上继续存在。

① 参见 DCFR 第Ⅸ—7：215 条。

担保物权已登记的，通常排除善意取得无担保的财产。[①] 至于执行担保权人相关权利的实现，可以用执行的收益来偿还其担保债务。这些债务由第Ⅸ—2：401 条（担保物权的效力范围）规定。本条未对其他定限物权的持有人有权分享执行的收益进行规定，定限物权的范围和数量是不确定的，对此国内法有规定。如果国内法确定了担保物权的顺位等级，本法尊重国内法的这一规定。比如动产之上的用益物权，对于这些权利的顺位和实现，第Ⅸ—4：101 条（优先顺位：一般规则）第 2 款（b）项作出了具体规定，即按照权利产生的时间决定其顺位。这不仅适用于此类定限物权之间的顺位，也适用于这些权利面对担保物权时的顺位，从援引第四章关于一般优先顺位的做法，可以作出这样的判断。[②]

六、以物抵债：担保权人以担保财产抵偿债务

以物抵债是指在满足以下五个要件的情况下，担保权人享有以担保财产全部或部分抵偿担保物权的权利。[③]

要件一：担保权人必须事先通知欲以担保财产全部或部分抵偿担保债务的意图，即以物抵债取得担保财产的意图，并具体说明相关细节。

要件二：该动议必须发送至第Ⅸ—7：209 条（通知的收件人）所规定的人，即非司法途径中的收件人，包括对担保债务承担责任的所有人和对担保财产享有权利的所有人。

要件三：必须符合的 5 个其他条件是：第一个条件是通知必须适

---

① 参见 DCFR 第Ⅸ—7：213 条。

② 参见［德］克里斯蒂安·冯·巴尔、［英］埃里克·克莱夫主编：《欧洲私法的原则、定义与示范规则：欧洲示范民法典草案》（第 9、10 卷），徐强盛等译，法律出版社 2014 年版，第 235 页。

③ 参见 DCFR 第Ⅸ—7：216 条；徐雅楠：《让与担保制度研究》，山东大学 2018 年硕士学位论文，第 25～26 页。

时发出，即必须在拟处分前 10 日内送达收件人［第Ⅸ—7：210 条（通知的时间和内容）第 1 款］。第二个条件是必须合理说明拟处分的担保财产［第Ⅸ—7：210 条（通知的时间和内容）第 2 款（b）项］。这里是指担保权人必须准确说明希望取得哪些担保财产（除非其拟用全部担保财产抵偿债务）。第三个条件是通知必须标明，第Ⅸ—7：210 条（通知的时间和内容）第 2 款（d）项所列举的这些人同时也是通知的收件人。但通知可以表明通过偿付担保债务的未受清偿部分以避免处分担保财产的意图。第四个条件是通知必须使用能够预期通知到其收件人的语言，这是第Ⅸ—7：210 条（通知的时间和内容）第 3 款的要求。第五个条件是担保人的出价必须具有商业合理性［第Ⅸ—7：212 条（商业合理价格）第 1 款］。该标准是所有非司法途径通知的基本标准。①

要件四：该动议必须指明在动议发送前营业日结束时未受清偿的确切的担保数额以获悉全面准确的担保货币债务的实际数额，以及意欲以全部或部分担保财产抵偿债务的数额。

要件五：每个收件人收到该动议 10 日之内都没有以书面形式反对该动议［第Ⅸ—7：216 条（e）项］。收件人没有以书面形式反对的，视为接受担保权人的动议。担保权人可能难以证明通知收到的时间，但可以通过挂号信或注明日期的送达回执证明。②

---

① 参见［德］克里斯蒂安·冯·巴尔、［英］埃里克·克莱夫主编：《欧洲私法的原则、定义与示范规则：欧洲示范民法典草案》（第 9、10 卷），徐强盛等译，法律出版社 2014 年版，第 236 页。

② 参见［德］克里斯蒂安·冯·巴尔、［英］埃里克·克莱夫主编：《欧洲私法的原则、定义与示范规则：欧洲示范民法典草案》（第 9、10 卷），徐强盛等译，法律出版社 2014 年版，第 237 页。

第三分节　以司法途径来实现担保物权

一、司法途径的一般规定

无论当事人对非司法途径实现担保物权的可能性是否达成一致意见，或担保权人是否依本章违约的规定自由采取非司法途径，依法永远不会剥夺担保权人通过法院或其他主管机关实现其担保物权的权利。实际上，担保权人在以下情况中可能会以司法途径实现担保物权①：一是当事人依第Ⅸ—7：103条（实现担保物权的司法途径和非司法途径）第1款规定缔结协议，排除了非司法途径实现担保物权的可能性。二是在消费者担保人的情形中，在发生违约之后，消费者担保人不同意以非司法途径实现担保物权。② 三是担保权人在既可通过非司法途径又可通过司法途径实现担保物权的情形下，更趋向于后者，因为可以预见，担保权人可能非常反对非司法途径，或者说非司法途径法理情况非常复杂，以至于担保权人不想自己变现，以避免承担因不当执行措施所产生的法律责任。③

二、司法途径的程序规定

担保权人向法院或其他主管机关申请司法途径实现担保物权，法院或其他主管机关应当适用自己的程序法。④ 按照这些程序规则，实现担保物权的司法途径适用请求执行的法院或其他主管机关所在地的

---

① 参见［德］克里斯蒂安·冯·巴尔、［英］埃里克·克莱夫主编：《欧洲私法的原则、定义与示范规则：欧洲示范民法典草案》（第9、10卷），徐强盛等译，法律出版社2014年版，第237页。

② 参见DCFR第Ⅸ—7：103条第2款。

③ 参见［德］克里斯蒂安·冯·巴尔、［英］埃里克·克莱夫主编：《欧洲私法的原则、定义与示范规则：欧洲示范民法典草案》（第9、10卷），徐强盛等译，法律出版社2014年版，第238页。

④ 参见DCFR第Ⅸ—7：217条第1款。

成员国的程序性规定，其中包括成员国的管辖权规定。前述对非司法途径的程序性保护不适用司法途径。相反地，通知的要求及类似的问题仅受适用的成员国程序法调整。

三、司法途径的可用救济

司法途径的可用救济是指担保权人有权向法院或其他主管机关提起诉讼，启动司法程序，实现其在实体法上所享有的包括变卖担保财产、以担保财产抵偿债务或取得向第三人出租担保财产的租金收益等在内的担保物权。其中，实现担保物权的司法程序特指国内程序法规定的程序，这种程序不能因担保权人和担保人之间的协议、担保权人或其他人的同意或不反对而排除适用。法院或其他主管机关依法享有取得担保财产和采取任何种类的保护措施的权利，法院执行担保财产的抵偿也不以 DCFR 第Ⅸ—7：209 条（通知的收件人）所规定的收件人没有异议为前提。担保人和其他可能受执行影响的人的权利适用第Ⅸ—7：104 条（寻求法庭救济的权利和损害赔偿请求权）的一般规则，但这些权利能否作为一个独立的诉讼请求，或是否只能在主要的执行程序中作为抗辩，由国内程序法决定。[①]

第三节　保留所有权交易的实现

保留所有权交易之中，作为担保权人的出卖人、供应商或出租人依法保留了担保财产的所有权，他们仍是担保财产的所有权人。作为担保人的买受人、分期付款买受人、承租人和受托人或其他财产的持有人，占有担保财产，依法享有在之上设立担保物权、转让和出租等

---

① 参见［德］克里斯蒂安·冯·巴尔、［英］埃里克·克莱夫主编：《欧洲私法的原则、定义与示范规则：欧洲示范民法典草案》（第 9、10 卷），徐强盛等译，法律出版社 2014 年版，第 238 页。

权利。[①] 如果买受人、分期付款买受人、承租人或受托人因付款而违约，作为保留所有权交易的持有人的出卖人、供应商或出租人可以依第三卷第三章第五节的规定消灭买卖合同、分期付款合同、融资租赁合同或寄售合同中的合同关系。买受人、分期付款买受人、承租人或受托人应返还占有的担保财产，返还不能的，应予以赔偿[②]，也有权要求他们就不合理使用担保财产致使其价值贬值而造成的损失予以赔偿。[③] 出卖人、供应商或出租人依法负有返还买受人、分期付款买受人、承租人或受托人的付款（如价金或租金）及其利息的义务。[④] 买受人、分期付款买受人、承租人或受托人在合同关系消灭之前在担保财产之上的所有权利也随之消灭。因为合同关系消灭使得之前设立或转让自始无效。但例外的 3 种情形：一是此种设立或转让经出卖人、供应商或出租人依从合同授权。二是虽然此种设立或转让无效，但第三受让人依据善意取得规则[⑤]取得担保财产所有权。三是第三受让人善意取得所享有的优先权优先于出卖人、供应商或出租人的权利，优先于担保财产的所有权人的权利，这发生在第Ⅸ—7：301 条（保留所有权交易的违约后果）第 2 款规定的 35 日期限届满后，保留所有权交易才登记的情形。[⑥]

在合同关系消灭后，担保财产已经按时返还出卖人、供应商或出租人的，如果出卖人、供应商或出租人与其他买方或承租人缔结了新的买卖或融资租赁合同，转让担保财产给其他买方或承租人所获得超过初始价款的余额依法属于出卖人、供应商或出租人，因为新的合同

---

① 参见［德］克里斯蒂安·冯·巴尔、［英］埃里克·克莱夫主编：《欧洲私法的原则、定义与示范规则：欧洲示范民法典草案》（第 9、10 卷），徐强盛等译，法律出版社 2014 年版，第 239 ~240 页。

② 参见 DCFR 第Ⅲ—3：513 条。

③ 参见 DCFR 第Ⅲ—3：513 条至第Ⅲ—3：515 条。

④ 参见 DCFR 第Ⅲ—3：511 条第 2 款、第 3 款。

⑤ 参见 DCFR 第Ⅸ—2：108 条至第Ⅸ—2：111 条、第Ⅸ—6：102 条。

⑥ 参见 DCFR 第Ⅸ—7：301 条第 2 款。

已经缔结，而且独立于初始合同。在合同关系消灭后，担保财产返还之前，买受人、分期付款买受人、承租人或受托人将担保物权或担保财产转让（如转卖或转租）给第三受让人的，依据协议约定或法律规定，享有第Ⅸ—7：301 条第 1 款至第 3 款所规定的权利①，包括担保物权和担保财产所有权。但取得的担保物权不得对抗在该担保财产之上的顺位在先的担保权人。

第Ⅸ—7：201 条（担保权人占有有形财产）、第Ⅸ—7：202 条（债权人固定和保存担保财产的权利）、第Ⅸ—7：203 条（法庭或其他机关的介入），根据第Ⅸ—1：104 条（保留所有权交易的一般规则）第 2 款的规定变通后②，准用于保留所有权交易。也就是说，第七章关于担保权人重新占有和债务人违约后的保护措施的规定也适用于保留所有权交易，见图 15。

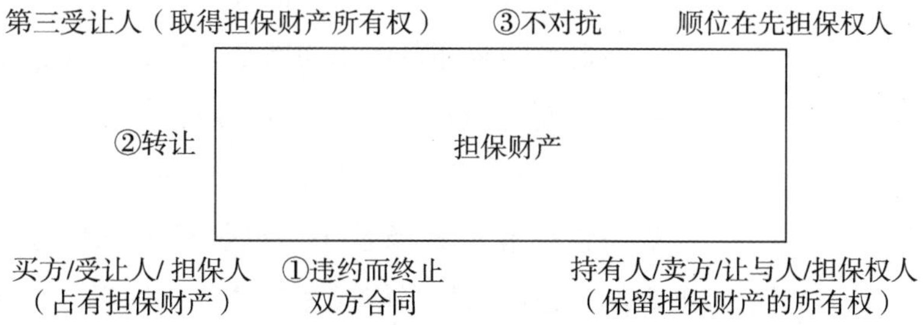

图 15　担保权人重新占有和债务人违约后的保护措施

---

① 参见 DCFR 第Ⅸ—7：301 条。

② 参见 DCFR 第Ⅸ—7：302 条。

第八章　欧盟保证制度概述

第一节　欧盟保证的概念与种类

一、欧盟保证的概念

欧盟保证是指一种担保权利，是某人（无论是自然人还是法人）为了担保他人（主债务人）的债务，用自己的全部财产承担责任。保证人是指为了保证目的而对债权人承担债务的人。[①] 债务人是指对债权人负有被担保债务（如果有的话）的人，在与表面债务有关的条款中，也包括表见债务人。[②] 被担保债务可以是当前或将来债务，后者还可附条件。[③] 倘若所附条件为延缓条件，只是条件成就它就会出现。倘若被担保债务附有解除条件，那它便是一项当前债务。关于担保目的的标准，应是共同

---

① 参见 DCFR 第Ⅳ. G—1：101 条；徐亮：《主合同变更情形下抵押人的责任承担》，载《法制与社会》2017 年第 24 期。

② 参见 DCFR 第Ⅳ. G—1：101 条（d）项。

③ ［德］克里斯蒂安·冯·巴尔、［英］埃里克·克莱夫主编：《欧洲私法的原则、定义与示范规则：欧洲示范民法典草案》（第 4 卷），于庆生等译，法律出版社 2014 年版，第 1095 页；沈伟、吕启民：《破产止息规则下保证责任从属性之惑及疑解——兼议独立保证入典》，载《上海财经大学学报》2020 年第 1 期。

债务人之一是否与借贷存在最为直接的利益关系，并因此最终对其负有责任。如果债权人能够证明当事人明确地商定了这种保证的特殊类型，那便只存在一项为担保目的的共同债务。

二、欧盟保证的种类

欧盟保证大致可分为从属保证和独立保证两种。从属保证是指担保人为了保证债务人对债权人的现在或将来的债务而对债权人承担的债务，该债务在主债权应当履行时及应当履行的范围内履行。从属保证的规则适用于所有的保证类型，但《德国民法典》第765条及以下关于从属保证的规制一般并不适用于甚至不能类推适用于其他的保证，特别是不能适用于独立保证。同样地，在葡萄牙，从属保证的规则一般并不适用于独立保证，也不适用于保兑。①

独立保证，是指担保人为担保目的而对债权人承担的债务，该债务明示或默示地表示不依赖于他人对债权人负有的债务②，涵括有约束力的安慰函和备用信用证。有约束力的安慰函，分为商业型有约束力的安慰函和非商业型的有约束力的安慰函两种。前者是指为了使债务人能履行其债务，保证承诺向债权人的债务人（通常是一家隶属于保证人的公司，或者是由保证人控制的公司）进行支付，尤其是在债务人公司无力偿还的情况下，对该承诺的任何违反，都会使得债权人获得一项有约束力的安慰函之发信人请求损害赔偿的权利。非商业型安慰函中，发信人是以与传统保证同样的模式承诺将公共支付偿还给债权人。但安慰函之发信人通常不愿意支付债务人所欠债权人的债务，除非债务人无力偿债。发信人也不愿意承诺提供比债务人的债务更为

① See STJ 11 November 1999, 649/99 www. dgsi. pt; STJ 4 October 2000, 2228/00 www. dgsi. pt.

② 参见DCFR第Ⅳ. G—1：101条（b）项。

有利的条件。[1] 但安慰函是否具有法律约束力，必须通过对特定文书的解释来确定，对此欧盟各成员的规定有所不同。譬如，在西班牙，对安慰函进行解释时，必须坚决支持发信人已经要求受益人对子公司提供借贷的推定。相反，发信人有权在未取得受益人同意的情况下，转让其在子公司的股票，因而认定安慰函是有约束力的交易。在意大利，安慰函被认为是对发信人而言具有法律约束力的声明。在希腊，安慰函对发信人创设了一项独立的合同义务，或者它们可能引起对收信人的缔约过失责任。在法国，安慰函目前是被最高法院承认为有约束力的，而不论发信人承担的责任性质如何。[2] 由于安慰函制度所提供的责任范围和类型取决于当事人的具体协议，所以为其规定共同的法律限制是不可能的。譬如，法国以一种极为一般的方式将安慰函的内容界定为：支持债务人履行其对债权人的债务（2006 年《法国民法典》第 2322 条）。在适当情况下，安慰函可以赋予债权人与从属或独立保证相类似的权利。在意大利，安慰函与从属保证之间的相似性一直被强调，但学者中流行的观点赞成将其与典型的从属保证区分开来。同样的倾向也得到了法院的支持。将安慰函完全承认为从属保证，其主要困难在于，母公司提供担保的明确意图是缺乏的，而根据《意大利民法典》第 1937 条，那对从属保证的有效成立是必须的。另外，承诺人承担的债务性质与被担保的主债务也不具有同一的内容。但是，如果根据解释规则，提供从属保证的意图可以从安慰函措辞中推断出来，它就会被承认为从属保证。但根据一位丹麦学者的观点，安慰函一般不能被视为保证，且按照另一位学者的观点，安慰函在任何情况

---

① 参见［德］克里斯蒂安·冯·巴尔、［英］埃里克·克莱夫主编：《欧洲私法的原则、定义与示范规则：欧洲示范民法典草案》（第 4 卷），于庆生等译，法律出版社 2014 年版，第 1119 页。

② See Cass. com. 9 July 2002, Bull. civ. 2002 Ⅳ No. 117, p. 126, Rev. soc. January—March 2003, 124ff.

下都不能等同于保证。[①] 备用信用证是独立保证的特殊类型，具有保证的功能。但备用信用证主要用于国际商业交易，主要由商人法［（跟单信用证统一惯例）UCP 500（1993）和巴黎国际商会］和国际公约［《联合国独立保函和备用信用证公约》（1995）］调整，也会影响欧盟各成员国的法律。

除了上述两种类型，欧盟保证还包括共同保证、概括保证、其他类型的保证。

共同保证，亦称为担保目的的共同债务，是指由两个或多个债务人（其中一个债务人是保证人）承担的债务，保证人承担债务的主要目的是向债权人提供担保。[②] 共同债务包括初始共同债务，还包括主债务人已经负有一项债务后对债务的嗣后共同承担。担保目的的共同债务同时具有共同债务和保证的特点，这就决定了其首先适用共同债务的规则，倘若当事人利用共同债务是为了对债权人提供担保，则适用保证的规则。倘若担保性共同债务人是消费者，则适用消费者保证的规则。如果共同债务并非源自被担保债务之创设，那便不存在多数债务人，因而也不存在共同债务；它只是在担保目的债务被创设时才产生。

概括保证是指为了保证债务人对债权人之所有债务或者往来账户借方余额的从属保证，或者与之范围相当的保证。财产担保包括在所有类型财产上设立的担保，不论其为动产或不动产，有体物或无体物。

其他类型的保证是其他自愿担保的保证类型，如为产生自票据保兑或担保背书的债务提供的保证。

---

① 参见［德］克里斯蒂安·冯·巴尔、［英］埃里克·克莱夫主编：《欧洲私法的原则、定义与示范规则：欧洲示范民法典草案》（第4卷），于庆生等译，法律出版社2014年版，第1124页。

② 参见DCFR第Ⅳ.G—1：101条（e）项；耿林：《比较法视野下的混合共同担保》，载《江汉论坛》2017年第6期。

第二节　欧盟保证的成立与生效

欧盟保证的成立分为保证因合同而成立和保证因单方而成立两种。① 保证因合同而成立是指当事人通过合同设立保证，设立保证的要约到达债权人之时或债权人按要约明示承诺为之时，或按照要约规定期限或合理时间内承诺之时，承诺成立，即保证成立。承诺是广义上的承诺，是指只要表明了对要约的同意的任何形式的陈述（言辞）或行为即可构成受要约人的承诺。② 承诺无须与要约作出的方式相同，譬如，一项通过电子邮件的要约，其承诺可以通过电话方式作出。承诺仍须是无条件的。承诺不能受制于承诺人或承诺人董事会或其他第三方的最终批准，除非要约人已知晓或应合理地期待知晓该等第三方如政府的批准是必要的。③ 承诺分为明示承诺和默示承诺两种。承诺是可以推翻的，比如要求明示承诺而被毫无迟延地拒绝或被以需要时间考虑为由拒绝，默示承诺可以通过债权人的明确声明。沉默或不作为本身不构成承诺。除非法律或行为守则有明确规定，或者当事人协商一致，或者特别是在商人之间，出于善意和商业习惯。譬如，在要约邀请中或基于当事人之间惯例和习惯做法，沉默将约束要约人。一个专业人士向另一方发出提供商品或服务的订单将被视为承诺，除非被毫无迟延地拒绝。不过，有判决指出，仅仅收到要约的事实不构成默示承诺，这种承诺也不能从有关各方地位或约束他们的合同性质的

---

① 参见 DCFR 第Ⅳ. G—1：103 条。

② 参见［德］克里斯蒂安·冯·巴尔、［英］埃里克·克莱夫主编：《欧洲私法的原则、定义与示范规则：欧洲示范民法典草案》（第 1、2、3 卷），高圣平等译，法律出版社 2014 年版，第 285 页。

③ 参见［德］克里斯蒂安·冯·巴尔、［英］埃里克·克莱夫主编：《欧洲私法的原则、定义与示范规则：欧洲示范民法典草案》（第 1、2、3 卷），高圣平等译，法律出版社 2014 年版，第 286 页。

情形中推导出来。[①] 到达是指要约到达时意思表示才产生法律约束力。[②]

需要讨论的是，欧盟成员国中债权人承诺的问题。欧盟成员国法律均明定，保证人和债权人必须对从属保证合同达成明示的合意，但独立保证合同除外，因为，其到达即承诺成立生效。芬兰即是典型。在希腊，债权人虽然还可以对保证人的要约进行默示承诺，承诺还必须达到要约人或保证人[③]，但单纯沉默或不作为不是默示承诺。[④] 在英国，与希腊不同的是，单纯沉默或不作为在特定情形下可视为默示承诺。此外，还分不同的要约规定了承诺的条件，即要约明定明示承诺的，债权人须以此为之；要约明定期限的，债权人须在此期间为之；要约是双务的，债权人与债务人须明示承诺达成一项交易，还须与保证人达成一项有约束力的、可强制执行的双务合同。[⑤] 值得注意的是，特殊情况下债权人承诺的问题。在意大利，保证创设的义务均对保证人和债权人具有约束力的，经“要约与承诺”而使合同成立的一般规则适用于从属保证的成立。在奥地利，最高法院在一个案例中认为，依债权人要求提供的要约明定必须明示承诺，但债权人并未为之，即使提供了被保证的借贷，保证合同无效。[⑥] 另外，债权人通过行为作出的承诺问题。根据《法国民法典》第 2292 条、《意大利民法典》第 1937 条、《葡萄牙民法典》第 628 条和《西班牙民法典》第 1827 条第

---

① See Thessaloniki 1197/1992, EpTrapDik 1993, 385.

② 参见［德］克里斯蒂安·冯·巴尔、［英］埃里克·克莱夫主编：《欧洲私法的原则、定义与示范规则：欧洲示范民法典草案》（第 1、2、3 卷），高圣平等译，法律出版社 2014 年版，第 125 页。

③ 参见《希腊民法典》第 192 条。

④ See A. P. 682/1995, EEN 1996, 586.

⑤ See Greenham Ready Mixed Concrete v. CAS (Industrial Developments) Ltd. (1965) 109 SJ 209.

⑥ 参见［德］克里斯蒂安·冯·巴尔、［英］埃里克·克莱夫主编：《欧洲私法的原则、定义与示范规则：欧洲示范民法典草案》（第 4 卷），于庆生等译，法律出版社 2014 年版，第 1130 页。

1 款的规定，从属保证必须通过明示才能成立。而根据《希腊民法典》第 189 条的规定，债权人对从属保证之要约所作出的承诺必须采取明示或默示方式。但沉默既不构成承诺也不构成拒绝，除非法律或行为守则有明确规定，或者当事人协商一致，或者特别是在商人之间，出于善意和商业习惯。不过，有判决指出，仅仅收到要约的事实不构成默示承诺，且这种承诺也不能从有关各方地位或约束他们的合同性质的情形中推导出来。① 例外的是，独立保证采取到达主义原则，到达即承诺。仍需讨论的是，保证人的允诺作为承诺的问题。根据《英国普通法》，倘若保证人应债权人的要求而提出要约，那么债权人向保证人通知承诺便是没有必要的。②

保证因单方允诺而成立是指当事人约定无须债权人承诺，仅通过具有法律约束力的单方允诺行为设立保证，要约到达之时，保证成立。③

保证合同生效通常是保证合同成立即生效，但当事人约定了生效条件的，条件成就时保证合同生效。而欧盟保证期间是指保证人根据保证合同负担义务所持续的时间，比如两年，该期间的起始时间为除债权人必须承诺之外，保证合同成立的时间。④

---

① See CA Thessaloniki 1197/1992, EpTrapDik 1993, 385.

② See Andrews and Millett No. 2—002.

③ 参见 DCFR 第Ⅳ. G—1：103 条。

④ 参见［德］克里斯蒂安·冯·巴尔、［英］埃里克·克莱夫主编：《欧洲私法的原则、定义与示范规则：欧洲示范民法典草案》（第 4 卷），于庆生等译，法律出版社 2014 年版，第 1129 页。

第三节　欧盟保证的法律效力

一、欧盟保证责任

欧盟保证责任可分为单独保证责任、共同保证责任[①]和混合保证责任[②]3 种，见图 16。欧盟共同保证责任和混合保证责任均采取了连带

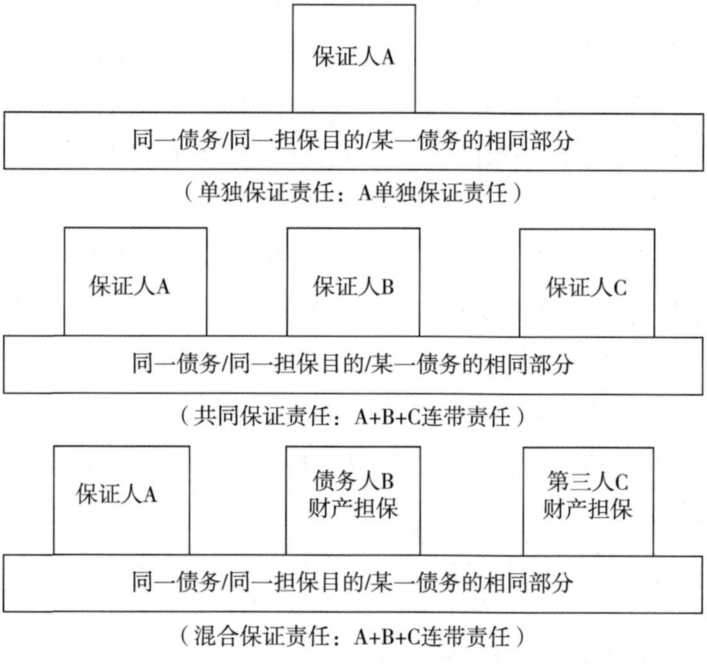

图 16　欧盟保证责任 3 种类型

① 单独保证责任是一个保证人对一个债务或某一债务的一部分提供保证，在对债权人所承担的保证范围内承担保证责任。共同保证责任是多数保证人为同一债务或某一债务的相同部分提供保证或为同一担保目的提供保证，每个保证人在其对债权人所承担的保证范围内与其他保证人一起对债权人负连带责任。混合保证责任是债务人或第三人在保证之外提供了财产担保，每个保证人在其对债权人所承担的保证范围内与其他保证人一起对债权人负连带责任。参见 DCFR 第Ⅳ. G—1：105 条。

② 参见 DCFR 第Ⅳ. G—1：105 条。

责任的立法模式，即每个保证人、财产担保的债务人或第三人通常都必须向债权人承担全部保证责任，以更好地保护债权人，但当事人约定的除外。①

二、保证权利：追索权与代位权

欧盟保证追索权分为内部追索权和外部追索权两种。内部追索权，亦称多数保证人之间的内部追索权，是指共同保证或混合保证中保证人之间或保证人与财产担保人之间的追索权。② 其适用连带债务人之间的追索权的规定，因为所有保证人的法律地位都相同。除每个连带债务人所承担的财产担保的担保责任的比例之外，每个担保人所承担保证责任的比例是：没有约定的，其比例是每个担保人按其所承担的担保额占所有担保人所承担的担保额的比例。③ 确定该比例的时间标准为最后一笔担保设立之时。④ 每个连带债务人所承担的财产担保的担保责任的比例首先是法律规定的比例，没有法律规定的，其是相同的比例。⑤ 例如，对于一笔6000元的借贷，甲承担了最高额为2000元的从属保证，乙则承担了最高额为3000元的从属保证，丙和丁共同提供财产担保1000元。全部承担额为6000元，甲、乙所占比例分别为

① 参见［德］克里斯蒂安·冯·巴尔、［英］埃里克·克莱夫主编：《欧洲私法的原则、定义与示范规则：欧洲示范民法典草案》（第4卷），于庆生等译，法律出版社2014年版，第1144～1145页。

② 参见DCFR第Ⅲ. G—4：107条；郑天锋：《共同保证法律责任分析》，载《甘肃省经济管理干部学院学报》2004年第1期。

③ 参见高圣平：《论担保物权"一般规定"的修改》，载《现代法学》2017年第6期。

④ 担保额分为保证的担保额和担保财产的担保额两种。保证的担保额首先是当事人约定的担保额，若没有约定，其是被担保债务的数额或者在对现金账户提供担保时的信用额度。被担保债务的数额未作限制的，最后余额是被担保债务的数额。财产担保的担保额首先是当事人约定的担保额，没有约定的，其是担保的财产的价值。保证的担保额或担保财产的担保额或财产价值高于最后一笔担保设立时被担保债务数额的，担保额是最后一笔担保设立时被担保债务数额。在以无限额的保证担保无限额的借贷时，其他保证或财产担保的担保额超过被担保借贷的最后余额的，该最后余额为担保额。参见DCFR第Ⅳ. G—1：106条。

⑤ 参见DCFR第Ⅲ—4：106条第1款。

1/3和1/2，丙和丁所占比例为1/6，各自所占比例为1/12。如果丙和丁已经偿还了1000元，则甲在内部对2000元负责，而乙对3000元负责。不过，保证人可就其他分担方式达成协议。

外部追索权是指保证人承担保证责任之后，对债务人包括债务人所提供的财产担保权利有追索权的，每个保证人有权根据多数保证人的内部追索权和连带债务人之间的追索权确定的份额向债务人予以追索。债权人权利的限制的规定在加以适当修改的前提下可以适用之。除非有相反的明确表示，否则不适用于由债务人提供的财产担保。[①]

保证人的代位权是指代替债务人或其他保证人（初级保证人）向债权人履行了追索请求（其他保证人的保证责任）的保证人（次级保证人）[②]，依据欧盟保证人履行后的权利的规定[③]在清偿范围内代位行使其他担保人对债务人的权利，包括对债务人提供的财产担保的权利[④]，见图17。次级保证人便取代了初级保证人的地位。次级保证人享有初级保证人由于向债权人偿付而对债务人的代位求偿权和初级保证人所获得的对债务人的代位求偿权。该代位求偿权的范围是初级保证人从次级保证人处所获得的追索数额。根据多数保证人内部追索权

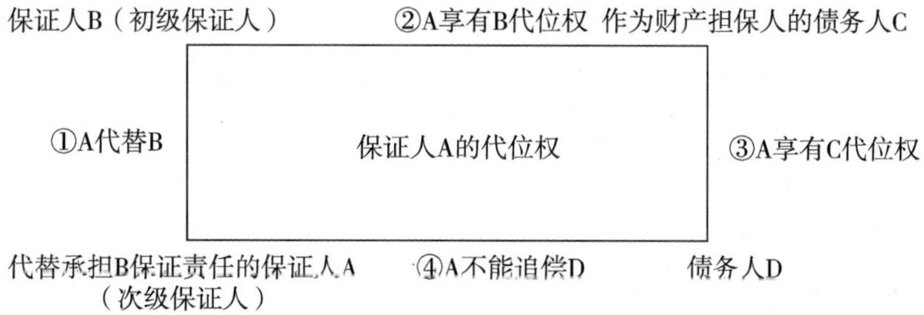

图17 保证人的代位权

---

① 参见DCFR第Ⅳ.G—1：107条第2款、第3款。

② 参见程啸：《保证合同研究》，法律出版社2006年版，第254页。

③ 参见DCFR第Ⅳ.F—2：113条第1款、第3款。

④ 参见DCFR第Ⅳ.G—1：107条第1款。

的规定，追索数额是其他保证人的比例份额，该保证人所获得的不能高于他对债务人享有的权利比例份额。之后，向债权人予以偿付的保证人有权获得剩余的部分。保证人所承担的责任少于法律所规定的比例份额的，其他保证人只能根据保证人履行后的权利获得按比例的代位求偿权。

第九章　欧盟从属保证

第一节　欧盟从属保证概说：概念、推定与特征

一、欧盟从属保证的概念

从属保证，源于罗马法保证（fideiussio），被欧盟成员国法普遍认可，构成了保证的核心制度，是指担保人为了保证债务人对债权人的现在或将来的债务而对债权人承担的债务，该债务在主债权应当履行时及应当履行的范围内履行。[①]

二、欧盟从属保证的推定

保证被推定为从属保证的情形大致有三：向债权人支付的保证、为其履行的保证、赔偿损失的保证。但例外是，债权人证明有不同约定的。[②] 当事人没有在协议中明确约定为独立保证或为担保目的的共同债务的，应将其推定为从属保证。有约定的

---

① 参见 DCFR 第Ⅳ. G—1：101 条。

② 参见 DCFR 第Ⅳ. G—2：108 条第 1 款。

安慰函被推定为从属保证。[①] 该推定以资助者在发出商业类型的有约束力的安慰函时所追求的特有利益为基础。[②] 如果资助者没有按照保证协议向债权人支付债务人所有金钱债务，所造成的损失，其应赔偿债权人。[③] 债务人的债务存在异议或抗辩的，资助者通常不承担保证责任。值得注意的是，有约束力的安慰函倘若有相反的证明成立，则不能被认定为从属保证。

三、欧盟从属保证的特性

（一）保证义务的从属性

保证义务的从属性是从属保证从属性原则的具体化，是指从属保证人是否应当以及应当履行多少保证义务虽然由债务人是否应当以及应当向债权人履行多少债务决定，但保证人义务不得超过被保证的债务。无论被担保债务是否由债权人请求履行，除概括保证外，被保证的债务数额（保证额）都由当事人事先约定，没有约定的，保证额是保证生效时的被担保债务额。保证生效取决于保证成立之时被保证的债务已经存在。例如，被担保债务是附条件的且该条件尚未得到满足，只有条件满足时才能被请求；或被担保债务只有在某个尚未到来的期限届满后，才能被请求。值得注意的是，债权让与的，所有从属性权利以及可转让的从属性保证权利亦随同主债权转移，即转让人的担保。

保证义务从属性有两种例外情形：

---

① 参见 DCFR 第Ⅳ. G—2：108 条第 2 款。

② 参见［德］克里斯蒂安·冯·巴尔、［英］埃里克·克莱夫主编：《欧洲私法的原则、定义与示范规则：欧洲示范民法典草案》（第 4 卷），于庆生等译，法律出版社 2014 年版，第 1218 页、第 1170 页。

③ 参见［德］克里斯蒂安·冯·巴尔、［英］埃里克·克莱夫主编：《欧洲私法的原则、定义与示范规则：欧洲示范民法典草案》（第 4 卷），于庆生等译，法律出版社 2014 年版，第 1170 页。

第一种例外情形。保证额不会因特定主债务被减少或免除而受影响（变化），特定主债务主要为以下两种：(1) 债务人进入破产程序后的主债务和债务人破产而无力清偿的主债务。进入破产程序后，主债务通常会因资不抵债等原因被减少、免除、无力清偿，但保证额不变。因为立法保护债权人以对抗破产这种风险。[①] 例如，即便是债务人公司由于资产不足而被注销，也不会免除从属保证人的义务。相反，保证作为独立义务仍然存在，债务人可以对其提出请求。[②] 但英国法规定了例外，比如相对于其收入和资产，保证不成比例的话，对消费者保证人存在部分或全部的免除。[③] (2) 重要事件发生后的主债务。其包括战争、经济危机、延期偿付、债务人与债权人之间的自愿约定[④]、债务人被免责[⑤]等。例如，特别法规定，战时或普遍经济危机期间要完全或部分免除国内债务人或陷入危难的债务人的债务，保证额仍然不变。

第二种例外情形。除概括保证外，保证生效后，保证额不因以下情况而受影响（变化）：(1) 债权人与债务人约定主债务提前到期。(2) 通过改变债务履行的条件而增加了债务履行难度。比如，履行期限的延长。但根据《法国民法典》第 2316 条的规定，债权人对债务人的延期并不免除保证的义务，保证人可能从到期日推延中受益，但可以放弃从这种推延中获益的权利。根据少数法国学者的观点，《法国民法典》第 2039 条也适用于承担连带责任的保证人，虽然关于连带责任的规则之严格适用会将这种解决方案排除在外。由于《法国民法典》第 2039 条并不具有强制性，如果保证人并不同意债权人对债务人的延期，当事人可以另行约定并免除保证人的义务。(3) 增加主债务

---

① 参见［德］克里斯蒂安·冯·巴尔、［英］埃里克·克莱夫主编：《欧洲私法的原则、定义与示范规则：欧洲示范民法典草案》（第 4 卷），于庆生等译，法律出版社 2014 年版，第 1173 页。

② See BGH 25 November 1981, BGHZ 82, 323, 327s.

③ 参见《英国破产法》第 281 条第 7 款。

④ 参见《荷兰破产法》第 160 条、第 272 条第 5 款。

⑤ 参见《德国破产法》第 286 条至第 303 条。

数额的任何约定。[①] 例如，保证人承担担保之后，债权人与债务人之间关于扩大范围、加重条件和条款或提起偿还被担保债务的协议。[②] 但根据英国法，被担保债务合同的任何实质性变更会免除保证人的义务。不过，同意变更的保证人仍然要承担责任，除非变更后被担保债务合同不再处于原从属保证的一般范围之内。在这种情况下，当事人必须签订新的担保合同。关于保证人应担保债务合同条款的变更而被免除义务的，除非变更仅限于合同的可分部分。

值得注意的是，消费者作为保证人的情形下的保证义务从属性问题。消费者从属保证中，消费者保证人保证额的增减须经保证人同意，否则其保证额不变。[③] 消费者概括保证中，消费者保证人的保证额会在不超出保证的最高限额内增加。其他类型的保证。对于以并非从属保证的形式提供担保额的消费者而言，第Ⅳ. G—2：102 条第 1 款和第 2 款第一句也具有约束力。对于提供独立保证的消费者来说，要遵循保证人责任性质的规定，而对于为担保目的的共同债务的消费者来说，适用第Ⅳ. F—4：102 条第 1 款。对于为担保目的的消费者共同债务人来说，补充性的保护规则规定在有关连带债务人之间的追索权、连带债务的履行、抵销与混同、连带债务的免除与和解和连带债务中其他抗辩权的条文之中。这些规定也适用于为担保目的的消费者共同债务人。对于独立保证而言，从属性原则之例外是明确了下述一般原则：在破产程序中，可能隐含在债权人对债务人超出后者资产之外的请求中的结果是与保证人对债权人所负责任毫不相干的。作为破产程序中超出某共同债务人财产的后果，对于该共同债务人的减少或免除的效

---

① 参见 DCFR 第Ⅳ. G—2：102 条。

② 参见《法国民法典》第 2290 条、第 2292 条。

③ 参见［德］克里斯蒂安·冯·巴尔、［英］埃里克·克莱夫主编：《欧洲私法的原则、定义与示范规则：欧洲示范民法典草案》（第 4 卷），于庆生等译，法律出版社 2014 年版，第 1174 页；朱晓娟：《我国保证人重整时的债权人保护探究》，载《河南财经政法大学学报》2020 年第 4 期。

果并没有作出明确的规定。但是，根据连带债务中其他抗辩的对抗性的规定，这种部分或全部的免除只是个人的抗辩。因此，它并不能对任何共同债务人都有利。这一结果也符合为担保目的的共同债务所追求的担保目的。这也与从属保证人以及独立保证人所追求的结果相吻合。第3款、第4款是对保证人的保护性规定，因此，它们适用于对消费者独立保证人或为担保目的的消费者共同债务人的保护。但是，正如消费者从属保证人的情况一样，适用于消费者独立保证人或为担保目的的消费者共同债务人的第3款、第4款仅以对特定消费者的保护效果为条件，那对消费者承担的所有类型的保证都具有适用性。

被保证的债务。欧盟被保证的债务应是广义上任何类型的债务，包括从属保证中无论其来源或标的物的任何类型的经济债务。比如，担保交付特定标的物的债务、为或不为某事的债务、另一人的违约或误送而产生的债务、金钱债务、非金钱债务①、未来的或附条件的债务。② 值得注意的是，未来的或附条件的债务的限制问题。例如，当对保证人提出请求时，债务必须存在，或条件已然满足、最高保证额必须已经确定或注明③，否则其完全无效，超出所注明的最高限额的协议，其超出部分无效。

保证义务的范围。基于从属性原则，保证人的保证义务不能高过债务人，否则自动降低至后者的限额之内④，但法律另有规定的除外，譬如，法律对消费者保证人义务的强制性条款。⑤ 值得注意的是，被担保债权转让的，从属保证权利与被担保债务的履行请求权利一起自动转让给受让人，并不需要单独的转让行为。⑥

---

① 例如，《奥地利普通民法典》第1350条规定，对于非金钱的履行或债务人的容忍，由于债务人未履行其债务的，保证人有义务向债权人进行损害赔偿，但无须履行债务人的债务。

② 参见《荷兰民法典》第7：854条第1款、第2款。

③ 参见《荷兰民法典》第7：851条第2款；《意大利民法典》第1938条。

④ 参见《德国民法典》第767条第1款、第2款。

⑤ 参见《荷兰民法典》第7：862条（a）项。

⑥ 参见《意大利民法典》第1263条第1款。

（二）保证担保的范围

保证担保的范围分为附期限的保证担保范围和未附期限的保证担保范围两种，前者又分为非消费者与消费者的附期限的保证担保范围，后者又分为消费者的与非消费者的未附期限的保证担保范围，见表11。

表11 保证担保范围类型对比

附期限的保证担保范围	未附期限的保证担保范围
非消费者的附期限的保证担保范围	非消费者的未附期限的保证担保范围
作为非消费者的从属保证人、共同保证人、独立保证人、最高额保证人（确定最高担保额后）的保证担保范围： 无约定的，包括以下5项：（1）主债务，包括本金。（2）从属债务，包括主债务利息及滞纳利息，依利率约定或法定。（3）违约产生的正常（合理）费用，包括滞纳利息；法定损害赔偿金、约定赔偿额或债务人不履行债务的罚金；主张上述款项而发生的合理的诉讼外费用①，依据履行地通行的规则和习惯。②（4）对债务人的法律诉讼。（5）执行成本和费用。 概括保证人的保证担保范围：无约定的，仅为上述（1）和（2）③	担保范围不是产生的一切债务或履行期在约定期间内届满的债务，则任何一方可通知，并给予至少3个月的宽限期，以限制担保范围。由于通知，担保范围是在上述宽限期生效时履行期间届满（到期）的主债务以及依保证担保范围所规定来确定的从属性义务范围内。 担保范围是特定债务或特定合同的债务，无须通知和3个月的宽限期④
消费者的附期限的保证担保范围	消费者的未附期限的保证担保范围
同上	同上

① 参见《德国民法典》第767条第2款。

② 参见［德］克里斯蒂安·冯·巴尔、［英］埃里克·克莱夫主编：《欧洲私法的原则、定义与示范规则：欧洲示范民法典草案》（第4卷），于庆生等译，法律出版社2014年版，第1194页。

③ 参见［德］克里斯蒂安·冯·巴尔、［英］埃里克·克莱夫主编：《欧洲私法的原则、定义与示范规则：欧洲示范民法典草案》（第4卷），于庆生等译，法律出版社2014年版，第1195页。

④ 参见DCFR第Ⅳ. G—2：108条。

（三）诉诸保证的期限

诉诸保证的期限是一种债权人诉诸保证的期限。例如，约定诉诸保证的期限届满前，保证人和债务人通常受诉诸保证期限的限制，也会影响担保范围。例如，当债权人必须在特定期限届满之前诉诸担保的时候，在该时间经过之后，债权人便不能就任何未来债务诉诸担保。但也有例外：在该债务到期后 6 个月内，关于每一项被担保债务，该项针对债务人向债权人所负的所有未来债务的担保终止，这种类型的协议并不会为作为整体的担保设定期限。因此，这种期限并不会限制未来债务的担保范围。诉诸保证的期限，无约定的，依据当事人协议解释。如果当事人协议并未明确提及诉诸保证的期限，因为保证仅包括当前债务或具体的未来债务，约定的期限为诉诸保证的期限。仅提到被担保债务的到期日，通常不会引起诉诸保证的期限发生。因为债权人将会因被担保债务到期时未立即执行被担保债务或保证，而失去保证所提供的保护。①

诉诸保证的期限的法律后果大致有以下 4 种情况。一是直接或间接约定保证人仅于一定期间内负连带保证责任，保证人于该期间经过后即不再负保证责任。如果债权人在主债务到期后、保证期间经过前向保证人请求履行保证债务，保证人须负保证责任。二是直接或间接约定保证人仅于一定期间内负补充保证责任，保证人于该期间经过后即不再负保证责任。但在以下情况下，保证人仍须负保证责任：如果债权人在主债务到期后、保证期间经过前已告知保证人要求其履行保证债务的意图，以及保证人补充责任所要求的实现债权的适当尝试已

---

① 参见［德］克里斯蒂安·冯·巴尔、［英］埃里克·克莱夫主编：《欧洲私法的原则、定义与示范规则：欧洲示范民法典草案》（第 4 卷），于庆生等译，法律出版社 2014 年版，第 1218～1219 页。

经开始①；如果保证人有此要求，债权人应每 6 个月通知一次保证人实现债权尝试的进展情况。② 三是如果主债务的履行期限和保证期间同时或在保证期间经过前 14 天内届满，债权人应提前请求债务人履行债务或告知债务人，但不得超过保证期间经过前 14 天。四是如果债权人已依前列各项规定为适当措施，保证人的保证责任限于保证担保范围所确定的被担保债务范围。确定该范围的时间标准为约定的保证期间届满时。③

需要注意的是，诉诸保证的期限与限制担保范围的期限的不同。诉诸保证的期限是一种债权人诉诸保证的期限。例如，约定诉诸保证的期限届满前，保证人和债务人通常受诉诸保证期限的限制，也会影响担保范围。限制担保范围的期限是指一种限制担保范围的期限，例如，该担保仅对 8 月 31 日之前产生的被担保债务有效。其通常依据当事人协议而确定，当事人要限制未来债务的担保范围，需明确约定，否则其不受该期限的影响。诉诸保证的期限与限制担保范围的期限是完全相互独立的，当事人可以自由组合。当事人可以约定一种期限限制担保范围或限制诉诸保证的可能，但不能约定一种期限既限制担保范围又限制诉诸保证的可能，也可以约定两种期限分别限制担保范围和诉诸保证的可能。

第二节　欧盟从属保证的构成要件

一、构成要件之一：债权人的通知义务

债权人的通知义务有债务人违约的通知义务和概括保证债权人的

---

① 参见 DCFR 第Ⅳ. G—2：108 条第 2 款（a）项。

② 参见 DCFR 第Ⅳ. G—2：108 条第 2 款（b）项。

③ 参见 DCFR 第Ⅳ. G—2：108 条。

通知义务两种。[①] 债务人违约的通知义务是指存在债务人不履行或不能履行债务等紧急情况时，债权人应及时通知保证人。[②] 该通知必须涵括以下内容：不履行或不能履行债务的事实、被担保债务的宽限期、截至通知时被担保的主债务数额、利息、债务人的从属义务、通知发出的日期。无须通知的情形有两种：一是通知后3个月内发生的债务人不履行的情况。二是只存在债务人不履行从属义务的情况，但从属义务未履行涉及的债务数额占总担保债务5%的除外。[③] 违约状态每持续3个月，债权人应重新通知保证人。[④]

概括保证债权人的通知，是指在概括保证的情形下，债权人应将其与债务人约定增加债务额的事实通知担保人。通知的内容涵括以下两种情况：一是债务增加额占保证设立时被保证债务额20%的情形。二是前次通知时的债务额每增加20%的情形。无须通知的情形是：概括保证人知道或应当知道上述事实。[⑤] 例如，债务人公司的董事。值得注意的是，无须通知的举证责任人是债权人。

违反上述两种通知义务的法律后果是：债权人怠于、迟延通知的，保证人不承担相应赔偿责任。[⑥] 没有通知的法律后果并未被规定，但欧盟成员国法予以了规定，例如，根据《芬兰独立保证和第三人担保法》第4条的规定，债权人并没有进行必要的通知的，则消费者保证人将会被免除一定的从属义务，如被免除罚款或违约利息。

需要说明的是，上述两种债权人的通知义务的规定适用于消费者

---

① 参见刘创雄：《试论债权让与通知》，载《中山大学学报论丛》2006年第8期。

② 参见DCFR第Ⅳ.G—2：107条第1款；王哲：《论保证人的权利》，载《前沿》2004年第7期。

③ 参见DCFR第Ⅳ.G—2：107条第1款。

④ 参见［德］克里斯蒂安·冯·巴尔、［英］埃里克·克莱夫主编：《欧洲私法的原则、定义与示范规则：欧洲示范民法典草案》（第4卷），于庆生等译，法律出版社2014年版，第1210页。

⑤ 参见DCFR第Ⅳ.G—2：107条第2款、第3款。

⑥ 参见DCFR第Ⅳ.G—2：107条第4款。

从属保证，甚至包括消费者独立保证和消费者共同保证。在消费者概括保证中，任何债务的增加，都应予以通知。[①] 例如，根据《法国民法典》第2293条第2款的规定，如果债权人怠于或迟延进行必要的通知，消费者从属保证人当然会被免除任何与从属性义务有关的责任。

二、构成要件之二：债权人权利的限制

违反处理自己事务所应有的注意义务的债权人，对保证人所享有的权利的行使在以下两种情况下受到限制：一是保证人因债权人的行为而不能充分行使其享有的代位权时；二是保证人因债权人的行为而不能充分行使其享有的追偿权时。这种限制的目的是避免保证人遭受不应有的损失。倘若保证人承担了保证责任，则享有请求债权人赔偿上述损失的权利。这些债权人权利的行使限制规则也适用于消费者保证人。[②]

三、构成要件之三：保证人的抗辩权

保证人的抗辩权，是指保证人享有债务人对债权人所享有的任何抗辩权，甚至包括保证生效后，因债务人的行为而原本存在但后来丧失的任何抗辩权。[③] 该丧失的情形包括债务人的放弃、债务人在到期之前未能提出抗辩。保证人抗辩权的典型情形有以下两种：一是被担保债务已经由债务人或第三人进行了适当偿付。在这种情况下，保证人可以像债务人那样，通过主张被担保债务的消灭来对抗债权人可能提出的任何请求。二是债务人已经对债务进行了部分偿付。如果债权人想要从保

---

① 参见［德］克里斯蒂安·冯·巴尔、［英］埃里克·克莱夫主编：《欧洲私法的原则、定义与示范规则：欧洲示范民法典草案》（第4卷），于庆生等译，法律出版社2014年版，第1211页。

② 参见DCFR第Ⅳ. G—2：110条。

③ 参见DCFR第Ⅳ. G—2：103条第1款；潘云华：《反保证人的抗辩权》，载《江南大学学报（人文社会科学版）》2002年第5期。

证人处获得全部的偿付，后者可以像债务人那样主张部分偿付的抗辩。

以下6种情形保证人没有抗辩权，但仍可合法拒绝履行或通过发出通知而拒绝履行：第一种是债务人有权依法撤销其与债权人的合同。这项权利的存续期间往往很短暂，一旦债务人丧失，保证人便也失去了据此拒绝履行的权利。第二种是债务人享有依法中止向债权人履行的权利。例如，债权人拒绝按时履行对等义务，保证人可以主张债务人的上述权利来拒绝按时向债权人履行对等义务。同样，这种拒绝履行的权利可能是暂时的。如果之后债权人履行了对等义务，那么保证人便不能再拒绝向债权人履行。第三种是债务人有权依法终止其与债权人的合同。例如，债权人对合同义务的根本违约所导致的终止权。[①] 第四种是如果在担保生效时保证人知道上述3种情形的事实，则保证人不得援引自然人无行为能力、法人人格的不存在、作为法人的债务人的不存在来抗辩。第五种是当债务人并未行使其有权行使的撤销权时，保证人有权拒绝履行。例如，债权人金钱债务的基础是建立在债权人的胁迫或债务人的错位之上的。一方面，保证人无权行使债务人的撤销权，因为那是以债务人的个人决定为基础的；另一方面，保证人不应因债务人不行使撤销权而处于不利地位，因为从属性原则是有利于保证人的。第六种是债务人对债权人享有主债务的抵销权，但未行使的，保证人有权拒绝履行保证责任。[②]

四、构成要件之四：保证人履行前的通知和查询义务

保证人履行前的通知和查询义务是指为了保护债务人之权利，保证人负有向债权人在履行之前应通知债务人、负有债权人的义务查询

---

① 参见［德］克里斯蒂安·冯·巴尔、［英］埃里克·克莱夫主编：《欧洲私法的原则、定义与示范规则：欧洲示范民法典草案》（第4卷），于庆生等译，法律出版社2014年版，第1183～1184页。

② 参见DCFR第Ⅳ.G—2：103条。

关于被担保债务的余额和债务人主张的所有抗辩或反诉的信息。[①] 保证人违反该义务未予以通知或查询以及怠于行使其抗辩权的，保证人享有的对债务人的追偿权和代位权将受到限制，以避免保证人的过错造成债务人的损失。[②] 因为保证人未通知和查询既可能损害其自身利益，也可能损害债务人的权利。[③] 但以下两种情形，并不影响保证人所享有的对债务人的追偿权和代位权：一是债务人未能答复保证人，或向其提供了不完整或不正确的信息；二是债务人提供了某些错误的信息，其他信息虽然正确，却也被保证人忽视或无视。值得注意的是，保证人对债务人所犯的任何过错包括上述的未通知和查询，都不会影响保证人对债权人所享有的权利。[④]

需要说明的是，上述保证人履行前的通知和查询义务的规则适用于所有消费者保证人。唯一不同之处在于后者的规则具有强制性，以便更好地保护消费者保证人。保证人的通知可能是对债务人有利，因为在适当情况下，如果事实证明债务人已经向债权人作出了部分或全部的履行，或债务人拥有保证人也可以利用的抗辩，则会防止或减少保证人的履行。[⑤]

第三节　欧盟从属保证的效力

一、保证人的连带责任

保证人的连带责任，是指除另有约定外，债务人与保证人承担连

---

① 参见 DCFR 第Ⅳ. G—2：112 条第 1 款。

② 参见 DCFR 第Ⅳ. G—2：112 条第 2 款。

③ 参见［德］克里斯蒂安·冯·巴尔、［英］埃里克·克莱夫主编：《欧洲私法的原则、定义与示范规则：欧洲示范民法典草案》（第 4 卷），于庆生等译，法律出版社 2014 年版，第 1244 页。

④ 参见 DCFR 第Ⅳ. G—2：112 条第 3 款。

⑤ 参见［德］克里斯蒂安·冯·巴尔、［英］埃里克·克莱夫主编：《欧洲私法的原则、定义与示范规则：欧洲示范民法典草案》（第 4 卷），于庆生等译，法律出版社 2014 年版，第 1245 页。

带责任，债权人可以选择请求债务人或在保证范围内请求保证人连带履行。[①] 通常情况下，债权人既可以选择请求债务人或保证人清偿全部债务也可以分别请求各方清偿部分债务。在见索即付保证中，除另有约定外，债务人与保证人承担连带责任。[②] 在消费者作为保证人的见索即付保证中，其只要符合从属保证的要件，即被认定为从属保证。在消费者作为保证人的从属保证、独立保证、消费者共同保证中，消费者保证人不承担连带责任，只承担补充责任，但当事人另有约定的除外，其旨在更充分保护消费者保证人。[③] 保证人的连带责任见图 18。

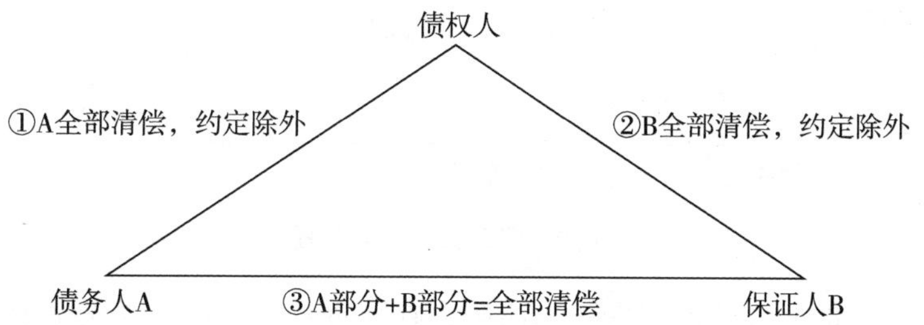

图 18　保证人的连带责任

需提及的是，德国商业保证人的连带责任。根据《德国商业法典》第 349 条的规定，从属保证人分为商业从属保证人和非商业从属保证人两种。在从属保证中，作为保证人的商人承担连带责任，因为商人的任何法律行为都被推定为在营业过程中作出。[④]

---

① 参见 DCFR 第Ⅳ. G—2：105 条。

② 参见［德］克里斯蒂安·冯·巴尔、［英］埃里克·克莱夫主编：《欧洲私法的原则、定义与示范规则：欧洲示范民法典草案》（第 4 卷），于庆生等译，法律出版社 2014 年版，第 1201 页。

③ 参见［德］克里斯蒂安·冯·巴尔、［英］埃里克·克莱夫主编：《欧洲私法的原则、定义与示范规则：欧洲示范民法典草案》（第 4 卷），于庆生等译，法律出版社 2014 年版，第 1201 页。

④ 参见《德国商业法典》第 344 条。

二、保证人的补充责任

保证人的补充责任，是指除客观请求清偿不可能以外，债权人首先请求债务人以及其他就同一债务承担了连带责任的保证人或财产担保人清偿债务后，仍不能全部清偿的，其可以请求约定承担补充责任的保证人承担剩余债务清偿的义务①，见图 19。

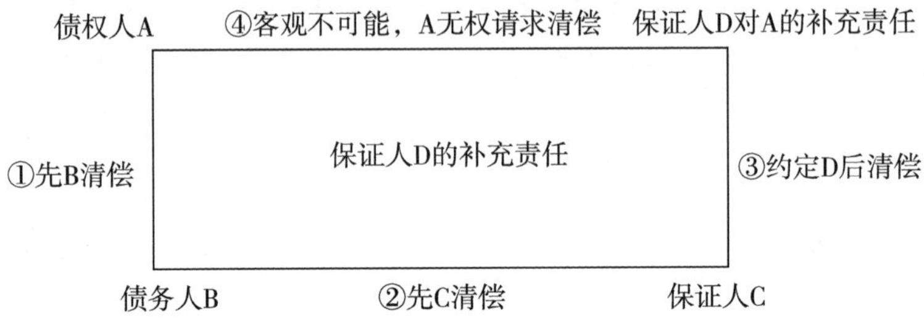

图 19　保证人的补充责任

从属保证人的连带责任是原则，补充责任是例外。补充责任有约定的补充责任和法定的补充责任两种。前者需要当事人明确约定，存疑的，保证人必须证明其承担的是补充责任。② 后者的典型是消费者保证和有约束力的安慰函。③ 消费者保证的法定补充责任适用于从属保证的消费者、独立保证的消费者、共同保证的消费者。④ 与消费者保证人的一般规则不同的是，普通从属保证人的约定补充责任可因明确约定而排除适用。安慰函的发信人之所以承担补充责任，是因为他通常只是承诺要保证债务人有充足的资金偿还其向函件受益人所负的

---

① 参见 DCFR 第Ⅳ. G—2：106 条。

② 参见［德］克里斯蒂安·冯·巴尔、［英］埃里克·克莱夫主编：《欧洲私法的原则、定义与示范规则：欧洲示范民法典草案》（第 4 卷），于庆生等译，法律出版社 2014 年版，第 1203 页。

③ 参见 DCFR 第Ⅳ. G—2：106 条第 1 款。

④ 参见［德］克里斯蒂安·冯·巴尔、［英］埃里克·克莱夫主编：《欧洲私法的原则、定义与示范规则：欧洲示范民法典草案》（第 4 卷），于庆生等译，法律出版社 2014 年版，第 1205 页。

债务。未遵守该承诺只会导致对债权人负担损害赔偿责任。当然，其仅承担补充责任的推定可以被债权人推翻。[①]

补充保证责任的要件与法律效果。补充保证责任旨在保护保证人以防止其过早向债权人承担责任。在向仅承担补充责任的保证人请求之前，债权人或另一位诉诸内部追索权的保证人要求获得优先清偿的，需要满足以下两个条件：一是债权人必须已经尝试向债务人请求清偿。只有在已经尝试对债务人执行之后，才能转向保证人，要求其承担债务人仍然未履行的债务。特别是如果债务人提供了财产担保，债权人必须努力从债务人担保财产中获得债务清偿。二是债权人必须已经尝试执行由第三人对同一债务提供的非补充性的任何保证或财产担保权利。如果另一个保证人已经承担了连带责任，则表明其答复任何清偿要求的自愿，即使债务人可以转而请求债务人。只有在不能从初级保证人处获得清偿的时候，仅仅承担补充责任的保证人才必须清偿。[②]

但在以下两种例外情况下，债权人无权先向债务人进行获得清偿的尝试。一是债权人从债务人或其他负担连带或补充责任的保证人处获得清偿不可能。二是债权人从债务人或其他负担连带或补充责任的保证人处获得清偿非常困难。例如，针对债务人以及任何其他担保人的破产程序或相当程序已经启动，或由于财产不足清偿导致此类程序无法启动。此时债权人在不久的将来获得完全清偿的可能性几乎为零。但例外的是，即便破产程序已经启动，如果破产人向债权人提供了财产担保，债权人仍然有机会从破产人处获得清偿。[③]

---

① 参见［德］克里斯蒂安·冯·巴尔、［英］埃里克·克莱夫主编：《欧洲私法的原则、定义与示范规则：欧洲示范民法典草案》（第4卷），于庆生等译，法律出版社2014年版，第1203～1204页。

② 参见［德］克里斯蒂安·冯·巴尔、［英］埃里克·克莱夫主编：《欧洲私法的原则、定义与示范规则：欧洲示范民法典草案》（第4卷），于庆生等译，法律出版社2014年版，第1204页。

③ 参见DCFR第Ⅳ. G—2：106条第3款。

需提及的是，被纳入财产担保的财产处于债务人或任何其他保证人定居的国家之外，并且定居的国家并不属于欧盟成员国，以至于执行困难或费时的情况。当担保财产的价值有所贬损或明显不足以清偿债权时，或担保财产明显毫无价值时，经济上的等价物可以用来替代。

需要说明的是默示保证的情况。尤其是在商业实践中，某一保证人的履行经常获得默认保证的支持。这是由次级保证人（往往定居在债权人国家的人）提供的，是向债权人承担的，如初级保证人不能或不愿履行，债权人便可以诉诸该项保证。在这种背景下，默示保证是补充性的，因为只有在债权人尝试从初级保证人处获得清偿失败之后，它才能被诉诸。①

三、债务人对保证人的救济

债务人对保证人的救济，是指保证人应债务人请求或经债务人明示或默示同意提供保证的，出现以下 3 种情况，得请求债务人通过提供充分担保的方式提供救济：一是主债务履行期届满而债务人不履行债务；二是债务人不能清偿或财产状况严重恶化；三是债权人就担保对保证人提起诉讼②，见图 20。

图 20　债权人对保证人的救济

---

① 参见［德］克里斯蒂安·冯·巴尔、［英］埃里克·克莱夫主编：《欧洲私法的原则、定义与示范规则：欧洲示范民法典草案》（第 4 卷），于庆生等译，法律出版社 2014 年版，第 1205 页。

② 参见 DCFR 第Ⅳ. G—2：111 条。

保证人对债务人的这种在先救济的前提条件是保证人应债权人请求或保证人经债务人实际的或推定的同意而提供担保。[①] 满足上述条件之一后，保证人向债务人请求救济的情形即可出现。其中，期限届满时债务人不履行债务的情形易使债权人要求保证人履行。[②] 债务人的财务状况严重恶化的情形大致分为债务人无力清偿和债务人的财产已经大幅减少两种。前者使得债权人无法从债务人处获得清偿，后者使得债权人获得清偿的机会渺茫进而增加了保证人承担责任的风险。值得注意的是，“大幅减少”必须通过未清偿的债务额与债务人实际能清偿的债务额衡量来判断。债权人向保证人提起诉讼意味着债务人无法清偿债务。[③] 保证人于是享有请求债务人提供保证或财产担保的权利。[④] 值得注意的是，保证人对债务人的救济规则也适用于消费者从属保证人、消费者独立保证人和消费者共同保证人。

四、保证人履行后的权利

保证人履行后的权利主要包括追偿权和代位权，追偿权分为外部追偿权和内部追偿权两种。外部追偿权是已经承担了自己的保证责任的保证人向债务人追偿。内部追偿权是承担了其他保证人的保证责任的保证人向其他保证人追偿。享有内部追偿权的保证人同时享有债权

---

① 参见［德］克里斯蒂安·冯·巴尔、［英］埃里克·克莱夫主编：《欧洲私法的原则、定义与示范规则：欧洲示范民法典草案》（第4卷），于庆生等译，法律出版社2014年版，第1238页。

② 参见罗大钧：《试论担保法律关系的基本性质》，载《福建政法管理干部学院学报》2001年第3期。

③ 参见［德］克里斯蒂安·冯·巴尔、［英］埃里克·克莱夫主编：《欧洲私法的原则、定义与示范规则：欧洲示范民法典草案》（第4卷），于庆生等译，法律出版社2014年版，第1239页。

④ 参见DCFR第Ⅳ. G—2：111条第2款。

人对债务人享有的所有个人权利，见图21。[①]

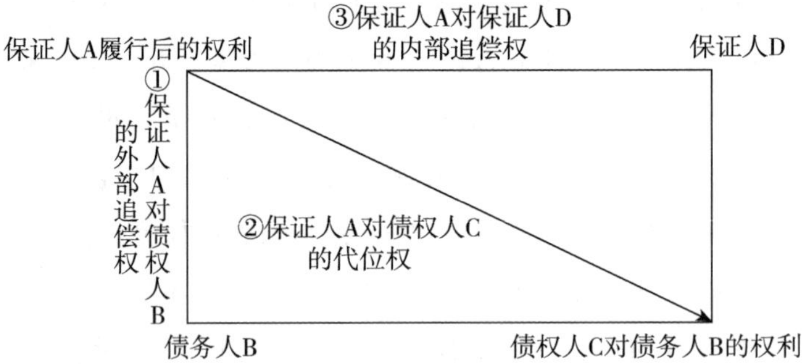

图21　保证人履行后的权利

在例外情况下，保证人可能承担担保却并不想从债务人处主张追偿，并且可能因此放弃追偿权和代位权。但是，这并不一定也将多数保证人内部追偿权规定的对其他保证人的追偿权排除在外。[②] 值得注意的是，向无行为能力的债务人追偿的情况。根据保证人可得主张的债务人的抗辩的规定，如果担保生效时保证人知道相关的事实，则保证人不能主张债务人的无行为能力或债务人法人资格的不存在。因此，即使债务人或表见债务人对债权人享有抗辩权，保证人也可能有义务对债权人进行清偿。在这种情况下，保证人对债务人的追偿权范围为

---

① 参见DCFR第Ⅳ.G—2：113条第1款。保证人行使代位权后，债权人作为从属保证、独立保证以及财产担保的权利人所享有的一切权利都依法律规定移转于保证人，无论债务人就该权利的移转有何限制或排除的约定。保证人部分履行的，债权人对债务人的剩余债权优先于保证人通过代位取得的权利。债务人（包括法人尚未成立的债务人）因为无行为能力不对债权人负有责任而保证人仍然负有保证责任并履行保证义务的，保证人对债务人的追索权被限制在债务人因为与债权人的交易而受利益的范围内。参见高圣平、何颖来：《论独立保证中保证人的权利保护体现——兼评独立保函司法解释征求意见稿》，载《社会科学》2016年第4期；DCFR第Ⅳ.G—2：113条第2款至第4款。

② 参见［德］克里斯蒂安·冯·巴尔、［英］埃里克·克莱夫主编：《欧洲私法的原则、定义与示范规则：欧洲示范民法典草案》（第4卷），于庆生等译，法律出版社2014年版，第1250页。

保证人的保证责任。[1] 此处的利益并非被担保债务的履行，因为债务人对该履行并不负责，并且他并不因此而获得什么，但是债务人通过履行可能已经获得了债权人提供的利益。例如，他所收到的借贷款项。在法人情况下，债务人不仅无行为能力，甚至不存在，这意味着他是表见债务人。如果法人的创制受到根据相关法律阻止它成立的重大缺陷的影响，则它可能是并不存在的。

需提及的是债务人的抗辩权的问题。债务人享有对保证人的两种抗辩权。第一种是债务人有权向债权人提出的那些抗辩权。[2] 因为保证人可以向债权人主张该抗辩权，并且保证人可以代位行使债权人对债务人的权利，这意味着保证人接管了那些权利。第二种是债务人可能主张源自债务人与保证人的关系的抗辩权。保证人已经放弃了追偿的权利，但是保证人根据保证人履行前的通则和咨询义务第 1 款要求债务人提供关于抗辩的信息，而债务人并未提供的，则后者对债权人所享有的抗辩权将会被排除，理由是这种不作为造成了损害。

仍需讨论的是保证人部分履行的问题。在债务人破产或有第三方执行的情况下，保证人并未取得代位权的债权人的部分权利优先于保证人的权利。[3] 这是一项普通性原则，其目的是保护在先的权利享有者。

需要说明的是，消费者保证是欧盟从属保证的一种，欧盟从属保证的上述规则适用于消费者保证。不过，在这种情况下，它是强制性的。本条对任何独立保证的适用性已经在保证人履行后的权利的规定

---

① 参见［德］克里斯蒂安·冯·巴尔、［英］埃里克·克莱夫主编：《欧洲私法的原则、定义与示范规则：欧洲示范民法典草案》（第 4 卷），于庆生等译，法律出版社 2014 年版，第 1251 页。

② 参见高圣平：《民法典担保从属性规则的适用及其限度》，载《法学》2020 年第 7 期。

③ 参见［德］克里斯蒂安·冯·巴尔、［英］埃里克·克莱夫主编：《欧洲私法的原则、定义与示范规则：欧洲示范民法典草案》（第 4 卷），于庆生等译，法律出版社 2014 年版，第 1250 页。

中明确。本规定要求，该种适用性要加以适当调整。但是，在目前情况下，寻求这种调整是没有必要的，因为根据保证人责任性质的规定，意图承担独立保证的消费者会被视为从属保证人。因此，本条是以与消费者承担从属保证同样的方式完全适用的。与适用其他关于连带债务人的规制的情形相比较，如果将本条适用于为担保目的的消费者共同债务人并不会导致消费者的明显不利，则这种适用性便可以在政策基础上得到保护。

第十章　欧盟独立保证

第一节　欧盟独立保证概说

独立保证诞生于20世纪60年代，肇始于国际贸易，是对传统一般保证的反叛，突破了传统保证的从属性，具有了独立性，本质上是一种独立于主债关系的新型保证方式。

在罗马时代，存在“债务人到期未履行债务，且有保证人”的事实，罗马法就创设了保证（fideiussio）和誓约（sponsio）[①]，并分别演变为近现代的一般（从属）保证[②]和独立保

---

① 参见黄风：《罗马私法导论》，中国政法大学出版社2003年版，第280～281页。

② 一般保证亦称从属保证，非指与连带责任保证相对的一般保证，而是指与特殊保证（如独立保证和消费者保证）相对的普通保证而言，特此说明。一般保证是指当事人在保证合同中约定，债务人不能履行债务时，由保证人承担保证责任。从属保证系意在担保所作的任何向债权人支付，为其他履行或赔偿损失的允诺都被推定为产生从属保证，债权人证明有不同约定的除外。参见曾荣鑫：《人的担保和物的担保并存的处理规则的新探讨》，载《河北法学》2014年第1期；DCFR第Ⅳ.G—2：101条第1款。

证。[1] 这无疑是罗马法学家对近现代保证制度作出的杰出贡献。但其因保护债权人过多，保护债务人和保证人过少而被诟病。

独立保证具有促进国际贸易和商业交往的功用备受债权人青睐，被誉为国际贸易的生命血液，但其自身也具有滋生信用危机、引发欺诈行为以及导致诚实信用原则滥用等弊端。如此，独立保证在大陆法系中，仅有《法国民法典》《奥地利普通民法典》《俄罗斯民法典》有明文规定。[2]

因各国（地区）立法的缺位而使得未明定独立保证的国家（地区）判例、国际公约及国际惯例显得尤为重要。对此，国际商会于1978 年制定了《合同保函统一规则》[3]，它是国际社会力图统一信用保证制度的产物，但其并未成为普遍的国际惯例。一方面是因为当时该规则的起草者过度担心独立保证中存在的权利滥用及欺诈行为，而将独立保证定性为从属保证。另一方面是因为许多国家对独立保证的合法性存在较大争议。加之国际贸易中的银行和债权人对此规则持冷漠态度。

为了解决国际贸易中日益增加的大量独立保证引发的争议和纠纷，国际商会着手独立保证的单独立法，于 1992 年制定了《见索即付保函统一规则》。[4] 该规则本质上权衡了银行、受益人及申请人之间的权

---

① 法国独立保证系指对于第三人负担的债务，保证人按照约定的方式偿付或者见索即付一定数额金钱的承诺。奥地利独立担保是指一方当事人有义务于发生一定风险或事件后，他方当事人提出清偿确定或可确定之款项之请求时，立即作出清偿之合同，该请求得附随或不附随与债务有关之文件。参见 2006 年《法国民法典》第 2321 条第 1 款；1916 年《奥地利普通民法典》第 880a 条。

② 1916 年颁布的《奥地利普通民法典》第 880a 条首次对独立保证作出了明定，即若第三人承诺的履行未实施，则保证人要负完全责任。又如，2006 年《法国民法典》第 2321 条首次对独立保证制度加以明定，即独立担保是指担保人基于第三人缔结的债务，按照约定的方式承担义务或见索即付一定款项的承诺。在此种担保的受益人滥用权力或明显欺诈的情况下，或在其与命令发出人相互串通的情况下，担保人不承担义务，担保人不得提起来自受担保的债务的任何抗辩。除有相反约定外，独立担保并不跟随受担保的债务。

③ 该规则共计 11 个条文，主要规定了信用保证的法律性质、适用范围、主合同和保证合同的变更对保证人责任的影响、法律适用等内容。

④ 该规则总共分为 6 个部分，共计 28 个条文，内容涉及适用范围、定义和通则、义务和责任、索款要求、有效期以及法律适用和管辖权等问题。

益，满足了国际银行保证的实践需要，成为国际贸易中最为主要的国际惯例。但其制定仅参考了欧洲大陆流行的惯例，并未规定流行于美国的备用信用证。于是，国际商会又制定了《国际备用信用证惯例》。[①] 该惯例共计 10 个条文，全面规定了备用信用证的内容，真实反映了国际贸易和商业活动中有关备用信用证的惯例，有效地解决了当事人之间存在的争议和纠纷。

上述三个国际法律文件虽为银行保函的全球化使用作出了重要贡献，但并未将流行于美国的备用信用证纳入《国际信用担保法》的范围。[②] 于是，联合国 2000 年施行的《联合国独立保函和备用信用证公约》，[③] 全面规定了独立保证和备用信用证，实现了独立保证和备用信用证的统一，客观上反映了国际贸易实践活动的需要。

结果，上述四个国际惯例或国际公约日益成为国际贸易中最为重要的国际惯例，也日益成为各国有关独立保证立法的最重要法律渊源和立法参考。

值得注意的是，大陆法系中的法律制度一般是从概念开始的，同理，合同的性质要通过当事人的意思自治来确定。因此，在独立保证中，为了保护保证人，若合同存在疑问，法院一般将该项协议确认为从属保证，即使它被明确宣称为独立保证。但也有学者认为，在认定独立保证过程中，应将保证的独立性作为决定性的保证。然而，通常情况下，保证人表示放弃源于基础合同的所有抗辩的保证，应被认定为独立保证。[④]

---

① 参见李国安：《独立担保欺诈例外法律问题研究》，载《现代法学》2005 年第 2 期。

② 参见王潇潇：《备用信用证法律问题研究》，大连海事大学 2009 年硕士学位论文，第 18 页。

③ 参见李双元、周辉斌：《备用信用证法律特征之考察》，载《法律科学（西北政法学院学报）》2001 年第 3 期。

④ 参见［德］克里斯蒂安·冯·巴尔、［英］埃里克·克莱夫主编：《欧洲私法的原则、定义与示范规则：欧洲示范民法典草案》（第 4 卷），于庆生等译，法律出版社 2014 年版，第 1262 ~ 1263 页。

综上，独立保证自诞生以来，因具有促进国际贸易与商业交往的功用，而被各国（地区）法律、判例、实务界、国际惯例及国际公约认可。

在20世纪，独立保证逐渐被适用于欧洲各国的商业实践，但欧洲各国对其的法律认可却有所不同。最初，法国、意大利、西班牙、比利时、卢森堡等国因独立保证的独立性（独立保证人的义务是完全独立于债务人与债权人之间的任何债务）且独立保证人的责任通常是弥补债权人所遭受的任何损失，而未对其予以认可。因为没有"法律上原因"的合同依法是无效的。在法国，原因一直存在于债权人与债务人之间的基本关系中。法国最高法院在一项判决中认为，即使委托提供保证的受托方并不是债务人，且保证人只对基础合同的缔结有一种经济利益而没有成为该合同的一方，原因也是存在的。[①] 在葡萄牙，原因则存在于独立保证合同的担保功能当中。[②] 在意大利，独立保证的原因存在于基础债务不履行之风险的涵盖范围当中。[③] 在希腊，独立保证的原因尽管存在较大争议，但主流观点认为，独立保证是一种有因合同，该原因是债权人直接获得满足的可能性。这种目的通过与某种受担保的基础法律关系有关的义务而包括在合同当中。[④]

除上述持原因论的国家外，德国、丹麦、瑞士、英格兰等国家均认可了独立保证。尤其是在德国，具有独立性的独立保证的效力从未引发争议，因为保证是合同交易，它自身当中包含着原因。

另外，欧洲各国判例也逐渐认可了独立保证。特别是在法国，

---

① See Cass. com. 19 April 2005, Bull. civ. 2005Ⅳ No. 91, Petites Affiches 18 May 2005, No. 98, p. 9.

② See STJ 9 January 1997, 402/97www. dgsi. pt.

③ See Cass. 6 October 1989, No. 4006, Note 14 above.

④ See Georgakopoulos, EED21, 256.

1982 年最高法院承认独立保证是一种独特的合同①，该观点被 2006 年修改后的《法国民法典》第 2321 条采纳，并明定独立保证于该法典中。另外，20 世纪 70 年代末，意大利法院和学者也开始承认独立保证是一种有效的担保权；② 在葡萄牙，独立保证已被金融实践引入，之后，其独立性也得到了法院的认可。③

总体来说，欧盟独立保证最终被欧盟立法认可，但其适用范围相当有限，远不及从事保证。

第二节 欧盟独立保证的概念、性质、种类与功用

一、欧盟独立保证的概念

概念是对事物之本质属性的描述，因此研究法律概念也就是揭示其所指称之法律现象的本质属性。④ 独立保证的概念颇具争议。

在国际公约与惯例上，独立保证概念演化的顺序为合同保函、见索即付保函、备用信用证、独立担保。⑤ 从这些概念的分析可知：合

---

① See Cass. com. 20 December 1982, Bull. civ. 1982 Ⅳ No. 417, p. 348. D1983, 365.

② See Cass. plenary session 1October 1987, No. 7341, Foro it. 1988 I3021; Cass. 6 October 1989, No. 4006, BBTC1990 Ⅱ553.

③ See CA Porto 13 November 1990, CJ XV, V—187; CA Lisboa 11December 1990, CJ XV, V—135.

④ 参见陈坤：《重申法律解释的明晰性原则》，载《法商研究》2013 年第 1 期。

⑤ 1978 年《合同保函统一规则》第 3 条规定，合同保函是指保证人依据保函而对受益人所负的责任从属于主债务人根据合同而对受益人所承担的责任，并且在主债务人发生违约的情况下产生；1992 年《见索即付保函统一规则》第 2 条规定，见索即付保函是国际银行保证实践的产物，是指无论如何命名或描述，根据提交的相符索款请求进行付款的签署的承诺；1998 年《国际备用信用证惯例》第 106 条 a 款规定，备用信用证是对国际贸易和商业活动中有关备用信用证惯例的肯认，是指在开出后即是一个不可撤销的、独立的、单据性的及具有约束力的承诺，并且无须如此写明。2000 施行的《联合国独立保函和备用信用证公约》第 3 条规定，独立担保所具有的保证是独立的，其含义是指保证人向受益人所负的义务并不依赖于任何基础交易的有效性或存在，也不依赖于任何其他保证，包括备用信用证或独立保函以及与此相关的确认书或反保证；或者并不受本保证中未列之条件的约束，也不受任何未来的、不确定行为或事件的拘束；但是在保证人经营范围内提出此类文件、作出此类行为或发生此类事件者，不在此限。

同保函实际上仍为保证，不具有独立性。一方面是因为当时该规则的起草者过度担心合同保函中存在的权利滥用及欺诈行为，而将合同保函定性为从属保证。另一方面是因为许多国家对合同保函的合法性存在较大争议。加之国际贸易中的银行和债权人对合同保函持冷漠态度。见索即付保函突破合同保函的从属性，具有独立性。备用信用证与独立担保性质上是保证，也具有独立性。因此，独立保证是备用信用证和独立担保的上位概念，备用信用证和独立担保是独立保证的下位概念。也可以说，独立保证是备用信用证和独立担保的类型，均具有独立性。

在欧盟各国立法上，《法国民法典》《德国民法典》《俄罗斯联邦民法典》《奥地利普通民法典》等对独立保证的概念也定有明文。① 这些欧盟国家的独立保证概念和名称虽然有所不同，但均具有独立性。其中，法国、奥地利独立保证的概念并未直接体现独立保证的独立性这一特性，其性质均为承诺，但法国独立保证还包括见索即付独立保证。俄罗斯、英国的独立保函的概念基本一致，但其主体为银行和非银行金融机构，其性质为保证。

按照域外学理和司法实践的观点，独立保证性质上是合同，具有

① 《法国民法典》第 2321 条规定，独立担保是指担保人基于第三人缔结的债务，承担义务按照约定的方式或见索即付一定款项的承诺。《德国民法典》第 780 条规定，为使以通过合同而独立成立债务的方式约定给付的合同有效，如果没有规定其他形式，需采用书面形式约定。《奥地利普通民法典》第 880a 条规定，独立保证是指某人向他人允诺由第三人作出给付，则视为其尽力促成第三人履行的允诺；如果其担保第三人的履行，则在第三人不作出给付时，其承担完全的损害赔偿责任。《俄罗斯联邦民法典》第 368 条规定，银行保证是指银行、其他信贷机关或者保险机构（保证人）根据他人（主债权人）的请求出具书面保证，保证根据保证人所提供的保证条件，在主债务人的债权人提出书面支付请求时向主债权人支付一定数额的金钱。

独立性，适用于国内外市场。[1]

独立保证的名称和概念无论是立法上还是学理上有很多不同，但其共性是：首先，独立保证是意思自治和契约自由的产物，性质上是承诺或者保证。其次，其特性是独立性。

基于上述考量，欧洲示范民法典草案研究组借鉴1995年《联合国独立保函和备用信用证公约》上的独立担保概念，将其改造为独立保证。[2] 其性质是保证。其独立性是广泛意义上的独立性，与1995年《联合国独立保函和备用信用证公约》上的独立性相同[3]，是欧盟独立保证的决定性乃至唯一的特性，是其与从属（一般）保证[4]相区别的显著特征。

这个定义的界定应是国际公约与惯例、各国立法经验与司法实践、学理上独立保证概念共性最新提炼的结果，是独立保证本质的客观反

---

① 参见沈达明编著：《法国/德国担保法》，中国法制出版社2000年版，第61页。法国学者卡布里拉克认为，独立担保是指在一笔经济作业成立时，为提供担保所作出的支付一定金额的允诺。此项义务承担因不得向受益人主张该项作业内在的抗辩事由而成为独立的。See Roy Goode The new I. C. C Uniform Rules for Demand Guarantee, essays for LLORD Maritime and Commercial Law Quarterly, p. 192. Roy Goode教授认为，独立担保是指一方对另一方负有的在其凭书面请求或规定的单据请求时，向其支付一定数额或不超过一定数额的款项的承诺。在《法国民法典》正式承认独立担保为一种人的担保之前，法国最高法院均是依据《法国民法典》第1134条第1款“依法成立的契约，在缔约的当事人间，有相当于法律的效力”以及其他有关合同的一般规则来承认和规范独立担保的。德国的判例与学界也认为，无论是国内市场还是涉外贸易，独立银行担保是一种独立的合同关系。同样地，英美法系的法院与学者也普遍将此认定为合同关系。有英美法学者直接将独立担保定义为一种“合同项下的负担”。参见李世刚：《论中国规则下独立担保的功能与定位——以利益与风险分配为视角解读〈独立保函司法解释〉》，载《上海大学学报（社会科学版）》2019年第3期。

② DCFR第Ⅳ. G—1：101条b款规定，独立保证是指担保人为担保目的而对债权人承担的债务，该债务明示或默示地表示不依赖于他人对债权人负有的债务。

③ 参见1995年《联合国独立保函和备用信用证公约》第3条。

④ 一般保证亦称从属保证，非指与连带责任保证相对的一般保证，而是指与特殊保证（如独立保证和消费者保证）相对的普通保证。一般保证是指当事人在保证合同中约定，债务人不能履行债务时，由保证人承担保证责任，旨在担保所作的任何向债权人支付，为其他履行或赔偿损失的允诺都被推定为产生从属保证，债权人证明有不同约定的除外。参见曾荣鑫：《人的担保和物的担保并存的处理规则的新探讨》，载《河北法学》2014年第1期；DCFR第Ⅳ. G—2：101条第1款。

映。但此定义中的独立性过于抽象，应对其外延①、内涵②、效力③予以具体化和明确化。但独立性必须经明示表示或默示表示。前者通常是在保证文书上载明“独立保证”的字样。后者则可以通过文书上未涉及通常会出现在任何一般保证中的被担保债务而推定。这种未涉及可以被推定为独立性的默示表示。

但通说和实务经验认为，将一项协议称为从属保证或独立保证并不具有决定意义④，仅在下列 4 种情形下才会将保证合同解释为独立保证合同：一是合同涉及处于不同司法管辖区的当事人之间的基础关系；二是保证是由银行提供的；三是保证包含了一项一经要求即承诺支付的条款；四是保证并不包含将保证人可用的抗辩排除在外或进行限制的条款。⑤

二、欧盟独立保证的性质

独立保证的性质在立法和学理上存在合同与保证两种观点。前种观点认为，独立保证是意思自治和契约自由的产物，性质上是承诺或

---

① 参见 1995 年《联合国独立保函和备用信用证公约》第 3 条。

② 一是保证人放弃行使主债务人的抗辩权。二是保证人不得以保证申请人对受益人的债权主张抵销。三是独立保证人不享有主债务人对得撤销之主债务的拒绝清偿权。四是独立保证的保证人不得行使先诉抗辩权。参见《联合国独立保函和备用信用证公约》第 3 条。

③ 其效力的独立性。一是付款义务的独立性。只要单证相符，独立保证人就要承担付款义务。也就是说，独立保证人应当根据文本确定的付款条件，在保证期间内付款，并应按照文本所确定的金额付款。二是保证义务的独立性。独立保证人所负有的保证义务并不从属于主合同。三是抗辩权的受限制性。原合同债务人依据主债权债务合同所享有的抗辩权，独立保证人一般不享有。参见王利明：《合同法研究》（第 4 卷），中国人民大学出版社 2013 年版，第 386～388 页。

④ 参见［德］克里斯蒂安·冯·巴尔、［英］埃里克·克莱夫主编：《欧洲私法的原则、定义与示范规则：欧洲示范民法典草案》（第 4 卷），于庆生等译，法律出版社 2014 年版，第 1093 页。

⑤ See Gold Coast Ltd. v. Caja de Ahorros del Mediterraneo 2002EWCA Civ 1806, 2002 1All ER（Comm）142.

合同[①]，其虽然具有担保的功能，但不是法定的担保方式，不属于保证的范畴。法国、奥地利、德国等的独立保证即是代表。但独立保证合同是否有效，取决于合同原因理论。依据合同原因理论，没有“法律上原因”的合同依法是无效的合同，但“法律上原因”在欧盟国家存在不同的认识，主要形成了3种观点：第一种观点认为，“法律上原因”存在于债权人与债务人之间的基本关系中，以法国、奥地利[②]、希腊[③]为代表。这种观点本质上认可保证的从属性，否认独立保证的

---

① 前民主德国1978年《国际经济合同法典》规定：独立担保是指担保人向被担保人（受益人）约定，当被担保的情事发生时，担保人将在担保的限度内履行付款。法国学者卡布里拉克认为，独立担保是指在一笔经济作业成立时，为提供担保所作出的支付一定金额的允诺。此项义务承担因不得向受益人主张该项作业内在的抗辩事由而成为独立的。参见沈达明编著：《法国/德国担保法》，中国法制出版社2000年版，第61页。Roy Goode教授认为，独立担保是指一方对另一方负有的在其凭书面请求或规定的单据请求时，向其支付一定数额或不超过一定数额的款项的承诺。See Roy Goode The new I. C. C Uniform Rules for Demand Guarantee, essays for LLORD Maritime and Commercial Law Quarterly, p. 192. 笪恺教授认为，独立担保是指一种与基础交易合同执行情况相脱离，一旦出具后，其效力不依附于基础交易合同的担保。参见笪恺：《国际贸易中银行担保法律问题研究》，法律出版社2000年版，第9页。魏森教授认为，独立担保是指担保人和债权人约定，在债权人交来符合担保书要求的文件时，担保人放弃依基础交易产生的抗辩权和检索抗辩权，按担保书的规定向债权人支付一定金额的担保方式。参见魏森：《独立担保界定研究》，载《政治与法律》1999年第5期。还有学者认为，独立保证是指其付款责任仅以独立担保自身条款为准。担保人开出担保的行为与受益人接受担保的行为构成了两者之间不依附于基础交易合同而独立存在的一种新的合同关系。参见邹小燕、朱桂龙编著：《银行保函及案例分析》，中信出版社1993年版，第127页。郭德香教授则认为，独立担保是一种担保人应申请人的申请向受益人开出的，独立于基础交易合同，但当其一旦出具后便不再从属于基础交易合同，担保人的付款责任只是以国际银行独立担保条款自身为准的承诺。参见郭德香：《国际银行独立担保法律问题研究》，法律出版社2013年版，第107页。独立担保关系是一种合同关系，且非一种单务合同。在《法国民法典》正式承认独立担保为一种人的担保之前，法国最高法院均是依据《法国民法典》第1134条第1款“依法成立的契约，在缔约的当事人间，有相当于法律的效力”以及其他有关合同的一般规则来承认和规范独立担保的。德国的判例与学界也认为，无论是国内市场还是涉外贸易，独立银行担保是一种独立的合同关系。同样地，英美法系的法院与学者也普遍将此认定为合同关系。有英美法学者直接将独立担保定义为一种“合同项下的负担”。国际条约与国际惯例在处理独立保函时也采用具有合同性质的技术特征，例如在保函修改方面，担保人与受益人的同意是修改生效的决定性因素。参见李世刚：《论中国规则下独立担保的功能与定位——以利益与风险分配为视角解读〈独立保函司法解释〉》，载《上海大学学报（社会科学版）》2019年第3期。

② koziol, Garantievertrag 32—35.

③ Georgakopoulos, EED21, 256.

独立性，实际上否认了独立保证。在法国，法国最高法院的一项判决否认了此观点，认为即使委托提供保证的受托方不是债务人，且保证人只对基础合同的缔结有一种经济利益而没有成为该合同的一方，原因也是存在的。① 1982 年法国最高法院承认独立保证是一种独特的合同②，该观点被 2006 年修改后的《法国民法典》第 2321 条予以肯认。③ 第二种观点认为，“法律上原因”存在于独立保证合同的担保功能当中，以葡萄牙④和意大利⑤的独立保证为典型。这种观点虽然认可了独立保证，但从担保功能角度诠释合同原因具有片面性，事实上抹杀了从属保证与独立保证之间的区别。第三种观点认为，“法律上原因”存在于合同本身，德国的独立保证即是代表。笔者赞同第三种观点。独立保证是保证人和债权人意思自治和契约自由的产物，其本身即是合同，自身包含原因。

此外，有观点认为，独立保证是法定的担保方式，是保证的新类型。⑥ 国际公约、欧盟、俄罗斯、英国等的独立保证即是典型。一方面，独立保证性质上是保证，是现代国际公约与惯例的普遍做法，也避免了其被定性为承诺或合同，而因合同原因理论的不同认知致使独

---

① See Cass. com. 19 April 2005, Bull. civ. 2005 Ⅳ No. 91, Petites Affiches 18 May 2005 No. 98, p. 9; Cass. com. 20 December 1982, Bull. civ. 1982 Ⅳ No. 417, p. 348. D1983, 365.

② 参见［德］克里斯蒂安·冯·巴尔、［英］埃里克·克莱夫主编：《欧洲私法的原则、定义与示范规则：欧洲示范民法典草案》（第 4 卷），于庆生等译，法律出版社 2014 年版，第 1261 ~ 1262 页。

③ 参见赵姿昂：《民法典视野下商事担保制度的整合与建构》，载《河南社会科学》2018 年第 12 期。

④ See STJ 9 January 1997, 402/97www. dgsi. pt.

⑤ See Cass. 6 October 1989, No. 4006, Note 14 above.

⑥ 有学者认为，独立保证是因保证人的特别承诺而与被保证债权没有从属关系的一种保证。参见曹士兵：《中国担保诸问题的解决与展望——基于担保法及其司法解释》，中国法制出版社 2001 年版，第 121 页。

立保证无效。另一方面，独立保证是保证的一种，是从属理论的例外。[①]

故而，欧盟独立保证性质上不应是非典型担保的方式，而应是典型担保的方式，属于保证的新类型。

三、欧盟独立保证的种类

欧盟独立保证分为见索即付的独立保证，定期、未定期独立保证，以及备用信用证 3 种。

（一）见索即付的独立保证

见索即付的独立保证是被表述为见索即付或此种意思，可以明白无误地从所使用的条款中推断出来的独立保证，适用保证人的履行有关规定。但例外的是，见索即付的独立保证人只有在债权人的履行请求系以书面形式作出，并明白确认所有保证债务履行所需要具备的条件都已得到满足时，才有义务履行其保证债务。如果保证人未尽到前款所规定的通知义务，则保证人依保证人履行后的权利对债务人所享有的权利将被限制在不使债务人因此蒙受损失的范围内。[②]

其特性包括：一是债权人仅通过对保证人请求，便有权获得保证的履行，保证人对其请求不得提出抗辩，且承担更多风险。二是保证人不能提出任何源自基础合同（包括受益人与债务人之间或债务人与保证人之间的基础合同）的抗辩[③]，包括保证人对债权人提起反诉中的抵押权，但保证人可以提出保证的无效、基于保证的请求并未与保

---

① 参见高圣平：《民法典担保物权法编纂：问题与展望》，载《清华法学》2018 年第 2 期；刘斌：《论民法典分则中人的担保之体系重构》，载《当代法学》2018 年第 5 期；徐同远：《民法典合同编草案中保证制度的完善》，载《北京航空航天大学学报（社会科学版）》2019 年第 2 期。

② 参见 DCFR 第Ⅳ. G—3：104 条。

③ See BGH 22 April 1985，BGHZ 94，167，170f.

证合同完全一致、明显滥用的抗辩[①]，以及提出基础合同的非法性的抗辩。譬如，违反公共秩序或道德规范的，债权人不得基于合同起诉。[②] 值得注意的是，见索即付并不意味着债权人只需提出简单请求，保证人就应履行保证义务。债权人应以书面形式予以确认，未予以确认的，保证人无须履行保证义务。这有利于对不诚实的债权人给予道德上的警告和对欺诈的债权人提起索赔甚至刑事诉讼。[③]

根据见索即付保函的目的和功能的不同，将其归纳为了两大类：一类是为融资性责任提供保障的保函。这种“融资性责任”涵括了买卖合同中买受人的付款责任、信用借贷中借款人还本付息的责任及建设工程合同中发包人分期付款的责任等。在销售、租赁、收购、借贷等诸多金融活动中，见索即付保函往往会被用作付款责任的保障，而这些保函一般被称作付款保函。付款保函作为一种提高债券或其他票据信誉能力的工具，当信誉较高的银行出面来担保这些票据或债券的票面金额能获得及时偿付时，这些债券或票据的流通性就能得到增强，从而使得票据的签发者能据此获得短期融资。

另一类是为非融资性责任提供保障的保函。这种“非融资性责任”主要包括买卖合同中出卖人按照合同约定的期限和地点等交付货物的责任、建设工程合同中承包人按约完成建设工程的责任等。

---

① See Staudinger/Horn nos. 241—249 preceding § § 765 ff.

② See Cass. 7 March 2002, No. 3326, BBTC 2002 Ⅱ 653.

③ 参见［德］克里斯蒂安·冯·巴尔、［英］埃里克·克莱夫主编：《欧洲私法的原则、定义与示范规则：欧洲示范民法典草案》（第4卷），于庆生等译，法律出版社2014年版，第1276~1277页。

（二）定期或未定期独立保证

定期独立保证和未定期独立保证明定于第Ⅳ. G—3：107 条之中。[①]

定期独立保证（附有诉诸保证之期限的独立保证）：国际商业实践中附有约定期限的独立保证较为普遍，且约定期限的含义常明定于双方协议中。若这种协议缺位，从属保证期限之相应规则是否适用于独立保证，颇具争议。第一种观点认为，从属保证和独立保证的期限适用诉诸保证期限的规则。[②] 第二种观点认为，从属保证期限的规则扩张适用于独立保证期限。[③] 第三种观点认为，从属保证和独立保证的期限规则适用合同法一般规则。[④] 第四种观点认为，独立保证期限的含义须通过解释来确定[⑤]，亦即独立保证应由期限予以限制。若缺少期限限制协议，限制可通过解释从其他合同规定以及具体情况中推导出来。[⑥] 值得注意的是，关于约定期限及其法律后果，从属保证和独立保证应遵循实质相同的规则。

定期独立保证的构成：其一，范围。独立保证可附有不同类型的期限。某些与保证责任条件之时间点有关的期限需予以满足。但独立保证所诉诸之期限存在于双方当事人约定保证人在一定时间经过后不

---

① DCFR 第Ⅳ. G—3：107 条规定：(1) 虽然直接或间接地约定了保证期间，但如果债权人在保证期间经过前要求保证人履行并根据独立保证人的履行条款或见索即付的独立保证的有关规定要求保证人履行保证债务的，保证人即便在保证期间经过后仍须例外地负有保证责任。诉诸保证的期间的规定准用之。保证人的责任范围限于当保证期间届满时债权人可以请求的数额。(2) 没有约定保证期间的，保证人得以通知形式设置至少 3 个月的保证期间。保证人的保证责任范围限于在其设定的保证期间届满时债权人可以请求的数额，如果保证系为特定目的而设立，不适用前句规定。

② 参见［德］克里斯蒂安·冯·巴尔、［英］埃里克·克莱夫主编：《欧洲私法的原则、定义与示范规则：欧洲示范民法典草案》（第 4 卷），于庆生等译，法律出版社 2014 年版，第 1292 页。

③ 参见《法国民法典》第 866 条；《意大利民法典》第 1957 条。

④ See Castelo Branco 77；《西班牙民法典》第 1117 条。

⑤ See Ussing, Kaution chap . 37；Pedersen, Kaution 14 and Bankgarantier 138.

⑥ See Saudinger/Horn No. 205 preceding § §765 ff；Saudinger/Horn No. 207 preceding § §765 ff.

再负责的情形中。譬如，该保证于 8 月 31 日终止或保证人只在 8 月 31 日之前根据该保证负有责任。其二，期限届满的后果。保证人通常在约定期限届满后不再负有保证责任，仅当债权人在适当时间并以规定方式请求履行时，保证人才在约定期限届满后仍负有保证责任。其三，请求履行的时间。仅当履行请求在约定期限届满之前作出时，该请求才产生延续保证人责任的效果。而保证责任所附条件得以满足时，在保证期限届满时或在期限届满前 14 天内得以满足时，根据保证提出履行请求可以稍早，但不能早于期限届满前 14 天。其四，保证人的责任范围。其限于期限届满之日债权人根据保证可以请求的金额。但随后的发展不能增加保证人的责任；但从约定期限本身看，它也要遵循仅当保证的责任条件在该时间到来时得以满足的情形，保证人才负有保证责任的规则。

未定期独立保证：未定期独立保证终止的方式不同。第一种观点认为，可通过一方当事人通知的方式终止①，但若没有特殊的合同规定，一般不予以终止。② 因为，保证关系并非长期关系，故在特殊情况下应可终止以体现合同自由原则。譬如，保证已被承担了很长一段时间，或没有任何期限，或存在特定重大的理由时，可以被终止。但任何终止都只能产生事后效力。③ 在葡萄牙，从属保证的规则可适用于未定期独立保证。④ 第二种观点认为，欧盟独立保证的观点，即没有约定保证期间的，保证人得以通知形式设置至少 3 个月的保证期间⑤，保证人的保证责任范围限于在其设定的保证期间届满时债权人可以请求的数额。⑥

未定期独立保证的构成：(1) 范围。未定期独立保证适用于既未附有保证的期限，也未附有任何类型的限制的情况。故而，保证人的

---

① See Vliegen 202; contra T'Kint No. 859; Simler No. 952.

② See Staudinger/Horn No. 209 preceding § §765 ff.

③ See Staudinger/Horn No. 209 preceding § §765 ff.

④ See Pinhero 450.

⑤ 参见 DCFR 第Ⅳ. G—3：107 条第 2 款；高圣平、何颖来：《论独立保证中保证人的权利保护体系——兼评独立保函司法解释征求意见稿》，载《社会科学》2016 年第 4 期。

⑥ 参见 DCFR 第Ⅳ. G—3：107 条第 2 款。

责任实际上取决于某种在一定时间前获得满足的条件。(2) 设定期限的可能性。未定期独立保证的保证人可通过简单通知形式设置至少 3 个月的通知期。(3) 限制的效力。保证人设置了期限，保证人在该期限届满之后负有的责任，限于债权人在其时能够请求的金额。在保证人的保证涉及的是非金钱义务的例外情况下，保证人在设定期限届满时负有的义务范围是决定性的。在任何情况下，仅当保证责任的任何条件在期限届满时得到满足的时候，保证人才负有责任。不过，保证人设置的限制不会引起诉诸保证之期限的发生。(4) 例外。保证是为特定目的而设定的情况下，未定期独立保证的规定不予以适用。

(三) 备用信用证

按照近现代与当代备用信用证的立法成例、法理及学理，备用信用证应是指根据申请人的请求而由开证人向受益人开立的承诺担负某项义务的凭证。① 其性质颇具争议②，但按国际通说，其应被定性为一

---

① 参见张祥林：《信用证原理与实务》，万源图书有限公司 1997 年版，第 126 页；李双元、周辉斌：《备用信用证法律特征之考察》，载《法律科学（西北政法学院学报）》2001 年第 3 期。

② 备用信用证的法律性质——“对价”（consideration）问题的解决。开证人与受益人之间的独立的信用证合同关系于备用信用证送达受益人之时起成立，这是目前国际上普遍接受的观点。但是这种开证人与受益人之间的合同关系在英美法系的法学理论上遇到了一个难以解决的问题——“对价”的缺乏。根据英国法上的规定，对价是一切合同的必备因素，要约人作出允诺（promise），受允诺人承诺并支付对价，合同才能有效成立并能获得强制执行。因而根据英国法的这种对价理论，就很难认为在开证行和受益人之间成立了一项对双方均有约束力的合同。为了克服这种理论上的障碍，法官通常会通过判例去解释。英国法院在一些判例中，曾试图从两个方面给予解释：(1) 受益人接受了备用信用证之后，就放弃了直接向开证申请人索取货款的权利，这种权利的放弃就可以看作受益人所支付的对价；(2) 据商业惯例，银行开立备用信用证，就构成了开证行与受益人之间的一项交易，该项交易的开证行承担绝对的付款义务，英国法院应该尊重这种长期形成的商业惯例，而使之具有对价。根据美国法上的对价理论，受允诺人并非一定要提供对价，因此部分学者据此认定开证人对卖方付款的承诺的对价是由买方提供的，从而使开证人和受益人之间达成合同关系。《美国统一商法典》进一步指出，开立信用证，或对信用证的条款进行修改，对价不是必须的。参见李仁真主编：《国际金融法》，武汉大学出版社 2005 年版，第 280 页、第 303 页；左晓东：《信用证法律研究与实务》，警官教育出版社 1993 年版，第 171 ~ 174 页；李进之等：《美国财产法》，法律出版社 1999 年版，第 172 页。

种成立于开证人与受益人之间的独立的信用证合同关系。

四、欧盟独立保证的功用

欧盟独立保证系一种独立于主债关系的新型保证方式，有别于一般保证（从属保证），具有三大功用：

其一，具有融资的功能。传统的抵押权、质权及一般保证等担保方式的主要目的均在于实现主债权，并不具有融资的功能。独立保证的独立性保证了主债务能及时履行，同时也解决了债务人资金周转困难。① 另外，独立保证作为一种有效的担保方式，可以代替交付押金的担保方式，避免了对资金的束缚，提供了资金的流动性，免去了债权人对资金的管理。②

其二，具有促进交易的功能。独立保证的主要功能是解决国际贸易中各国对合同效力等认定不同而可能产生的纠纷。独立保证是近代国际贸易发展的产物，随着国际贸易日益频繁，传统担保方式适用于国际贸易遇到了一定的障碍，经常因为各国法律规定的不同，导致保证遇到无效、可撤销等风险。在此种情形下，独立保证以其特有的价值功能和机制，保证国际贸易的顺利进行，从而满足交易迅捷的需要。

其三，具有培养市场信用体系的作用。独立保证能使得诚信的债权人及时有效地实现其债权，但存在欺诈或明显滥用权利时将被止付。因此，债权人需诚信，不能欺诈债务人，这有利于市场信用的培养。

欧盟独立保证作为欧盟民法上的一项基本规则与制度，实具有积极的上述功用，并由此于 DCFR 合同法（编）上具有不可替代的地位。

---

① 参见刘青峰、李长军：《传统担保制度的反叛：独立保证制度研究》，载《法律适用》2004 年第 3 期。

② 参见李世刚：《法国担保法改革》，法律出版社 2011 年版，第 64 页。

第三节　欧盟独立保证的要件、效力、适用范围与规则

一、欧盟独立保证的要件

独立保证除具备从属保证的一般要件之外，还应符合下列特殊要件，即主体要件（保证人是完全行为能力的人）和客观要件（通知义务、履行请求和保证权利的可转让性）。需要说明的是，在此对其一般要件不予以赘述。

（一）主体要件：保证人是完全行为能力的人

欧盟独立保证的主体要件为保证人和债务人，与欧盟从属保证的主体要件相同。保证人是指为了保证目的而对债权人承担债务的人①，包括任何在保证之下向债权人负有义务的人②，分为非职业性的保证人和职业性的保证人。③ 职业性的譬如银行和保险公司。保证人必须具有完全行为能力，保证人履行保证的义务必须有保证人承诺，该承诺不得违反合同无效事由的规定和合意欠缺。债务人是指对债权人负有被担保债务的人，包括表见债务人。④

（二）客观要件：通知义务、履行请求和保证权利的可转让性

1. 保证人对债务人的通知义务。其系保证人在收到债务履行的请

---

① 参见 DCFR 第Ⅳ. G—1：101 条（c）项。

② 参见［德］克里斯蒂安·冯·巴尔、［英］埃里克·克莱夫主编：《欧洲私法的原则、定义与示范规则：欧洲示范民法典草案》（第 4 卷），于庆生等译，法律出版社 2014 年版，第 1098 页。

③ 参见［德］克里斯蒂安·冯·巴尔、［英］埃里克·克莱夫主编：《欧洲私法的原则、定义与示范规则：欧洲示范民法典草案》（第 4 卷），于庆生等译，法律出版社 2014 年版，第 1095 页。

④ 参见 DCFR 第Ⅳ. G—1：101 条（d）项。

求时负有立即通知债务人并说明依其看法是否应为履行的义务，在确认应为履行后负有立即通知债务人的义务；拒绝履行的，负有立即通知和说明的义务。保证人未尽到通知义务的，应承担未通知对债务人造成的损失。[①] 之所以如此规定，是因为独立保证本质上是为了及时实现债权人的债权，其本身是契约，须遵循合同履行中的诚实信用原则。但保证人对债务人的通知义务的理论基础在欧盟成员国中颇具争议。意大利、西班牙等大多数成员国认为此项通知义务源于债务人与保证人之间的代理关系。作为代理人的保证人必须通知债务人，以便后者能对此请求采取措施，并在必要时对保证人或债权人提起诉讼。[②] 但英格兰等国则认为此项通知义务是建立在基础性委托法律关系之上的。[③]

保证人的通知义务分为两种：一是收到请求时的通知义务。其系保证人负有的在收到债务履行请求时立即通知债务人并说明是否应为履行的义务。其本旨在于让债务人知道债权人的请求以防止债务人或保证人重复支付的风险，也有助于保证人将债权人的请求认定为明显滥用权利进行抗辩。二是保证人履行或拒绝履行时对债务人通知的义务。其目的是防止重复支付，也提醒保证人和债务人会面临的风险，为采取适当措施做好准备。

2. 债权人对保证人的履行请求。其分为合法而有效的履行请求和明显滥用权利或欺诈的履行请求。合法而有效的履行请求，亦称保证人的履行，是指保证人仅在履行请求系以书面形式作出并且完全符合保证合同或其他法律行为的条款时才负有履行义务。倘若负有履行义务，保证人必须无不当迟延地并最迟在收到书面履行请求后 7 日内，

① 参见 DCFR 第Ⅳ. G—3：102 条。

② 参见《西班牙民法典》第 1719 条、第 1720 条；《意大利民法典》第 1710 条、第 1176 条。

③ See Goode，Commercial Law 981.

按请求履行；倘若不负有履行义务，保证人应向债权人发出拒绝履行的通知并说明理由。[①] 保证人的履行需具备两个要件：一是履行请求须以书面形式作出。此要件被欧盟所有成员国法认可。其本旨在于因其所涉及的金额较高而需法律的确定性。书面形式是以字母或其他可识别的文字表达的文本，该文本借助于各种方法使得包含于其中的信息可以被用于阅读、记录或以有形形式复制。[②] 文本系其所涉及的担保合同，以及所请求的金额或其他履行的数量和类型。在司法实践中，通过电报或电子技术发送的请求是有效的请求。[③] 保证人规定了特殊的形式要件的，须严格遵守其约定。[④] 二是应符合约定或法定的内容。此要件系借鉴欧盟大多数成员国普遍认可的"严格遵守"学说。该学说认为，应审查该请求以及提交的文件是否完全符合为保证所约定的条款和条件。[⑤] 除非合同另有说明，数量条款方面5%以内的误差是可以允许的。[⑥] 此外，债权人的请求与保证条款并不完全符合的，倘若时间允许，可提请债权人修正其缺陷。[⑦] 满足要件的，保证人应予以履行。但为了维护保证人的自身利益，保证人需对债权人的履行请求在合理时间内进行审查，否则可能会危及其所享有的追索权。倘若经审查符合保证合同的条款，保证人应履行，否则不予履行。倘若时间允许，保证人还应通知债权人，并要求债权人对任何待定事项采取补救措施。

明显滥用权利或欺诈的履行请求是指如果现在有证据证明债权人的请求系明显滥用权利或欺诈，则保证人不负有履行该请求的义务。倘若请求存在明显滥用权利或欺诈的情况，债务人不得要求保证人履

---

① 参见 DCFR 第Ⅳ. G—3：103 条。

② 参见 DCFR 第 I—1：106 条。

③ See BGH 10 October 2000, WM 2000, 2334, 2337.

④ See HR 9 June 1995, NJB 1995, No. 639 at p. 3090.

⑤ See OGH 5 December 1995, SZ 68 No. 230, p. 750, 751. Cass. Com. 21 June 1988, RD banc 1988, 204. BGH 10 October 2000, WM 2000, 2334, 2336.

⑥ See UPC 500（1993）第 39 条。

⑦ See HR 9 June 1995, NJB 1995, No. 639, p. 3091.

行，不得对债权人的履行请求投保。[1] 其本旨是防止债务人因债权人明显滥用权利或欺诈的履行请求而受侵害。之所以予以明定，是参照了1995年《联合国独立保函和备用信用证公约》第19条的规定，借鉴了欧盟多数成员国法院实践经验及多数学者的观点。[2] 追根溯源在于，在欧盟各成员国，权利滥用的禁止是私法上的一项基本原则。[3] 而且，这种禁止是强制性的，不得违反。另外，保证人不履行明显滥用权利或欺诈的请求，需满足两个要件：一是必须存在债权人明显滥用权利或欺诈的行为。权利滥用须是明显的，这就意味着滥用的严重性和证明它的可行性，倘若滥用权利可以被任何人查明，滥用即是明显的。譬如，基础诉求被法院或仲裁机构认定为无效，或该请求是因政治报复而提出的。又如，一项标的为10000吨咖啡的买卖合同规定："装船：九月。"提单上的日期是9月29日，而实际上装船的日期是10月3日。这显然是一种欺诈：由于价格会逐月产生变化，根据买卖合同，此处存在明显的义务不履行。二是保证人须通过现有证据予以证明。其旨在防止出现对明显滥用权利或欺诈的任意诉诸。任何现有的、法律允许的证据均可，不仅包括书面证据还包括证人证言或宣誓书，但这些证据应由债务人提供。

值得注意的是，保证人履行了债权人的请求之后，存在债权人明显滥用权利或欺诈的行为的，保证人享有请求债权人返还的权利。[4] 债务人发现债权人明显滥用权利或欺诈行为的，债务人不得要求保证

① 参见DCFR第Ⅳ. G—3：105条。

② 参见［德］克里斯蒂安·冯·巴尔、［英］埃里克·克莱夫主编：《欧洲私法的原则、定义与示范规则：欧洲示范民法典草案》（第4卷），于庆生等译，法律出版社2014年版，第1279页。

③ 参见《奥地利普通民法典》第1295条第2款；《德国民法典》第242条；《希腊民法典》第281条；《意大利民法典》第1375条；《葡萄牙民法典》第334条；《西班牙民法典》第7条第2款等。

④ 参见DCFR第Ⅳ. F—3：106条。

人履行，不得要求对债权人的履行请求提供投保[1]，债务人有权对债权人提起法律诉讼和要求保证人禁止向债权人付款。债权人的履行请求存在明显滥用权利或欺诈的行为时，保证人接受并履行的，必将使得债务人处于极其困难的境地，债务人可能须向保证人进行补偿，然后向债权人请求偿还，但债权人的营业地可能位于遥远的国度或相距甚远，结果将使得债务人的追偿权无法实现。因而，欧盟多数成员国司法与学理观点对禁止权利滥用持肯定态度。因为对于一切私权利的行使而言，权利滥用的禁止都是私法上的一项基本原则，并以诚实信用和公平交易为基础。为此，《法典民法典》第 2321 条规定了保证人 3 种免责情形，即存在债权人的明显滥用权利或明显欺诈行为，或债权人与债务人之间存在欺诈性串通行为。该法还进一步规定了保证人免责须具备的两个条件。其一，须存在明显的权利滥用或欺诈行为。权利滥用须是明显的，意味着滥用的严重性和证明它的可行性，若滥用权利可以被任何人查明，滥用即是明显的。例如，基础诉求被法院或仲裁机构认定为无效，或该请求是因政治报复而提出的。其二，须通过现有证据加以证明。对证据的要求存在两种观点，一种观点认为，任何现有的、法律允许的证据均可，不仅包括书面证据还包括证人证言或宣誓书。另一种观点认为，证据须是书面的。在满足以上两个条件时，通常保证人免除履行支付的义务。此时，债务人有权对债权人提起法律诉讼也有权要求保证人禁止向债权人支付。

3. 债权人请求保证人履行的权利具有可转让性，即债权人请求保证人履行的权利可转让。但是，在见索即付的独立保证情况下，请求履行的权利不得转让或以其他形式转移，而只能由原始债权人行使，除非保证有不同规定。前句规定不妨碍担保利益的转移（保证权利的转让）。[2] 之所以如此，盖因欧洲示范民法典草案研究组力图在自由处

---

① 参见 DCFR 第Ⅳ. G—3：105 条第 2 款。

② 参见 DCFR 第Ⅳ. G—3：108 条。

分权利的一般原则与对抗潜在的滥用风险的抗辩手段之间达到适当的平衡使然。但“许多国际法律文件”[①] 禁止将债权人请求履行的权利予以转让，除非当事人另有约定。债权人履行请求权利的可转让性是债权人请求保证人履行的权利可转让或以其他形式转移。譬如，债权人死亡或破产时的可转让性。其旨在重申可转让性的一般规则，以体现对自由处分权利一般原则的遵循。为了保护债务人和保证人免受不明第三人保证滥用的侵害，债权人在行使此转让权时须具有表明诉诸请求的实质条件存在的额外文件或声明。[②] 债权人履行请求权利的可转让性不妨碍担保收益的转移。也就是说，基于自由处分原则和所有欧盟成员国的认可，从属保证和独立保证履行中产生的收益具有可转让性。[③] 但例外的是，在见索即付的独立保证中，因保证人不能提出个人的抗辩和异议而使得其成为一个相当有风险的机制。

大多数欧陆国家的法律均承认独立保证履行中产生的收益具有可转让性，其理论基础是自由处分原则。但许多国际法律文件却禁止将债权人请求履行的权利予以转让（当事人有约定的除外）。追溯其缘由在于立法者担心作为独立保证受让人的新的债权人可能会滥用此项权利，但实际上此种担忧是毫无根据的。在见索即付的独立保证中，不允许债权人请求保证人履行权利具有可转让性，其理由是该独立保证是一个相当有风险的机制，因为保证人甚至不可能提出其个人的抗辩和异议。因此，法律力图在权利享有者可自由处分其权利的一般原则与对抗潜在的滥用风险的抗辩手段之间达到适当的平衡。此外，债权人在行使此转让权时须具有表明诉诸请求的实质条件存在的额外文

① 参见1995年《联合国独立保函和备用信用证公约》第9条；UCP500（1993）第48条；ICC Rules for Demand Guarantees 第4条；ISP 98 第6.01条a项。

② 参见［德］克里斯蒂安·冯·巴尔、［英］埃里克·克莱夫主编：《欧洲私法的原则、定义与示范规则：欧洲示范民法典草案》（第4卷），于庆生等译，法律出版社2014年版，第1295页。

③ 参见1995年《联合国独立保函和备用信用证公约》第10条。

件或声明，这有助于债务人和保证人保护自身免受不明第三人保证滥用的侵害。但需要注意的是，对于担保权利的转让是否能于受让人提出履行请求以前进行，以及在何种条件下可以转让，存在较大争议。该争议的核心是请求支付的权利是否是高度个人的问题。对此，在比较法上存在两种不同的观点。第一种观点认为，不具有可转让性。因为独立保证的功能实际上类似于担保，因此它必须伴随有基础义务之履行请求权的转移，而且独立保证人的义务被认为是高度个人性的，以至于通过请求履行而激活其权利不能在保证人未予同意的情况下转让给另一个债权人。第二种观点认为，具有可转让性。因为此种保证义务的人身属性是被否认的。然而，法国司法实务界认为，若获得独立保证人的同意或债务人的同意，法律应允许债权人请求保证人履行的权利可转让。甚至，意大利的学者认为，仅债务人同意转让的，此转让才有效。[①]然而，对于被担保义务之履行权利的转让问题，大多数国家的法律和学者均认为，此种转让并不自动扩展到独立保证。但在英格兰却承认了此种转让的合法性，认为该规则既适用于从属保证也适用于独立保证。此外，对于担保权利和被担保义务履行权利的合并转让问题，奥地利法院和学者均赞成两项权利的合并转让，因为在独立保证的情况下，这并不会加重当事人所约定的相应义务。然而，《法国民法典》第 1321 条第 4 款却规定，仅当当事人有此约定时，法律才承认合并转让的有效性。

二、欧盟独立保证的法律效力

（一）保证人的保证责任

保证人倘若未履行通知义务，保证人对债务人所享有的权利将被

① 参见［德］克里斯蒂安·冯·巴尔、［英］埃里克·克莱夫主编：《欧洲私法的原则、定义与示范规则：欧洲示范民法典草案》（第 4 卷），于庆生等译，法律出版社 2014 年版，第 1264 页。

限制在不使债务人因此蒙受损失的范围内。债权人的履行请求不是合法而有效的，对于债权人提出的延期或支付的请求，应理解为保证人提出的延长保证期限或履行担保的要约。倘若保证人接受了延期的请求，则履行请求须认定为撤回。倘若保证人未接受延期的请求，则保证人必须对履行请求进行审查以决定是否履行。倘若债权人存在明显滥用权利或欺诈行为且有证据证明，则保证人不负有履行请求的义务。

（二）独立保证人履行后的权利

其与从属保证人履行后的权利相同。[①] 之所以如此，是因为这两种保证的真正差异是请求保证人履行的先决条件。[②] 为了简化并实现内部一致性，对独立保证和从属保证机制的履行后阶段适用相同的规则。[③] 依 DCFR 第Ⅵ. G—2：113 条的规定，独立保证人履行后的权利具体包括下列 4 项。

第一，独立保证人的请求返还权。其系指独立保证人有权要求债权人返还其取得的利益，如果债权人请求履行的条件没有得到满足或嗣后消灭或者债权人的履行请求存在权利明显滥用或欺诈，独立保证人请求返还利益的权利适用不当得利的规定。[④] 之所以赋予独立保证人而非债务人行使请求返还的权利，是因为独立保证人对履行的情况以及对债权人提出的抗辩和异议更为熟知。其主要考量抑或立法（规范）目的系避免因先赋予债务人请求债权人返还的权利之后再赋予独

---

① DCFR 第Ⅳ. G—3：109 条规定，经适当调整，第Ⅳ. G—2：113 条（保证人履行后的权利）适用于保证人履行后可以行使的权利。

② 参见高圣平、何颖来：《论独立保证中保证人的权利保护体系——兼评独立保函司法解释征求意见稿》，载《社会科学》2016 年第 4 期；［德］克里斯蒂安·冯·巴尔、［英］埃里克·克莱夫主编：《欧洲私法的原则、定义与示范规则：欧洲示范民法典草案》（第 4 卷），于庆生等译，法律出版社 2014 年版，第 1299 页。

③ 参见［德］克里斯蒂安·冯·巴尔、［英］埃里克·克莱夫主编：《欧洲私法的原则、定义与示范规则：欧洲示范民法典草案》（第 4 卷），于庆生等译，法律出版社 2014 年版，第 1298 ~ 1299 页。

④ 参见 DCFR 第Ⅳ. G—3：106 条。

立保证人请求债务人返还的权利而使得效力低下，倘若债务人破产必将增加清偿风险。①

在收到履行请求时，独立保证人必须检查独立保证的有效性、该请求是否严格符合独立保证的条款和条件、债务人是否获得该请求的通知，若因误解或独立保证人或债务人中有资格的人的暂时缺陷，独立保证人错误地认为应履行债权人的请求，也实际履行了其请求，独立保证人便享有依不当得利的规定请求债权人返还因履行而获得的利益的权利。譬如，法国的甲与英格兰的乙签订了一份买卖500只英国绵羊的合同。应乙的请求，甲要求伦敦的丙银行就价款的支付提供独立保证。而该价款要在将绵羊装船运往法国并由兽医出具绵羊证书之日起由乙利用。后乙因未申请证书而并未将其提交，但却仍然要求付款。丙银行的一位雇员忽视了所要求的证书的缺位，并承兑了乙的支付请求。此时丙银行可以根据独立保证要求乙返还支付的款项。

请求履行的条件嗣后消灭，是指提供担保时已经存在的请求理由可能在后来灭失，此时保证人享有请求债权人返还因履行而获得的利益的权利。譬如，基于上述实例和基本事实，若乙已经申请并获得了这种证书，而丙银行正式对其进行了支付。此后，因英格兰的疯牛病危机，该证书被撤销。此时，保证人有权请求返还支付的款项。值得注意的是，仅因基于基础关系中的理由而履行独立保证，而该理由从来没有得到过满足或嗣后消灭的，仅能由该合同的债务人请求债权人返还因履行而获得的利益。

权利明显滥用或欺诈的履行请求是指独立保证人基于某种原因对权利明显滥用或欺诈的请求（它被现有的证据所证明）予以履行，则保证人有权请求债权人返还因履行而获得的利益。

---

① 参见［德］克里斯蒂安·冯·巴尔、［英］埃里克·克莱夫主编：《欧洲私法的原则、定义与示范规则：欧洲示范民法典草案》（第4卷），于庆生等译，法律出版社2014年版，第1285页。

因上述保证人请求返还的条件与不当得利诉求的基本条件密切相关，欧洲示范民法典草案研究组认为，应将保证人请求返还履行利益的权利由 DCFR 第七卷规定的不当得利规则来调整。但保证人请求返还的权利的行使也是有限制的，如保证人明知债权人的请求缺乏理由，尤其是存在权利明显滥用时而进行的支付，不当得利的请求可以被排除。倘若债权人存在违约，保证人还可提出损害赔偿请求。甚至，在某些滥用权利请求的情况下，独立保证人还享有因不道德、故意和恶意的侵害而请求损害赔偿的权利。①

值得注意的是，若保证人在债权人请求时知道或应当知道该请求与独立保证的条款和条件并不符合，或者该请求存在明显滥用权利或欺诈行为，不当得利的规则便会妨碍保证人提出返还的请求，但保证人有权提出抗辩。

债权人的请求履行的条件并未得到满足或嗣后消灭的，或该请求存在明显权利滥用或欺诈的，通常认为债务人享有向债权人请求返还其取得的利益的权利，因为保证人的该项权利是单独的和独立的权利，而且其内容与债务人对债权人所享有的权利不尽相同，且在理论上存在争议。但通说认为应授权保证人来行使请求返还的权利，因为保证人更熟知履行的情况及保证人不得对债权人提出的抗辩和异议的情形，这不仅有利于避免救济的重复，效率会更高，还有利于避免债务人陷入破产的境地和风险的转移。而且，在比较法上，在下列 4 种情形下保证人享有请求返还的权利：其一，独立保证无效时的返还。其二，不符合独立保证条件时的返还。依据独立保证的条件，若独立保证人所为之履行在数额、时间或受益人等方面并不应当履行，且不存在根据独立保证请求履行的条款，则独立保证人享有请求返还的权利。同样地，在英格兰，保证人不慎对不符合要求的请求进行了支付的，在

① 参见《德国民法典》第 826 条。

适当的情况下有权请求返还。其三，不符合基础关系条件时的返还。若事实证明，保证人根据债权人与债务人之间的合同所进行的支付实际上是无根据的，则债权人必须将依独立保证所获得的付款予以返还。通常情况下，保证人或债务人均享有此权利。其四，请求明显滥用权利时的返还。需要注意的是，虽然各国法律均规定了保证人或债务人享有请求明显滥用权利时的返还权利，但保证人请求返还的基础又是什么呢？对此比较法和实务经验上存在争议。一些国家认为保证人的返还请求权的基础是不当得利，以德国为典型。然而，有些国家的法律则认为是以事实错误为基础，以西班牙法为代表。例如，《西班牙民法典》第1901条规定，若债务已经被支付或债务已经被抵销，或接受付款的人实际上并不是债权人，或支付的人并不是真正的债务人，则该支付便是不当的。还需要注意的是，保证人请求返还的权利的行使也存在一定的限制条件。若保证人明知债权人的请求缺乏理由，尤其是存在权利明显滥用时而进行的支付，则不当得利的请求可以被排除。债权人存在违约的，保证人还可提出损害赔偿请求。甚至，《德国民法典》第826条还规定，在某些滥用权利请求的情况下，独立保证人享有因不道德、故意和恶意的侵害而请求损害赔偿的权利。①

第二，独立保证人对债务人的追偿请求权。这种追偿请求权也属于已经应债务人的指示承担了保证责任的独立保证人。② 其与从属保证人对债务人的追偿请求权③相同。之所以如此，是为了强化独立保

---

① 参见［德］克里斯蒂安·冯·巴尔、［英］埃里克·克莱夫主编：《欧洲私法的原则、定义与示范规则：欧洲示范民法典草案》（第4卷），于庆生等译，法律出版社2014年版，第1264页。

② 参见［德］克里斯蒂安·冯·巴尔、［英］埃里克·克莱夫主编：《欧洲私法的原则、定义与示范规则：欧洲示范民法典草案》（第4卷），于庆生等译，法律出版社2014年版，第1299页。

③ DCFR第Ⅵ. F—2：113条第1款第1句规定，保证人履行保证义务后，有权于履行范围内向债务人追偿。保证人得在规定范围内代位行使债权人对于债务人的权利。保证人对债务人的追偿权与通过代位取得的权利同时发生。

证人的独立地位，保护独立保证人。值得注意的是，在欧盟成员国中，保证人的追索权的理论基础有 5 种学说。第一种学说认为，行使追索权的基础是委托授权。关于委托的规定类推适用于独立保证人与债务人之间的权利义务关系。① 第二种学说认为，追索权是以类推适用关于从属保证之相关特别规定为基础。② 第三种学说认为，独立保证人的追索权是源于债务人与保证人之间的协议，保证人履行的是他自己的义务。追索权被赋予是因为独立保证人是因债务人的请求并为了他自己的利益而行为。③ 第四种学说认为，追索权是因法律的规定而产生，并不存在被命名的特定法律理由。④ 第五种学说认为，从属保证和独立保证的追索权极其类似，但仍存在不同的解决方案。倘若独立保证担保的是未成年人的债务，则后者并不负有对独立保证人进行补偿的任何义务⑤；倘若独立保证人的义务超过了债务人的义务，独立保证人仍享有全部追偿的权利。⑥

第三，独立保证人对债务人代位行使债权人的权利。独立保证人的这种代位权与从属保证人的这种代位权⑦相同，这是将从属保证人的这种代位权准用于独立保证人的结果。之所以如此规定，一方面是因为其与某些成员国的法律规定相一致，另一方面是因为其与欧盟保证一般规则中规定保持一致。但这种代位权因影响到债权人对债务人

---

① See Georgiades §6No. 125.

② 参见《西班牙民法典》第 1838 条。

③ See Sheffield Corp. v. Barclay1905AC 392.

④ See Pedersen，Bankgarantier 70.

⑤ 参见 Chitty/Whittaker No. 44—114；O’Donovan and Phillips No. 12—21；高圣平、何颖来：《论独立保证中保证人的权利保护体系——兼评独立保函司法解释征求意见稿》，载《社会科学》2016 年第 4 期。

⑥ 参见 Chitty/Whittaker No. 44—114；O’Donovan and Phillips No. 12—21f；Simler No. 1001；高圣平、何颖来：《论独立保证中保证人的权利保护体系——兼评独立保函司法解释征求意见稿》，载《社会科学》2016 年第 4 期。

⑦ DCFR 第Ⅵ. F—2：113 条第 1 款第 2 句规定，保证人部分履行的，债权人对债务人的剩余债权优先于保证人通过代位取得的权利。

之原权利而排除适用。值得注意的是，大多数欧洲国家对此均不予以认可，即使认可，其理论基础也不尽相同：第一种观点认为，此种代位权不能代位，但当事人有约定的除外。如根据德国、葡萄牙、西班牙、荷兰等国的主流观点，并不存在通过法律运行的代位权，从属保证之相关规定并不适用于独立保证。① 第二种观点认为，此种代位权建立在从属保证之相关规定的类推适用的基础之上（法国、意大利、希腊和奥地利等国持此观点）。② 第三种观点认为，其基础是公平原则。③ 在此种情况下的代位权并不等同于保证人诉讼权利的转移。在缺乏适当的约定时，对债务人的权利只能以债权人的名义来追偿。

第四，独立保证人代位行使债权人的保证和财产担保权利。④ 独立保证人的这种代位权与从属保证人的这种代位权⑤相同。这是将从属保证人履行后的代位权扩展到独立保证中债权人对债务人或第三人所享有的保证和财产担保权利所使然。此规则适用于从属性担保权利和独立性担保权利，即从属保证、独立保证和财产担保中保证人的这种代位权规则是相同的。

三、欧盟独立保证的适用范围与规则

独立保证适用于具有独立性的保证和备用信用证。⑥ 保证的独立

---

① 参见《德国民法典》第 774 条；《葡萄牙民法典》第 644 条；《西班牙民法典》第 1839 条；《荷兰民法典》第 6：142 条。

② 参见《法国民法典》第 1251 条第 3 款；《意大利民法典》第 1949 条；《希腊民法典》第 736 条；《奥地利普通民法典》第 1358 条。

③ See Morris v. Ford Motor Co. Ltd. 1973QB 792；高圣平、何颖来：《论独立保证中保证人的权利保护体系——兼评独立保函司法解释征求意见稿》，载《社会科学》2016 年第 4 期。

④ 参见 DCFR 第Ⅳ. G—3：109 条。

⑤ DCFR 第Ⅳ. F—2：113 条第 3 款规定，由于保证人的追偿请求权，债权人作为从属保证、独立保证以及财产担保的权利人所享有的一切权利都依法转移给保证人，不论债务人就该权利的转移有何限制或排除的约定。履行了保证义务的保证人对其他担保人的权利只能在多数保证人内部追索权的范围内行使。

⑥ 参见 DCFR 第Ⅳ. G—3：101 条。

性使独立保证独立于任何其他协议（尤其是独立于债权人与债务人之间的基础合同），独立于独立保证人的义务特别是基础义务（买卖或服务合同中卖方交付义务或买方支付价金义务）的存在与范围，独立于债权人委托保证人提供独立保证的任何合同。保证的独立性须经明示表示或默示表示。前者通常应在保证文书上载明“独立保证”字样，后者则通过文书上并未涉及通常会出现在任何从属保证中的被担保债务而推定。这与“除非债权人另有约定，任何保证均被推定为一般保证”的规则是一致的。① 需要说明的是，独立保证人履行保证的义务的承诺应具有法律效力。因为，该承诺不得因违反法律规定的无效事由而无效或合意欠缺。

保证的独立性不因为仅仅概括地提及基础债务（包括保证）而受影响，即独立保证中提及基础合同（如买卖合同或服务合同）或其他担保（如反担保或信用证开头部分由银行对担保进行确认的保证）并不会影响保证的独立性。之所以如此，一方面是因为法国、德国、意大利等国认为仅与基础债务有关联并不会妨碍保证的独立性。与基础债务有关联只能证明债权人的请求是否正当，这种关联存在于债权人与债务人的关系当中，而对此种关系的一般提及是不可避免的。换言之，独立保证合同总是与基础债务有关联的，且将保证局限于被担保债务额的合同条款本身不会妨碍保证的独立性。② 另一方面是因为奥地利、意大利、葡萄牙等其他国家也认为，概括地涉及债权人与债务人之间的基础关系并不能被认为是破坏了保证的独立性。③

独立保证的规定也适用于备用信用证。④ 一方面，备用信用证确

---

① 参见［德］克里斯蒂安·冯·巴尔、［英］埃里克·克莱夫主编：《欧洲私法的原则、定义与示范规则：欧洲示范民法典草案》（第4卷），于庆生等译，法律出版社2014年版，第1261~1262页。

② See CA Milano 15 October 1999, Contratti 2000, 468.

③ See OGH 9 No. 1993, SZ 66 No. 140, p. 328. Cass. 3 February 1999, No. 917, Giust. Civ. Mass 1999, 245. CA Lisboa 18 October 1988, CJ XIII, IV—129.

④ 参见DCFR第IV. G—3：101条第2款。

实实现了担保的功能，即其所代表的担保义务承担着支付手段的主要义务的功能，独立于基础合同或基础合同的标的。① 另一方面，备用信用证源于美国，被日本、法国以及中东、拉丁美洲承继，适用于国内外贸易，是独立保证的替代品，与独立保证一样具有独立性，独立于基础合同。②

保证合同被认定为独立保证的标准在欧盟国家中有所不同。法国、德国、意大利、葡萄牙、西班牙等国民法典认为，保证合同的法律性质是通过当事人的意愿确定的③，若对保证合同的条款存在异议，通常会将保证合同认定为从属保证，即使其被明确宣称是独立保证。但存在如下情形时，保证合同会被认定为独立保证：一是合同涉及处于不同司法管辖区的当事人之间的基础关系；二是保证是由银行提供的；三是保证包含着一项“一经要求”便需支付的承诺；四是保证并不包含将保证人可用的抗辩权排除在外或加以限制的条款。④ 但奥地利和葡萄牙的法院与学者认为，保证的独立性是认定独立保证的决定性标准。⑤

值得注意的是，欧洲国家中，见索即付保证的性质大致有两种。法国、德国、丹麦和英格兰等国将其认定为独立保证，而意大利、荷兰、西班牙和瑞士将其认定为从属保证。⑥ 其性质在学理上也颇具争议。第一种观点认为，见索即付主要被用于独立保证，但也承认它们在从属保证中的法律效力，若是由银行之外的保证人提供担保，若与

---

① 参见 UCP 500（1993）第 3 条、第 4 条。

② 参见郭德香：《论银行担保的法律实践及其完善》，载《河北法学》2011 年第 5 期。

③ 参见《法国民法典》第 1156 条；《德国民法典》第 133 条；《意大利民法典》第 1362 条；《葡萄牙民法典》第 236 条；《西班牙民法典》第 1281 条。

④ See Gold Coast Ltd. v. Caja de Ahorros del Mediterraneo 2002EWCA Civ 1806，2002 1All ER（Comm）142.

⑤ See OGH：24 October 2000，JBl. 2001，380.

⑥ 参见［德］克里斯蒂安·冯·巴尔、［英］埃里克·克莱夫主编：《欧洲私法的原则、定义与示范规则：欧洲示范民法典草案》（第 4 卷），于庆生等译，法律出版社 2014 年版，第 1264 ~ 1265 页。

其他担保条款相矛盾，则见索即付保证并不一定被推定为独立保证。第二种观点认为，见索即付保证是一项可以被推翻的独立保证，其本身并不会将合同的性质确定为独立保证。因此，为了确定当事人的真实意图，见索即付需要与合同的其他部分结合起来解释。大多数国家的判例均将见索即付视为合同的非从属性，但学者均认为从属保证和独立保证是兼容的。[①] 故而，见索即付保证是否被认定为独立保证，其判定标准应该是多维的，不仅要考量见索即付保证本身，更重要的是要确定当事人的真实意图，进而判定其是从属保证还是独立保证。

---

① 参见［德］克里斯蒂安·冯·巴尔、［英］埃里克·克莱夫主编：《欧洲私法的原则、定义与示范规则：欧洲示范民法典草案》（第4卷），于庆生等译，法律出版社2014年版，第1262~1264页。

第十一章　欧盟消费者保证

第一节　欧盟消费者保证概说

一、消费者保证的概念

欧盟消费者保证是指债务人到期未履行债务，债权人已尝试执行由第三人对同一债务提供的并非补偿性的任何保证或财产担保权利之后，其债权仍未得以清偿时，若保证人是消费者，依不平等原则通常承担补充责任，但债权人也是消费者，或消费者保证人能对非自然人的债务人施加实质性影响的除外。[①] “保证人是消费者” 和 “消费者保证人通常仅承担补充责任” 就成为消费者保证的两大基本特征。前者系指消费者保证人；后者系指除非约定承担连带保证责任，否则承担有限的保证责任，但债权人是消费者，或消费者保证人能对非自然人的债务人施加实质性影响的除外。即便消费者保证人要承担保证责任，也需满足其前提条件，即债务人到

---

① 参见［德］克里斯蒂安·冯·巴尔、［英］埃里克·克莱夫主编：《欧洲私法的原则、定义与示范规则：欧洲示范民法典草案》（第4卷），于庆生等译，法律出版社2014年版，第1303页。

期未履行债务，债权人已尝试执行由第三人对同一债务提供的并非补偿性的任何保证或财产担保权利之后，其债权仍未得以清偿。而且，消费者保证人承担保证责任的理论基础不是契约自由原则，而是不平等原则，由此决定了欧盟消费者保证的独立价值不是保护债权人以实现效率，而是保护弱势的消费者保证人以实现契约正义。

消费者保证是欧盟消费者权益保护的必然结果。随着信用经济社会的到来，消费者的弱势地位越来越明显，消费者保护运动方兴未艾。1962 年欧洲消费者同盟建立。① 现今，欧盟消费者保护法已经形成了既包括条约、规则、指令、决定等渊源，又包括并非完全没有法律效力的决议、建议（recommendation）、通报（communication）以及行动方案等"软法"在内的有机统一的法律规则体系。② 而欧盟消费者合同法的现代化使欧盟消费者合同法成为欧盟合同法的特别法。③ 为了加强欧盟合同法与欧盟消费者合同法之间的连贯性，欧洲示范民法典草案研究组将欧盟消费者合同法的内容纳入欧洲示范民法典之中。譬如，"格式条款"、"未经逐一协商的条款"、"不公平条款"、"消费者合同中的撤回权"及"消费者合同先合同阶段的告知义务"等。④

而在欧盟成员国中，《意大利民法典》于 2004 年明定了消费契约，引入欧盟消费者合同不公平条款调控制度和不公平条款的"黑色清单"与"灰色清单"，界定了"消费者"与"经营者"的概念。⑤ 2011 年《德国民法典》明定了"消费者"和"经营者"的概念⑥，界

---

① 参见徐德敏：《国外消费者保护运动的发展趋势与我国的选择》，载《法律科学（西北政法学院学报）》1992 年第 S1 期。

② 参见杜志华：《欧盟消费者保护法的立法根据》，载《武汉大学学报（社会科学版）》2001 年第 6 期。

③ 参见 DCFR 第Ⅳ. G—1：107 条。

④ 参见 DCFR 第Ⅳ. G—1：107 条、109 条。

⑤ 参见《意大利民法典》第 1469 条。

⑥ 参见《德国民法典》第 13 ~ 14 条。

定消费者合同，将消费者合同法、消费者权利制度重新纳入民法规范中，确立了消费者保护的私法进路。另外，欧盟多数成员国对典型弱势方（如消费者）的保护除了特别的消费者保护规定之外，也适用法律一般规则和原则。[①] 譬如，通过一般规则之适用确定基础的通知义务和类似机制。又如，意大利、希腊、葡萄牙、西班牙等国民法典中的诚实信用原则[②]适用于消费者保护。欧盟消费者权益保护和各成员国消费者权益保护及其立法使得消费者保证诞生的另一个客观条件得以形成，即消费者这一弱势群体产生。当保证人是消费者时，消费者保证的主体要件得以形成，即消费者保证人。欧盟消费者保证就是基于保护消费者保证人来建构消费者保证规则体系的，消费者保证人成为欧盟消费者保证的主体要件。

欧盟消费者保证是欧盟传统保证制度发展的必然结果。自罗马法以来，大陆法系民法就基于契约自由原则通过承继罗马允诺保证[③]来创设一般保证[④]和肇源于国际贸易的独立保证[⑤]来将保证人的财产用于清偿到期未履行的债务，以保障债权实现，促进商品经济的发展。“契约自由原则（合意）”和“保障债权实现以实现效率”就成为一般保证和独立保证的基本法律特征。前者是其理论基础，后者是其独立价值。但契约自由原则天生就具有“弱势主体与强势主体力量的不平

---

① 参见［德］克里斯蒂安·冯·巴尔、［英］埃里克·克莱夫主编：《欧洲私法的原则、定义与示范规则：欧洲示范民法典草案》（第4卷），于庆生等译，法律出版社2014年版，第1307页。

② 参见《意大利民法典》第1375条；《希腊民法典》第281条；《葡萄牙民法典》第334条；《西班牙民法典》第7条。

③ 允诺保证亦称誓约（sponsio），系指一种要式口头契约，是形式非常严格的无因契约。债权人问保证人：“你允诺吗?”，保证人回答说：“允诺。”参见黄风：《罗马私法导论》，中国政法大学出版社2003年版，第280～281页。

④ 一般保证是指当事人在保证合同中约定，债务人不能履行债务时，由保证人承担保证责任。

⑤ 独立保证系指担保人为担保目的而对债权人承担债务，该债务明示或默示地表示不依赖于他人对债权人负有的债务。

衡，若一味遵循契约自由理论，会导致社会的不公平及社会危机”[①]的固有缺陷。之所以如此，是因为古典契约自由是在契约不得涉及除当事人之外的任何第三人、充分的信息及有足够的可供选择的伙伴基础上得以建立的，但因近现代社会的发展与变迁，社会分工和交换的进一步加强，其存在的基础已经动摇。一般保证和独立保证因而并不能完全实现契约自由原则所宣扬的形式平等。

而且，在一般保证和独立保证中，保证人虽然享有追偿权，但最终实为只担责[②]，以保护债权人促进交易。[③] 另外，现代市场经济中，作为弱者的消费者无法在订立合同时实现公平，利益的决定和分配实为强者所掌控，消费者实质上已经被彻底剥夺了合同自由。[④] 当消费者是保证人时，消费者保证人更是处于双重弱势的地位。欧洲示范民法典草案研究组因而基于不平等原则创设消费者保证制度来保护消费者保证人。

欧盟消费者保证颠覆了罗马法以来保证的逻辑和制度，是里程碑式的革新。一方面，这是大陆法系民法第一次理性认可一般保证和独立保证所具有的固有缺陷，并基于不平等原则创设有别于一般保证和独立保证的消费者保证制度来保护消费者保证人，即消费者保证的理论基础是不平等原则。另一方面，这是大陆法系民法第一次通过消费者保证制度来实现保证制度对契约正义价值目标的追求，即消费者保证的理论基础决定了消费者保证的独立价值是保护消费者保证人以实现契约正义，而不是一般保证和独立保证的独立价值即保护债权人以实现效率。由一般保证、独立保证和消费者保证构成的欧盟保证制度

---

① 丁萍萍：《合作社的法理分析》，华东政法大学2009年硕士学位论文，第10页。

② 参见郑天锋：《共同保证法律责任分析》，载《甘肃省经济管理干部学院学报》2004年第1期。

③ 参见尉兰琴：《关于担保法中保证人利益保障问题的探讨》，载《兰州学刊》2005年第3期。

④ 参见陈煜、彭俊瑜：《论消费者合同及其相关制度的创新》，载《云南大学学报(法学版)》2005年第4期。

因而具有追求效率与公平相统一的价值目标，欧盟消费者保证的出现是传统保证制度发展所使然。

二、消费者保证的法理依据

消费者保证的理论基础是不平等原则（平等原则）。1993 年欧盟如期建成统一的欧盟单一市场。现今，欧盟单一市场中财产利用也与日俱增，财产归属和财产利用日趋高度分化。不公平条款在大量的消费者合同中屡见不鲜。“不公平条款”系指在经营者与消费者订立的合同中，某些（未经个别磋商）由经营者提供且明显不利于消费者，有悖于诚实信用与公平交易原则的条款。[①] 譬如，被认定的不公平条款对非提供人不具有拘束力。[②] 为此，欧洲国家中，英国分别颁行了《英国不公平合同条件法》（1977 年）和《英国消费者合同不公平条件条例》（1994 年）[③] 对不公平条款加以规制。前者明定不公平合同条件系与诚信要求相抵触，导致当事人在合同项下的权利和义务重大失衡，使消费者受到损害的任何条件。[④] 后者充分吸纳了欧盟《消费者合同不公平条件指令》（1993 年），于附表 3 中列举 17 类不公平合同条件，且将适用主体仅限于消费者自然人。法国则是通过权利滥用的禁止和附合合同[⑤]来对不公平条款予以规制。欧盟（欧共体）也颁

---

① 参见 DCFR 第Ⅱ—9：403 条。

② 参见 DCFR 第Ⅱ—9：408 条。

③ 参见凌学东：《论欧盟及英法两国对消费者合同不公平条款的认定》，载《时代法学》2012 年第 1 期。

④ 参见沈四宝等编著：《国际商法》，对外经济贸易大学出版社 2002 年版，第 265 页；秦云：《论我国不公平条款制度的建构》，西南政法大学 2015 年硕士学位论文，第 6 页；凌学东：《论欧盟及英法两国对消费者合同不公平条款的认定》，载《时代法学》2012 年第 1 期。

⑤ 附合合同（contrat d’adhésion）是指起草合同一方的单方意志与另一方附合的合同。

行一系列指令[①]对不公平条款予以规制。[②] 欧盟法上的“不公平条款”系指一个未经个别协商的合同条款，背离了诚实信用的要求，在当事人基于合同产生的权利义务之间引起显著的不平衡（significant imbalance），且损害了消费者权利。[③] 欧盟指令指出，如果合同条款违反了诚实信用的要求，导致合同项下当事人的权利义务明显失衡，损害了消费者的权利，则各成员国应确保其被认定为不公平条款。[④] 为了实现欧盟消费者保护的一项重要目标即公平[⑤]，欧洲示范民法典草案研究组基于不平等原则规定消费者保证人除约定连带保证责任外仅承担有限保证责任。不平等原则（平等原则）就成为消费者保证的理论基础。因为平等原则是民法的基础性和核心性原则，是近代人本主义思想的核心价值[⑥]，是现代民法的基本原则，所以消费者保证的理论基础是不平等原则就决定了消费者保证的独立价值是保护弱势消费者保证人以实现契约正义。

欧盟消费者保证在立法理念上是通过适用契约自由原则、差别原则、不平等原则等来有效地保护弱势的消费者保证人以实现契约正义的。具体而言，即一方面，依据契约自由原则，欧盟消费者保证首先

---

① 譬如，《经营场所外合同指令》（1985 年）、《消费者合同不公平条件指令》（1993 年）（列举了 17 种不公平条款）、《远程销售合同指令》（1997 年）、《消费者销售和担保指令》（1999 年）、《消费者权益法案》（2008 年）。参见凌学东：《论欧盟及英法两国对消费者合同不公平条款的认定》，载《时代法学》2012 年第 1 期。

② 参见齐鹏：《对〈英国消费者权益法案〉中不公平条款机制的剖析》，载《西安交通大学学报（社会科学版）》2016 年第 2 期。

③ 参见凌学东：《论欧盟及英法两国对消费者合同不公平条款的认定》，载《时代法学》2012 年第 1 期；秦云：《论我国不公平条款制度的建构》，西南政法大学 2015 年硕士学位论文，第 6 ~ 7 页；1993 年欧盟《消费者合同不公平条件指令》第 3 条。

④ 参见凌学东：《论欧盟及英法两国对消费者合同不公平条款的认定》，载《时代法学》2012 年第 1 期；2008 年欧盟《消费者权益法案》第 32 条第 1 款。

⑤ 参见杜志华：《欧盟消费者保护政策与环境保护政策的一体化研究》，载《中国政法大学学报》2010 年第 6 期。

⑥ 参见王利民：《民法的精神构造：民法哲学的思考》，法律出版社 2010 年版，第 78 页。

被定位为保证合同，是有别于一般保证合同和独立保证合同的新型保证合同，适用欧盟合同法的原则与规则；作为消费者保证人的第三人可以自由地与债权人签订消费者保证合同，与债权人约定保证责任的承担，若没有约定，消费者保证人依法承担上述法定的补充责任①，但仍需满足前提条件，即债权人已尝试执行由第三人对同一债务提供的并非补偿性的任何保证或财产担保权利。另一方面，欧盟消费者保证依据差别原则创设了包括有别于一般保证和独立保证的保证责任、构成要件、适用范围与规则在内的特殊规则，并明定消费者保证优先适用消费者保证的特殊规则，若不能适用的，才适用保证的一般规定、一般保证的规则、合同法的原则与规则以及 DCFR 总则的原则与规则。之所以如此，是因为信息不对称、经济实力悬殊等诸因素使得消费者保证人与债权人之间的形式平等并未真正实现契约正义。另外，欧盟消费者保证依据不平等原则创设了除另有约定外，消费者保证人承担有限保证责任的规则，也排除了债权人也是消费者，或消费者保证人能对非自然人的债务人施加实质性影响时适用消费者保证的情形。

值得注意的是，今日比较法上，消费者保证确立了 4 项基本原则来保护弱势的消费者保证人：其一，谈判权利不平等原则，以英格兰为典型。英格兰法律一直引进谈判权利不平等原则，其目的是保护当事人并未达成平等条款时的保证人，但后来英格兰上议院否认了该原则。英格兰一些学者认为，该原则很大程度上是根据不当影响原则来保护保证人的，而且还有学者认为应适用显失公平原则来保护保证人。其二，比例原则，以法国为代表。在法国法律中，该原则认为，债权人必须确定从属保证人的保证与保证人的财务能力成比例，否则可能导致合同赔偿责任，而损坏赔偿金额是保证金额与债务人的财产能力之间的差额。根据法国消费者法律的规定，若保证人的保证在缔结时

---

① 参见郑天锋：《共同保证法律责任分析》，载《甘肃省经济管理干部学院学报》2004 年第 1 期。

明显与该保证人的财务能力不成比例，消费者保证人的义务不能强制履行。[①] 债权人在保证过度的情况下也要负责任，但从属保证人只有根据《法国民法典》第 1382 条才能免除部分责任。其三，不道德交易原则，以德国为典型。该原则在经过德国联邦宪法法院的两次干预之后，于 2000 年才最终被德国最高法院确定用于保护承担从属保证超出了其财务能力的保证人。该原则认为，保证人承担保证的程度远超过了保证人实际和预期的未来财产状况，或在债务人和保证人之间存在亲属关系，如父母子女或配偶关系时，均推定以上行为不道德。在德国学界，有学者认为，在不道德交易原则下，若保证人仅以与债务人的情感亲近为基础承担保证，债权人可能会恶意利用此种情形。在德国司法实践中，不道德交易原则被适用于薪水微薄的雇员为提供给其雇主的银行贷款所承担的从属保证，雇员提供保证的目的是维持其工作机会。但是若保证人甚至不能对借贷约定的利息加以担保，这被认为是极端过度的保证，相反，若保证人从被担保借贷中获得了直接的金钱利益，或保证人对等请求雇主对职位有所上升的雇员所造成的损害合法赔偿的，则此请求并不是不道德的。其四，诚实信用原则，以希腊为典型。在希腊法律中，弱势保证人的保护以《希腊民法典》第 281 条、第 178 ~ 179 条、第 371 ~ 372 条和第 288 条规定的诚实信用原则为基础，也适用于消费者的保护。另外，意大利、西班牙和葡萄牙也确立了此原则来保护消费者保证人。

三、消费者保证的作用机理

消费者保证的作用机理即担保制度的地位和重要性毋庸置疑，自担保制度诞生以来就有句名言："无担保，无交易。"担保制度包括物

---

① 参见《法国消费者法典》第 L. 313—10 条；[德] 克里斯蒂安·冯·巴尔、[英] 埃里克·克莱夫主编：《欧洲私法的原则、定义与示范规则：欧洲示范民法典草案》（第 4 卷），于庆生等译，法律出版社 2014 年版，第 1307 页。

的担保和保证，具有促进交易和商品流通的功效。担保制度的设计，特别是在保证人和债权人的责任承担方式的设计上，也蕴含了确保交易安全和防范道德信用风险的法理。但保证是信用担保，因信用本身具有不确定性，加之市场竞争的非完全性、市场信息的不对称性，以及保证合同当事人所处的实际地位不平等和财富的不均等性等因素的存在，债务人和保证人不能按预期履行义务，进而损害了债权人的权益。为此，在债务人和保证人承担责任的方式的制度设计上，法律尊重当事人意思自治，由保证人和债权人约定承担责任的方式，若未约定，保证人和债务人承担连带责任。此外，在普通保证中，法律确立了以连带责任为原则，补充责任为例外的立法原则，并在共同保证中，赋予债权人可向任何保证人请求清偿全部债务的权利，以上制度的设计旨在最大限度地保护债权人的合法权益。甚至在独立保证中，法律赋予了权利人直接向保证人请求履行义务的权利，更加凸显了立法的目的在于保护债权人的权益。为了平衡债务人和保证人之间的利益，法律赋予了保证人向债务人追偿的权利，在共同保证中，保证人之间也享有内部追偿权。由此不难看出，普通保证和独立保证的制度设计最主要的立法目的是保障债权人的合法权益，进而促进交易，并通过赋予保证人追偿权来平衡债务人和保证人之间的权益。

但是，普通保证和独立保证在制度设计理念上是追求确认和平衡当事人之间的权益，但最终因过度保护债权人的权益，导致债务人和保证人在市场经济中可能成为弱势群体，甚至可能因履行义务而倾家荡产。虽然传统保证制度在制度设计理念上体现了当事人的平等地位，尊重了当事人的意思自治，以及体现了责、权、利相统一的原则，但忽略了形式正义未必能够实现实质正义。保证合同中的债权人一般为经济实力较强的公司和经营者，而保证人是弱者，当今保证制度的设计理念转向保护债务人和保证人的权益，消费者保证制度的诞生具有时代必然性。消费者保证制度通过强制性规定，确立以补充责任为原则、连带责任为例外的责任原则等制度设计来达到保护弱势的消费者保证人，实现实质正义的目的。[29]由此不难看出，与一般保证和独立保证相比，消费者保证自身具有其特有的作用机能和立法价值取向，在民法典的制定中，应将其规定于保证制度体系中，这符合保证制度自身发展的需要，体现了现代民法的发展。

第二节　欧盟消费者保证的构成要件

消费者保证所特有的独立价值和理论基础决定了消费者保证的要件、效力、适用范围与规则有别于从属保证和独立保证。消费者保证除具备从属保证的一般要件之外，还应符合下列特殊要件，即主体要件（保证人是消费者）、客观要件（债权人的先合同义务与年度通知义务）和形式要件（文本形式）。需要说明的是，在此对其一般要件不予赘述。

一、主体要件：保证人是消费者

由于消费者保证的本旨是通过设置补充责任来实现对弱势的消费者的保护，所以若保证人不是消费者，自然不能适用消费者保证的特殊规则。这就意味着消费者含义的界定及其范围的厘定是消费者保证制度得以确立的首要问题。但问题是，欧盟各成员国和欧盟消费者合同法对消费者的内涵和外延并未形成统一的认识。就前者而言，奥地利消费者系指并非企业家的任何人，而企业家是指为了经营其企业而缔结交易的任何人。① 就后者而言，德、意、荷、芬兰②等国消费者仅

---

① 参见《奥地利消费者保护法》第 1 条；《德国民法典》第 13 条规定，消费者系指既非以其营业为目的，也非以其独立的职业活动为目的而缔结法律交易的任何自然人。

② 参见《德国民法典》第 13 条；《意大利消费者法典》第 3 条第 1 款 a 项；《荷兰民法典》第 7：857 条；《芬兰独立保证和第三人担保法》第 2 条第 6 款。

为自然人，但学理上还包括某些不具有营业目的的法人。[①] 譬如，非营利组织、业主委员会或政党等。而希腊、西班牙[②]等国消费者包括自然人和法人。欧盟消费者合同法中，消费者系指主要不是为了与其业务、营业或职业相关的目的而为某种行为的自然人。[③]

欧洲示范民法典草案研究组认为应将消费者概念和消费者权益保护写入民法典。因为消费者立法是为了整个欧洲一体化和公共利益之需，而合同自由并非合法的唯一原则和目的。消费者保证因而明定于DCFR第四卷第四章中。这就强调了消费者与经营者相对应以确定倾斜的消费者保护政策[④]，并借鉴欧盟消费者合同法中的消费者概念，予以厘定为：消费者系指任何其行为的主要目的与其贸易、经营或职业无关的自然人。[⑤] 值得注意的是，该消费者不包括法人或非法人组织，因为即使他们并不追求经济目的，也比个人在经济上更为强势；也不包括从事贸易、营业或职业的自然人，因为他们比一般的个人更为熟练或更有经验，也更容易在贸易、营业或职业机构中获得商业或法律上的咨询建议。

在消费者保证中，消费者具有特殊的含义。通常情况下，消费者被理解为合同的一方，他是货物的买方或服务的接收方，而货物的卖方或服务的提供方则是职业经营者。由此可见，消费者系指任何其行

---

① See Paris 5 July 1991, JCP E 1991 Pan. No. 988.

② 参见《希腊消费者保护法》第1条第5款（a）项；《西班牙消费者保护法》第3条。

③ 参见欧盟《消费者权利指令》第2条；周瀚逸：《论金融消费者的法律界定》，重庆大学2015年硕士学位论文，第16页。

④ 参见杨立新、刘召成：《德国民法典规定一体化消费者概念的意义及借鉴》，载《法学杂志》2013年第1期。

⑤ 参见［德］克里斯蒂安·冯·巴尔、［英］埃里克·克莱夫主编：《欧洲私法的原则、定义与示范规则：欧洲示范民法典草案》（第4卷），于庆生等译，法律出版社2014年版，第1100页。

为的主要目的与其贸易、经营或职业无关的自然人。[①] 此处的消费者具有下列特点：其一，消费者均为自然人，因为消费者通常需要保护。其二，此处的消费者不包括法人或非法人组织，因为即使他们并不追求经济目的，也比个人在经济上更为强势。其三，此处的消费者不包括从事贸易、营业或职业的自然人，因为他们比一般的个人更为熟练或更有经验，也更容易在贸易、营业或职业机构中获得商业或法律上的咨询建议。但是在欧盟成员国中，“消费者”一词的定义存在相当大的差异。虽然大多数消费者立法是以欧盟指令为基础的，但最低限度的协调原则却给成员国以他们认为的适当形式来界定该术语留下了空间。而且对于消费者的内涵和外延并未有统一的认识，在不同的法律中消费者的含义呈现出不同的形态。[②]

欧洲一体化进程中，关于消费者概念的法律地位问题在立法上存在不同的争论。欧盟一些成员国认为，消费者保护的立法应由特别法律加以规定，并不适宜规定在民法典中；而另一些成员国则认为，消费者权益的保护是民事法律行为，是民法典的重要组成部分，为了凸显消费者与自然人和法人平等的法律地位，应将消费者的概念统一规定于民法典中。[③] 2002 年德国在修改民法典时，将消费者和经营者写

---

① 参见［德］克里斯蒂安·冯·巴尔、［英］埃里克·克莱夫主编：《欧洲私法的原则、定义与示范规则：欧洲示范民法典草案》（第 4 卷），于庆生等译，法律出版社 2014 年版，第 31 页；刘建贤：《欧盟反不正当竞争法及其对我国反不正当竞争法修订的启示》，华中科技大学 2008 年硕士学位论文，第 8 页。

② 例如，《奥地利消费者保护法》第 1 条规定，消费者是指并非企业家的任何人，企业家是为了经营其企业而缔结交易的任何人。又如，《德国民法典》第 13 条规定，消费者系指既非以其营业为目的，也非以其独立的职业活动为目的而缔结法律交易的任何自然人。再如，2005 年 9 月 6 日颁布的《德国消费者法典》第 3 条规定，消费者系指并非以其营业或职业活动为目的的任何自然人。消费者为生活消费需要购买、使用商品或者接受服务，其权益受该法保护；该法未作规定的，受其他有关法律、法规保护。

③ See Ewoud Hondius, *The Notion of Consumer: European Union versus Member States*, Sydney Law Review, Vol. 28: 89, p. 97 (2006).

入了民法典，与自然人和法人并列规定在总则中。[①] 同样地，在欧盟成员国理论界，也存在此争议。但欧洲示范民法典草案研究组也赞成将消费者概念和消费者权益保护写入民法典，并认为消费者立法是基于整个欧洲一体化和公共利益的需要，合同自由并非合法的唯一原则和目的。

消费者范围也存在很大的不同。一般情况下与将某个人归类为消费者的方法相关，但存在两个界定标准：其一，该术语有一个客观范围，即它涉及"消费者"一词是仅涵盖自然人，还是同时包含某些法人的问题。其二，该术语有一个功能性范围，即一个人是否只有在为某些目的而行事时才被认定为消费者。

消费者范围也存在两种立法例：一是消费者仅为自然人，以德国、意大利、荷兰及瑞典为典型。但学理上认为，自然人也包括某些不具有营业目的的法人，如非营利组织、业主委员会或政党等，甚至 2006 年修改的《英国消费品信用贷款法》第 189 条将个人界定为包括非法人的两人或三人组成的合伙以及并非完全由法人构成，并且并非合伙的个人非法人组织。二是消费者还可为法人，以希腊和西班牙为代表。但在比较法上，也有对消费者未加界定的国家，如涉及不公平合同条款的《卢森堡消费者保护法》完全未对消费者加以界定。需特别注意的是，消费者的功能性范围系指在贸易或营业之外的行为。

但是，仅《荷兰民法典》和《芬兰独立保证和第三人担保法》明确规定了消费者保证制度。《荷兰民法典》第 7：857—7：863 条对"除职业或营业行为以外的保证"制定了特别规则。这些规则的适用范围为自然人缔结的从属保证，若该自然人是债务人公司或基金会或母公司中需负责任的股东，则该规则并不适用；同样地，若保证人是公司的发起人，或者在另一个股份有限公司中直接或间接持有至少 1/3

① 参见杨立新、刘召成：《德国民法典规定一体化消费者概念的意义及借鉴》，载《法学杂志》2013 年第 1 期。

股份，或凭借持有股份所享有的表决权在另一个公司拥有所有权份额或能够产生影响，则该规则也不适用。与传统大陆法系国家民法典中的一般保证人概念相比，消费者保证人仅为特定的自然人，而一般保证人系为根据保证合同，未来担保一项基础债务或未来任何其他担保目的而向债权人承担一项新的债务的人，其范围不仅包括自然人还包括法人，如商业公司、公共机构甚至地方政府。

二、客观要件：债权人的先合同义务与年度通知义务

（一）债权人的先合同义务

现实中，债务人的亲朋好友或第三人通常会在无酬劳的情形下提供各种保证，但因无视或无法获得有关债务人的经济状况和财务状况等相关信息而承担了丧失大部分甚至全部财产的风险，尤其是保证人是私人消费者时。对此，DCFR 赋予债权人在特定情形下向消费者保证人披露债务人财务状况等信息的法定义务，即债权人的先合同义务。其系指债权人在保证人提供保证之前，有义务向其说明保证的一般法律效果，以及根据债权人所掌握的信息，鉴于债务人的财务状况保证人可能面临的具体风险。[①] 值得注意的是，债权人披露义务受制于债权人所掌握的信息。若债权人因受商业秘密或银行之间保密的限制，无法向保证人披露，则须经债务人同意后向保证人披露；债务人不同意的，也应将这种主观不能通知保证人。债权人未予以通知的，则对保证人遭受的任何损失承担赔偿义务。

该先合同义务的法理依据是消费者保护法与诚实信用原则。[②] 消费者保证人还受民法的调整。这无疑是民法典选择性地纳入部分消费

---

① 参见 DCFR 第Ⅳ. G—4：103 条第 1 款。

② 参见张丽：《合同权利与合同义务的法理分析》，载《法商论坛》2011 年第 1 期。

者法的必然结果[①]，也体现了行政型特别民法在现代民法典中的地位。该先合同义务来源于消费者保护法，自然是消费者保护立法宗旨使然；其来源于民法的调整，是基于诚实信用原则乃法国、德国、瑞士、西班牙、瑞典、希腊及丹麦等成员国合同法的基本原则和民法的最高指导原则。[②] 它要求人们在市场活动中讲究信用，恪守诺言，诚实不欺，在不损害他人利益和社会利益的前提下追求自己的利益。[③]

但欧盟成员国中，为了规制债权人通知消费者保证人的先合同义务，有些欧陆国家颁布了专门的消费者保护法，有些国家并未颁布专门的消费者保护法，但适用一般法律原则即诚实信用原则，而在债权人并未履行通知之先合同义务的情形下，则适用错误规则。但在立法例上仍存在下列 6 种观点：第一种观点认为，债权人通知之先合同义务来源于专门的消费者保护法，以奥地利为典型。第二种观点认为，债权人通知之先合同义务不仅来源于专门消费者保护法中的通知先合同义务，还来源于根据法律一般原则推导出来的不当影响和推定知情原则。第三种观点认为，债权人通知之先合同义务不仅来源于专门消费者保护法中的通知先合同义务而且也来源于诚实信用原则，以《法国消费者法典》第 313 条规定为代表。第四种观点认为，债权人通知之先合同义务仅来源于诚实信用原则，主要以丹麦、希腊为典型。希腊法律认为诚实信用原则是通知先合同义务的唯一基础。第五种观点认为，债权人通知之先合同义务不仅主要来源于诚实信用原则，还来源于错误规则，以德国为代表。第六种观点认为，债权人通知之先合同义务主要来源于错误规则，以卢森堡为典型。

---

① 参见谢鸿飞：《民法典与特别民法关系的建构》，载《中国社会科学》2013 年第 2 期。

② 参见［德］克里斯蒂安·冯·巴尔、［英］埃里克·克莱夫主编：《欧洲私法的原则、定义与示范规则：欧洲示范民法典草案》（第 4 卷），于庆生等译，法律出版社 2014 年版，第 1319 ~ 1340 页。

③ 参见梁慧星：《诚实信用原则与漏洞补充》，载《法学研究》1994 年第 2 期。

今日比较法通说认为，法律应规定债权人通知消费者保证人的先合同义务，因为消费者保证人多半缺乏商业经验且是弱势群体，但是在不同的法律制度中，各国专门的消费者保护规则提供的保护程度存在很大差异，下面具体加以分析。《芬兰独立保证和第三人担保法》对债权人通知消费者保证人的先合同义务进行了全面而详尽的规定，具体包括 3 个方面的内容：其一，须通知从属保证所承担的费用和具体费用。其二，须通知请求保证人履行的先决条件。其三，须通知任何对保证人具有实质影响的其他重要因素。但该法对于通知的方式并未明确规定为书面形式，而对于通知的最后时间确定为在保证承担之前。《奥地利消费者保护法》第 25 条规定："强制营业性的贷款提供者向作为共同债务人或保证人的配偶提交一份文件，将连带责任的风险告知他们，同时，债权人必须将其配偶的违约告知保证人，而不论他们是从属保证人还是独立保证人，而且债权人还应告知未履行该义务会导致保证人不对债务人违约后所产生的利息和费用负责。若债权人知道或应当知道债务人可能不能履行债务，债权人必须将债务人的经济状况告知成为共同债务人或从属保证人或独立保证人的消费者；若债权人未予以告知，仅当即便通知，担保义务仍然会被承担的情况下，保证人才负保证责任。"然而，奥地利最高法院却认为，若债权人极力主张保证的承担，这便表明债权人对债务人的清偿能力有所怀疑，单独的通知是必须的，而一般形式并不足够；即使保证人已经知情，债权人的通知仍为必须，若未通知，法院通行的做法是支持重复通知。若保证人在通知后愿意承担保证，并且参与了借贷之谈判过程，而且此前拥有相关的商业经验，则通知是不必要的。①

除了对消费者保证人进行专门保护的规则，通常还存在通过债权

---

① 参见［德］克里斯蒂安·冯·巴尔、［英］埃里克·克莱夫主编：《欧洲私法的原则、定义与示范规则：欧洲示范民法典草案》（第 4 卷），于庆生等译，法律出版社 2014 年版，第 1316 ~ 1324 页。

人通知的先合同义务的保护，而它们以一般法律原则，尤其是诚实信用原则为基础。但是，作为一般规则，这些通知义务并非十分严格，并在有限的情况下才适用。依合同法原理，债权人应该通知保证人所有关于债务人的财务状况或将要承担的风险的信息。若保证人因未获得适当的通知受到了不当影响，该保证可能会被认定为无效。在爱尔兰，债权人的通知义务可能产生于不当影响领域的推定知情原则。该原则认为，主债务人对保证人实施实际不当影响，债权人确实推定知情，并且债权人在此种情况下并未采取专门措施来确保保证人获得独立的法律咨询的，该保证不能强制执行。但夫妻关系本身不会引起不当影响的推定，债权人对任何不当影响的推定知情取决于他对某些表明该种不当影响的因素的认识。然而，在意大利，诚实信用原则被认为是保证合同中债权人通知义务的基础。当保证人与银行或金融机构缔约时，银行业内关于合同条款透明性的规则同样适用于保证人。根据《意大利合同法》第 116 条的规定，每个向公众开放的营业场所均得向客户公示下列内容：利率、价格、公告费用，以及任何与交易和提供的服务有关的其他财务状况，包括逾期利息和用于利息派算的价值；对习惯的参照是不被允许的。合同必须标明利率和任何其他的价格和条件，就借贷合同而言，包括迟延支付情况下的任何增加费用，以及不利于客户之利率与任何其他价格和条件的变化可能性均必须明确规定在合同中，客户对此条款必须单独署名。此外，该法第 119 条还要求债权人必须每年向客户提供完整而清晰的书面信息。另外，某些意大利的学者指出，对保证人未适当通知所产生的不当影响，可以诉诸保护合同缔结过程中个人意志自由的一般救济措施或关于损害赔偿的非合同责任的规则。

相反地，在荷兰，特定的消费者保护法律之外的债权人通知之先合同义务通常产生于错误规则。该规则认为，营业性的债权人知道或应当知道保证人是在特殊情况（如贫困、依赖、放纵、精神失常或缺乏经验的状态下）下被诱导签订保证合同的，或保证人将要承担的债务责任超过了他现有和预期的财务能力的，债权人应阻止保证人签订此保证合同，并支持该保证人去进行独立的法律咨询。

需要特别注意的是，当保证人与债务人之间存在信任和信赖关系或情感关系时，债权人负有补充性先合同义务。此以苏格兰和英格兰为典型。在苏格兰，仅当这种情形会导致一个理性人相信保证人并非自由行为或并非在获得充分信息后行为的情形下，才会推定债权人负有此额外的补充性先合同义务。若保证人基于诚实信用原则否认保证的有效性，该保证人须证明实际上存在不当影响或不实陈述。但司法实务中，法院并未对债权人的该行为加以采纳。债权人须就提供担保的后果对潜在的保证人加以警告，并建议其进行独立咨询。但一旦债权人被告知，潜在的保证人已经获得了法律咨询，该债权人通常不会采取任何行动。

为了规制债权人的通知之先合同义务，在保证人未获得债权人的先期通知而缔结保证合同的情形下，保证人可基于错误规则获得救济。然而，在通知先合同义务规定缺位的国家，立法者和学者认为，保证人可基于一般规则来获得救济。若债务人的清偿能力是承担保证的前提条件，则从属保证合同只能因为错误而无效。若消费者保证人错误地承担了保证，并在被要求履行担保时存在微小的风险，保证人可以基于错误规则宣告担保无效。

在法律规定债权人负有通知先合同义务的国家，若债权人违反了法律关于此义务的规定，应依法律的规定对债权人进行制裁，主要包括下列 3 种情形：其一，债务人没有通知的，保证人免责。但即使没有通知，也应负责的除外。其二，债权人并未向保证人提交借贷合同副本的，保证人的义务被免除。其三，消费者保证人担保的性质和担保的最高金额未在保证合同中明确规定的，保证合同无效。

但在通知义务之特别规定缺位的国家，法院和学者认为，可基于一般规则来保护保证人。若在充分信息缺乏的情形下，可能引起保证人一方的错误，保证人可以宣告保证无效；同样地，债权人提供的错误信息或不完全信息导致保证人一方错误的，保证人也有权宣告保证无效。

另外，现实中，消费者因未获得充分信息或并非自由而提供保证的情形也时有发生，尤其是在家庭成员之间。这就意味着消费者保证人会因提供保证承担重大风险进而遭受重大损失。对此，DCFR 赋予债权人确定消费者保证人已从第三人处获得独立咨询的义务。① 该独立咨询可由提供法律援助的消费者组织或机构提供，由此产生的费用由保证人或债务人承担。在保证人签署保证要约或创设保证合同至少5 天前，消费者保证人仍未得到上述信息或独立咨询的，可以在得到上述信息或独立咨询后的合理期间内撤销要约或宣告合同无效。5 天被视为合理期间，除非对此情况另有不同规定。② 若与上述规定相反，且保证人并没有得到有关信息或独立咨询，他可以在任何时候撤销保证要约或宣告保证合同无效。③ 若保证人依法撤销了保证要约或宣告保证合同无效，当事人获得利益的返还应适用不当得利规则。④

（二）债权人的年度通知义务

债权人的年度通知义务系经债务人同意，债权人必须每年向保证人通知截至通知时被担保的主债务数额、利息及债务人负担的其他从属性义务。⑤ 譬如，到期日的延长和概括保证情况下被担保债务的大幅增加。其旨在定期提醒消费者其所承担的潜在风险。之所以予以明定，是基于一般保证中权利人的通知义务的法理，且该年度通知义务

---

① 参见 DCFR 第Ⅳ. G—4：103 条第 2 款。
② 参见 DCFR 第Ⅳ. G—4：103 条第 3 款。
③ 参见 DCFR 第Ⅳ. G—4：103 条第 4 款。
④ 参见 DCFR 第Ⅳ. G—4：103 条第 5 款。
⑤ 参见 DCFR 第Ⅳ. G—4：106 条第 1 款。

因商务人士在历年年度结束或营业年度结束时均会为每一个账户进行结算而不会强加给债权人重大负担。另外，法国、意大利等欧盟成员国法均认可了债务人在未违约时通知保证人的义务。根据法国法，由3项不同的规定来调整消费者保证人所负有的通知义务：一是包括从属性义务在内的被担保债务的数额变化信息应至少每年一次通知消费者从属保证人（《法国民法典》第2293条第2款），但法院已经将其扩展到有限从属保证①；二是债权人必须就本金和利息的数额，以及不限于债务数额之变化的确切信息通知从属保证人（《法国消费者法典》第L. 341—6条第1款）；三是债权人的通知义务只适用于未附期限的从属保证是由自然人为了营业者的营业目的而提供的情况（1994年《马德琳法》）。

但是否必须在保证人是消费者时，债权人才负有此年度通知义务？对此欧盟成员国中有不同的规定。② 譬如，在法国，只要求从属保证人是消费者，被担保债务是消费者所欠还是营业者所欠是毫不相干的（《法国民法典》第2016条第2款），但应将其限定于消费者是保证人的情形，不宜适用于任何保证人。同样地，格里马尔蒂委员会建议，债权人必须定期通知任何自然人，无论他们是为了私人目的还是营业目的而行为（《法国民法典建议稿》第2307条第1款），不过，这项建议未被2006年的立法者采纳。在意大利，银行对客户负有年度通知义务，并不取决于客户的消费者身份，因为这是在其余所有客户类型的关系中，强加给银行的一项一般义务。

DCFR明定只有在保证人是消费者时，债权人才负有年度通知义务。因为消费者保护的立法旨在保护消费者的缔约自由，限制契约自由的适用范围。但通知的内容因关涉消费者保证人所面临的重大潜在

① See Cass. civ. 16 March 1999, D. I. R. p. 99.

② 例如，在英格兰，就被担保债务的数额回答问题的一般义务，并不取决于保证人是否是消费者。See Haniton v. Watson (1845) 12Cl & Fin 109, 8ER1339.

风险而被确认为主债务、利息和其他从属性义务。因通知的内容为极为机密的信息需经债务人同意，但该同意意味着允许债权人回答保证人提出的具体问题，故同意的范围应予以限制，且该同意表示一经作出不得撤销。① 消费者保证人知道或可以合理地被预期知道该年度通知的，应免除债权人的通知义务。②

值得注意的是，此年度通知义务为强制性规定。若违反，应承担相应的责任，即债权人怠于或迟延履行该年度通知义务的，债权人对保证人的权利将受限制以免保证人因该怠于或迟延通知行为而遭受损失。③ 该责任与从属保证中的债务人违反通知义务所承担的责任相同。因为二者在功能上是等效的，唯一区别在于保证人是否必须在债务人有义务定期提供信息之前提出要求。④

三、形式要件：文本形式

消费者保证的形式要件系保证合同必须在耐久媒质上采用文本形式并由保证人签名加以公布。不符合前句规定的，保证合同无效。⑤ 其属于强制性规定，不得违反和约定排除适用。其本旨是警示和保护特殊的消费者保证人。“文本形式”系指以字母文字或其他可识别的文字表达的文本，该文本借助于各种方法使得包含于其中的信息可以被阅读、记录或以有形形式复制；“耐久媒质”则指任何存储了信息的材质，从而便于在将来较长时间内查阅该信息，同时能够对该信息

---

① 参见 DCFR 第Ⅳ. G—2：107 条第 2 款。

② 参见 DCFR 第Ⅳ. G—2：107 条第 3 款。

③ 参见 DCFR 第Ⅳ. G—2：107 条第 4 款。

④ 参见［德］克里斯蒂安·冯·巴尔、［英］埃里克·克莱夫主编：《欧洲私法的原则、定义与示范规则：欧洲示范民法典草案》（第 4 卷），于庆生等译，法律出版社 2014 年版，第 1338 页。

⑤ 参见 DCFR 第Ⅳ. G—4：104 条。

作原封不动的复制。[①] “签名” 可为任何标记[②]，譬如，存储于光盘或类似设备上的保证合同的电子版。此外，保证合同文件或其他文书必须经保证人正式签名，才能对其具有约束力。[③] 而且，保证合同的形式要件均适用于所有的从属保证、独立保证以及有约束力的安慰函。

之所以予以明定消费者保证的形式要件，是因为消费者保证属于从属保证的范畴，且欧盟大多数成员国关于从属保证的形式要件均有明文规定。譬如，在德国、奥地利和希腊，由非商人承担的从属保证合同必须符合为警示保证人而确立的形式规定，且保证人的声明也必须以书面形式作出。这就意味着，从属保证合同的书面文本最后须由保证人签署，但被签署的文书的原件必须提交给债权人，因为传真被认为是并不足够的。但形式上的瑕疵可以因保证人履行保证而得到补正；例外的是，若这种形式要求会违背诚实信用原则，则保证人不得主张形式的欠缺。在法国，担保金额及其责任类型都必须由保证人以文字和数字形式明确规定。就无限担保而言，最高担保额必须由保证人提交。这些要求最早是由法国最高法院民事审判庭作为保证有效性的条件来审议的，但自 1989 年后，法院将这些书面要求仅仅作为证明的一个条件，若它未得以满足，保证合同被认定为仅仅是证明的开始；类似证人等其他的证据形式也被允许。2000 年 3 月 13 日关于电子通信和签名的规则被《法国民法典》采纳后，电子签名被法国法予以承认。除这些一般规则外，法国还存在关于消费者保证的特别立法。根据《法国消费者法典》的规定，在消费者借贷和房主借贷中，消费者

① 参见［德］克里斯蒂安·冯·巴尔、［英］埃里克·克莱夫主编：《欧洲私法的原则、定义与示范规则：欧洲示范民法典草案》（第 4 卷），于庆生等译，法律出版社 2014 年版，第 1326 ~ 1327 页。

② 1999 年 12 月 13 日《欧共体电子签名指令》（1999/93/EC）第 1（2）条和第（1）（a）条规定，签名不仅包括手写签名、电子签名及高级的电子签名，还包括签署的能够作出相应解释的任何标记。

③ 参见 1999 年 12 月 13 日《欧共体电子签名指令》（1999/93/EC）第 1（2）条和第（1）（a）条。

保证人必须就义务的性质和内容、债务人的姓名及责任类型手写强制性规定。消费者保证是否有效取决于这种必备的书面形式是否得到了遵守。①

之所以予以明定消费者保证的形式要件，是因为消费者保证本质上是契约，若完全遵循契约自由原则，必然损害消费者保证人的利益。故通过立法创设形式要件来限制契约自由，实现对消费者保证人的特殊保护，以实现契约正义的价值理念。形式主义的出现本就是为了实现契约正义，是立法对契约自由的规制。②

第三节　欧盟消费者保证的法律效力与适用范围

一、消费者保证的法律效力：消费者保证人的责任

消费者保证人的责任系债务人到期未履行债务时，由其承担补充责任，但另有约定的除外。③ 它以尊重债权人与保证人的约定利益和保护保证人的利益免受苛刻合同条款侵害为旨趣。此责任具有以下特性：其一，具有强制性。在荷兰，消费者保证人承担的是补充责任，该责任具有强制性，而且债务人不履行保证合同中的义务，需符合下列条件之一：仅当债务人至少违约未支付两期款或总债务的20%，在债务最后到期时违约，并且债务人是在债权人通过挂号信发出请求后1个月内不履行时，债务人才可起诉消费者保证人。其二，该责任是非强制性一般规则的补充责任。

为了平衡当事人的不同利益（债权人的利益是维持约定的保证，

---

① 参见［德］克里斯蒂安·冯·巴尔、［英］埃里克·克莱夫主编：《欧洲私法的原则、定义与示范规则：欧洲示范民法典草案》（第4卷），于庆生等译，法律出版社2014年版，第1327～1330页。

② 参见李永军：《从契约自由原则的基础看其在现代合同法上的地位》，载《比较法研究》2002年第4期。

③ 参见DCFR第Ⅳ.G—4：105条（b）项。

而保证人的利益则在于免受苛刻合同条款的侵害）DCFR 第Ⅳ. G—4：105 条规定，一个旨在设立没有最高担保额的保证的协议，不论是否为概括保证，均视为设立了一个担保额确定的从属保证。该条认为，除非最高担保额可以根据当事人的协议来确定，否则担保额限于保证生效时被担保债务的额度。在比利时，在担保消费者债务的保证合同中，保证人的责任范围限于特定金额，可以包括滞纳利息，但不包括因不履行所造成的罚金或损害赔偿金。而荷兰法律规定，仅当最高担保额确定时，消费者保证才有效。甚至，在法国，消费者保证人必须手写最高担保额包括利息、罚款和诉讼费用，否则，保证合同无效。

应指出的是，除荷兰①和比利时②外，其他成员国法并不存在有关消费者保证人责任的特殊规则。③ 这就意味着该条款的规定不符合大多数成员国法的现状。

值得注意的是，无限保证（没有最高担保额的保证）和独立保证中的消费者保证人也仅承担补充责任？就前者而言，欧洲示范民法典草案研究组借鉴成员国的共同立法经验④，认为无限保证需转化为有确定担保额度的从属保证，即一个旨在设立没有最高担保额的保证的协议，无论其是否为概括保证，都被视为设立了一个担保额确定的从

---

① 《荷兰民法典》第 7：855 条第 1 款规定，消费者保证人的责任只能是补充性的，并具有强制性。

② 《比利时消费品信用贷款法》第 36 条规定，仅当债务人至少违约未支付两期款或总债务的 20%，或在债务最后到期时违约，并且债务人是在债权人通过挂号信发出请求后 1 个月内不履行的，债务人才可起诉消费者保证人。

③ 参见［德］克里斯蒂安・冯・巴尔、［英］埃里克・克莱夫主编：《欧洲私法的原则、定义与示范规则：欧洲示范民法典草案》（第 4 卷），于庆生等译，法律出版社 2014 年版，第 1332 页。

④ 例如，在比利时，在担保消费者债务的保证合同中，保证人的责任范围限于特定金额，可以包括滞纳利息，但不包括因不履行所造成的罚金或损害赔偿金（2003 年《比利时消费品信用贷款法》第 34 条第 1 款）。又如，在荷兰，仅当最高担保额确定时，消费者保证才有效（《荷兰民法典》第 7：858 条第 1 款）。再如，在法国，消费者保证人必须手写最高担保额（包括利息、罚款和费用的比例），否则保证合同无效。

属保证。[①] 换句话说，除非最高担保额可以根据当事人的协议确定，否则担保额限于保证生效时被担保债务的额度。因为无限保证对保证人而言具有更大的风险，所以消费者保证中并不包括无限保证。质言之，只有当无限保证转化为从属保证，且保证人是消费者时，该消费者保证人才承担补充责任。

就后者而言，欧洲示范民法典草案研究组认为，独立保证中，因保证人放弃了任何抗辩的权利，易损害保证人的权益，故独立保证若符合从属保证的要件就转化为从属保证。换言之，一个旨在设立独立保证的协议，如果没有明确表示其不依赖于其他人对债权人的债务，只要具备了从属保证的其他条件，就将被视为设立了一个从属保证。[②] 质言之，只有当独立保证转化为从属保证，且保证人是消费者时，该消费者保证人才承担补充责任。

需要说明的是，除《荷兰民法典》第 7：863 条对消费者承担的独立保证明定了应适用一切关于消费者从属保证的特殊规定外，法国、德国等成员国法均禁止或限制或未明定消费者提供独立保证。但法国有学者认为，基于合同自由原则，消费者提供独立保证一般是有效的，但法院在承认其有效性时非常严格，并经常以消费者保护为由宣告其无效，但大多以欺诈为由。[③] 而在德国，若下列两项限制得到遵守，见索即付的保证责任可以由消费者来承担：其一，该保证对熟悉该种担保的人有约束力，这使得消费者被排除在外。[④] 其二，该保证是单独谈判的。此时债权人有义务就与此种担保类型有关的特殊风险通知明显缺乏经验的保证人，否则该保证人仅承担从属保证的责任。[⑤]

由上可知，DCFR 上的消费者保证本质上属于从属保证的范畴，

---

① 参见 DCFR 第Ⅳ. G—4：105 条（a）项。

② 参见 DCFR 第Ⅳ. G—4：105 条（c）项。

③ See Paris 16 April 1996，JCP G 1997，I No. 3991，p. 10.

④ See BGH 5 July 1990，NJW—RR 1990，1265.

⑤ See BGH 2 April1998，NJW1998，2280，2281.

其责任为补充责任，有别于从属保证和独立保证。

二、适用范围与规则

消费者保证因其不同于从属保证与独立保证的要件与效力而被赋予了特有的适用范围与规则。

（一）适用范围

消费者保证的适用范围是：（1）除 DCFR 第Ⅳ. G—4：101 条第 2 款的不同规定外，消费者保证的特殊规则适用于保证由消费者提供的情形；（2）如果债权人也是消费者或作为消费者的保证人能够对作为非自然人的债务人施加实质性影响，则消费者保证的特殊规则不适用。① 这就明确了消费者保证的适用主体为消费者。如前所述，该消费者系指任何其行为的主要目的与其贸易、经营或职业无关的自然人。

值得注意的是，DCFR 认定了两种不适用消费者保证的情形：一是保证人是消费者，债权人也是消费者时，由于债权人与保证人处于相同的水平上，均为弱者，不能适用消费者保证的特殊规则。譬如，仅当债权人是企业主时，才适用消费者保护规定。② 二是消费者保证人能够对非自然人的债务实施实质性影响时，消费者保证人实质上处于强势地位，也不能适用消费者保证的特殊规则。譬如，唯一的股东和董事为公司债务所承担的共同债务适用消费者保护规定。③ 又如，为公司债务承担担保的公司高级职员不能被当作消费者，但其条件是该职员单独或与其同事一起持有公司的大部分股份，并且该职员是公司营业的正常执行者。④

---

① 参见 DCFR 第Ⅳ. G—4：101 条。

② 参见《德国民法典》第 321 条、第 491 条；奥地利《消费者保护法》第 3 条；《消费者保护法》第 25a ~ 25d 条；《法国消费法典》第 L. 313—7/8 条。

③ See BGH 8 November 2005, WM 2006, 81, 82ff. p. 82.

④ 参见《荷兰民法典》第 7：857 条。

在欧盟成员国中，消费者保证免责有两种情形：其一，债权人也是消费者的情形。《奥地利关于上门交易的消费者保护法》第 3 条规定，仅当债权人是企业主时，该法的规定才能适用。然而，即使雇主是消费者，一般也禁止雇员为雇主利益而提供从属保证。其二，保证人与债务人公司存在特殊关系的情形。比如，《荷兰民法典》第7：857条规定，为公司债务承担担保的公司高级职员不能被当作消费者，但其条件是该职员单独或与其同事一起持有公司的大部分股份，并且该职员是公司营业的正常执行者。然而，《芬兰独立保证和第三人担保法》第 2 条对此种例外的界定更为宽泛，因为它在并未提及活动的情况下，不仅包含了公司职员，而且包含了债务人公司或母公司至少 1/3 股份的直接或间接持有者。另外，奥地利最高法院在两个案件中指出，公司债务的保证人若是作为其公司经理的唯一股东，他便不具有消费者的地位。在其中一个案件中，奥地利最高法院认为，持有 25% 股份的经理不被认为是消费者，相反，根据已经确定的判例，并未持有公司股份的公司经理在此种情况下应被认定为消费者。再者，德国法院认为，唯一的股东和董事为公司债务所承担的共同债务适用消费者保护的规定。另外，德国法院将对债务人公司有重要影响的股东、董事和其他人排除在其关于概括保证的特殊保护范围之外。此外，对近亲属的保护性规定一般也不适用于股东，因为在他们为提供给公司的借贷提供担保的过程中，债权人拥有正当的利益；只有小股东才作为例外出现。①

需要说明的是，在欧盟各成员国法律中，对保证领域内的消费者保护规定的适用范围存在不同的规定。每个国家不仅对某人何时具备消费者资格适用不同的标准，而且在适用特定的消费者保护规定时，

① 参见［德］克里斯蒂安·冯·巴尔、［英］埃里克·克莱夫主编：《欧洲私法的原则、定义与示范规则：欧洲示范民法典草案》（第 4 卷），于庆生等译，法律出版社 2014 年版，第 1310 页。

对于是保证人还是债务人须具有消费者身份，仍存在不同规定。虽然在这些规则的语境中，具有决定性的因素是保证人的人身属性，但还存在关注债务人之人身属性的立法。而且，并非所有国家都将消费者保护规定适用于所有类型的保证。因此，消费者保证适用范围的立法模式也有所不同。第一种立场认为，消费者保护规定适用于各种保险类型。此观点以奥地利为代表。《奥地利消费者保护法》第 2 条和第 25 条规定，该法适用于多种保险类型，尤其是从属保证和独立保证，以及债务或连带债务的承担。但这些规定并不适用于雇员与雇主之间的合同，也不适用于雇员承担的向债权人担保雇主之金钱债务的任何保证形式。第二种立场认为，消费者立法仅适用于从属保证。此观点以法国为代表。在法国，关于消费者借贷或所有借贷类型的消费者立法仅适用于从属保证。同样，《爱尔兰消费品信用贷款法》仅包含了保证合同，爱尔兰学者也认为此条款仅适用于从属保证。第三种立场认为，其还适用于独立保证。此观点以意大利为典型。《意大利消费者法典》第 33 条至第 38 条的规定适用于消费者和营业者之间缔结的所有合同，其规定均适用于从属保证和独立保证；而且根据意大利最高法院的解释，即使保证人并非消费者，只要被担保债务之债务人是消费者，消费者保护规则也均应当适用。①

（二）适用规则

消费者保证的适用规则一般是：除消费者保证的特殊规则的不同规定外，消费者保证同样适用保证的一般规定和从属保证的规定。②换句话说，消费者保证首先适用消费者保证的特殊规则，若不能适用，

① 参见［德］克里斯蒂安·冯·巴尔、［英］埃里克·克莱夫主编：《欧洲私法的原则、定义与示范规则：欧洲示范民法典草案》（第 4 卷），于庆生等译，法律出版社 2014 年版，第 1306 页以下。

② 参见 DCFR 第Ⅳ. G—4：102 条第 1 款。

则适用保证的一般规定和从属保证的规定。此为其保护消费者保证人的本旨使然。

这就意味着消费者保证的适用规则具有强制性。也就是说，关于消费者提供的保证，凡是法律明文规定的特殊规则，均具有强制性，即当事人不得排除消费者保证的适用规则的适用，或对其效力进行限制或变更而使作为消费者的保证人蒙受损害。① 易言之，若违反此强制性适用规则对消费者保证人不利，则欧洲示范民法典草案研究组基于各成员国的共同立法经验②和保护消费者保证人之需，认为约定无效。譬如，消费者保证人约定放弃撤销权③或消费者保护法赋予消费者的权利的行为。④ 但此强制性适用规则的违反并不会导致整个合同的无效。例如，滥用条款仅部分无效。⑤ 这是因为法律行为的部分无效一般不会导致其完全无效，除非可以推定，即便没有该无效部分，法律行为也可以达成。⑥ 相反地，若违反此强制性适用规则对消费者保证人有利，则欧洲示范民法典草案研究组基于大多数成员国的立法经验⑦及合同自由原则，认定约定有效。因为其符合消费者保证旨在保护消费者保证人，实现契约正义的价值理念。

此外，因现实中弱势的消费者受损普遍而创设的消费者保护规定为欧盟各成员国所认可。这是否意味着消费者提供保证的情形适用消费者保护的规定？换言之，保护消费者的规定是否适用于从属保证和

---

① 参见 DCFR 第Ⅳ. G—4：102 条第 2 款。

② 例如，《奥地利消费者保护法》第 2 条第 2 款规定，所有关于消费者保护的立法规定，包括关于消费者保证人的规则，都是强制性地有利于消费者，因此，合同对此的违背是无效的。《芬兰独立保证和第三人担保法》第 1 条规定，该法关于私人保证人之权利和义务的规定不得对那些保证人造成不利的违背。《比利时消费品信用贷款法》第 34 ~ 37 条规定，提供给消费者借贷之保证人的保护是强制性的。See Forges No. 193 at p. 330.

③ 参见《法国消费法典》第 121 ~ 125 条。

④ 参见《意大利消费者法典》第 143 条。

⑤ 参见《意大利消费者法典》第 36 条。

⑥ 参见《德国民法典》第 139 条。

⑦ 参见《西班牙民法典》第 6（2）条；《葡萄牙消费者保护法》第 16（1）条。

独立保证？欧盟各成员国并非均认可消费者保护规定适用于所有类型的保证,[①] 但奥地利、比利时、法国等成员国的消费者保护规定均适用于从属保证。根据比利时法，适用于消费者保证的主要规则[②]也适用于所有为担保从消费者借贷协议中产生的债务的保证（包括从属保证和独立保证）。[③] 但对于独立保证是否适用消费者保护的规定，却存在争议。肯认适用的奥地利、比利时、芬兰、意大利[④]等成员国认为，独立保证总是包含与基础债权的关联性故其适用于消费者保护规定。甚至，意大利最高法院认为，即使保证人并非消费者，只要被担保债务之债务人是消费者，消费者保护规定也均应当适用。[⑤] 而否认适用的法国[⑥]、德国[⑦]等成员国和欧洲示范民法典草案研究组则认为，因独立保证独立于任何基础债务，且独立保证中保证人放弃了任何抗辩的权利，故其不适用消费者保护的规定。由此可见，消费者保证在DCFR中适用消费者保护的规定，但独立保证不适用。

另外，消费者保证因属于从属保证的范畴，性质上是有名合同，是契约自由和私法自治的必然结果，故适用合同法的一般规则和原则。

综上，欧盟消费者保证的适用规则是：首先适用消费者保证的特殊规则，若不能适用，则适用保证的一般规定、从属保证的规则、消费者保护的规定及合同法的一般规则和原则。

值得注意的是，消费者保证适用规则具有强制性。其是指消费者保证立法的强制性，而消费者保护立法的强制性系指凡是明文规定的

---

① See Colombi Ciacchi, Unfair suretyships 281ff. p. 281.

② 参见《比利时消费品信用贷款法》第 34 ~ 37 条。

③ See Lettany 221 No. 253 at 221. p. 221.

④ 例如,《奥地利消费者保护法》第 2 条和第 25 条也适用于独立保证；在芬兰与《独立个人担保法》所规定的情况无关的保证类型也适用于独立保证（RP 189/1998 rd 17）;《意大利消费者法典》第 33 条至第 38 条的规定也适用于独立保证。

⑤ See Cass. 11 January 2011 No. 314, Foro it. 2001 I p. 1589.

⑥ 《法国消费法典》第 L. 313—7 条和第 L. 341—1 条规定，消费者立法仅适用于从属保证。

⑦ 例如,《德国上门交易撤销法》适用于从属保证。See Erman/Saenger &312nos. 28 f.

特殊规则，均具有强制性，应优先适用。其具体体现为：其一，对消费者保证人不利的违背。关于消费者提供的保证，凡是法律明文规定的特殊规则，均具有强制性。在《奥地利消费者保护法》中所有关于消费者保护的立法规定，包括关于消费者保证人保护的规则，均强制性地保护消费者，因此，合同对此的违背是无效的。同样，《芬兰独立保证和第三人担保法》第1条规定，该法关于私人保证人的权利和义务的规定不得对那些保证人造成不利的损害。其二，对一般消费者造成不利的违背。虽然一些国家并不存在保护保证人的专门性立法规则，但关于消费者的立法通常具有强制性，因而，合同并不能违背这些一般规则给消费者造成不利，包括关于消费者借贷的立法、关于上门交易的立法，以及关于消费者保护的一般法律。就保证合同而言，关于滥用条款的规定是无效的，但是有些国家的法律承认通过与消费者的个别谈判而达成的条款是有效的，比如，《意大利消费者法典》第36条的规定。其三，消费者的权利放弃。因消费者保证人是弱势群体，关于消费者权利的规定通常为强制性规定，消费者放弃其权利的行为一般被法律所禁止。例如，消费者放弃撤销权的行为无效。①

需要注意的是，在大多数欧陆国家中，造成消费者保证人或一般消费者之不利的违背，并不会导致整个合同的无效，但是，违背该禁止的结果在不同国家的实践中有所不同。其一，部分无效。依合同法原理，合同部分无效并不意味着整个合同的无效，同理，保证合同的部分无效也不影响整个保证合同的无效。在《法国消费者法典》中，关于不公平合同条款的规则、关于所有借贷类型的规则以及关于消费者借贷的规则，只有其中强加连带责任的条款部分无效；同样，《意大利消费者法典》第36条规定，滥用条款仅部分无效；《德国民法

---

① 参见《法国消费者法典》第121~125条；《意大利消费者法典》第143条。

典》中也有如此规定[①]，德国联邦法院也承认为担保目的的消费者连带债务部分无效，只要法律行为的无效部分能够明确地与有效部分分离开来。当违反《德国民法典》第305条的规定时，法律认为标准合同中的条款是出人意料的或滥用的，这些条款不能成为合同的部分或无效。其二，法院的削减与解释。《奥地利消费者保护法》第25条对此有规定，即“保证人的财产明显不足以履行保证的，其义务可以削减”。同理，法国也有相应的规定，比如《法国民法典建议稿》第2305条规定，从属保证人为私人目的而承担的保证明显与其财务能力和收入是不成比例的，其义务可以被削减，除非在请求履行时，保证人能够履行该义务。但该项规定最终未被2006年立法所采纳。其三，不得强制执行。在比较法上，实属《法国消费者法典》的规定较为详尽。其规定，从属保证人的保证与其财务能力和收入明显不成比例时，则营业性债权人不得强制执行保证合同，除非请求履行时，保证人能够履行该义务。

需明确的是，在欧陆国家中，关于对消费者保证人或一般消费者有利的违背，仍存在两种观点：一是对其有利的违背为立法所认可。例如，1999年《消费合同不平等条款规则》规定：“该法的规定仅适用于不利于消费者的合同。”二是无论对消费者保证人是有利的还是不利的违背均不为法律所认可。在法国，关于所有借贷类型、消费者借款和上门交易的规则均例外地排除了所有违背，也包括对消费者有利的违背。

---

① 《德国民法典》第139条规定，法律行为的部分无效一般不会导致其完全无效，除非可以推定，即便没有该无效部分，法律行为也可以达成。但是，标准合同中的一个或多个条款无效并不会影响整个合同的效力。

第十二章　欧盟动产担保物权制度于我国《民法典》之借鉴

第一节　我国《民法典》立法完善之可行性与必要性

我国现行《民法典》虽然实现了动产和权利担保的“形式小改，实质大修”[①]，但我国未界定担保权的概念为有担保的债权意义上的权利，担保权未被定性为优先受偿权，实现独立成编，而是被分别规定在物权编和合同编；动产担保未类型化；未明定担保权的实现规则、统一的担保物权的优先顺位

① 现行《民法典》对原有的担保制度作了重大的修改和完善，广泛扩张了动产担保的范围，统一了动产担保以及浮动担保、融资租赁、保理、保留所有权等担保方式的规则；确认了担保物权竞存时的优先顺位规则；通过减轻担保人责任，鼓励担保交易，促进物尽其用；基于现代社会财富增长出现大量的新型财产权利的势态，将其纳入可供担保的财产范围；缓和物权法定，承认非典型担保，扩大了当事人设立担保物权的意思自治空间。同时，《民法典》没有规定担保物权的具体登记机构，为建立统一的动产抵押和权利质押登记制度提供了重要的法律基础。参见王利明：《担保物权制度的现代化与我国〈民法典〉的亮点》，载《上海政法学院学报（法治论丛）》2021 年第 1 期。

规则、统一的动产担保登记制度①、让与担保②等。从立法体系来看，将非典型担保权统统在民法典中予以规定，在内容上“溢出”了物权体系赖以建立的基础——对世性和排他性，对物权法体系造成了冲击。将一些本来属于合同性质的债权作为担保物权来对待，从实质意义上对物权法体系造成损害。在这种双重夹击之下，物权的基本概念、基本效力和基本原则及规范体系受到了很大的冲击和破坏。③

第二节 我国《民法典》立法完善之进路选择

一、担保权的概念应为有担保的债权意义上的担保权

担保权的概念颇具争议，其概念厘定的关键是要厘清担保权与优先权的关系（见表12）。罗马、法国、德国的担保权都包含了优先权，而意大利优先权包含了担保权，但意大利优先权是优先受偿权，意大利优先权涵括了先取特权与担保权，先取特权才是实质意义上的特殊债权。梳理优先权演进历史脉络可知，担保权是有担保的债权，以实现担保功能；优先权是特殊债权，以实现“特定目的性”④。罗马法将债权分为普通债权、有担保的债权和特殊债权3种。无论担保权的概念和名称有多么不同，但解决有担保的债权优先受偿而产生的权利，实际上是源于包括罗马意定抵押权和质权在内的罗马担保权，并不包括优先权，是近现代大陆法系国家中不包括优先权在内的担保权。因

① 参见刘竞元：《民法典动产担保的发展及其法律适用》，载《法学家》2021年第1期。

② 参见谢鸿飞：《动产担保物权的规则变革与法律适用》，载《国家检察官学院学报》2020年第4期；刘保玉：《民法典担保物权制度新规释评》，载《法商研究》2020年第5期。

③ 参见李永军：《论民法典形式意义与实质意义上的担保物权——形式与实质担保物权冲击下的物权法体系》，载《西北师大学报（社会科学版）》2020年第6期。

④ “特定目的性”具体为“有为立法者之创造，有基于应事实之需，有为公平正义之实现，有为社会政策之实现，有为保护弱者之需”等。参见金世鼎：《民法上优先受偿权之研究》，载郑玉波主编：《民法物权论文选辑（下）》，台北，五南图书出版股份有限公司1984年版，第902页。

而，我国担保权的概念应为有担保的债权意义上的担保权。

表 12　担保权与优先权的关系

<table>
<tr><td colspan="7">罗马担保权</td></tr>
<tr><td colspan="4">质权</td><td colspan="3">抵押权</td></tr>
<tr><td colspan="4"></td><td colspan="3">意定、法定、裁判抵押权</td></tr>
<tr><td colspan="7">法国担保权</td></tr>
<tr><td colspan="4">动产担保</td><td colspan="3">不动产担保</td></tr>
<tr><td>动产
优先权</td><td>有形动
产质权</td><td>无形动
产质权</td><td>留置/让
与担保</td><td>不动产
优先权</td><td>不动产
质权</td><td>抵押权</td></tr>
<tr><td>动产一
般、特别
优先权</td><td></td><td></td><td></td><td>不动产
一般、特别
优先权</td><td></td><td>法定、裁
判、约定
抵押权</td></tr>
<tr><td colspan="7">德国担保权</td></tr>
<tr><td colspan="4">不动产（土地）担保</td><td colspan="3">动产担保</td></tr>
<tr><td>抵押权</td><td>土地债务</td><td colspan="2">定期土地债务</td><td>动产质权</td><td colspan="2">权利质权</td></tr>
<tr><td></td><td></td><td colspan="2"></td><td>法定质权、
意定质权</td><td colspan="2"></td></tr>
<tr><td colspan="7">意大利优先权</td></tr>
<tr><td colspan="2">先取特权</td><td colspan="3">质权</td><td colspan="2">抵押权</td></tr>
<tr><td colspan="2">动产、不动产先取特权</td><td colspan="3">动产、债权质权</td><td colspan="2">法定、意定、诉讼抵押权</td></tr>
<tr><td colspan="7">欧盟动产担保物权</td></tr>
<tr><td colspan="4">合同动产担保物权</td><td colspan="3">非合同动产担保物权</td></tr>
<tr><td colspan="4">质押权、物权担保合同所产生的
定限物权、留置权、以担保
为目的的所有权移转</td><td colspan="3">以担保为目的的信托、由单方法律行
为所设立的动产担保物权（如遗嘱）、
财产法中法定的担保物权</td></tr>
</table>

二、担保权性质应为优先受偿权

担保权的本质历来颇具争议，学理上大致形成了债权说、物权说、中间权利说、价值说、未来所有权说、非统一说6种学说。其中，日本我妻荣先生持非统一说的观点，并认为《日本民法典》中四类担保权的内容各异，对其本质属性作出统一解释非常困难。换言之，按物权说[①]的观点，能很好地诠释先取特权和留置权的本质，但无法诠释抵押权的本质。而债权说[②]的观点能真实反映抵押权的特征，说明抵押权与质权的本质，但无法解释留置权与一般优先权的区别。但从优先权的价值功能来看，留置权和优先权均直接或间接地突破了债权人平等的原则。价值说[③]则能准确地描述和反映质权和留置权的特征和本质属性，因为它们都能排除支配标的物的交换价值。但质权可否为独立的价值权并不明确，因为质权也有留置的效力。当质权不再具有留置效力时，为独立的价值权也是可能的，如在股份和债券等上设立的质权已经不再具有留置的效力，权利人只关注其交换价值。此外，抵押权若脱离债权，自然能为独立的价值权。[④] 其实，我妻荣先生也积极肯定了现代担保权的独立性，并承认了担保权既非物权也非债权。因此，非统一说实际上是价值说，但若将担保权定性为价值权也是欠妥的，因为依政治经济学理论，担保权人不可支配价值和交换价值。[⑤]而且，无论从担保权的支配性角度看，还是从该项权利的实现角度看，担保权都既非物权，也非债权。

于是有学者将担保权的性质认定为中间状态的权利和未来所有权，中间权利说[⑥]和未来所有权说[⑦]自然就产生了。但前者的致命缺陷是以

---

① 参见王利明：《物权法论》，中国政法大学出版社2008年版，第547页。

② 参见佟柔主编：《民法原理》，法律出版社1983年版，第201页。

③ 参见史尚宽：《物权法论》，中国政法大学出版社2000年版，第16页。

④ 参见［日］我妻荣：《我妻荣民法讲义Ⅲ：新订担保物权法》，申政武、封涛、郑芙蓉译，中国法制出版社2008年版，第15~16页。

⑤ 参见孟勤国、黄莹主编：《中国物权法的理论探索》，武汉大学出版社2004年版，第359~360页。

⑥ 参见高圣平：《担保法论》，法律出版社2009年版，第245页。

⑦ 参见徐海燕、李莉：《物权担保前沿理论与实务探讨》，中国法制出版社2012年版，第13~14页。

物权和债权呈现的特点来诠释担保权的性质无疑是欠妥的，也是不符合逻辑的。因为"物权化的债权"，其实要讲清楚物权化了的债权是什么权。[①]"债权化的物权"，也须告知债权化了的物权该归入哪里？[②]但该学说并未解决此问题。而后者的致命缺陷在于，即使依传统所有权理论，"担保权人享有担保物的预期处分权"也只是所有权的一项权能。此外，处分权并非所有权专利，即使债务人不能履行债务，也可通过金钱和抵债等方式来清偿债务。因此，未来所有权说不可取。

其实，担保权只是保证债权优先受偿，债权人并不具有取得担保物的权利。也就是说，担保权只是实现债权的一种方式。实际上，担保权之所以产生，是因为在现实生活中，若债务人处于相对弱势地位，则债权人基于诸多顾虑不愿意与之交易，为了鼓励和促进交易、实现财产的充分利用，达到物尽其用、增加社会财富的目的，立法者通过制度安排赋予债权人对担保物享有比其他债权人优先清偿的权利。易言之，立法者仅是赋予了债权人将来优先取得担保物价款的可能性，若债务人以抵债、金钱等方式清偿了债务，则自然就丧失了此项权利。故此，担保权也并非中间权利和未来所有权。这就说明担保权实际上是解决债权人与其他债权人之间在债务无法履行时就担保物如何分配问题的最终手段罢了。因为债务人的一般财产是保护债权的最终手段。[③]质言之，担保权是解决债权人与其他债权人之间的权利冲突问题的一种方式而已。据此，依现代民法理论，担保权本质上是优先权的一种。担保权设定以后，只是对担保物产生一定的限制，担保权本身并不支配这个物，因此它不是物权。现今，我国不少学者也肯认了

① 参见孟勤国：《物权二元理论与传统物权理论的重大分歧》，载《山东警察学院学报》2005年第6期。

② 参见孟勤国：《物权二元理论与传统物权理论的重大分歧》，载《山东警察学院学报》2005年第6期。

③ 参见［日］我妻荣：《我妻荣民法讲义Ⅲ：新订担保物权法》，申政武、封涛、郑芙蓉译，中国法制出版社2008年版，第1页。

担保权不是物权的观点。[①] 其实，担保权是顺序优先的权利。

有些国家民法典也认可担保权是优先受偿权，但性质有所不同。[②]

三、担保权与优先权应是并列关系

担保权与优先权的关系在立法上大致有以罗马、法国、德国为代表的包含与被包含关系和以意大利和美国为代表的并列关系两种。在包含与被包含关系中，罗马、法国、德国优先权是担保权的一种，担保权能够统摄解决特殊债权的独立价值问题，优先权的“特定目的性”被湮没于担保权的保全、融资功能之中。倘若优先权像担保权一样按照债权设立、登记时间顺序而非债权重要性顺序解决特殊债权优先受偿的问题，则其“特定目的性”名存实亡，譬如德国优先权；反之亦然。另外，优先权与担保权虽然在不同国家和地区的名称大致相同，但其内涵、效力和功能等存在根本不同，即在内涵上，优先权为特殊债权，担保权为有担保的债权；在效力上，优先权优先于担保权；在功能上，优先权具有“特定目的性”，担保权具有保全或融资功能。如认为二者是包含与被包含的关系，由担保权或优先权统摄，虽然立法技术上也可行，但易造成概念混淆，如法国民法和德国民法。在认为二者关系是并列关系的国家中，在立法上，意大利优先权统摄和涵括处于并列关系的担保权和先取特权；美国优先权统摄和涵括处于并列关系的物权性优先权与法定担保权。虽然意大利优先权与先取特权、美国优先权与物权性优先权也易造成概念混淆，但意大利民法和美国

---

① 参见冯桂、蒙晓阳、张海龙：《中国物权法理论研讨会会议综述》，载《法学评论》2004 年第 5 期。

② 参见尹田：《法国物权法》，法律出版社 1998 年版，第 459 页；《魁北克民法典》，孙建江、郭站红、朱亚芬译，中国人民大学出版社 2005 年版，第 14 页；《马耳他民法典》，李飞译，厦门大学出版社 2012 年版，第 405 ~ 413 页；《意大利民法典》，费安玲、丁玫译，中国政法大学出版社 1997 年版，第 721 ~ 741 页；［美］戴维·达德利·菲尔德：《纽约州民法典草案》，田甜译，中国大百科全书出版社 2007 年版，第 269 页；《路易斯安那民法典》，娄爱华译，厦门大学出版社 2010 年版，第 375 ~ 396 页。

民法理顺了优先权与质权、抵押权等所谓担保物权的逻辑关系，为合理安排权利顺序并形成完整和谐的权利顺序体系奠定了基础。故而，我国担保权与优先权应是并列关系，优先权特指与特殊债权对应的优先权，担保权特指与有担保的债权对应的担保权，由此赋予我国优先权解决特殊债权优先受偿问题的独立价值和我国担保权解决有担保的债权优先受偿问题的独立价值。

四、应确立典型担保权和非典型担保权二分法

罗马、法国、德国、意大利、欧盟动产担保权的种类，如表 12 所示。从一国担保权种类的立法实践经验出发，只能得出一国担保权的种类，这些种类能帮助我们了解和分析特定国家担保权的种类，但不足以指引中国《民法典》担保权的种类问题。中国《民法典》需要从理论层面上深刻认识担保权种类对担保权冲突解决有效性的影响。不同国家解决担保权冲突问题的种类是不同国家立法实践经验的产物，虽然有所不同，但都有担保权。只不过罗马、法国、德国优先权是这些国家担保权的一种，而意大利优先权涵括了包括意大利抵押权和质权在内的担保权。但如前所述，担保权与优先权是并列关系，担保权是有担保的债权，优先权是特殊债权。从罗马担保权诞生以来，将担保权分为动产担保权和不动产担保权成为主要大陆法系国家的主流观点，并为立法所认可，表 12 所示的法国、德国和欧盟担保权的分类即为典例。而且典型的担保权如抵押权、质权和留置权也基本上被表 12 中的德国、法国、意大利等典型的大陆法系国家认可。但随着社会的发展，非典型担保权如让与担保、以担保为目的的所有权转移、以担保为目的的信托等也为法国与欧盟担保法所认可。我国也通过司法解释和《全国法院民商事审判工作会议纪要》（以下简称《九民纪要》）对非典型担保权如保理合同、保留所有权、融资租赁合同、保兑仓交易、让与担保、借新还旧的担保物权等予以认可。但这些非典型担保权

并未被民法典统一规定。结合我国社会经济生活的需要，按照现今域外比较担保权立法与担保权法理或学理，我国担保权可分为典型担保权和非典型担保权两种，以涵括所有具有担保功能的担保权，从而顺应时代进步与发展要求。这就使得担保权制度更具有开放性和包容性，倘若我国《民法典》实现担保权独立成编，其性质被定性为优先受偿权，这就克服了担保权纳入物权编受物权法定原则、特定原则和公示原则的桎梏的问题。故而，我国《民法典》未来应将担保权分为典型担保物权和非典型担保物权。而我国担保权的种类应结合我国现实之需予以增设。

五、担保权应独立成编

从历史沿革来看，担保权的民法模式是围绕着“担保权与优先权的关系”演进的。

（一）担保制度在民法典中的不同定位

1. 大陆法系和英美法系典型国家对担保制度的不同定位

由于大陆法系和英美法系典型国家对优先权与担保权的关系存在不同认识，优先权制度体系形成了两种不同模式，即担保权模式与优先权模式。

罗马法定抵押权制度体系的特点是：罗马法在“法定抵押权为担保权”的观念下，形成了担保权模式；基于法定抵押权同意定抵押权都不占有抵押物的共性，完全不顾法定抵押权违背特定原则[①]，故将其归入抵押权，定性为特殊抵押权，使其成为罗马担保权的一种，与质权和意定抵押权共同构成罗马担保权制度。罗马担保权是债的类型，是物权[②]，名义上被归入债，实际上被归入物权。其形成的主要原因

---

① 参见许明月：《抵押权制度研究》，法律出版社1998年版，第14页。

② 参见徐国栋：《罗马私法要论——文本与分析》，科学出版社2007年版，第171～172页。

是：抵押权克服质权限制质物价值充分利用的缺陷，逐渐成为罗马法上担保物权的主要形式，而以法定方式设定抵押权主要是后古典法时期罗马皇帝的产物。[①] 故根据私有制的需要对债务人的财产用于清偿到期未履行的债务的事实进行定性和解释，无不受抵押权制度和皇帝立法的影响和支配。法定抵押权于是被归入财产利用领域而与抵押权联系在一起，从而有了"特权"和"特定目的性"的法律性质。"特权"和"特定目的性"成为法定抵押权的主观要件，并以此划定法定抵押权的范围，使之附属于抵押权。

法国担保权制度体系的特点是：1804 年《法国民法典》在"优先权与担保权的关系"上对罗马法并无实质性突破，仍为担保权模式；优先权作为担保权的一种，与抵押权、质权共同构成法国担保权制度，并被规定在第三编"取得财产的各种方式"中。值得注意的是，法国于 2006 年 3 月进行了担保制度改革，以满足经济发展和刺激信贷所需[②]和实现涵括优先权的担保物权独立成编[③]，但此次改革的立法者只是提升了担保权的重要性。

德国担保权制度体系的特点是：1900 年《德国民法典》在"担保权与优先权的关系"上对罗马法和法国法并无实质性突破，仍为担保权模式，但有别于罗马法和法国法；法定质权即优先权，作为担保物权的一种与约定质权、权利质权、抵押权、土地债务、定期土地债务共同构成德国的担保物权制度，被归入物权编。其形成的主要原因：一是受"萨维尼的物权与债权调整不同的对立的权利体系"观念的影响，德国民法典实现债权脱离所有权的束缚[④]，使债权成为与物权并列的独立

---

① 参见［英］巴里·尼古拉斯：《罗马法概论》，黄风译，法律出版社 2004 年版，第 94 页。

② 参见李世刚：《关于法国担保制度的改革》，载《政治与法律》2007 年第 3 期。

③ 参见张素华：《论民法典分则中担保制度的独立成编》，载《法学家》2019 年第 6 期。

④ 参见［英］巴里·尼古拉斯：《罗马法概论》，黄风译，法律出版社 2004 年版，第 142 页。

权利，物权严格遵循物权特定原则[①]，并采纳物权编与债权编相互独立的潘德克顿体系。二是立法者意识到零散而不统一的罗马担保权从属于不同的制度和立法目的的缺陷以及法国担保物权从属性理论无法满足资本主义垄断阶段财产利用日益频繁之需，从而固守担保物权独立理论，并将其作为一种投资的手段[②]，进而借鉴罗马质权与日耳曼抵押权两种类型，将罗马质权改造为动产质权（约定质权与法定质权），创设土地债务与定期土地债务，采纳海赛的三国式担保物权体系[③]，把被聚合在一起的担保物权的类型从法国的债法转移到物权法中。

意大利担保权制度体系的特点是：《意大利民法典》在“担保权与优先权的关系”上实现了历史性的突破，形成了担保权与先取特权并列模式；优先权被定位为优先受偿权[④]，涵括先取特权、质权、抵押权，由此共同构成意大利优先权制度，《意大利民法典》将优先权独立成编，独立于物权编、债权编。其形成的主要原因：一是意大利优先权是一种广义的权利类型，是先取特权、质权、抵押权的属概念或上位概念[⑤]，先取特权、质权、抵押权是优先权的种概念或下位概念。[⑥] 二是抵押权、质权、先取特权虽然各不相同，但却有共同的保护其他权利的工具性特点。优先受偿性成为意大利民法典确认和安排债权顺序的唯一因素，由此建立起意大利债权冲突解决机制，开创了债权冲突解决的统一优先权模式，并基于“抵押权、质权、先取特权虽然相互各异，但却有共同的保护其他权利的工具性特点”[⑦]，实现优

---

① 参见孙新强：《破除债权平等原则的两种立法例之辨析——兼论优先权的性质》，载《现代法学》2009 年第 6 期。

② 参见郭明瑞：《论担保物权的历史发展趋向》，载《法学》1996 年第 2 期。

③ 参见徐国栋：《罗马私法要论——文本与分析》，科学出版社 2007 年版，第 175 页。

④ 参见陈本寒主编：《担保法通论》，武汉大学出版社 1998 年版，第 128 页。

⑤ 参见陈桂清：《种属关系的概念不能并列》，载《中国翻译》1991 年第 2 期。

⑥ 参见蔡福华：《民事优先权研究》，人民法院出版社 2000 年版，第 8 页。

⑦ 《意大利民法典（2004 年）》，费安玲、丁玫、张宓译，中国政法大学出版社 2004 年版，第 7 页。

先权独立成编。这就克服了将优先权归入担保物权和债权领域所存在的固有缺陷和不足，也摆脱了大陆法所固守的物债二分的禁锢。

美国担保权制度体系的特点是：在“担保权与优先权的关系”上也实现了历史性的突破，形成了担保权与优先权并列模式；美国担保权和物权性优先权成为美国优先权的一种，由此构成优先权制度，其分别规定于商法典和破产法。其形成的主要原因：尽管美国法具有不区分物权与债权的传统，但其也素有遵循先例的传统，也有担保法，也遵循担保财产特定原则。①

2. 我国立法与学理上对担保制度的不同定位

我国《民法典》将担保权定性为物权，规定于物权编。但其具有非典型担保权入典的桎梏，归入物权编违背物权法定原则、公示原则。为此，张素华教授认为，我国担保制度应借鉴2006年法国担保权改革，实现我国担保制度独立成编，其体系价值为：保持担保体系的开放性与调整对象的广泛性，有利于民商合一理念的践行，等等。② 但问题是，法国担保制度是将优先权界定为担保权的一种，从而实现独立成编。

（二）担保权制度的最新发展

一国家（地区）根据自己的立法传统、学理支持对担保权性质的不同认定决定了担保权制度在其民法典中的位置。考察世界上主要民法典（见表13）可知：民法典一般将担保权制度规定于物编、债编、取得方式卷担保权编、权利的保护编和独立成编，独立成编大致有涵括担保权的优先权独立成编、涵括优先权的担保权独立成编和担保权与优先权并列独立成编3种。但将担保权制度规定于物编，无疑将担保权定性为物权，存在非典型担保权入典的桎梏，有违背物权法定原则、特定原则和公示原则的缺陷；将其规定于债编，无疑将担保权定

① 参见辜江南：《优先权与中国民法典》，人民法院出版社2019年版，第90页。

② 参见张素华：《论民法典分则中担保制度的独立成编》，载《法学家》2019年第6期。

性为债权，但担保权是一种独立于物权与债权的民事权利；将其规定于取得方式编，无疑将担保权定性为所有权（物权），固守了所有权（物权）至高无上的观念；将其独立成编赋予了担保权统摄解决有担保的债权的优先受偿问题的价值，实现担保的独立价值，也摆脱了物权与债权划分的禁锢，更加合理和科学。但涵括担保权的优先权独立成编存在固有缺陷。譬如，《意大利民法典》借鉴日本先取特权来指代法国意义上的优先权，用优先权来指代担保权与先取特权。这虽然在立法技术上可行，但易造成概念混淆。涵括优先权的担保权独立成编也存在不足。[①] 为此，《西班牙民法典》和《魁北克民法典》将担保权与优先权并列独立成编，其虽然厘清了担保权与优先权是并列关系，但并未反映“担保权和优先权均为优先受偿权，是顺序权的种类”这一本质特征。故而，中国《民法典》应实现将由顺序权统摄的优先权和担保权并列独立成编。

表 13　担保权体系定位的类型与在民法典中的位置

类型	担保权在民法典中位置
物编	《德国民法典》（1900 年版）：物编
债编	《葡萄牙民法典》（2009 年版）：第二卷债法
取得方式编	《路易斯安那民法典》（2007 年版）：第三卷取得所有权的不同方法
涵括担保权的优先权独立成编	《意大利民法典》（2004 年版）：第六编权利的保护
涵括优先权的担保权独立成编	《法国民法典》（2006 年版）：第三卷取得所有权的方式第三编担保权
担保权与优先权并列独立成编	《西班牙民法典》（2013 年版）：担保权与优先权并列成编；《魁北克民法典》（2005 年版）：第六编优先权和抵押权

① 譬如，《法国民法典》将担保权与优先权的关系错误地厘定为包含与被包含的关系。

第三节　我国《民法典》立法完善之规则体系建构

我国动产担保权制度规则与欧盟动产担保权制度规则的比较见表14。这两种动产担保权制度规则虽然整体上大致都分为一般规则和具体规则两部分，但我国采取的是“一般规则＋担保权种类”模式，而欧盟采取的是“一般规则＋担保权共性（适用范围、担保权的设立、生效、效力、担保范围、担保期间、竞合、实现、灭失）”模式。我国模式不如欧盟模式逻辑严密，也会造成立法内容的重叠和法律适用的不便，因为我国担保权制度规则不仅规定在《民法典》物权编，还规定在司法解释和《九民纪要》之中。① 我国一般规则比欧盟一般规则详尽，但我国具体规则不如欧盟具体规则更详尽和逻辑严密。我国一般规则在内容上堪称全面，但也存在不足。比如，关于独立保证、

---

① 我国《民法典》第386条至第393条明定了我国担保物权的一般规定，涵括担保物权责任、担保物权的设立、担保物权的从属性及其例外、担保物权效力所及的债权范围、担保物权的行使期间、主债务的转让、人的担保和物的担保的竞存和担保物权、担保物权消灭八部分内容。《最高人民法院关于适用〈中华人民共和国民法典〉有关担保制度的解释》（2020年12月31日最高人民法院审判委员会第1824次会议通过，自2021年1月1日起施行）规定了担保权制度的一般规定，共计71个条文。该司法解释在落实民法典有关担保制度的规定的同时，全面构建了担保制度的一般规则。由于民法典强化了担保的从属性，该司法解释将独立保函排除在担保制度之外，并对非金融机构约定独立性担保以及突破担保范围从属性的后果进行了规定；该司法解释在充分尊重立法原意的基础上，原则上否认共同担保人之间的相互追偿权，但也为担保人的相互追偿留下了一定的空间；该司法解释排除了若干因素对担保合同效力的影响，但在公司对外提供担保问题上，该司法解释一方面延续了2019年《九民纪要》确立的司法政策，另一方面也在具体规则上进行了修正和完善；在担保合同无效的后果方面，该司法解释虽然延续了原《最高人民法院关于适用〈中华人民共和国担保法〉若干问题的解释》确立的规则，但进行了必要修正和完善；最后，该司法解释纠正了以往司法实践对反担保在认识上的误区。该司法解释在内容上可以区分为针对民法典新变化而作的解释和为解决长期困扰司法实践的问题而作的解释，这一区分对于正确处理该司法解释的时间效力问题，具有重要意义。参见刘贵祥：《担保制度一般规则的新发展及其适用——以民法典担保制度解释为中心》，载《比较法研究》2021年第5期。《九民纪要》第54条至第59条规定了担保权制度的一般规则，共计6个条文，涉及独立担保、担保责任的范围、混合担保中担保人之间的追偿问题、借新还旧的担保物权、担保债权的范围、主债权诉讼时效届满的法律后果等内容。

非典型担保权的规定。这两种制度规则无论如何不同，其内容基本上相同，主要包括担保权的设立、生效、效力、竞合、实现、灭失等。故而就上述内容比较分析完善之。

表 14　我国动产担保权制度规则与欧盟动产担保权制度规则比较

担保权规则内容	我国动产担保权规则	欧盟动产担保权规则
一般规则	第十六章　担保物权的一般规则：担保物权的概念、设立、担保范围、担保期间、主债务的转让、人的担保和物的担保竞存和担保物权、担保物权消灭	第一章　欧盟动产担保物权制度的一般规定：动产担保物权的适用范围、概念、种类、保留所有权交易、欧盟动产担保物权的相关定义
具体规则	第十七章　抵押权 第十八章　质权 第十九章　留置权	第二章　欧盟动产担保物权的设立和效力范围 第三章　对抗第三人的效力 第四章　优先顺位 第五章　担保期间 第六章　消灭 第七章　违约和担保物权的实现

一、我国动产担保物权适用范围的完善

通过梳理我国《民法典》、现行司法解释和《九民纪要》的规定，可以发现我国动产担保物权制度的适用范围实际上为典型担保物权①和非典型担保物权②。而欧盟动产担保物权制度的适用范围为合同担保物权和非合同担保物权。前者分为一般担保物权和保留所有权两种。其

① 涵括抵押权、浮动抵押、流质、最高额抵押、质权、动产质权和留置权。参见我国《民法典》第 394 条、第 396 条、第 401 条、第 425 条、第 447 条。

② 涵括保理合同、保留所有权、融资租赁合同、保兑仓交易、让与担保、借新还旧的担保物权等。根据《九民纪要》第 66 条和第 67 条的规定，非典型担保合同不存在法定无效情形的，应认定有效，约束双方当事人，但未登记的，不具有对抗第三人的效力和优先性。参见我国《民法典》第 387 条、第 641 条；《最高人民法院关于适用〈中华人民共和国担保法〉若干问题的解释》第 1 条、第 67 条；《九民纪要》第 68～71 条。

中，一般担保物权分为3种，即定限物权，如质押；依担保合同所产生的定限物权；DCFR被视为担保物权的权利，如留置权、所有权转移（4种典型类型为有形动产所有权担保转让、担保让与、出售并回租、出售并转售[①]）。后者为以担保为目的的信托、单方法律行为所设立的担保物权、符合法律规定宗旨的担保物权。[②] 这两种动产担保权的分类虽然不同，但都采取了功能主义原则，包括了所有具有担保功能的担保权，但欧盟对于担保权的种类予以明定且比我国更多，如以担保为目的的信托为担保物权，设立方式还包括单方法律行为。

二、我国动产担保物权设立的完善

我国动产担保物权设立规定较为简单，其内容主要为设立的形式、方式和要件。其设立形式为意定形式和法定形式两种[③]，意定形式通常是合同，抵押权合同即典型。法定形式是法律规定的形式，留置权即代表。无论是意定形式还是法定形式，其设立均须符合法律规定的主体要件、客体要件和客观要件。主体要件为法律禁止以外的担保人[④]，客体

---

① 参见DCFR第Ⅸ—1：102条第4款。

② 参见DCFR第Ⅸ—1：101条、第Ⅸ—1：102条第2款至第4款、第Ⅸ—1：103条、第Ⅸ—1：104条。

③ 我国《民法典》第386条至第388条规定，担保合同以意定和法定方式设立，包括抵押合同、质押合同和其他具有担保功能的合同。

④ 以下主体不能作为担保人：机关法人（经国务院批准为使用外国政府或者国际经济组织贷款进行转贷的除外），居民委员会、村民委员会（依照村民委员会组织法规定的讨论决定程序对外提供担保的除外），以公益为目的的非营利性学校、幼儿园、医疗机构、养老机构等（在购入或者以融资租赁方式承租教育设施、医疗卫生设施、养老服务设施和其他公益设施时，出卖人、出租人为担保价款或者租金实现而在该公益设施上保留所有权，或者以教育设施、医疗卫生设施、养老服务设施和其他公益设施以外的不动产、动产或者财产权利设立担保物权，或者登记为营利法人的学校、幼儿园、医疗机构、养老机构等提供担保的除外），违反公司法关于公司对外担保决议程序的规定超越权限的公司法定代表人（相对人非善意的），未根据上市公司（或上市公司的控股子公司、股票在国务院批准的其他全国性证券交易场所交易的公司）公开披露的关于担保事项已经董事会或者股东大会决议通过的信息与公司订立担保合同的相对人，未经公司股东（大）会或者董事会决议同意的公司的分支机构，未经金融机构授权的金融机构的分支机构，未经担保公司授权的担保公司的分支机构。参见我国《民法典》第504条；《最高人民法院关于适用〈中华人民共和国民法典〉有关担保制度的解释》第5条至第9条、第11条。

要件为法律禁止以外的担保财产[①]，客观要件为交付、登记和实际控制 3 种设立方式[②]。

与我国动产担保物权的设立不同的是，欧盟对动产担保物权的设立以专章进行全面规定，逻辑结构更严密。其被分为一般担保物权的设立、保留所有权的设立和特定种类财产之上担保物权的设立 3 种，进而分别规定了这三种设立的形式、方式、要件和特殊情形等。其中，一般担保物权设立的内容主要为其设立的方式、要件、种类和特殊情形。其设立的形式、方式和要件与我国基本上相同，不同的是，我国一般担保物权设立的主体要件和客体要件基于我国国情限制较多。其设立种类，特别是一般担保物权的设立和特定种类财产之上担保物权

① 禁止抵押的担保财产为土地所有权；宅基地、自留地、自留山等集体所有土地的使用权，但是法律规定可以抵押的除外；学校、幼儿园、医疗机构等为公益目的成立的非营利法人的教育设施、医疗卫生设施和其他公益设施；所有权、使用权不明或者有争议的财产；依法被查封、扣押、监管的财产；法律、行政法规规定不得抵押的其他财产。禁止质押的动产范围为法律、行政法规禁止转让的动产。禁止留置的财产为法律规定或者当事人约定不得留置的动产。参见我国《民法典》第 399 条、第 426 条、第 449 条。

② 例如，根据《民法典》第 449 条，留置权以法定或意定方式设立。根据《民法典》第 429 条，质权自出质人交付质押财产时设立；根据《民法典》第 441 条，有价证券质权除法律另有规定外，自权利凭证交付质权人时设立，没有权利凭证的，质权自办理出质登记时设立；根据《民法典》第 443 条，基金份额、股权出质的质权自办理出质登记时设立；根据《民法典》第 444 条，以注册商标专用权、专利权、著作权等知识产权中的财产权出质的，质权自办理出质登记时设立；根据《民法典》第 445 条，应收账款出质的质权自办理出质登记时设立；根据《最高人民法院关于适用〈中华人民共和国民法典〉有关担保制度的解释》，非典型担保物权依当事人约定设立；根据《民法典》第 402 条，正在建造的建筑物的抵押权自登记时设立；根据《民法典》第 403 条，动产抵押权自抵押合同生效时设立；根据《民法典》第 439 条，最高额质权依约定设立；根据《最高人民法院关于适用〈中华人民共和国民法典〉有关担保制度的解释》第 55 条，出质人以通过一定数量、品种等概括描述能够确定范围的货物质押且监管人实际控制该货物的，该质押权于监管人实际控制货物之日起设立。

的设立[①]比我国完备，也颇具特色，值得借鉴，尤其是债权、未来种类物、附条件权利、为了担保未来的或附条件的权利的一般担保物权、消费者所创设的一般担保物权，以及金钱债权、从物、原担保财产的收益和担保财产的加工物、附合物与混合物，保留所有权交易的标的物的加工物与附合物等特定种类财产之上担保物权的设立。毕竟在这些权利和物之上设立担保物权为现实所需，也并未被我国立法禁止。

三、我国动产担保物权生效的完善

我国动产担保物权生效与其设立一并规定，较为简单，抵押权、质权和留置权的生效要件为交付和登记。[②] 本书第三章对欧盟动产担保物权的生效专章予以明定，较为详尽。担保物权生效部分用三节分别规定了一般规则、占有与控制的生效和登记的生效。第一节一般规则中，首先规定担保物权生效不能对抗第三人的情形和善意取得担保物权制度；其次规定担保物权生效的方式为登记、占有、控制、占有

---

① 一般担保物权的设立包括可转移财产上的担保物权设立、在有形担保财产之上善意取得担保物权和现金、流通票据和无记名凭证之上担保物权的设立、保留所有权方式设立担保物权、留置方式设立担保物权、消费者所创设的担保物权、设立的特殊情形（包括担保物权的善意取得）。特定种类财产上担保物权的设立包括金钱债权之上的担保物权、公司股份之上的担保物权、债券之上的担保物权、流通物权凭证和流通票据之上的担保物权、从物之上的担保物权、原担保财产的收益之上的担保物权、担保财产用于加工或附合、保留所有权交易的标的物的加工或附合。

② 我国动产抵押权的效力是：动产抵押权自抵押合同生效时设立；未经登记，不得对抗善意第三人，不得对抗正常经营活动中已经支付合理价款并取得抵押财产的买受人。我国浮动抵押的效力是，企业将其现有的以及将有的生产设备、原材料、半成品及产品等财产设定浮动抵押后，又将其中的生产设备等部分财产设定了动产抵押，并都办理了抵押登记的，根据《民法典》第 414 条的规定，登记在先的浮动抵押优先于登记在后的动产抵押。主合同有效但第三人提供的担保合同无效的赔偿责任：债权人与担保人均有过错的，担保人承担的赔偿责任不应超过债务人不能清偿部分的 1/2；担保人有过错而债权人无过错的，担保人对债务人不能清偿的部分承担赔偿责任；债权人有过错而担保人无过错的，担保人不承担赔偿责任。主合同无效导致第三人提供的担保合同无效的赔偿责任：担保人无过错的，不承担赔偿责任；担保人有过错的，其承担的赔偿责任不应超过债务人不能清偿部分的 1/3。参见我国《民法典》第 403 条、第 404 条；《九民纪要》第 64 条；《最高人民法院关于适用〈中华人民共和国民法典〉有关担保制度的解释》第 17 条。

与登记相结合、控制与登记相结合等和担保物权生效方式的变更；最后，对特殊担保财产之上担保物权的生效问题予以明定，如不动产添附物之上的担保物权、混合财产之上的担保物权、融资购买交易的登记、担保财产的进口。第二节中，特别规定了金融财产之上担保物权的生效。第三节中，全面规定了欧盟担保物权登记生效的情形。其包括担保物权登记程序，登记事项，对担保人的保护，访问、查询登记簿，登记的担保权人提供信息的义务，登记的期间、续期和涂销，担保物权或担保财产的转让，费用，登记制度建立前设立的担保物权。其中，欧盟担保物权生效的控制、占有与登记相结合、控制与登记相结合的方式，尤其是担保物权的登记制度值得我国借鉴，但需结合我国国情予以修改、整合和提炼，以建构起我国动产担保物权登记制度。

四、我国担保人的担保责任与权利的完善

梳理我国现行法可知，我国担保人的担保责任与权利如表 15 所示。

表 15　我国担保人的担保责任与权利的类型与内容

类型	内容
数个担保人担责	依约定；只是未约定各自份额的，依约定，但按比例清偿，有内部追偿权，无对债务人的追偿权；完全无约定，承担连带责任，有内部追偿权，无对债务人的追偿权。① 担保人获得债权，即已承担责任的，有内部追偿权，也可作为债权人请求其他担保人分担相应份额②

① 参见《最高人民法院关于适用〈中华人民共和国民法典〉有关担保制度的解释》第 13 条。

② 参见《最高人民法院关于适用〈中华人民共和国民法典〉有关担保制度的解释》第 14 条。

续表

类型	内容
物保与人保并存担责	债务人的物保与第三人的人保并存的担责：依约定；无约定，先物保后人保。第三人的物保和人保并存的担责：承担连带责任，若物保担责，可向债务人追偿①
第三人②担责	债权人同意，加入债务的第三人与债务人承担连带责任③
新旧贷担责	新贷偿还旧贷主合同中，旧贷的担保人仍担旧贷责，约定或明知新贷还旧贷的，担新贷责④
担保人无责	未经担保人同意，转移债务⑤
担保人代位权	债务人物保与第三人的担保并存，第三人担责后，代替债权人对债务人享有权利⑥
担保人追偿权	混合担保中，担保人担责后，向债务人追偿⑦

与欧盟担保责任与权利相比，欧盟数个担保人担责与加入债务的第三人对债权人承担的责任相同，除另有约定外，均是连带责任，与我国的相同。但欧盟担保人担责后的权利规定不同于我国，其更合理。欧盟数个担保人之间和保证人与财产担保人之间既享有相互追偿权又享有对债务人的追偿权（但若无明确约定，不得适用于债务人提供的

① 参见我国《民法典》第392条。

② 包括根据公司法规定履行合法决议程序后的法定代表人。参见《最高人民法院关于适用〈中华人民共和国民法典〉有关担保制度的解释》第12条。

③ 参见我国《民法典》第552条。

④ 参见《最高人民法院关于适用〈中华人民共和国民法典〉有关担保制度的解释》第16条。

⑤ 参见我国《民法典》第391条。

⑥ 参见《最高人民法院关于适用〈中华人民共和国民法典〉有关担保制度的解释》第18条。

⑦ 参见《最高人民法院关于适用〈中华人民共和国民法典〉有关担保制度的解释》第18条；《九民纪要》第56条。

财产担保)。[①] 作为第三人的担保人和保证人担责后对主债务人享有追偿权[②]，担保人担责后，既享有对债务人的追偿权，又享有代位权(代替债权人行使对债务人的权利)[③]。

五、我国动产担保权优先顺位的完善

我国担保物权的优先顺位规则如表16所示。

表16 我国担保物权优先顺位规则

竞合的种类	优先顺位
数个登记动产担保物权竞合	登记先后
登记与未登记担保物权竞合	前者优先
物保与人保的竞合	前者优先，但另有约定的除外[④]
留置权、抵押权、质权竞合	优先性依次递减，但法律另有规定的除外[⑤]
抵押权与质权竞合	已登记前者优先于有效设立后者；登记与设立时间相同的，按比例清偿；有效设立后者优先于未登记前者；未登记前者优先于未有效设立后者[⑥]
留置权与动产购买价款抵押权竞合	前者优先于后者，后者优先于其他担保物权[⑦]
数个抵押权（其他担保物权）的竞合	若均登记，依登记先后确定；若其中一个登记，登记优先；若均未登记，按比例清偿[⑧]，但另有约定的除外[⑨]

① 参见DCFR第Ⅳ.G—1：106条、第Ⅳ.G—1：107条。
② 参见DCFR第Ⅳ.G—1：107条。
③ 参见DCFR第Ⅳ.G—2：113条。
④ 参见我国《民法典》第392条。
⑤ 参见我国《民法典》第456条。
⑥ 参见《九民纪要》第65条。
⑦ 参见我国《民法典》第416条。
⑧ 参见我国《民法典》第414条。
⑨ 参见我国《民法典》第409条。

续表

竞合的种类	优先顺位
数个保理竞合	均登记的，依登记先后确定；其中一个登记的，登记优先；均未登记的，通知的保理优先于未通知的保理；均未通知也未登记的，按比例清偿①
保留所有权、融资租赁合同与在先设立的浮动抵押权竞合	前者优先于后者②
数个价款优先权竞合	依登记先后③
仓单质权与仓储物担保权的竞合	依公示先后；若无法确定，按比例清偿④
数个保管人的仓单与数个仓单质权的竞合	依公示先后；若无法确定，按比例清偿
提单质押权与持有提单的开证行对提单下货物的权利竞合	前者优先⑤
现有的应收账款质押权与普通债权竞合	前者优先⑥

由表16可知，我国只是规定了具体动产担保物权的优先顺位规则，并未予以统一规定。与欧盟动产担保物权的优先顺位相比，后者较为完备，包括欧盟动产担保物权优先顺位的一般规则、超级优先顺

① 参见《最高人民法院关于适用〈中华人民共和国民法典〉有关担保制度的解释》第66条。

② 参见《最高人民法院关于适用〈中华人民共和国民法典〉有关担保制度的解释》第57条。

③ 参见《最高人民法院关于适用〈中华人民共和国民法典〉有关担保制度的解释》第57条。

④ 参见《最高人民法院关于适用〈中华人民共和国民法典〉有关担保制度的解释》第59条。

⑤ 参见《最高人民法院关于适用〈中华人民共和国民法典〉有关担保制度的解释》第60条。

⑥ 参见《最高人民法院关于适用〈中华人民共和国民法典〉有关担保制度的解释》第61条。

位、优先顺位的持续、孳息和收益、担保财产的进口、债权人执行的优先顺位、优先顺位的变动等。其中，上述超级优先顺位、优先顺位的持续与变动、孳息和收益的优先顺位、进口担保财产的优先顺位、债权人执行的优先顺位等值得我国借鉴。

六、我国动产担保权担保期间的权利与义务规则的完善

我国动产担保物权担保期间的权利与义务规则如表 17 所示。

表 17　我国动产担保物权担保期间的权利与义务规则

不同动产担保期间的种类	担保权人的权利与义务规则
担保期间的共同规则	（1）担保债权转让①；（2）物上代位权；（3）代位物提存权②
一般抵押期间	（1）抵押财产处分权；（2）抵押权处分从属性；（3）抵押权保护③
最高额抵押期间	（1）债权转让；（2）合同条款变更；（3）债权确定；（4）法律适用④
动产/权利质押期间	（1）孳息收取权；（2）擅自使用、处分责任；（3）保管义务和赔偿责任；（4）质权保护与放弃；（5）责任转质；（6）质物返还及质权实现；（7）及时行使权利；（8）质押财产变价后处理；（9）权利质权的法律适用⑤

① 参见我国《民法典》第 545 条。

② 参见我国《民法典》第 390 条。

③ 参见我国《民法典》第 405 条至第 408 条；《最高人民法院关于适用〈中华人民共和国民法典〉有关担保制度的解释》第 43 条。

④ 参见我国《民法典》第 421 条至第 424 条。

⑤ 参见我国《民法典》第 430 条至第 446 条。

续表

不同动产担保期间的种类	担保权人的权利与义务规则
留置期间	（1）保管义务；（2）收取孳息权；（3）留置人的请求权①
保留所有权期间	（1）出卖人的取回权；（2）买受人的赔偿责任②
融资租赁期间	出租人的租赁物价值返还请求权③
所有权转移期间	债权人的价款偿还权④

与担保期间欧盟动产担保物权人的权利与义务规则相比，我国应在以下方面予以完善。即担保人的已担保工业原料的加工权、担保权人的金融财产的处分权、法定孳息抵销权。

七、我国动产担保物权消灭情形与法律后果的完善

我国动产担保物权消灭的具体情形有 4 种，并未明定其法律后果⑤，较为简单和不足。欧盟就担保物权消灭作了专章规定，其内容大致为担保物权消灭的具体情形和法律后果、保留所有权交易消灭的具体情形和法律后果。与我国不同的是，欧盟担保物权消灭的具体情形还包括当事人同意消灭、担保权人获得担保财产的所有权、担保人恢复占有担保财产、第三人善意取得担保财产所有权、担保物权的 2

① 参见我国《民法典》第 451 条至第 454 条。

② 参见我国《民法典》第 642 条；《最高人民法院关于适用〈中华人民共和国民法典〉有关担保制度的解释》第 64 条。

③ 参见我国《民法典》第 758 条；《最高人民法院关于适用〈中华人民共和国民法典〉有关担保制度的解释》第 65 条。

④ 参见《最高人民法院关于适用〈中华人民共和国民法典〉有关担保制度的解释》第 68 条。

⑤ 我国担保物权消灭的 4 种情形：主债权消灭、担保物权实现、债权人放弃担保物权、法律规定的担保物权消灭的其他情形。留置权消灭的特殊情形为两种：留置权人对留置财产丧失占有、留置权人接受债务人另行提供担保。参见我国《民法典》第 393 条、第 457 条。

年消灭时效经过、其他规定中的消灭情形（因继承或混同等而成同一人）、担保财产灭失（担保物权和担保债权已转给受让人，其向原担保权人清偿除外）7 种。我国并未规定担保物权消灭的法律后果，而欧盟担保物权消灭的法律后果分为 4 类，并分别具体规定法律后果：一是担保物权自动消灭的，担保人享有请求担保权人放弃或解除担保的权利；担保权人丧失担保物权或担保人丧失所有权的，担保权人和担保人之间有无责任主要取决于上述一方当事人是否违反了 DCFR 第五章规定的任何义务。二是占有型担保物权消灭后，担保权人不再有权占有原来的担保财产，必须把该担保财产返还给作为该财产所有权人的担保人。如果担保权人占有的可替代的担保财产已经混合，则返还给担保人不分份额的混合物或混合的整体。担保权人负有涂销欧盟担保物权登记簿上的登记事项的义务。三是控制金融财产型担保物权消灭的，担保权人必须将其放弃控制权和将重新恢复担保人的初始权利的信息告知持有这些金融担保财产的银行，担保人将被许可处分其冻结的账户。对于有规定的，担保权人必须要求担保人对专用账户给予指示。四是以支付请求权设定担保的，该担保物权的存在可以告知第三方债务人。如果已经发生担保的撤销，担保权人有义务将撤销的事项告知第三方债务人。上述 4 种担保物权灭失的共同法律后果是担保权人负有清算收益的义务和第三人或担保人的物上保证人享有追偿权。

我国也未明定保留所有权交易消灭的具体情形和法律后果。与动产担保物权消灭的情形相比，其消灭的具体情形有 6 种，无担保权人获得担保财产的所有权的情形，除特有的情形即担保人取得担保财产的权利/该权利不再存在外，其他 5 种消灭情形与担保物权消灭相同。保留所有权交易消灭的法律后果为：一是保留所有权交易消灭时，出卖人、供应商或出租人对所提供的财产的所有权不再受 DCFR 第四卷（有名合同及其产生的权利义务）规定的约束，即不再是行使担保职能的物权。买受人、分期付款买受人、承租人或受托人取得所提供的财产的所有权或使用所提供的财产的权利，由当事人的协议调整。二是对欧盟担保物权登记簿的登记的涂销请求权。

故而，我国动产担保物权的消灭及其法律后果可以借鉴欧盟立法经验予以完善。

八、违约与动产担保物权实现的完善

我国动产担保物权的实现途径与欧盟一样为非司法途径和司法途径两种。我国的非司法途径是担保权人与担保人意定就担保财产所得价款优先受偿，这种权利适用于抵押权人、留置权人和一般质权人，但有价证券的质权实现的非司法途径是质权人与出质人意定就有价证券兑现或提存。[①] 我国担保权人实现动产担保物权的司法途径是请求法院就担保财产优先受偿。[②] 但在具体规则方面，欧盟规定较为完备，颇值得借鉴，即其应包括一般规则、担保物权的变现、保留所有权交易的特殊规则等内容。

在一般规则方面，我国应重点明定实现担保物权的司法途径和非司法途径，将其分为为一般担保人所规定的非司法途径执行与司法途径执行、为保留所有权交易持有人进行的非司法途径执行与司法途径

---

① 我国一般抵押权与留置权的实现方式是抵押权人可以与抵押人协议以抵押财产折价或者以拍卖、变卖该抵押财产所得的价款优先受偿，折价或者拍卖、变卖后的价款超过债权数额的部分归抵押人所有，不足部分由债务人清偿；与留置权不同的是，抵押权人有权收取该抵押财产的天然孳息或者法定孳息，但是抵押权人未通知应当清偿法定孳息义务人的除外。有价证券出质的质权特别实现方式是，有价证券的兑现日期或者提货日期先于主债权到期的，质权人可以兑现或者提货，并与出质人协议将兑现的价款或者提取的货物提前清偿债务或者提存。参见我国《民法典》第410条至第415条、第442条；《最高人民法院关于适用〈中华人民共和国民法典〉有关担保制度的解释》第45条。

② 其情形有三：为债券持有人提供的担保物权登记在债券受托管理人名下；为委托贷款人提供的担保物权登记在受托人名下；担保人知道债权人与他人之间存在委托关系的其他情形。其前提是当事人将担保物权登记在他人名下，且债务人不履行到期债务或者发生当事人约定的实现担保物权的情形。参见《最高人民法院关于适用〈中华人民共和国民法典〉有关担保制度的解释》第4条。

执行两种予以完善。保留所有权交易的持有人不必把担保财产通过出售或其他方法变现，相反，保留所有权交易的持有人，可以消灭以担保为目的的买卖、分期付款、融资租赁或寄售合同等基础合同所产生的法律关系，且可收回担保财产的占有。但保留所有权交易的持有人可能会寻求法庭的救济，以取得担保财产的占有。[①]

在担保物权的变现方面，我国应主要完善非司法途径。非司法途径变现前的规则应包括担保权人占有有形财产的权利、债权人固定和保存担保财产的权利、法院或其他机构的介入、担保给付请求权、重要担保财产上担保物权的实现等。担保财产变现的非司法途径规则应包括变现方式（变卖、出租、抵偿、担保给付请求权的收款），变现的通知，通过强制拍卖、任意拍卖或私下交易而变卖，给付请求权或流通票据之上担保物权的变现，收益的分配，以物抵债，担保权人以担保财产抵偿债务等。

① 参见 DCFR 第Ⅸ—7：103 条第 3 款。

第十三章　欧盟保证制度立法经验于我国《民法典》之镜鉴

第一节　我国《民法典》立法完善之可行性与必要性

保证是《民法典》中十分重要的法律制度，自罗马法诞生以来其就具有促进交易的使命。随着全球一体化和改革的深入发展，经济活动和国际贸易往来日益频繁，保证制度在现代经济和贸易体系中日益发挥着不可或缺的作用。传统保证制度也日趋完备并为大陆法系国家民法典所继受和完善，但其弊端也日益显现。20 世纪 60 年代诞生的独立保证以其独有的价值功能和机能结构在国际贸易和交往中受到了债权人的青睐，极大地促进了国际贸易和商业的交往，也为大多数国家法律和司法实践所认可。虽然独立保证被称为国际贸易的生命血液，但其自身也存在滋生信用危机、引发欺诈行为以及导致诚实信用原则滥用等弊端。为了保护处于弱势地位的保证人以及克服传统一般保证和独立保证固有的缺陷，消费者保证应运而生，并为欧陆国家的法律所认可。毫不夸张地说，传统保证制度日益演变成包括一般保证、独立保证和消费者保证在内的体系完备、逻辑严密的现代保证体系。在欧洲私法一体化进程中，2009 年诞生的 DCFR 将保证分为一般保证、独立保证及消费者保证，并在规定保证的一般规则的基础上，分别规定了三类保证的具体规则，体现了对传统保证制度的继承和发展。

然而，中华人民共和国成立后，因各种原因和现实因素，直到 1981 年才在《经济合同法》（已失效）中首次对保证制度加以规定，但过于简略。该制度发展至今已有 40 多年，虽然日趋完善，但其立法不足也是显而易见的。从立法政策与指导思想看，我国《民法典》第 681 ~ 702 条遵循了“成熟一个制定一个”“法律不宜太细”等立法政策，旨在避免争议，维持社会秩序，促进交易安全，但事实并非如此。因为，这些条款的规定不适用于独立保证，即使其适用一般保证的规定，但其合法权益难以实现。这体现了重在保护债权人的立法价值取向。《民法典》未明定消费者保证制度，这是因为在制定《民法典》时，受到了保证制度追求效率的立法思想的影响。

从立法缺陷看，我国《民法典》第 681 ~ 702 条并未对独立保证和消费者保证加以明定，结果导致独立保证只能适用《最高人民法院关于审理独立保函纠纷案件若干问题的规定》和《民法典》总则编的规定。但立法明定我国独立保函不适用于保证合同的规定，结果债权人从中获益，而独立保证中保证人却受损。此乃对民法公平正义的公然违反。追本溯源，我国现行民事立法之保证仅为一般保证，独立保证和消费者保证则被排斥于民法典之外，导致保证制度体系残缺不全。

从司法困境看，因我国《民法典》第 681 ~ 702 条规定的立法缺位，独立保证只能适用《最高人民法院关于审理独立保函纠纷案件若干问题的规定》、担保权有关规定和《民法典》总则编的规定。这就导致了我国司法审判中对独立保证的裁判结果不尽相同，甚至出现混乱的状况。大多数法院依上述规定认定独立保证为一般保证①，而有些法院依民法基本原则认可了保证为独立保证②，甚至有些法院将一般保证认定为独立保证。③

第二节　我国《民法典》立法完善之进路选择

保证制度的立法完善对我国来说具有重大的现实必然性和紧迫性。这就意味着唯有对其加以系统检视和分析，才能确立我国《民法典》中的保证制度的完善进路。换言之，吸收和借鉴欧盟保证制度需立足于中国本土和现实之需。

一、我国保证制度的新基本模式

保证制度类型化的基本模式在立法和学理上颇具争议。在立法上，自罗马法以来，大陆法系和英美法系保证制度类型化基本模式大致可分为列举模式、解析模式、解析与功能相结合模式3种。

（一）列举模式

保证制度类型化的列举模式肇源于罗马法。尽管罗马还处于奴隶社会，但罗马法已基于保护契约自由之需，将保证定性为契约，其性质是人的担保④，以担保债权的实现。随着罗马社会的变迁与发展，加之古罗马登记制度不发达，罗马社会对于质押和抵押亦不若对于保

---

① 参见最高人民法院民事判决书，（2017）最高法民终647号；北京市顺义区人民法院民事判决书，（2016）京0113民初11623号。

② 参见浙江省杭州市西湖区人民法院民事判决书，（2017）浙0106民初4086号。

③ 参见武汉海事法院民事判决书，（2016）鄂72民初698号；武汉海事法院民事判决书，（2014）武海法商字第00823号。

④ 参见［意］彼德罗·彭梵得：《罗马法教科书》，黄风译，中国政法大学出版社1992年版，第98页。

证之重视[1]，在罗马保证比物的担保更为普遍。罗马法逐步认可了出庭保证[2]、允诺保证[3]、诚意允诺保证[4]、诚信负责保证[5]、委托保证（金钱信贷委托）和简约保证[6] 6种类型的保证。罗马法学家因确立从属性原则而使从属性成为罗马共和国后期保证类型化的唯一标准，从属性自此成为罗马保证所具有的一个重要而具有标志性的法律属性。从属性主要是指成立、范围、保证债务转移、保证担保存在的从属性。罗马保证从此处于主债务的附随和补充地位。[7] 罗马保证类型化的列举模式由此得以正式诞生，这无疑是罗马法学家对人类法律文明的一个杰出贡献。罗马列举模式和从属性标准虽然存在无法涵括罗马社会中所有保证类型的不足，但也为两大法系的主要国家和地区所承继（见表18）。需要说明的是，日耳曼保证种类因保证人承担的是无债之责任（保证人并不对债权人负债务，仅就他人的债务不履行负代偿责

---

① 参见郑玉波：《罗马法要义》，汉林出版社1985年版，第73页。

② 出庭保证是古罗马法最早的保证，是诉讼程序中的一种保证，是指一种承诺按照开庭时间再次出庭的保证。参见［意］彼德罗·彭梵得：《罗马法教科书》，黄风译，中国政法大学出版社1992年版，第98页。

③ 允诺保证为一种要式口头契约，是形式非常严格的无因契约，债权人问保证人“你允诺不?”保证人回答说“允诺”，所以被称为允诺契约，但仅适用于罗马市民。参见［意］彼德罗·彭梵得：《罗马法教科书》，黄风译，中国政法大学出版社1992年版，第98页。

④ 允诺保证和诚意允诺保证这两种保证契约都必须与主债务契约同时订立，在效力上保证人以口头允诺承担与债务人相同的义务，债权人有权直接请求保证人履行。但同时保证债务不得重于主债务，保证人清偿后有权向主债务人追偿，保证人的责任因本人死亡而消灭，不移转于继承人。公元前200年的《夫里亚法》还规定这两种保证有强制性期间，保证之债自设立之日起两年后消灭，而且当数人共同为保证人时，保证人享有分别利益，即哪怕其他保证人没有清偿能力，保证人也只承担自己的份额，没有连带责任。参见朱凡：《人的担保基本制度研究》，西南政法大学2004年博士学位论文，第25页。

⑤ 诚意负责保证保留了允诺保证和诚意允诺保证的要式口头形式和与主债务同时订立的要求，而且认为自然债和未来债也可以成为这种保证的标的。参见［英］巴里·尼古拉斯：《罗马法概论》，黄风译，法律出版社2000年版，第214页。

⑥ 委托保证（金钱信贷委托）和简约保证是帝政时期的两种从属保证。前者是指当事人一方委托他方代付金钱给第三人而自负保证之责的契约，是近现代信用委托的雏形；后者是保证人约定于确定日期代债权人的债务人履行给付的契约。参见朱凡：《人的担保基本制度研究》，西南政法大学2004年博士学位论文，第27页。

⑦ 参见郑玉波：《罗马法要义》，汉林出版社1985年版，第73页。

任）而被近现代国家和地区不认可，但日耳曼保证种类也继承了罗马的从属性标准，保证类型化的模式也是列举模式。

表 18　两大法系主要国家与地区的保证类型

国家或地区	保证类型
罗马	允诺保证、诚信负责保证、出庭保证、委托保证（金钱信贷委托）、简约保证、诚意允诺保证
日耳曼	交出保证、执行保证、执行支付保证/纯然支付保证①
法国	约定保证与强制保证（法定/裁判保证）、民事保证与商事保证、一般保证与连带保证、一人保证与共同保证、自然人保证与法人保证、有限制的保证与无限制的保证、现有债务保证与未来债务保证、独立保证
德国	一般保证、共同保证、信用委任②、一人保证、独立保证
日本	一般保证、共同保证、人事保证③、最高额保证、消费者贷款中的保证
英国	连带保证与一般保证、连带责任保证与个别责任保证、单立保证与连续保证

① 交出保证是指债务人不能清偿债务时，第三人请求债权人宽限时日，在此宽限期内债务人之身体暂由第三人看管，到期仍不能清偿的，则当交出债务人之身体。执行保证是指交出保证人为使债务人设法清偿债务，常常允许其自由活动，但得扣留债务人的财物，到期保证人仍付交出的义务，若不能交出债务人，亦得交出所扣留的财物以免去自己的责任。执行交付保证是指保证人对债务人之人身自由不能限制，若不能交出债务人或其所扣留的债务人财产，则保证人自身对债权人负有代为清偿债务之责任。纯然支付保证是指当债权人的私扣押已经属于非法时，保证人亦无权利扣押债务人的财产。参见朱凡：《人的担保基本制度研究》，西南政法大学 2004 年博士学位论文，第 31 页。

② 《德国民法典》第 778 条规定，信用委任是指委任人委托他人，以他人之名义及为他人的利益向债务人提供信用的契约。

③ 日本民法认为，当共同保证人之间不具有分别利益时，保证人清偿全部债务或者超过自己负担部分的债务，准用《日本民法典》第 442 条、第 444 条的规定，保证人对其他债务人就其各自负担部分，有求偿权；具有分别利益的互不连带的保证人之一消灭全部债务或超过自己负担部分数额承担债务时，准用《日本民法典》第 462 条的规定，即其他保证人只于其当时受益限度内予以赔偿。

续表

国家或地区	保证类型
美国	一般保证、共同保证、限定保证、连续保证①
俄罗斯	一般保证、共同保证、银行保证②
我国大陆	一般保证、共同保证、连带责任保证、单个保证、最高额保证、反保证

（二）解析模式

解析模式始于《法国民法典》。从属性标准是1804年法国保证类型化的主要乃至唯一标准。法国从属保证按照不同的标准划分为不同的保证类型，如依据设定保证的保证人的意愿分为约定保证和强制保证，后者包括法定保证和裁判保证③；按照保证人是否享有法律赋予的特权分为一般保证和连带保证④；按照保证人的人数分为一人保证和共同保证⑤；按照保证人身份的不同分为自然人保证和法人保证⑥；按照保证债务是否及于主债务的附带债务分为有限制的保证和无限制的保证⑦；按照保证人担保的债务在其承诺担保时是否已经存在分为现有债务保证和未来债务保证⑧；按照适用的法律和管辖的法院不同

① 参见朱凡：《人的担保基本制度研究》，西南政法大学2004年博士学位论文，第83页。

② 《俄罗斯联邦民法典》第368条规定，银行保证是指银行、其他信贷机构或者保险机构（保证人）依他人（主债务人）的请求出具书面保证；保证人根据所提供的条件，在主债务人的债权人提出书面支付请求时向主债权人支付一定数额的金钱。

③ 参见《法国民法典》第2040～2043条。

④ 参见《法国民法典》第2022～2024条。

⑤ 参见沈达明编著：《法国/德国担保法》，中国法制出版社2000年版，第26页；《法国民法典》第2025～2026条。

⑥ 参见沈达明编著：《法国/德国担保法》，中国法制出版社2000年版，第9页、第20～21页。

⑦ 参见《法国民法典》第2016条。

⑧ 参见《法国民法典》第2012条、第2015条。

分为民事保证和商事保证①。独立性标准成为2006年《法国民法典》保证类型化的标准，独立保证入典。② 法国解析模式克服了罗马列举模式的缺陷，实现了逻辑上的周延性，主要为我国香港特区和英国所承继，但其存在因类型化标准单一而无法涵括非典型保证的缺陷。

独立性标准是时代变迁和独立保证被认可的产物。即使是处于资本主义垄断阶段的德国社会，也未孕育出独立保证。独立保证源于20世纪中期中东地区的工程承包，后来扩展到国际贸易领域中。③ 国际商会于1978年制定的《合同保函统一规则》中的合同保函实际上仍为保证，但不具有独立性。这一方面是因为当时该规则的起草者过度担心合同保函中存在的权利滥用及欺诈行为，故将合同保函定性为从属保证。另一方面是因为许多国家对合同保函的合法性存在较大争议，加之国际贸易中的银行和债权人对合同保函持冷漠态度。直到1992年《见索即付保函统一规则》和1998年《国际备用信用证惯例》颁布，其中的见索即付保函和备用证才具有独立性。④ 之后国际上的备用信用证、独立担保及法国民法典、德国民法典、俄罗斯民法典、奥地利民法典、英国法上的独立保证都具有独立性。⑤

由于独立性标准过于抽象，应对其外延、内涵、效力予以具体化和明确化：（1）独立性的外延。独立性是广泛意义上的独立性，与1995年《联合国独立保函和备用信用证公约》上的独立性相同⑥，是

---

① 参见沈达明编著：《法国/德国担保法》，中国法制出版社2000年版，第7页、第19页。

② 参见《法国民法典》第2321条。

③ 参见王利明：《独立保证的相关问题探讨》，载《当代法学》2020年第2期。

④ 参见1978年《合同保函统一规则》第3条；1992年《见索即付保函统一规则》第2条；1998年《国际备用信用证惯例》第106条a款；1995年《联合国独立保函和备用信用证公约》第3条。

⑤ 参见《法国民法典》第2321条；《德国民法典》第780条；《俄罗斯联邦民法典》第368条；《奥地利普通民法典》第880a条。

⑥ 参见1995年《联合国独立保函和备用信用证公约》第3条。

独立保证的决定性乃至唯一特性，是独立保证与从属保证[①]相区别的显著特征。独立性是指独立保证独立于任何其他协议，特别是独立于债权人与债务人之间的基础合同。譬如，在买卖合同中，独立保证人不承担卖方的交付义务和买方的支付价款义务。但独立性必须经明示或默示表示。前者通常是在保证文书上载明“独立保证”的字样；后者则可以通过文书上未涉及通常会出现在任何一般保证中的被担保债务而推定，这种未提及可以被视为独立性的默示表示。（2）独立性的内涵。[②] 具体而言，一是保证人放弃行使主债务人的抗辩权，二是保证人不得以保证申请人对受益人的债权主张抵销，三是独立保证人不享有主债务人对得撤销之主债务的拒绝清偿权，四是独立保证人不得行使先诉抗辩权。[③]（3）效力的独立性。一是付款义务的独立性，即只要单证相符，独立保证人就要承担付款义务。也就是说，独立保证人应当根据文本确定的付款条件在保证期间内付款，并应按照文本所确定的金额付款。二是保证义务的独立性，即独立保证人所负有的保证义务并不从属于主合同。三是抗辩权的受限制性，即原合同债务人依据主债权债务合同所享有的抗辩权，独立保证人一般不享有。[④] 质言之，其独立性的功效就在于支付的自动性：先付款，再说事儿。[⑤]

独立性标准成为保证类型化的标准，是独立保证被定性为保证的新类型的结果。关于独立保证的性质立法和学理上大致有两种观点。第一种观点认为，独立保证是意思自治和契约自由的产物，性质上是

---

① 参见曾荣鑫：《人的担保和物的担保并存的处理规则的新探讨》，载《河北法学》2014 年第 1 期。

② 参见《联合国独立保函和备用信用证公约》第 3 条。

③ 参见樊华：《论独立保证制度及我国独立保证制度的构建》，对外经济贸易大学 2007 年硕士学位论文，第 11 ~ 15 页。

④ 参见王利明：《合同法研究》（第 4 卷），中国人民大学出版社 2013 年版，第 386 ~ 388 页。

⑤ 参见李世刚：《法国担保法改革》，法律出版社 2011 年版，第 66 页。

承诺或合同。[①] 其虽然具有担保的功能，但不是法定的担保方式，不属于保证的范畴，见索即付保函，备用信用证，法国、奥地利、德国独立保证即代表。但独立保证合同是否有效取决于合同原因理论。依据合同原因理论，没有“法律上原因”的合同依法是无效的合同，但关于“法律上原因”存在3种不同观点：（1）认为“法律上原因”存在于债权人与债务人之间的基本关系中，以法国、奥地利[②]、希腊[③]为代表。这种观点本质上认可保证的从属性，否认独立保证的独立性，实际上否认了独立保证。法国最高法院的一项判决否认了此观点，其认为即使委托提供保证的受托方不是债务人，且保证人只对基础合同的缔结有一种经济利益而没有成为该合同的一方，原因也是存在的。[④]（2）认为“法律上原因”存在于独立保证合同的担保功能当中，以葡萄牙[⑤]和意大利[⑥]为典型。这种观点虽然认可了独立保证，但从担保功能角度诠释合同原因具有片面性，事实上抹杀了从属保证与独立保证之间的区别。（3）认为“法律上原因”存在于合同本身，德国即代表。独立保证是保证人和债权人意思自治和契约自由的产物，其本身是合同，自身包含原因。第二种观点认为，独立保证是法定的担保方式，是保证的新类型[⑦]，国际公约、欧盟、英国独立保证即典型。笔

---

① 参见沈达明编著：《法国/德国担保法》，中国法制出版社2000年版，第61页；笪恺：《国际贸易中银行担保法律问题研究》，法律出版社2000年版，第9页；邹小燕、朱桂龙编著：《银行保函及案例分析》，中信出版社1993年版，第127页；郭德香：《国际银行独立担保法律问题研究》，法律出版社2013年版，第107页；李世刚：《论中国规则下独立担保的功能与定位——以利益与风险分配为视角解读〈独立保函司法解释〉》，载《上海大学学报（社会科学版）》2019年第3期。

② See koziol, Garantievertrag, 32 – 35.

③ See Georgakopoulos, EED 21, 256.

④ See Cass. com. 19 April 2005, Bull. civ. 2005Ⅳ No. 91, Petites Affiches 18 May 2005, No. 98, p. 9.

⑤ See STJ 9 January 1997, 402/97www. dgsi. pt.

⑥ See Cass. 6 October 1989, No. 4006, Note 14 above.

⑦ 参见曹士兵：《中国担保诸问题的解决与展望——基于担保法及其司法解释》，中国法制出版社2001年版，第121页。

者赞同此种观点。一方面，将独立保证定性为保证是现代国际公约与惯例的普遍做法，也避免了其被定性为承诺或合同时因关于合同原因理论的不同认知致使独立保证无效。另一方面，独立保证作为一种新型保证，可作为传统保证从属理论的例外情形阐释。[①]

（三）解析与功能相结合模式

解析与功能相结合模式开创于欧盟民法典。从属性标准和独立性标准是欧盟保证类型化的主要标准，功能主义标准是欧盟保证类型化的次要标准。欧盟保证依据此三项标准，分为从属保证、独立保证和消费者保证3种。该模式虽然克服了列举模式和解析模式的缺陷，但也存在未将从属保证类型化和无法涵括非典型保证的不足。功能主义标准成为保证类型化标准的典例是欧盟消费者保证。欧盟消费者保证是指债务人到期未履行债务，债权人已尝试执行由第三人对同一债务提供的并非补偿性的任何保证或财产担保权利之后，其债权仍未得以清偿时，若保证人是消费者，依不平等原则通常承担补充责任，但债权人也是消费者，或消费者保证人能对非自然人的债务人施加实质性影响的除外。[②]“保证人是消费者”和“消费者保证人通常仅承担补充责任”就成为消费者保证的两大基本特征。消费者保证人承担保证责任的理论基础不是契约自由原则，而是不平等原则，由此决定了欧盟消费者保证的独立价值不是保护债权人以实现效率，而是保护弱势的消费者保证人以实现契约正义。欧盟消费者保证颠覆了罗马法以来保证的逻辑和制度，是里程碑式的革新。这是大陆法系民法第一次理性

---

① 参见高圣平：《民法典担保物权法编纂：问题与展望》，载《清华法学》2018年第2期；刘斌：《论民法典分则中人的担保之体系重构》，载《当代法学》2018年第5期；徐同远：《民法典合同编草案中保证制度的完善》，载《北京航空航天大学学报（社会科学版）》2019年第2期。

② 参见［德］克里斯蒂安·冯·巴尔、［英］埃里克·克莱夫主编：《欧洲私法的原则、定义与示范规则：欧洲示范民法典草案》（第4卷），于庆生等译，法律出版社2014年版，第1303页。

认可从属保证和独立保证所具有的固有缺陷，第一次尝试将保证人分为非消费者保证人和消费者保证人，并基于不平等原则创设有别于从属保证和独立保证的消费者保证制度来保护消费者保证人。

在学理上，保证类型化的模式大致有一般保证与连带保证模式、普通保证与特殊（特别）保证模式、典型保证与非典型保证模式 3 种，这 3 种模式存在相应的立法例，也存在固有不足。一般保证与连带保证模式是依据保证责任承担方式划分保证类型的模式，实际上是从属保证的类型化。我国《民法典》即代表。普通保证与特殊（特别）保证模式是依据保证形态划分保证类型的模式，是解析模式，本质上是排除模式。一般保证为普通保证，连带保证、共同保证等为特殊保证。[①]《中华民国民法》即典例，其将保证分为普通保证和特殊保证，其中普通保证是指一般保证，特殊保证包括连带保证、共同保证、信用委任和人事保证 4 种。[②] 典型保证与非典型保证模式是依据保证的功能划分保证类型的模式，本质上是功能主义模式。美国法即典型。典型保证是民事法律上的概念，主要为一般保证、共同保证等，非典型保证并非严格意义上的民事法律上的法律概念[③]，如我国未明定的人事保证、信用委托、连带债务等。我国学理和司法解释实际上承认了这种模式[④]，但这种模式也存在未将独立保证法典化和缺乏体系性的缺陷。

综上，我国民法典保证制度类型化的基本模式应是依据从属性标准、独立性标准、功能主义标准将保证划分为从属保证、独立保证、消费者保证和其他保证 4 种，由此确立起新的解析与功能相结合模式。

---

① 参见邓曾甲：《中日担保法律制度比较》，法律出版社 1999 年版，第 112 ~ 115 页。

② 参见《中华民国民法》第 739 ~ 756 条。

③ 参见最高人民法院民事审判第二庭编著：《〈全国法院民商事审判工作会议纪要〉理解与适用》，人民法院出版社 2019 年版，第 386 页。

④ 参见高圣平：《民法典担保物权制度修正研究——以〈民法典各分编（草案）〉为分析对象》，载《江西社会科学》2018 年第 10 期。

之所以确立此种基本模式，是因为一方面，这种划分法实际上是对现实生活和市场经济中的保证类型的法律上的确认和认可。这就有利于我国保证制度的司法实践和审判活动，有利于建立起种类齐全、逻辑严密的保证制度体系。另一方面，这种划分法体现了保证类型的各自功用和法律构造。其中，从属保证是保护债权人以实现效率的价值，独立保证虽然也是保护债权人以实现效率的价值，但具有独立性的特性，其法律构造有别于从属保证。消费者保证是保护消费者保证人以实现公平的价值，其法律构造有别于从属保证和独立保证。

二、应启用一般保证、独立保证和消费者保证的概念

这三种保证是现代保证制度的3种类型，其概念的厘定是对现代保证制度本质属性的描述，是我国保证制度完善的首要问题。一般保证亦称从属保证，是指与特殊保证（如独立保证和消费者保证）相对的普通保证。其是指当事人在保证合同中约定，债务人不能履行债务时，由保证人承担保证责任的保证类型。① 消费者保证的概念可借鉴前述欧盟法上的概念，在此不予赘述。重点界定在立法和学理上颇具争议的独立保证的概念。

《法国民法典》、《奥地利民法典》、DCFR②、《联合国独立保函和备用信用证公约》③、中国《最高人民法院关于审理独立保函纠纷案件若干问题的规定》④ 对独立保证有明文规定。独立保证不是保证，其名称与概念并未与国际接轨，概念界定过于狭窄，并未真实反映独立保证的本质和内涵，适用主体仅为银行和非银行金融机构。⑤ 这就无法满足我国市场经济中其他民事主体的需求，有违反公平竞争和意思

① 参见王强：《保证制度研究》，载《商品与质量（理论研究）》2012年第5期。

② 参见DCFR第Ⅳ—1：101条（b）项。

③ 参见《联合国独立保函和备用信用证公约》第2条。

④ 参见《最高人民法院关于审理独立保函纠纷案件若干问题的规定》第1条。

⑤ 参见《最高人民法院关于审理独立保函纠纷案件若干问题的规定》第1条。

自治之嫌。学理上也颇具争议。[①]

虽然独立保证的概念在立法上和学理上有极大不同，但其也有共性：首先，独立保证是一种新型保证；其次，独立保证的特性是独立性。这两个共性是厘定其概念的前提，也界定了其内涵和外延。笔者认为，独立保证应定义为担保人为担保目的而对债权人承担的债务，该债务明示或默示地表示不依赖于（独立于）他人对债权人负有的债务[②]，是一种有别于一般保证的保证。这个定义的界定应是国际公约与惯例、各国立法经验与司法实践、学理上独立保证概念共性提炼的结果，是独立保证本质的客观反映。但此定义中的独立性过于抽象，应对其外延、内涵予以具体化和明确化。

需提及的是独立保证的认定情形。通说和实务经验认为，将一项协议称为从属保证或独立保证并不具有决定意义，仅在下列 4 种情形下才会将保证合同解释为独立保证合同[③]：其一，合同涉及处于不同司法管辖区的当事人之间的基础关系。其二，保证是由银行提供的。其三，保证包含了一项“一经要求”即承诺支付的条款。其四，保证并不包含将保证人可用的抗辩排除在外或限制的条款。

三、应确立一般保证、独立保证和消费者保证三分法

现代保证制度之所以可划分为一般保证、独立保证和消费者保证 3 种，是因为一方面，这种划分法是传统保证发展的必然结果。保证

---

① 国内有学者认为，独立保证是一种与基础合同情况相脱离，一旦出具，其效力不依附于基础合同的保证。其付款责任仅以独立保证自身条款为准。保证人开出保证的行为与受益人接受保证的行为构成了两者之间不依附于基础合同而独立存在的一种新的合同关系。也有学者认为，独立保证是因保证人的特别承诺而与被保证债权没有从属关系的一种保证。参见邹小燕、朱桂龙编著：《银行保函及案例分析》，中信出版社 1993 年版，第 127 页。

② 参见 DCFR 第Ⅳ. G—1：101 条（b）项。

③ 参见［德］克里斯蒂安·冯·巴尔、［英］埃里克·克莱夫主编：《欧洲私法的原则、定义与示范规则：欧洲示范民法典草案》（第 4 卷），于庆生等译，法律出版社 2014 年版，第 1093 页。

制度源于罗马，发展至今，现实生活和市场经济中普遍存在一般保证、独立保证和消费者保证，这种划分法实际上是对现实生活和市场经济中的这三种保证的法律上的确认和认可。欧盟保证制度即范例。这就有利于保证制度的司法实践和审判活动，有利于建立起种类齐全、逻辑严密的保证制度体系。其中，独立保证被定性为新型保证，解决了独立保证在理论上的纷争，独立保证分为见索即付的独立保证和非见索即付的独立保证，其适用于备用信用证。这就实现了我国独立保证的现代化和国际化。毕竟，独立保证是私法制度，只要不违背法律强制性规定和公序良俗，就应尊重意思自治，法律应允许。另一方面，这种划分法是 3 种保证的各种功用和法律构造的体现。一般保证是保护债权人以实现效率的价值，独立保证虽然也是保护债权人以实现效率的价值，但具有独立性的特性，其法律构造有别于一般保证。消费者保证是保护消费者保证人以实现公平的价值，其法律构造有别于一般保证和独立保证。

四、应重塑保证制度的价值功能

我国现代市场经济客观上要求我国保证制度由保护债权人以实现效率的价值功能转向保护债权人和保证人并重以实现效率与公平并重的价值功能。

（一）保证功能定位的转向：从“保护债权人”到“保护债权人和保证人并重”

第一，一般保证和独立保证的功能定位是保护债权人。近现代商品经济中，一般保证和独立保证均是信用保证，因信用本身具有不确定性，加之受市场竞争的非完全性、市场信息的不对称性、保证合同当事人的实际地位不平等、财富的不均等性等因素的影响，保证人不能按预期履约的情形时有发生。对此，大陆法系国家（地区）确立了以保护债权人权益为目的的保证责任制度，尤其是在独立保证中，甚至赋予了债权人直接向保证人请求履行义务的权利。同时，法律也赋予了保证人对债务人的追偿权和保证人之间的内部追偿权以平衡债务人和保证人之间的权益。但最终因过度保护债权人的权益而使得债务人和保证人在市场经济中可能成为弱势群体，甚至可能因履行义务而倾家荡产。要言之，一般保证和独立保证是以牺牲保证人的利益来实现追求效率的价值理念的。因为保证人在保证中仅负有义务。质言之，包括一般保证和独立保证在内的传统保证制度虽然追求契约完全自由原则实现了效率的价值理念，但忽视了契约正义。另外，与传统一般保证相比，独立保证还具有其特有的作用机能。可见，独立保证的作用机能是传统一般保证所无法替代的，独立保证在保证制度体系中具有不可替代的地位和作用。

第二，消费者保证的功能定位是保护保证人。消费者保证在立法理念上是通过适用契约自由原则、差别原则、不平等原则等来有效地保护弱势的消费者保证人。具体而言，一方面，依据契约自由原则，消费者保证首先被定位为保证合同，是有别于一般保证合同和独立保证合同的新型保证合同，适用合同法的原则与规则；作为消费者保证人的第三人可以自由地与债权人签订消费者保证合同，但只承担法定补充责任。其次被定性为一般（从属）保证，是一般（从属）保证的新类型，适用保证的一般规定和一般保证的规定。另一方面，消费者保证依据差别原则创设了包括有别于一般保证和独立保证的保证责任、构成要件、适用范围与规则在内的特殊规则。另外，消费者保证依据不平等原则创设了除约定外，消费者保证人承担有限保证责任，也排除了若债权人也是消费者，或消费者保证人能对非自然人的债务人施加实质性影响时适用消费者保证的情形。

（二）保证价值追求目标的转向：从“效率”到“效率与公平并重”

保证制度的价值从效率转向效率与公平并重是克服一般保证与独立保证自身固有缺陷的结果，是契约正义的客观要求，是现代市场经济发展的必然结果。

第一，保证价值追求目标的转向是克服一般保证和独立保证自身固有缺陷的结果。自罗马法以来，“契约自由原则（合意）”和“保障债权以实现效率”就成为一般保证和独立保证的基本法律特征。前者是其理论基础，后者是其独立价值。但一般保证和独立保证的理论基础——契约自由原则天然就具有“弱势主体与强势主体力量的不平衡，若一味地遵循契约自由理论，会导致社会的不公平及社会危机”①的固有缺陷。一般保证和独立保证因而并不能完全实现契约自由原则所宣扬的形式平等。这无疑是 19 世纪以来《法国民法典》所确立的毫无限制的契约自由的必然结果。若消费者是保证人，消费者保证人更是处于双重弱势的地位。综上，包括一般保证和独立保证在内的传统保证制度虽然体现了契约自由原则，但忽视了契约正义。

第二，保证价值追求目标的转向是契约正义的客观要求。② 消费者保证制度就是通过创设有别于一般保证与独立保证的保证责任及其强制性规范来有差别地衡平消费者保证人与债权人之间的权利与义务，给予消费者保证人以特殊的保护。故而，契约正义客观上要求消费者保证制度不仅应适用契约法来实现形式平等，还应适用差别原则来对弱势的消费者保证人给予特殊保护，以实现实质平等，并促进社会公平的实现。

---

① 丁萍萍：《合作社的法理分析》，华东政法大学 2009 年硕士学位论文，第 10 页。

② 参见王永前：《格式条款法律规制制度比较研究》，中国海洋大学 2008 年硕士学位论文，第 16 页。

第三，保证价值追求目标的转向是现代市场经济发展的必然结果。现代市场经济中，效率是公平的效率，公平又是注重效率的公平。[①]随着社会本位的出现和效率与公平同等重要的理念的发展，我国保证制度的价值追求目标应是效率与公平并重。

第三节　我国《民法典》立法完善之规则体系建构

我国保证制度的完善进路仅为我国吸收和借鉴大陆法系国家（地区）保证制度的具体规则指明了方向。要建构起适合我国国情且行之有效的保证制度，还需建构包括一般保证、独立保证和消费者保证在内的规则体系和适用规则。唯其如此，才能真正保障和实现保证制度的价值功能。

一、我国保证制度的解构与重构

我国《民法典》将保证制度明定于合同编，并作出了一定的修改与完善。譬如，新增债务加入制度、无约定或者约定不明确时保证方式推定为一般保证的推定规则，以及妥当协调了保证期间与保证债务诉讼规则、保证人承担保证责任后的追偿权、保证人抗辩权制度的完善等。[②]但我国保证制度未明定独立保证和消费者保证，使得其规则体系残缺不全，独立保证也仅由司法解释确认，不适用我国保证制度的规定，因为我国保证制度仅是关于从属保证的规定。但它们其实是“近亲”[③]，

---

① 参见敖四：《分配正义与和谐社会的构建》，载《襄樊学院学报》2009 年第 4 期。

② 参见王利明：《我国〈民法典〉保证合同新规则释评及适用要旨》，载《政治与法律》2020 年第 12 期。

③ See Bertrams R. F. Bank, *Guarantees in International Trade, the Law and Practice of Independent (First Demand) Guarantees and Standby Letters of Credit in Civil Law and Common Law Jurisdictions*, 4th ed. Kluwer Law International, 2013, p. 45 – 57.

因而从中可以归纳出一些共同规则，一体适用于二者。[①] 消费者保证是近现代社会消费者保护运动和立法下对消费者这一特定弱势群体予以特殊保护的产物。欧盟消费者保证的价值是实现公平。

综上，有必要对我国保证制度来一次彻底解构和重构，以实现其所追求的效率与公平并重的价值功能。具体而言，从一般保证、独立保证和消费者保证中提炼出共同的规则，使之成为我国保证制度的一般规定，适用于从属保证、独立保证和消费者保证；通过整合、改造和借鉴 3 种方式，建构起包括从属保证、独立保证和消费者保证在内的适合我国的完备的保证规则体系。我国民法典对一般保证的规定较为完备，将我国保证制度的现有规定整合为一般保证的规定即可，在此不再赘述。通过考究我国现行法关于独立保函的规定，独立保证的完善主要涉及我国保证制度的一般规则，一般保证与独立保证的种类、要件、效力和适用范围。借鉴欧盟关于消费者保证的规定，结合我国现行法的相关规定，消费者保证的建构包括其要件、效力和适用范围与规则。

二、我国保证制度一般规则的完善

（一）我国保证制度一般规则的基本思路与疑问

1. 我国保证制度一般规则的适用界限

我国《民法典》第 681 条至第 702 条规定了保证制度，其主要包括保证合同的概念、性质、主体、内容、签订方式、保证的方式（一般保证和连带责任保证）、保证责任的承担与免除、保证人要求提供反担保的权利、最高额保证、保证责任等内容。因此，我国保证制度首先适用《民法典》此规定及有关保证制度的司法解释；倘若没有上

① 参见徐同远：《民法典合同编草案中保证制度的完善》，载《北京航空航天大学学报(社会科学版)》2019 年第 2 期。

述规定，但其性质上是合同，则适用担保法的一般规定，也适用我国《民法典》合同编的一般规定；保证合同的主体适用我国《民法典》第57条和第67条的规定。故而，我国保证制度有关规范的适用顺序依次是：我国《民法典》合同编有关保证合同的规定及其司法解释的规定，担保法的一般规定，合同通则的规定，《民法典》总则编的规定。

2. 我国保证制度一般规则内部的紧张与问题

我国保证制度仍不完善，其功能难以实现。具体而言，在体系上，保证并未被定性为优先受偿权，与担保权、优先权并列，由此提炼出这三种权利的一般规则。在内容上，我国保证制度实为欧盟法上的保证制度的一般规定和从属保证的内容。虽然我国司法解释规定了独立保函，但其不是欧盟法上的保证类型。我国保证制度也不包括欧盟法上的消费者保证制度。故而，对我国《民法典》应基于我国国情与现实之需予以改造，从宏观和微观上完善我国保证制度。

（二）对我国立法的启示

我国《民法典》应从一般保证、独立保证、消费者保证和其他保证中提炼出共同的规则，使之成为我国保证制度的一般规定，适用于这4种保证，使这4种保证制度适用相同规则，从而完善我国保证制度的一般规则。具体而言，在概念上，保证应定性为担保方式。在种类上，保证分为从属保证、独立保证、消费者保证和其他保证4种。在此基础上，将我国现行保证制度中的保证成立、生效、保证责任和保证人履行后的权利归入我国保证制度的通则（一般规则）部分，使其包括保证的概念、种类、成立、生效、保证责任和保证人履行后的权利6部分的内容。我国保证制度一般规则的完善于此仅讨论颇具争议的保证概念和代位权，对于其他内容学者多有论述，在此不予赘述。

1. 保证概念的再厘定

保证概念的厘定在立法和学理上颇具争议。在立法上，罗马保证是指保证人和债权人约定，当债务人不履行债务时由保证人代为履行的一种制度，是要式合同，具有从属性[①]，被《德国民法典》[②]、《瑞士民法典》第491条和《日本民法典》、《加利福尼亚州民法典》、《纽约州法典》、《中华民国民法》承继。[③] 法国保证概念与罗马法相同，但其是诺成合同，具有从属性，被我国《民法典》承继。[④] 上述立法中的保证概念的内容和功效大体相同，保证是一种承诺[⑤]，具有从属性，仅有要式与非要式之分。欧盟保证是指某人（无论是自然人还是法人）为了担保他人（主债务人）的债务而用自己的全部财产承担责任。保证人是指为了保证目的而对债权人承担债务的人。[⑥] 债务人是指对债权人负有被担保债务（如果有的话）的人，在与表面债务有关的条款中，也包括表见债务人。[⑦] 被担保债务可以是当前或将来债务，后者还可附条件。[⑧] 倘若所附条件为延缓条件，只要条件成就它就会出现。倘若被担保债务附有解除条件，那它便是一项当前债务。欧盟保证概念在立法上第一次突破了罗马法以来保证的从属性，第一次将保证定性为责任。此外，欧盟保证概念是从属保证和独立保证概念的上位概念，从属保证和独立保证是欧盟保证的下位概念。欧

---

① 参见费安玲主编：《比较担保法：以德国、法国、瑞士、意大利、英国和中国担保法为研究对象》，中国政法大学出版社2004年版，第9页。

② 参见沈达明编著：《法国/德国担保法》，中国法制出版社2000年版，第196页。

③ 参见《德国民法典》第766条；《瑞士民法典》第491条；《日本民法典》第446条第2项；《加利福尼亚州民法典》第1624条；《纽约州法典》第701条；《中华民国民法》第739条。

④ 我国《民法典》第681条规定，保证合同是为保障债权的实现，保证人和债权人约定，当债务人不履行到期债务或者发生当事人约定的情形时，保证人履行债务或者承担责任的合同。参见黄立主编：《民法债编各论》，中国政法大学出版社2003年版，第860页。

⑤ See Kevin Patrick Mc Guinness, *The Law of Guarantee*, Carswell Thomson Professional Publishing, 1996, p. 27 –28.

⑥ 参见DCFR第Ⅳ. G—1：101条（c）项。

⑦ 参见DCFR第Ⅳ. G—1：101条（d）项。

⑧ 参见DCFR第Ⅳ. G—1：101条（h）项；［德］克里斯蒂安·冯·巴尔、［英］埃里克·克莱夫主编：《欧洲私法的原则、定义与示范规则：欧洲示范民法典草案》（第4卷），于庆生等译，法律出版社2014年版，第1095页。

盟保证既可为要式也可为非要式，既可为单方法律行为也可为双方法律行为。

在学理上，法国学者认为，保证是保证人承担担保清偿另一人即主债务人承担的债务的义务的协议①，是承诺，不具有从属性。德国学者基尔克认为，保证是指一种从属的继续性债务关系，在主债务完全清偿之前，保证责任一直存在，保证人必须处于随时准备给付保证金的状态，其是一种承诺，但具有从属性。日本学者西村信雄认为，保证是从合同②，而日本学者鸿山秀夫认为，保证是有因契约③，不具有从属性。英国学者认为，保证是主合同之外的第三人作出的保证债权实现的允诺④，其是一种承诺，不具有从属性。美国学者詹姆士·怀特（James White）认为，保证是在涉及一方当事人预先违约时，公正解决纠纷的法律措施。⑤ 我国台湾地区学者詹森林等认为，保证是指当事人约定，一方于他方之债务人不履行债务时，由其代负履行责任之契约⑥，其是一种承诺，是一种双方民事法律行为，不具有从属性。王家福先生认为，保证是由合同债务人以外的第三人担保合同债

---

① 参见沈达明编著：《法国/德国担保法》，中国法制出版社 2000 年版，第 12 页；蔡永民：《比较担保法》，北京大学出版社 2004 年版，第 1 页。

② 参见［日］西村信雄：《注释民法（11）》，有斐阁 1986 年版，134 页。

③ 参见白彦：《独立担保制度探析》，载《北京大学学报（哲学社会科学版）》2003 年第 3 期。

④ 参见蔡永民：《比较担保法》，北京大学出版社 2004 年版，第 1 页。

⑤ 参见张晓红：《论预期违约情形下的合同解除》，黑龙江大学 2004 年硕士学位论文，第 25 页。

⑥ 参见詹森林等：《民法概要》，台北，五南图书出版股份有限公司 1999 年版，第 495 页；董安生、田士诚：《大陆六法精要（1）》，台北，月旦出版股份有限公司 1993 年版，第 178 页。我国台湾地区其他学者的观点：（1）郭振恭学者认为保证乃当事人约定，一方于他方之债务人不履行债务时，由其代负债务之契约。参见郭振恭：《民法》，台北，三民书局 1999 年版，第 424 页。（2）郑玉波学者认为保证乃当事人约定，一方于他方之债务人不履行债务时，由其代负责任之契约。曾荣振、刘宗荣等学者也持同样的观点。参见郑玉波：《民法概要》，台北，东吴大学图书公司 1995 年版，第 248 页；董安生、田士诚：《大陆六法精要（1）》，台北，月旦出版股份有限公司 1993 年版，第 178 页。

务履行的一种专门的法律方法和法律制度①，是一种方法和手段，其与上述美国学者的观点一致。高圣平学者认为，保证是指保证人向债权人担保债务人履行债务，当债务人不履行债务时，由保证人代为履行或承担连带责任的一种担保制度。② 张俊浩教授认为，保证是当事人之间约定一方于他方债务人不履行债务时，由其代为负责。通说认为，保证是指保证人和债权人约定，当债务人不履行债务时，由保证人负责履行债务或承担责任的行为。③ 保证应理解为代为履行债务或承担连带责任的合同。笔者赞成王家福先生的观点，原因如下：首先，保证具有担保功能④，在性质上是一种方法和手段，甚至是一种措施，是意思自治的产物，可为单方民事法律行为，也可为双方民事法律行为，不具有从属性。其次，保证不能仅仅理解为代替债务人履行债务，实现债权目的，而应理解为对债权人金钱的支付，以弥补债权人的损失，达到债权人追求经济效益的目的。

综上，保证是指某人（无论是自然人还是法人）为了担保他人（主债务人）的债务履行，而由其承担责任。

2. 代位权

罗马保证人的代位追偿权是指在保证人的先诉抗辩权和分担请求权没有通行之前，保证人在清偿债务后，有权请求债权人将其对债务人和其他保证人的权利移转给自己，以便在代为清偿后可以向债务人和其他保证人追偿，如果债权人拒绝移转，保证人可以行使“欺诈抗辩”的权利而拒绝履行保证债务。⑤ 在没有“分担利益”和“顺序利益”的情况下，为了保留日后向债务人追偿和要求其他保证人分担的

---

① 参见王家福主编：《中国民法学：民法债权》，法律出版社1991年版，第97页。

② 参见高圣平：《担保法新问题与判解研究》，人民法院出版社2001年版，第108页。

③ 参见郭明瑞、房绍坤、崔建远等学者也持这样的观点。参见赵炳霖、乐嘉庆：《债法比较》，福建人民出版社1999年版，第121页。

④ 参见张俊浩主编：《民法学原理》，中国政法大学出版社2000年版，第679页。

⑤ 参见周枏：《罗马法原论》（下册），商务印书馆1994年版，第817~822页。

权利，保证人在履行给付时有权请求债权人把他对主债务人和其他保证人的一切权利转让给自己；若债权人拒绝转让，保证人可因此提起“欺诈抗辩”，拒绝履行保证债务。但保证人在代主债务人履行了债务后，向主债务人请求偿还的途径因保证的情形不同而不同。如果是债务人委托保证人提供保证，则保证人可以对债务人提出“受任人诉”；如保证人提供保证不为债务人所知晓，则保证人在代为清偿后，可以按照“无因管理”处理；如果保证人提供保证遭到债务人反对，则保证人对债务人没有任何请求权，但是可以从债权人处受让其对债务人的债权，以债权受让人的名义请求债务人偿还。①

法国保证人代位权是指有义务与他人共同清偿债务，或者有义务为他人清偿债务并且对清偿债务有利益的人，已进行清偿的，享有对债务人的代位权②，代位取得债权人的所有权利以及一切担保，享有抵押和保留所有权的条款下的权利，但代位不得损害债权人。③ 代位权只发生在债权本身没有超过诉讼时效能够起诉债务人，并且只能向债务人追索已经偿付的金额时。法国保证人代位权被意大利民法典承继。④

在德国，因委任或无因管理产生的追偿权与《德国民法典》第774条规定的代位权都可以补偿保证人的损失，但是在范围、抗辩等方面各不相同，保证人在这两项权利之间有选择权。与德国规定类似的有俄罗斯等。⑤

我国《民法典》没有规定代位权，而是通过人的担保与物的担保并存时二者关系的协调使保证人获得补偿。虽亦有不完善之处，但是避免了代位权与追偿权竞合的诸多理论问题。我国《民法典》第700

① 参见周枏：《罗马法原论》（下册），商务印书馆1994年版，第820～823页。
② 参见《法国民法典》第1251条第3款。
③ 参见《法国民法典》第1252条。
④ 参见《意大利民法典》第1203～1205条、第1949～1950条。
⑤ 参见沈达明编著：《法国/德国担保法》，中国法制出版社2000年版，第205页。

条规定，保证人承担保证责任后，有权向债务人追偿。保证人的追偿权，建立在保证人承担保证义务消灭了债权人与债务人之间全部或部分债务的基础上，保证人为承担保证义务而支出财产时，法律规定其享有向债务人请求偿还的权利。

保证人代位权，是指保证人代债务人清偿债务后，债权人的债权于债权人受保证人清偿之范围内转移给保证人，从而使保证人取代债权人的地位对债务人享有债权。而追偿权则是根据保证人与债务人之间的关系，由法律规定的保证人在代债务人清偿债权人之后，享有的请求弥补损失的权利。

关于代位权与追偿权之间的关系，有3种观点：第一种观点认为，代位权与追偿权是两种不同的权利，但代位权为追偿权的补充。“代位权非有自己目的，唯为使求偿权易于实现之方法”，“如无内部成立求偿权之原由，则无代位权之成立”，因此保证人对于债务人有固有的求偿权时，得对于主债务人代位债权人之权利，代位权乃对求偿权的补充[①]，但是代位权与追偿权在性质、范围等方面确有差异，尤其是当债权上附有担保物时保证人单凭求偿权无法获偿，因此，代位权与求偿权有并立必要，行使时则出现请求权的竞合，保证人不但可以择一行使，且可以同时行使，但其重复部分，则在其中之一因行使而获得满足后，另一种权利即归于消灭。[②] 第二种观点认为，代位权与追偿权是实现同一目的的两种性质不同的权利，通常各国（地区）民法只选择其一规定，有了代位权就不再规定追偿权，或者规定了追偿权就不再规定代位权，但是也不妨碍保证人选择法律没有明文规定的

---

① 参见史尚宽：《债法各论》，中国政法大学出版社2000年版，第920~928页。

② 参见郑玉波：《民法债编各论》（下册），台北，三民书局1987年版，第854页；孙鹏、肖厚国：《担保法律制度研究》，法律出版社1998年版，第108页；邹海林、常敏：《债权担保的方式和应用》，法律出版社1998年版，第93页。

权利。[①] 第三种观点认为，保证人的追偿权实际上是一种代位请求权，即保证人在代为履行或者承担连带赔偿责任后以债权人身份请求债务人偿还的权利，因此保证人的追偿（求偿）权就是其代位权，可以合称为代位追偿（求偿）权。[②]

保证人的代位权是指代替债务人或其他保证人（初级保证人）已经向债权人履行了追偿请求（其他保证人的保证责任）的保证人（次级保证人），有权依据欧盟关于保证人履行后的权利的规定[③]在清偿范围内代位行使其他担保人对债务人的权利，包括对债务人提供的财产担保的权利（见图 22）。[④] 次级保证人取代了初级保证人的地位，享有初级保证人由于向债权人偿付而对债务人的代位求偿权和初级保证人所获得的对债务人的代位求偿权。关于代位求偿权的范围，该代位求偿权的范围是初级保证人从次级保证人处所获得的追偿数额。根据多数保证人内部追索权的规定，追索数额是其他保证人的比例份额，该

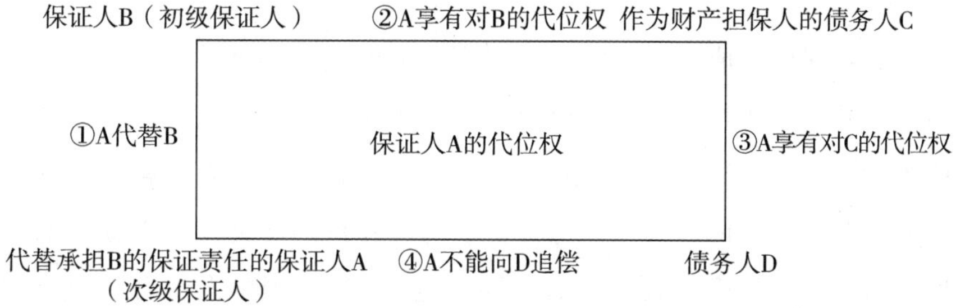

图 22　保证人的代位权

---

① 参见李开国：《民法基本问题研究：民法观念更新、制度完善及适用问题的若干思考》，法律出版社 1997 年版，第 345 页。

② 参见王家福主编：《中国民法学：民法债权》，法律出版社 1991 年版，第 108 页；董开军：《债权担保》，黑龙江人民出版社 1995 年版，第 85 页；孔祥俊主编：《担保法例解与适用》，人民法院出版社 1996 年版，第 175 页；沈富强：《保证法律实务》，立信会计出版社 2000 年版，第 83 页。

③ 参见 DCFR 第Ⅳ. F—2：113 条第 1 款、第 3 款。

④ 参见 DCFR 第Ⅳ. G—1：107 条第 1 款。

保证人所获得的不能高于他对债务人享有的权利比例份额。之后，向债权人予以偿付的保证人有权获得剩余的部分。保证人所承担的责任少于法律所规定的比例份额的，其他保证人只能根据保证人履行后的权利获得按比例的代位求偿权。

三、我国从属保证制度的完善

除整合我国保证制度中保证的范围、保证期间、追偿权和抗辩权之外，我国从属保证制度还应包括从属保证的概念、从属保证的种类、客观要件（保证义务的从属性、债权人的通知义务、债权人权利的限制、保证人履行前的通知和查询义务、保证人的代位权）、代位权等内容。需要说明的是，从属保证人代位权适用保证制度一般规则中的代位权规则，在此不予赘述。

（一）从属保证的概念

从属保证构成了保证的核心制度，是指担保人为了保证债务人对债权人的现在或将来的债务而对债权人承担的债务，该债务在主债权应当履行时及应当履行的范围内履行。[①] 保证被推定为从属保证的情形大致有三：向债权人支付的保证、为其履行的保证、赔偿损失的保证；例外情形为债权人证明有不同约定。[②] 如果当事人没有在协议中明确约定为独立保证或为担保目的的共同债务，应将其推定为从属保证。有约定的安慰函被推定为从属保证。[③] 该推定以资助者在发出商业类型的有约束力的安慰函时所追求的特有利益为基础。[④] 如果资助

---

① 参见 DCFR 第Ⅳ. G—1：101 条。

② 参见 DCFR 第Ⅳ. G—2：101 条第 1 款。

③ 参见 DCFR 第Ⅳ. G—2：101 条第 2 款。

④ 参见［德］克里斯蒂安·冯·巴尔、［英］埃里克·克莱夫主编：《欧洲私法的原则、定义与示范规则：欧洲示范民法典草案》（第 4 卷），于庆生等译，法律出版社 2014 年版，第 1170 页、第 1218 页。

者没有按照保证协议向债权人支付债务人所有金钱债务造成损失，其应赔偿债权人。[①] 如果债务人对债务存在异议或抗辩，资助者通常不承担保证责任。值得注意的是，有约束力的安慰函倘若有相反的证据证明成立的，不能被认定为从属保证。

（二）从属保证的种类

罗马从属保证大致分为诚信负责保证、委托保证（金钱信贷委托）和简约保证3种，并被近代保证制度继受和发展。允诺保证演变为近现代从属保证，被近现代国家和地区普遍承继；罗马诚信负责保证演变为近现代最高额保证，法国、英国、美国和我国即是代表；罗马简约保证演变为近现代限定保证，被法国和美国等国家继承；罗马委托保证演变为近现代信用委托，被德国继受。

法国从属保证类型最为完备，我国从属保证除包括我国现行法规定的从属保证的类型外，可借鉴法国从属保证类型予以完善，但民事保证与商事保证因违背我国民商合一的立法模式而不可取，人事保证因与我国用工制度格格不入而不可采纳。

（三）客观要件

1. 债权人的通知义务

债权人的通知义务包括债务人违约的通知义务和概括保证债权人的通知义务两种。[②] 债务人违约的通知义务是指存在债务人不履行或不能履行债务等紧急情况时，债权人应及时通知保证人。[③] 该通知必须涵括以下内容：不履行或不能履行债务的事实、被担保债务的宽限

---

① 参见［德］克里斯蒂安·冯·巴尔、［英］埃里克·克莱夫主编：《欧洲私法的原则、定义与示范规则：欧洲示范民法典草案》（第4卷），于庆生等译，法律出版社2014年版，第1170页。

② 参见刘创雄：《试论债权让与通知》，载《中山大学学报论丛》2006年第8期。

③ 参见DCFR第Ⅳ. G—2：107条第1款。

期、截至通知时被担保的主债务数额、利息、债务人的从属义务、通知发出的日期。无须通知的情形有两种：一是通知后 3 个月内发生的债务人不履行的情况。二是只存在债务人不履行从属义务的情况，但从属义务未履行涉及的债务数额占总担保债务 5% 的除外。① 如果违约状态持续 3 个月，债权人应重新通知保证人。②

概括保证债权人的通知义务是指在概括保证的情形下，债权人应将其与债务人约定增加债务额的事实通知担保人。通知的内容涵括以下两种情况：一是债务增加额达到保证设立时被保证债务额的 20% 的情形；二是被担保债务额较前次通知时的债务额每增加 20% 的情形。无须通知的情形是：概括保证人知道或应当知道上述事实。③ 例如，概括保证人为债务人公司的董事。值得注意的是，无须通知的举证责任人是债权人。

违反上述两种通知义务的法律后果是保证人不承担相应赔偿责任。④ 需要说明的是，关于上述两种债权人的通知义务的规定适用于消费者从属保证，甚至包括消费者独立保证和消费者共同保证。在消费者概括保证中，任何债务的增加，都应予以通知。⑤

2. 债权人权利的限制

违反处理自己事务所应有的注意义务的债权人，对保证人所享有的权利的行使在以下两种情况下受到限制：一是保证人因债权人的行为而不能充分行使其享有的代位权；二是保证人因债权人的行为而不

---

① 参见 DCFR 第Ⅳ. G—2：107 条第 1 款。

② 参见［德］克里斯蒂安·冯·巴尔、［英］埃里克·克莱夫主编：《欧洲私法的原则、定义与示范规则：欧洲示范民法典草案》（第 4 卷），于庆生等译，法律出版社 2014 年版，第 1210 页。

③ 参见 DCFR 第Ⅳ. G—2：107 条第 2 款、第 3 款。

④ 参见 DCFR 第Ⅳ. G—2：107 条第 4 款。

⑤ 参见［德］克里斯蒂安·冯·巴尔、［英］埃里克·克莱夫主编：《欧洲私法的原则、定义与示范规则：欧洲示范民法典草案》（第 4 卷），于庆生等译，法律出版社 2014 年版，第 1211 页。

能充分行使其享有的追偿权。这种限制的目的是避免保证人遭受不应有的损失。保证人若承担了保证责任，则享有请求债权人赔偿上述损失的权利。[①] 这些债权人权利的行使限制规则也适用于消费者保证人。

3. 保证人履行前的通知和查询义务

规定保证人履行前的通知和查询义务是为了保护债务人之权利，保证人负有向债权人为履行之前通知债务人和查询被担保债务的余额以及债务人得主张的所有抗辩或反诉信息的义务。[②] 如果保证人违反该义务未予以通知或查询以及怠于行使其抗辩权，则保证人享有的对债务人的追偿权和代位权受到限制，以避免因保证人的过错造成债务人的损失。[③] 因为保证人未通知和查询既损害了其自身利益，也可能损害债务人的权利[④]，但存在以下两种情形时，并不影响保证人所享有的对债务人的追偿权和代位权：一是债务人未能答复保证人，或向其提供了不完整或不正确的信息；二是债务人提供了某些错误的信息，其他信息虽然正确，但却也被保证人忽视或无视。值得注意的是，保证人对债务人所犯的任何过错包括上述未通知和查询都不会影响保证人对债权人所享有的权利。[⑤]

需要说明的是，上述保证人履行前的通知和查询义务规则适用于所有消费者保证人。唯一不同之处在于后者的规则具有强制性，以便更好地保护消费者保证人。保证人的通知可能对债务人有利，因为在适当情况下，如果事实证明债务人已经向债权人作出了部分或全部履行，或债务人拥有保证人也可以利用的抗辩，则其会防止或减少保证

---

① 参见 DCFR 第Ⅳ. G—2：110 条。

② 参见 DCFR 第Ⅳ. G—2：112 条第 1 款。

③ 参见 DCFR 第Ⅳ. G—2：112 条第 2 款。

④ 参见［德］克里斯蒂安·冯·巴尔、［英］埃里克·克莱夫主编：《欧洲私法的原则、定义与示范规则：欧洲示范民法典草案》（第 4 卷），于庆生等译，法律出版社 2014 年版，第 1244 页。

⑤ 参见 DCFR 第Ⅳ. G—2：112 条第 3 款。

人的履行。[①]

值得注意的是，消费者保证是从属保证的一种，从属保证的上述规则适用于消费者保证。不过，在这种情况下，它具有强制性。DCFR第Ⅳ.G—2：113条对任何独立保证的适用性已经在DCFR第Ⅳ.F—3：109条（保证人履行后的权利）的规定中明确。本规定要求对该种适用性加以适当调整。但是，在目前情况下，寻求这种调整是没有必要的，因为根据保证人责任性质的规定，意图承担独立保证责任的消费者会被视为从属保证人。因此，本条是以与消费者承担从属保证同样的方式完全适用的。与适用其他关于连带债务人的规则的情形相比较，如果将本条适用于为担保目的的消费者共同债务人并不会导致消费者的明显不利，则这种适用性便可以在政策基础上得到保护。

四、我国独立保证制度的完善

（一）我国独立保函的基本思路与疑问

1. 我国独立保函的适用界限

《最高人民法院关于审理独立保函纠纷案件若干问题的规定》对其予以明定，应优先适用之。倘若此规定未明定，因其被定性为开立人与受益人之间的书面承诺，是合同，应适用我国《民法典》合同编的规定。但因其在性质上不是保证，不适用保证的规定，因为我国民法典保证制度的规定实际上是一般（从属）保证制度的规定。独立保函的开立人即保证人是银行或非银行金融机构，为民法上的营利法人，其适用我国《民法典》第57条和第67条的规定。综上，独立保函相关规定的适用顺序依次是：上述司法解释的规定，《民法典》合同编

---

① 参见［德］克里斯蒂安·冯·巴尔、［英］埃里克·克莱夫主编：《欧洲私法的原则、定义与示范规则：欧洲示范民法典草案》（第4卷），于庆生等译，法律出版社2014年版，第1245页。

的规定，《民法典》总则编的规定。

2. 我国独立保证内部的紧张与问题

我国独立保证制度尚不完善，其功用难以实现。具体而言，我国独立保函的名称与概念并未与国际接轨，其概念界定过于狭窄，并未真实反映独立保证的本质和内涵。其开立主体仅能为银行和非银行金融机构[①]，否则独立保函无效[②]。这就无法满足我国市场经济中其他民事主体的需求，有违反公平竞争和意思自治之嫌。独立保函因而不是保证的种类。独立保证类型不同，其适用规则也不同。见索即付保函和备用信用证是我国现实生活中普遍存在且国际公约与惯例普遍认可的两种独立保证，但不是我国独立保证的类型。独立保证自诞生之日起就具有独立性和特有功用，由此决定了其要件和效力具有特殊性，与一般（从属）保证有别。[③] 故而，我国民法典应基于我国国情与现实之需对独立保证制度予以改造，从宏观和微观上完善我国独立保证制度。

（二）对我国立法的启示

我国民法典基于我国国情与现实之需对独立保证的概念、种类、主体要件、法律效力和适用范围予以改造。

1. 概念与种类

独立保证的概念颇具争议。在国际公约与惯例上，独立保证的概

---

① 《最高人民法院关于审理独立保函纠纷案件若干问题的规定》第 1 条规定，独立保函是指银行或非银行金融机构作为开立人，以书面形式向受益人出具的，同意在受益人请求付款并提交符合保函要求的单据时，向其支付特定款项或在保函最高金额内付款的承诺。

② 《九民纪要》第 54 条规定，银行或者非银行金融机构之外的当事人开立的独立保函，以及当事人有关排除担保从属性的约定，应当认定无效。

③ 参见高圣平、何颖来：《论独立保证中保证人的权利保护体系——兼评独立保函司法解释征求意见稿》，载《社会科学》2016 年第 4 期。

念的演化顺序为合同保函、见索即付保函、备用信用证、独立担保。[①]分析这些概念可知：合同保函实际上仍为保证，不具有独立性。这一方面是因为当时该规则的起草者过度担心合同保函中存在的权利滥用及欺诈行为，将合同保函定性为从属保证。另一方面是因为许多国家对合同保函的合法性存在较大争议且国际贸易中的银行和债权人对合同保函持冷漠态度。见索即付保函突破合同保函的从属性，具有独立性。备用信用证与独立担保在性质上是保证，也具有独立性。因此，独立保证是备用信用证和独立担保的上位概念，备用信用证和独立担保是独立保证的下位概念。也可以说，独立保证是备用信用证和独立担保的类型，均具有独立性。

在欧盟各国立法上，《法国民法典》、《德国民法典》和《奥地利民法典》[②] 对独立保证的概念也定有明文。这些欧盟国家的独立保证概念和名称虽然有所不同，但均具有独立性。其中，法国、奥地利独立保证的概念并未直接体现独立性这一特性，其性质均为承诺，但法国独立保证还包括见索即付独立保证。DCFR 上的独立保证是指担保人为担保目的而对债权人承担债务，该债务明示或默示地表示不依赖于他人对债权人负有的债务[③]，性质是保证。其独立性是广泛意义上的独立性，与 1996 年《联合国独立保函和备用信用证公约》上的独立性相同[④]，是欧盟独立保证的决定性乃至唯一特性，是其与从属保证相区别的显著特征。

按照域外学理和司法实践的观点，独立保证在性质上是合同，具

---

① 参见 1978 年《合同保函统一规则》第 3 条；1992 年《见索即付保函统一规则》第 2 条；1998 年《国际备用证惯例》第 106 条 a 款；1995 年《联合国独立保函和备用信用证公约》第 3 条。

② 参见《法国民法典》第 2321 条；《德国民法典》第 780 条；《俄罗斯联邦民法典》第 368 条；《奥地利普通民法典》第 880a 条。

③ 参见 DCFR 第Ⅳ. G—1：101 条（b）项。

④ 参见 1995 年《联合国独立保函和备用信用证公约》第 3 条。

有独立性，适用于国内外市场。①

我国学理上，独立保证也有广义与狭义概念。任何担保人的义务独立于债权人与债务人之间的基础交易关系的担保都可以被纳入广义的独立担保范畴，唯在独立性的程度上存在差异。其涵括了跟单信用证的保兑、虚假的指示、凭要求给付担保等。② 李国安教授则认为，独立担保主要是独立保函、备用信用证及其他带有独立担保性质的担保文书。③ 另有学者主张票据保证亦具有独立性。④ 关于信用证是否属于独立担保的范畴，虽然许多学者将信用证作为一种国际国内贸易支付方式或者付款安排⑤，但不容置疑的是，信用证是国际贸易的重要担保形式。信用证构成盘根交错的关系，为不同的参与者提供不同的担保⑥，其受益人得到了开证行无条件的付款保证。就此而言，信用证具有担保的功能，而且信用证的独立抽象原则为国际公约和国际惯例以及我国国内立法和案例所认可，因而其所发挥的保证功能也应纳入广义的独立担保范畴。狭义的独立担保，一般来说只包括两种，即见索即付保函和备用信用证。甚至有学者认为对于独立担保，金融实务界大都约定俗成地称为“银行保函”或是“独立保函”，亦即二者是等同的⑦；而备用信用证与独立保函除了在技术性上存在差别之外，作用和目的差别不大，故备用信用证不过是独立保函的另一称谓而已。

---

① 参见沈达明编著：《法国/德国担保法》，中国法制出版社 2000 年版，第 61 页；李世刚：《论中国规则下独立担保的功能与定位——以利益与风险分配为视角解读〈独立保函司法解释〉》，载《上海大学学报（社会科学版）》2019 年第 3 期。

② 参见沈达明编著：《法国/德国担保法》，中国法制出版社 2000 年版，第 14～15 页。

③ 参见李国安主编：《国际融资担保的创新与借鉴》，北京大学出版社 2005 年版，第 12 页。

④ 参见刘心稳：《票据法》，中国政法大学出版社 2007 年版，第 181 页。

⑤ 参见徐冬根：《信用证法律与实务研究》，北京大学出版社 2005 年版，第 25 页；杨良宜：《信用证》，中国政法大学出版社 1998 年版，第 1 页。

⑥ 参见何美欢：《香港担保法》（上册），北京大学出版社 1995 年版，第 116 页。

⑦ 参见李燕：《独立担保法律制度》，中国检察出版社 2004 年版，第 9～12 页。

笔者认为，我国独立保证应定义为：保证人为保证目的而对债权人承担债务，该债务明示或默示地表示不依赖于（独立于）他人对债权人负有的债务。①

独立保证类型不同，其适用规则也相应不同。见索即付的独立保证和非见索即付的独立保证（定期或未定期独立保证）是我国现实生活中普遍存在的两种独立保证，也是独立保证的基本分类。我国立法之所以应予以明定，是因为：

首先，将约定保证人不能主张基于基础交易的任何抗辩的交易均界定为独立保证，以充分体现保证债务独立于主债务。基于保证人是否可以主张基于保证交易本身的抗辩权，不是是否构成独立保证的要素②，将独立保证类型化。两大法系也普遍认可其为独立保证的特殊类型。③

其次，国际商会1992年制定的《见索即付保函统一规则》是专门调整独立保证的国际惯例，现已成为当前国际贸易实践中适用于独立保证的最主要的国际惯例。与一般独立保证相比，见索即付的独立保证具有如下特性：一是具有更高的独立性，是更为高效的保证方式。债权人仅通过对保证人的请求，便有权获得保证的履行，且保证人对其请求不得提出抗辩，但其具有使保证人承担更多风险的缺陷。二是保证人抗辩极为有限，即保证人不能提出任何源自基础合同（包括受益人与债务人之间或债务人与保证人之间的基础合同）的抗辩④，包括保证人对债权人提起反诉中的抵押权。但保证人可以提出保证无效、

---

① 参见DCFR第Ⅳ. G—1：101条（b）项。

② 参见高圣平：《论独立保证的典型化与类型化》，载《武汉大学学报（哲学社会科学版）》2016年第1期。

③ 参见［德］克里斯蒂安·冯·巴尔、［英］埃里克·克莱夫主编：《欧洲私法的原则、定义与示范规则：欧洲示范民法典草案》（第4卷），于庆生等译，法律出版社2014年版，第1276页。

④ See BGH 22 April 1985，BGHZ 94，167，170f.

基于保证的请求并未与保证合同完全一致、明显滥用的抗辩①，以及提出基础合同具有非法性的抗辩。譬如，保证违反公共秩序或道德规范时，债权人不得基于合同起诉。②

最后，关于约定期限及其法律后果，从属保证和独立保证应遵循实质相同的规则，这也与国际规则相一致。

2. 主体要件与法律效力

独立保证的特性和功用决定了其除具备从属保证的一般要件之外，还应符合下列特殊要件，即主体要件（保证人是完全行为能力人）和客观要件（通知义务、履行请求和保证权利的可转让性）。需要说明的是，在此对其一般要件不予赘述，特殊要件中的客观要件与国际规则一致，亦不予阐述，仅对特殊要件中的主体要件予以分析。如前所述，我国独立保函的适用主体是有限的，仅为银行和非银行金融机构，最高人民法院确认了除银行和非银行金融机构以外的其他当事人开立的独立保函是无效的。这就无法满足我国市场经济中其他民事主体的需求，有违反公平竞争和意思自治之嫌。但与从属保证的保证人和债务人相比，独立保证的保证人和债务人应是相同的，保证人是指为了保证目的而对债权人承担债务的人③，包括任何在保证之下向债权人负有义务的人。但我国的机关法人不得为保证人，经国务院批准为使用外国政府或者国际经济组织贷款进行转贷的除外；以公益为目的的非营利法人、非法人组织不得为保证人。④保证人应具有完全行为能力，保证人履行保证的义务必须由保证人承诺，该承诺不得违反无效事由规定的任何可能导致权利失效的法律规则或欠缺合意。

---

① See Staudinger/Horn nos. 241 – 249 preceding § §765ff.

② See Cass. 7March 2002, No. 3326, BBTC 2002 Ⅱ653.

③ 参见 DCFR 第Ⅳ. G—1：101 条。

④ 参见我国《民法典》第683 条。

从属保证人履行后的权利适用于独立保证人履行后可以行使的权利。[①] 之所以如此，是因为从属保证与独立保证之间的真正差异是请求保证人履行的先决条件。但在保证人向债权人履行后，在保证人相对于债务人和其他保证人的地位上两种保证是一致的。为了简化并实现内部一致性，对这两种保证机制的履行后阶段适用相同的规则。[②] 独立保证中，保证人履行后的权利为保证人的返还请求权、保证人的追偿请求权、保证人的代位权、债权人在部分履行情形下的优先权。对于前两种权利我国立法有明确规定，对于后两种权利我国应予以认可。代位权分为保证人对债务人代位行使债权人的权利和保证人代位行使债权人的保证和财产担保权利两种。前者是指保证人部分履行的，债权人对债务人的剩余债权优先于保证人通过代位取得的权利。[③] 其本旨是强化独立保证人的地位。后者是指由于保证人行使追偿请求权，债权人作为从属保证、独立保证以及财产担保的权利人所享有的一切权利都依法转移于保证人，而不论债务人就该权利的转移有何限制或排除约定。履行了担保义务的保证人对其他保证人的权利只能在多数保证人的内部追索权的范围内行使。[④] 这是将从属保证人履行后的代位权扩展到独立保证中债权人对债务人或第三人所享有的保证和财产担保权利所使然。值得提及的是，在部分履行的情况下，债权人的剩余权利相对于独立保证人的权利具有优先权。

3. 适用范围

独立保证的适用范围是保证的独立性不因为仅仅概括地提及基础债务（包括保证）而受影响，独立保证的规定亦适用于备用信用证。[⑤]

---

① 参见 DCFR 第Ⅳ. G—3：109 条。

② 参见［德］克里斯蒂安·冯·巴尔、［英］埃里克·克莱夫主编：《欧洲私法的原则、定义与示范规则：欧洲示范民法典草案》（第 4 卷），于庆生等译，法律出版社 2014 年版，第 1298 ~ 1299 页。

③ 参见 DCFR 第Ⅵ. G—2：113 条第 2 款。

④ 参见 DCFR 第Ⅵ. G—2：113 条第 3 款。

⑤ 参见 DCFR 第Ⅳ. G—3：101 条。

保证的独立性不因为仅仅概括地提及基础债务（包括保证）而受影响，即独立保证中提及基础合同（如买卖合同或服务合同）或其他担保（如反担保或信用证开头部分由银行对担保进行确认的保证）并不会影响保证的独立性。质言之，独立保证人的履行义务独立于债务人与债权人之间的基础合同中的主债务。独立保证的规定适用于备用信用证，一方面是因为备用信用证的名称并未揭示其法律性质，但备用信用证确实实现了担保的功能，即备用信用证所代表的担保义务具有支付功能，独立于基础合同或基础合同的标的（如货物、服务及其他履行）。[①] 另一方面是因为备用信用证源于美国，被日本、法国以及中东、拉丁美洲国家承继，适用于国内外贸易，是独立保证的替代品，与独立保证一样，具有独立性，独立于基础合同。[②] 而且，国际商会于1998年公布的《国际备用信用证惯例》反映了已被广泛接受的有关备用信用证的惯例、习惯和用法。

按DCFR上的立法成例、独立保证法理及实证经验，我国《民法典》合同编应将我国独立保证定性为保证的一种，以解决立法对独立保证人保护过少的问题，从而促进我国国际国内贸易的发展。就我国立法实践而言，可从微观视角予以解读。在微观视角上，总体上，我国保证规则体系应对独立保证的规则予以丰富、扩展和完善。具体而言，借鉴欧盟各国及欧盟独立保证的立法经验和司法实践、独立保证的国际惯例与公约的规定，参照我国司法解释和《民法典》的规定，试拟独立保证规则完善的主要条文如下：

第1条（概念）

独立保证是指保证人为担保目的而对债权人承担的债务独立地承

① 参见《跟单信用证统一惯例》（UCP500）（1993年）第3~4条。

② 参见郭德香：《论银行担保的法律实践及其完善》，载《河北法学》2011年第5期。

担保证责任。①

第 2 条（种类）

独立保证分为见索即付的独立保证和定期或未定期独立保证两种。

第 3 条（适用范围）

独立保证的规定适用于具有独立性的保证和备用信用证。

第 4 条（主体要件）

独立保证的保证人是指为了保证目的而对债权人承担债务的具有完全行为能力的人，包括任何在保证之下向债权人负有义务的人，分为非职业性的保证人和职业性的保证人，但法律另有规定的除外。②

第 5 条（代位权）

履行了保证责任的保证人自动依法代替债权人行使对债务人享有的一切权利。③

第 6 条（债权人的优先权）

倘若保证人履行了部分保证责任，则债权人的剩余债权优先于保证人的代位权。④

---

① 该债务明示或默示地表示不依赖于他人对债权人负有的债务，或者保证人向受益人所负的义务并不依赖于任何基础交易的有效性或存在，也不依赖于任何其他保证，包括备用信用证或独立保函以及与此相关的确认书或反保证，或者并不受本保证中未列之条件的约束，也不受任何未来的、不确定行为或事件的拘束；但是在保证人经营范围内提出此类文件、作出此类行为或发生此类事件者，不在此限。参见《联合国独立保函和备用信用证公约》第 3 条。

② 我国《民法典》第 683 条规定，机关法人不得为保证人，但是经国务院批准为使用外国政府或者国际经济组织贷款进行转贷的除外。以公益为目的的非营利法人、非法人组织不得为保证人。

③ 参见高圣平、何颖来：《论独立保证中保证人的权利保护体系——兼评独立保函司法解释征求意见稿》，载《社会科学》2016 年第 4 期；[德] 克里斯蒂安・冯・巴尔、[英] 埃里克・克莱夫主编：《欧洲私法的原则、定义与示范规则：欧洲示范民法典草案》（第 4 卷），于庆生等译，法律出版社 2014 年版，第 1299 页。

④ 参见高圣平、何颖来：《论独立保证中保证人的权利保护体系——兼评独立保函司法解释征求意见稿》，载《社会科学》2016 年第 4 期；[德] 克里斯蒂安・冯・巴尔、[英] 埃里克・克莱夫主编：《欧洲私法的原则、定义与示范规则：欧洲示范民法典草案》（第 4 卷），于庆生等译，法律出版社 2014 年版，第 1299 页。

笔者就我国独立保证制度的完善提出上述基本构想的缘由有三：

首先，一般保证本身具有缺陷。第一，在一般保证中，针对债权人的请求权，保证人还可提出主合同债务人享有的全部抗辩，因此债权人并不愿意接受传统一般保证，致使其使用的普遍性受到影响；第二，一般保证中，保证人多为银行等提供信用的机构，其为避免受主合同交易的欺诈和卷入主合同纠纷而损害其自身信誉，不愿提供保证；第三，因债权人不愿意接受传统一般保证，债务人易陷入融资难的尴尬境地；第四，一般保证与独立保证存在较大区别，且共同适用规则甚少。综上，有必要完善独立保证。

其次，我国司法解释对独立保函予以明定，为我国独立保证规则体系的建构提供了立法经验。随着经济全球化步伐的加快和我国“一带一路”倡议的践行，在我国国际交易和国内交易中，独立保证合同会越来越多，这为独立保证立法完善提供了现实土壤。

最后，关于独立保证的国际条约和国际惯例为我国在《民法典》中规定独立保证提供了借鉴。同时，现今俄罗斯民法典、法国民法典、奥地利民法典及 DCFR 等均明定了独立保证，这也为我国独立保证提供了参照。

五、我国消费者保证制度的建构

（一）我国消费者保证的基本思路与疑问

1. 我国消费者保证的适用界限

我国消费者保证不仅适用我国保证制度、《民法典》合同编和总则编的规定，还适用我国《消费者权益保护法》中关于格式条款和消费者概念的规定，具体分析如下。

（1）我国消费者保证适用保证制度、《民法典》合同编和总则编的规定。我国《消费者权益保护法》第 2 条的规定引发关于消费者概念的争议[①]，但通说认为，消费者是为生活消费需要而购买、使用商品或接受服务的个人。[②] 消费者因而属于《民法典》总则编中自然人的范畴。由此可见，我国保证制度实际上认可了消费者保证，其适用我国保证制度的一般规定，只是我国保证制度并未在保证人是消费者的情形下对其予以特殊保护。我国保证的性质是有名合同，保证人依合同自由原则与债权人签订保证合同。我国消费者保证因而适用《民法典》合同编和总则编的有关规定。

（2）我国消费者保证不适用《消费者权益保护法》中除格式条款和消费者概念以外的规定。[③] 具体而言，一是我国消费者保证不适用《消费者权益保护法》的规定。[④] 这是我国消费者合同被私法公法化，归入经济法范畴的结果。追本溯源，现实中，经营者的优势地位以及经营者凭借其优势地位探索谋求利润最大化的各种辅助手段，使得消费者合同中积淀着一种实质上的"垄断"。[⑤] 二是我国消费者保证适用《消费者权益保护法》中关于格式条款的规定。我国《民法典》合同

① 王晓明学者认为，消费者是为生活消费需要而购买、使用商品或者接受服务过程中相对于经营者的自然人；董瑞玲学者认为，消费者是因非生产消费需要而购买、使用商品或接受服务的自然人；王利明教授认为，消费者是指非以营利为目的的购买商品或者接受服务的人。譬如，消费者信贷合同明定于银行法中，但其本质上依然是形式上平等的主体之间的法律关系，属于私法范畴。因而我国现行法的规定不但没有消除消费者和经营者之间实质上的不平等，而且也没有在平等的交易关系中真正实现双方的意思自治。参见王晓明：《我国消费者权益保护法中消费者概念的界定》，载《北京联合大学学报（人文社会科学版）》2010年第1期；董瑞玲：《〈消费者权益保护法〉的立法不足及其完善》，载《重庆科技学院学报（社会科学版）》2010年第5期；王利明：《消费者的概念及消费者权益保护法的调整范围》，载《政治与法律》2002年第2期。

② 参见刘河北：《产业链合作视角下珠三角地区企业集群问题》，载《法制与经济（下旬）》2011年第5期。

③ 参见饶润东：《格式条款的法律规制》，载《法制博览》2018年第8期。

④ 我国现行《消费者权益保护法》主要对消费者权利、经营者义务、国家对消费者合法权益的保护等内容予以明定，但并未明定消费者保证与消费者合同的内容。

⑤ 参见胡海涛、赵英：《加快消费合同制度的研究》，载《河北职业技术学院学报》2003年第4期。

编和《消费者权益保护法》对格式条款的内容予以明定。[①] 消费者保证因而本质上是契约。三是我国消费者保证适用《消费者权益保护法》中关于消费者概念的规定。我国《消费者权益保护法》明定了消费者的概念[②]，所以我国消费者保证的主体要件适用该概念。

（3）我国消费者保证优先适用《消费者权益保护法》的私法规范。[③] 我国《民法典》第128条首次把消费者概念作为民事主体看待，使与之有关的法律成为民法特别法。[④] 这就实现了我国消费者合同私法性质的理性回归，为我国消费者保证立法留有空间。

由上可知，我国消费者保证相关规范的适用顺序依次是：《消费者权益保护法》中关于格式条款与消费者概念的规定，保证制度的规定，《民法典》合同编的规定，《民法典》总则编的规定。

2. 我国消费者保证内部的紧张与问题

我国现行法实际上是认可消费者保证的，但其因适用一般保证的规则而不具有保护消费者保证人以实现契约正义的价值。因为，如前所述，一般保证具有保护债权人以实现效率的独立价值，但并不具有保护消费者保证人以实现契约正义的价值。一般保证价值的实现其实

---

① 具体而言：（1）我国《民法典》合同编第496条所规定的合理提示义务在《消费者权益保护法》第26条第1款中具体化为将提示义务范围予以列举和提示义务的履行方式为显著方式。（2）我国《民法典》合同编第497条关于格式条款无效的规定在《消费者权益保护法》第26条第2～3款中也予以明定，并具体化了“不公平、不合理”的内涵。（3）在法律适用上，消费者合同关于格式条款规定的适用遵循特别法优于一般法的原则，即我国《消费者权益保护法》第26条第1款规定的适用先于我国《民法典》合同编第496条的规定。参见许维利：《电子商务中格式合同与消费者权益保护》，载《广州航海高等专科学校学报》2005年第2期。

② 我国《消费者权益保护法》第2条规定，消费者是为生活消费需要而购买、使用商品或接受服务的个人。参见杨立新：《我国〈民法总则〉规定消费者概念的重要价值》，载《法学杂志》2017年第4期。

③ 参见汤建辉、张通：《论消费者后悔权的立法限制——兼论我国〈消费者权益保护法〉相关条文的修订》，载《湖北第二师范学院学报》2012年第4期。

④ 参见杨立新：《我国〈民法总则〉规定消费者概念的重要价值》，载《法学杂志》2017年第4期。

是以牺牲保证人的利益为代价的，而一般保证的理论基础——契约自由原则的固有缺陷使得契约自由原则所宣扬的形式平等难以真正实现。我国一般保证因而并不能完全实现保护债权人以实现效率的价值，而我国现行消费者保证因适用一般保证的规则而充其量只具有保护债权人以实现效率的价值。

另外，在一般保证中，保证人其实只负有义务，当保证人是消费者时，消费者保证人更是处于双重弱势地位。我国现行消费者保证因而不但不能保护弱势的消费者保证人，而且还会进一步损害消费者保证人的合法权益。由此可见，我国现行消费者保证不具有保护弱势消费者保证人以实现契约正义的价值。若我国民法典仅对我国现行保证制度予以认可、丰富、扩展和完善，最终只能建构起具有保护债权人以实现效率的价值的保证制度体系。这就与我国现代市场经济所追求的效率与公平相统一的价值目标相违背，也不利于我国消费者合法权益的私法保护。因此，我国民法典应基于我国国情与现实之需借鉴、改造欧盟消费者保证，以实现我国保证制度对契约正义价值的追求。

（二）对我国立法的启示

法律制度必须随着社会的发展而发展变化，并且以法律形式反映出一定历史时期的实质。[①] DCFR 中的消费者保证制度是现代欧洲消费者自我保护意识的崛起与消费者保护运动的兴盛在立法上的反映，是对欧盟成员国保证制度的传承和发展，是保证制度最新发展成果的集大成者。由此决定了 DCFR 中的保证制度的立法体例有别于大陆法系中的传统保证制度，即规定了保证的一般规则和从属保证、独立保证

---

① 参见［匈］M. 科罗姆、任正：《匈牙利人民共和国立法的迫切问题》，载《环球法律评论》1980 年第 1 期。

及消费者保证的特殊规则。[①] 就我国民法分则保证制度体系的立法实践而言，可以从宏观视角和微观视角予以解读。(1) 宏观视角。我国《民法典》应将保证制度明定于合同编中，并从从属保证、独立保证和消费者保证中提炼和抽取保证制度中的共性，丰富、扩展及完善我国现行保证制度的一般性规定。通过将一般保证命名为从属保证，与独立保证形成鲜明对比，并整合现实生活中存在的消费者保证的特殊规则，构建起包括从属保证、独立保证和消费者保证在内的保证规则体系。(2) 微观视角。总体上，我国保证规则体系应对消费者保证的规则予以认可、丰富、扩展和完善。具体而言，即借鉴欧盟消费者保证，结合我国《民法典》与《消费者权益保护法》等法律的规定，对消费者保证的概念、要件、效力和适用范围等予以完善，试拟条文如下。

第 1 条（概念）

消费者保证是指债务人到期未履行债务，债权人已尝试执行由第三人对同一债务提供的并非补偿性的任何保证或财产担保权利之后，其债权仍未得以清偿时，若保证人是消费者，依不平等原则通常承担补充责任，但债权人也是消费者，或消费者保证人能对非自然人的债务人施加实质性影响的除外。

第 2 条（适用范围）

除该条第 2 句的不同规定外，消费者保证的特殊规则适用于保证由消费者提供的情形。如果债权人也是消费者或作为消费者的保证人能够对非自然人的债务人施加实质性影响，则消费者保证的特殊规则不适用。

第 3 条（适用规则）

除消费者保证的特殊规则的不同规定外，消费者保证同样适用保

① 参见［德］克里斯蒂安·冯·巴尔、［英］埃里克·克莱夫主编：《欧洲私法的原则、定义与示范规则：欧洲示范民法典草案》（第 4 卷），于庆生等译，法律出版社 2014 年版，第 1093～1340 页。

证的一般规定和从属保证的规定。当事人不得排除消费者保证的适用规则的适用，或对其效力进行限制或变更而使作为消费者的保证人蒙受损害。

第 4 条（要件）

第 1 款（主体要件）

消费者是指为生活消费需要而购买、使用商品或接受服务的个人。①

第 2 款（客体要件）

第 1 项（债权人的先合同义务）

（1）债权人在保证人提供保证之前，有义务向其说明保证的一般法律效果，以及根据债权人所掌握的信息，鉴于债务人的财务状况保证人可能面临的具体风险。

（2）债权人负有确定消费者保证人已从第三人处获得独立咨询的义务。

（3）在保证人签署保证要约或创设保证合同至少 5 天前，消费者保证人仍未得到上述信息或独立咨询的，可以在得到上述信息或独立咨询后的合理期间内撤销要约或宣告合同无效。5 天被视为合理期间，除非另有不同规定。

（4）若与第 1 目或第 2 目规定相反，且保证人并没有得到有关信息或独立咨询，他可以在任何时候撤销保证要约或宣告保证合同无效。

（5）若保证人依前述规定撤销了保证要约或宣告保证合同无效，当事人获得利益的返还应适用不当得利规则。

第 2 项（债权人的年度通知义务）

经债务人同意，债权人必须每年向保证人通知截至通知时被担保

---

① 参见刘河北：《产业链合作视角下珠三角地区企业集群问题》，载《法制与经济（下旬）》2011 年第 5 期；王其林：《医疗损害赔偿的法律适用标准探讨》，载《医学教育探索》2006 年第 6 期。

的主债务数额、利息及债务人负担的其他从属性义务。

第 3 款（形式要件）

保证合同必须在耐久媒质上采用文本形式并由保证人签名加以公布。不符合前句规定的，保证合同无效。债权人的同意表示一经作出不得撤销。

第 5 条（效力）

消费者保证人承担补充责任，但另有约定的除外。一个旨在设立没有最高担保额的保证的协议，不论其是否为概括保证，都被视为设立了一个担保额确定的从属保证。一个旨在设立独立保证的协议，如果没有明确表示其不依赖于其他人对债权人的债务，只要具备了从属保证的其他条件，就将被视为设立了一个从属保证。

笔者就中国的保证制度提出的上述基本构想，从某种意义上来说，也是中国民法典保证制度的基本构想，提出该构想的缘由有三：

首先，随着我国改革开放的进一步深入，在民商事活动中，消费者保证合同将大量存在，有关消费者保证合同的纠纷频繁发生，且其主要特性表现为隐藏在平等形式下的实质不平等。[①] 我国民法典中的保证制度必须对此作出回应。

其次，无论是一般保证还是独立保证，均主要体现对债权人的保护，以实现现代保证制度的效率价值，而消费者保证主要体现对消费者保证人的保护，以实现现代保证制度的公平价值。此外，消费者保证尽管属于从属保证的范畴，但二者存在较大区别，且共同适用规则较少。因此有必要设立消费者保证。

最后，《德国民法典》第 13 条[②]率先在总则中对消费者的概念进行一体化界定，其通过强调消费者是民法调整的主体范畴，将消费者

---

① 参见李世刚：《法国担保法改革》，法律出版社 2011 年版，第 135 页。

② 《德国民法典》第 13 条规定，消费者是指既非以其营利活动为目的，也非以其独立的执业活动为目的而缔结法律行为的任何自然人。

纳入民事主体范围，来刻意强调消费者法的性质是私法，是民法典的特别法，应当适用民法规则。上述欧盟消费者保证规定可为我国所借鉴。

结　论

欧盟担保法的研究是我国“一带一路”倡议的客观要求，是促进我国与欧盟贸易往来的必然要求，是在我国法律实践中正确理解和适用欧盟担保法的应有之义，也是我国担保制度发展完善的试金石。我们要比较、镜鉴、整合、改造我国担保法以实现我国担保法的现代化和国际化。具体而言，我国动产担保权制度的立法完善进路主要为：应与保证、优先权制度并列独立成编；其概念应为有担保的债权意义上的担保权，优先权应为特殊债权意义上的优先权，二者性质为优先受偿权，是并列关系；应确立典型担保权和非典型担保权二分法。其具体规则完善为：完善我国动产担保权适用范围、设立、生效、担保责任与权利、优先顺位、担保期间的权利与义务规则、消灭情形与法律后果、违约与实现，重点是完善优先顺位和登记制度。我国保证制度应与时俱进以实现其“保护债权人与保证人并重”的功能和“效率与公平并重”的价值。其立法完善进路主要为：与物的担保权制度并列独立成编，保证本质上是担保，分为一般保证、独立保证和消费者保证 3 种，并启用这三种类型的概念。其具体规则的完善与建构主要为：首先，提炼出保证制度的一般规则。其包括保证的概念、种类、保证范围、保证期间、设立、生效、保证责任、保证权利等。其次，完善从属保证与独立保证。除整合我国保证制度中保证的范围、保证期间、追偿权和抗辩权之外，从属保证还应包括从属保证的概念、保证义务的从属性、从属保证推定、债权人的通知义务、债权人权利的限制、保证人履行前的通知和查询义务、保证人的代位权等内容。我国独立保证应为广义的概念，涵括见索即付的独立保证、定期或未定期独立保证、备用信用证 3 种，独立保证人应扩展至个人，其权利还包括代位权和债权人的优先权等。最后，具体构建消费者保证。可借鉴欧盟消费者保证，从概念、适用范围与规则、要件、法律效力 4 个方面结合我国现实与时代之需予以整合、改造、建构。通过对欧盟担保法的研究实现他山之石可以攻玉的效果，使我国担保法更好地服务于我国的国家和人民。

参考文献

一、中文著作

1. 梁慧星：《民法》，四川人民出版社 1988 年版。

2. 王泽鉴：《民法学说与判例研究》，台北，三民书局 1983 年版。

3. 罗尔斯：《正义论》，谢延光译，上海译文出版社 1991 年版。

4. 黄风：《罗马私法导论》，中国政法大学出版社 2003 年版。

5. 沈达明编著：《法国/德国担保法》，中国法制出版社 2000 年版。

6. 李国安主编：《国际融资担保的创新与借鉴》，北京大学出版社 2005 年版。

7. 刘心稳：《票据法》（第 4 版），中国政法大学出版社 2007 年版。

8. 徐冬根：《信用证法律与实务研究》，北京大学出版社 2005 年版。

9. 杨良宜：《信用证》，中国政法大学出版社 1998 年版。

10. 何美欢:《香港担保法》(上册),北京大学出版社 1995 年版。

11. 李燕:《独立担保法律制度:见索即付银行保函的理论与实践》,中国检察出版社 2004 年版。

12. 王利明:《合同法研究》(第 4 卷),中国人民大学出版社 2013 年版。

13. 李世刚:《法国担保法改革》,法律出版社 2011 年版。

14. 邹小燕、朱桂龙编著:《银行保函及案例分析》,中信出版社 1993 年版。

15. 郭德香:《国际银行独立担保法律问题研究》,法律出版社 2013 年版。

16. 曹士兵:《中国担保诸问题的解决与展望——基于担保法及其司法解释》,中国法制出版社 2001 年版。

17. 何勤华:《西方法学史》,中国政法大学出版社 1996 年版。

18. 笪恺:《国际贸易中银行担保法律问题研究》,法律出版社 2000 年版。

19. 佘少峰:《备用信用证国际法律制度研究》,中国法制出版社 2007 年版。

20. 薛兆诚编著:《信用证实务大全》,万源财经事业公司 1983 年版。

21. 周斌辉:《银行保函与备用信用证法律实务》,中信出版社 2003 年版。

22. 左晓东:《信用证法律研究与实务》,警官教育出版社 1993 年版。

23. 李进之等:《美国财产法》,法律出版社 1999 年版。

24. 李仁真主编:《国际金融法》(修订版),武汉大学出版社 2005 年版。

25. [英] 阿蒂亚:《合同法概论》,程正康等译,法律出版社

1982年版。

26. 沈四宝等编著：《国际商法》，对外经济贸易大学出版社2002年版。

27. 王利民：《民法的精神构造：民法哲学的思考》，法律出版社2010年版。

28. ［美］罗尔斯：《作为公平的正义：正义新论》，姚大志译，三联书店2002年版。

29. 《德国民法典》，陈卫佐译注，法律出版社2004年版。

30. 许明月：《抵押权制度研究》，法律出版社1998年版。

31. 徐国栋：《罗马私法要论——文本与分析》，科学出版社2007年版。

32. ［英］巴里·尼古拉斯：《罗马法概论》（第2版），黄风译，法律出版社2004年版。

33. 陈本寒：《担保物权法比较研究》，武汉大学出版社2003年版。

34. 《智利共和国民法典》，徐涤宇译，北京大学出版社2014年版。

35. 赵秉志总编：《澳门民法典》，中国人民大学出版社1999年版。

36. 陈本寒主编：《担保法通论》，武汉大学出版社1998年版。

37. 蔡福华：《民事优先权研究》，人民法院出版社2000年版。

38. 《意大利民法典》，费安玲等译，中国政法大学出版社2004年版。

39. 宋宗宇：《优先权制度研究》，法律出版社2007年版。

40. 辜江南：《优先权与中国民法典》，人民法院出版社2019年版。

41. 王利明：《物权法论》（修订本），中国政法大学出版社2003

年版。

42. 佟柔主编:《民法原理》，法律出版社 1982 年版。

43. 史尚宽:《物权法论》，中国政法大学出版社 2000 年版。

44. ［日］我妻荣:《我妻荣民法讲义Ⅲ：新订担保物权法》，申政武、封涛等译，中国法制出版社 2008 年版。

45. 孟勤国、黄莹主编:《中国物权法的理论探索》，武汉大学出版社 2004 年版。

46. 高圣平:《担保法论》，法律出版社 2009 年版。

47. 徐海燕、李莉:《物权担保前沿理论与实务探讨》，中国法制出版社 2012 年版。

48. 尹田:《法国物权法》，法律出版社 1998 年版。

49. 孙建江等译:《魁北克民法典》，中国人民大学出版社 2005 年版。

50. 《马耳他民法典》，李飞译，厦门大学出版社 2012 年版。

51. ［美］戴维·达德利·菲尔德:《纽约州民法典草案》，田甜译，中国大百科全书出版社 2007 年版。

52. 《路易斯安那民法典》，娄爱华译，厦门大学出版社 2010 年版。

53. 全国人大常委会法制工作委员会民法室编著，孙礼海主编:《中华人民共和国担保法释义》，法律出版社 2000 年版。

54. ［德］亚图·考夫曼:《类推与「事物本质」：兼论类型理论》，吴从周译，台北，学林文化事业有限公司 1999 年版。

55. 梁慧星:《中国民法典草案建议稿附理由》，法律出版社 2013 年版。

56. 龙卫球:《民法总论》，中国法制出版社 2002 年版。

二、中文期刊论文

57. 陈煜、彭俊瑜:《论消费者合同及其相关制度的创新》，载

《云南大学学报（法学版）》2005 年第 4 期。

58. 张艳：《关系契约理论对意思自治的价值超越》，载《现代法学》2014 年第 2 期。

59. 刘志云：《论契约正义及其理论基础》，载《华东政法学院学报》1999 年第 5 期。

60. 蒲菊花：《格式条款及其法律规制》，载《重庆工商大学学报（社会科学版）》2003 年第 5 期。

61. 赵迅：《弱势群体保护的社会契约分析》，载《政法论坛》2007 年第 4 期。

62. 曾荣鑫：《人的担保和物的担保并存的处理规则的新探讨》，载《河北法学》2014 年第 1 期。

63. 陈坤：《重申法律解释的明晰性原则》，载《法商研究》2013 年第 1 期。

64. 李世刚：《论中国规则下独立担保的功能与定位——以利益与风险分配为视角解读〈独立保函司法解释〉》，载《上海大学学报（社会科学版）》2019 年第 3 期。

65. 高圣平：《民法典担保物权法编纂：问题与展望》，载《清华法学》2018 年第 2 期。

66. 刘斌：《论民法典分则中人的担保之体系重构》，载《当代法学》2018 年第 5 期。

67. 李双元、周辉斌：《备用信用证法律特征之考察》，载《法律科学（西北政法学院学报）》2001 年第 3 期。

68. 刘青峰、李长军：《传统担保制度的反叛：独立保证制度研究》，载《法律适用》2004 年第 3 期。

69. 郭德香：《论银行担保的法律实践及其完善》，载《河北法学》2011 年第 5 期。

70. 徐德敏：《国外消费者保护运动的发展趋势与我国的选择》，

载《法律科学（西北政法学院学报）》1992 年第 1 期。

71. 杜志华：《欧盟消费者保护法的立法根据》，载《武汉大学学报（社会科学版）》2001 年第 6 期。

72. 王晨：《日本契约法的现状与课题》，载《外国法译评》1995 年第 2 期。

73. 杜志华：《欧盟消费者保护政策与环境保护政策的一体化研究》，载《中国政法大学学报》2010 年第 6 期。

74. 单平基：《从强制缔约看“打车软件”的法律规制》，载《法学》2014 年第 8 期。

75. 张艳：《关系契约理论对意思自治的价值超越》，载《现代法学》2014 年第 2 期。

76. 汪莉：《契约法中的契约自由与契约正义》，载《学术界》2005 年第 6 期。

77. 杨立新、刘召成：《德国民法典规定一体化消费者概念的意义及借鉴》，载《法学杂志》2013 年第 1 期。

78. 梁慧星：《诚实信用原则与漏洞补充》，载《法学研究》1994 年第 2 期。

79. 李永军：《从契约自由原则的基础看其在现代合同法上的地位》，载《比较法研究》2002 年第 4 期。

80. 王利明：《担保物权制度的现代化与我国〈民法典〉的亮点》，载《上海政法学院学报（法治论丛）》2021 年第 1 期。

81. 刘竞元：《民法典动产担保的发展及其法律适用》，载《法学家》2021 年第 1 期。

82. 李永军：《论民法典形式意义与实质意义上的担保物权——形式与实质担保物权冲击下的物权法体系》，载《西北师大学报（社会科学版）》2020 年第 6 期。

83. 刘保玉：《民法典担保物权制度新规释评》，载《法商研究》

2020 年第 5 期。

84. 王卫国：《现代财产法的理论建构》，载《中国社会科学》2012 年第 1 期。

85. 李世刚：《关于法国担保制度的改革》，载《法律与政治》2007 年第 3 期。

86. 张素华：《论民法典分则中担保制度的独立成编》，载《法学家》2019 年第 6 期。

87. 孙新强：《破除债权平等原则的两种立法例之辨析——兼论优先权的性质》，载《现代法学》2009 年第 6 期。

88. 陈桂清：《种属关系的概念不能并列》，载《中国翻译》1991 年第 2 期。

89. 陈本寒：《优先权的立法定位》，载《中国法学》2005 年第 4 期。

90. 冯桂等：《中国物权法理论研讨会会议综述》，载《法学评论》2004 年第 5 期。

91. 孟勤国：《占有概念的历史发展与中国占有制度》，载《中国社会科学》1993 年第 4 期。

92. 刘贵祥：《担保制度一般规则的新发展及其适用——以民法典担保制度解释为中心》，载《比较法研究》2021 年第 5 期。

93. 高圣平：《论担保物权"一般规定"的修改》，载《现代法学》2017 年第 6 期。

94. 王利明：《民法典的时代特征和编纂步骤》，载《清华法学》2014 年第 6 期。

95. 张晓君：《无效保证合同的认定及责任问题》，载《现代法学》2000 年第 1 期。

96. 陈华彬：《中国物权法的意涵与时代特征》，载《现代法学》2012 年第 6 期。

97. 苗炎、叶立周：《全国人大常委会立法政策反思——以立法修改背景下的司法解释为例的分析》，载《法制与社会发展》2012 年第 6 期。

98. 肖海军：《弘扬契约精神推进法治建设——中国法学会比较法研究会第七届年会综述》，载《比较法研究》2003 年第 6 期。

99. 刘坤轮：《论差别原则》，载《政治与法律》2008 年第 4 期。

100. 王利明：《我国〈民法典〉保证合同新规则释评及适用要旨》，载《政治与法律》2020 年第 12 期。

101. 徐同远：《民法典合同编草案中保证制度的完善》，载《北京航空航天大学学报（社会科学版）》2019 年第 2 期。

102. 王晓明：《我国消费者权益保护法中消费者概念的界定》，载《北京联合大学学报（人文社会科学版）》2010 年第 1 期。

103. 董瑞玲：《〈消费者权益保护法〉的立法不足及其完善》，载《重庆科技学院学报（社会科学版）》2010 年第 5 期。

104. 王利明：《消费者的概念及消费者权益保护法的调整范围》，载《政治与法律》2002 年第 2 期。

105. 鲁篱、叶明：《论保证契约的权利衡平——〈担保法〉漏洞管窥》，载《现代法学》1998 年第 6 期。

106. ［匈］M. 科罗姆、任正：《匈牙利人民共和国立法的迫切问题》，载《环球法律评论》1980 年第 1 期。

107. 徐孟洲、谢增毅：《论消费者及消费者保护在经济法中的地位——“以人为本”理念与经济法主体和体系的新思考》，载《现代法学》2005 年第 4 期。

108. 许军珂：《论消费者保护的法律选择模式——欧美模式与中国模式之比较、启示与思考》，载《法学家》2011 年第 5 期。

109. 胡培兆：《现代市场经济的现代性》，载《经济学家》2006 年第 2 期。

110. 席月民:《市场经济法治:创新与挑战——以消费者保护为例》,载《上海财经大学学报》2014 年第 1 期。

111. 杨立新:《我国〈民法总则〉规定消费者概念的重要价值》,载《法学杂志》2017 年第 4 期。

三、学位论文

112. 吴俞嘉:《论 DCFR 之动产担保物权的优先顺位问题——兼论对中国动产担保物权优先受偿次序的启示》,苏州大学 2017 年硕士学位论文。

113. 于夏楠:《动产抵押登记制度研究——以〈动产抵押登记办法〉和〈中国人民银行征信中心动产融资统一登记平台操作规则〉为基础》,南京财经大学 2016 年硕士学位论文。

114. 马红升:《论不动产物权登记》,山东大学 2008 年硕士学位论文。

115. 郑宗英:《反担保适用范围研究》,内蒙古大学 2014 年硕士学位论文。

116. 徐雅楠:《让与担保制度研究》,山东大学 2018 年硕士学位论文。

117. 王潇潇:《备用信用证法律问题研究》,大连海事大学 2009 年硕士学位论文。

118. 丁萍萍:《合作社的法理分析》,华东政法大学 2009 年硕士学位论文。

119. 秦云:《论我国不公平条款制度的建构》,西南政法大学 2015 年硕士学位论文。

120. 周瀚逸:《论金融消费者的法律界定》,重庆大学 2015 年硕士学位论文。

121. 张晓红:《论预期违约制度研究》,黑龙江大学 2004 年硕士学位论文。

122. 朱凡：《人的担保基本制度研究》，西南政法大学 2004 年博士学位论文。

四、英文文献

123. Ewoud Hondius. The Notion of Consumer, *European Unionversus Member States. Sydney Law Review* (Vol. 28: 89), 2006, p. 97.

致　谢

一路走来，想要感谢的人很多。我至今不忘小学的刘金华老师、刘文理老师，中学的刘长林、蒋才合老师、李伟老师、陈跃兵老师、袁学明老师，他们的厚爱使我始终有奋发向上的抱负、动力和基础。我怀感恩之心，向所有教诲、帮助过我的人表示感激！

感谢恩师冷传莉教授，将我带进法学的殿堂，并将其深厚的“民法内功”传授于弟子。弟子虽然愚钝，只吸收些许，亦让我受益终生。感谢恩师陈华彬教授，引领我走进神圣的法学博士领地，并对博士学位论文的写作给予精心的指导。感激恩师孟勤国教授，像我最深爱的爷爷一样疼爱、关心、指导我，指引我勇攀民商法的高峰，领略大师的风采和思想的神奇，感悟不以物喜不以己悲的人生境界。感激黄莹教授慈母般的爱护和指教。

感谢在博士后开题报告中给我提出许多中肯修改意见的张里安教授、余延满教授、张善斌教授、张素华教授。本书的很多修改甚至用语提炼凝结了他们的睿智和心血，但因个人基础单薄和其他原因，修改未及他们想要达到的目标。

感谢在论文写作过程中给予启迪和帮助的师兄陈国军博士、李亚凝博士后、王楚云博士后、刘建博士，同门闫黎丽博士，师弟王海峰博士，师妹辛巧巧博士、武坚博士，他们帮我收集相关资料，从不吝惜时间与我交流论文写作中的各种问题，从写作思路、提纲到结构调整、文字修改，事无巨细，不厌其烦。还要感谢硕士师弟代广义、陈金根、陈登宇、田木、李树桀、田野，硕士师妹余亮亮、张燕旋等对我论文写作过程中给予的启发和鼓励。

感谢为自己梦想而奋战的挚友范硕博士、白占强博士后、黄志雄博士、蒋学洪博士、曾冰博士等。

最后感谢我的家人。感谢父母辜炳成和叶金明在艰难岁月仍送儿读书。感谢我亲爱的大哥辜江成和嫂子刘菊花，感谢亲爱的姐姐辜清群、辜超群、辜建群、辜贵群、辜明群，我的姐夫夏明述、李根文、李明军、刘宏伟、扬玉书和表哥袁春华。

辜江南

2022 年 9 月 9 日于武汉大学博士后公寓

欧盟担保制度条文

第一章　欧盟动产担保物权制度的一般规定

第一节　欧盟动产担保物权的适用范围

第Ⅸ—1：101 条（总则）：（1）欧盟动产担保法适用于基于物权担保合同所产生的下列动产物权：（a）担保物权；（b）保留所有权的交易所保留的所有权。（2）担保物权的规则也适用于：（a）以担保为目的的信托所产生的权利；（b）由单方法律行为所设立的动产担保物权；（c）财产法中所包含的符合法律规定宗旨的担保物权。

第Ⅸ—1：102 条（动产担保物权）：（1）欧盟动产担保物权是设立在动产上的定限物权，使担保权人有权就担保财产优先受偿。（2）担保物权这一术语包括：（a）定限物权，普遍认为其具有物权担保作用，特别是质押。（b）无论名称为何，依据物权担保合同所产生的定限物权。根据该合同，当事人授予担保权人就担保财产优先受偿以实现其担保权或根据该合同达到同样效果。（c）本法中其他被视为担保物权的权利，例如本法留置权所规定的权利以及本条第 3 款所规定的权利。（3）依据物权担保合同进行或意图进行动产所有权转移，其目的或效果是实现担保物权，只能就该动产为受让人设定担保物权。（4）本条第 3 款的规定特别适用于：（a）有形动产所有权担保转让；（b）担保让与；（c）出售并回租；（d）出售并转售。

第Ⅸ—1：103 条（保留所有权交易：范围）：（1）供应动产的所有权人保留动产的所有权，以担保债务履行的情形。（2）其包括：（a）卖方在销售合同项下保留所有权；（b）供应人在分期付款的合同项下所享有的所有权；（c）在租赁合同项下对租赁物的所有权，前提条件是依据合同条款承租人在租赁期间届满时，有权选择取得租赁物的所有权或有权选择继续使用租赁期间届满时，有权限制取得租赁物的所有权或有权选择继续使用租赁物（融资租赁），而不需要支付对价或仅需要支付名义上的对价；（d）供应人在意图实现担保目的或效果的出售合同项下的所有权。

第Ⅸ—1：104 条（保留所有权交易：适用规则）：（1）保留所有权交易适用以下担保物权规则，法律另有规定的除外。（a）第Ⅸ—2：104 条（可转让性、现实存在和特定化的特别规定）第 2 款至第 4 款；（b）第二章第三节和第四节；（c）第三章至第六章；（d）第七章第一节。（2）将担保物权规则适用于保留所有权交易时，应适用以下变通：（a）担保财产分别指通过买卖合同、分期付款买卖合同、租赁合同或寄售合同项下所担保的财产；（b）买卖合同项下保留所有权交易中，担保权人是指卖方，担保人是指买方；（c）在分期付款买卖合同项下保留所有权交易中，担保权人是指供货方，担保人则是指分期付款的买方；（d）在融资租赁合同项下保留所有权交易中，担保权人是指出租人，担保人是指承租人；（e）在寄售合同项下保留所有权交易中，担保权人是指寄售人，担保人是指代售人。

第Ⅸ—1：105 条（适用范围的特别条款）：（1）担保人营业所在地或居住地的国内法特别规定了小额信贷担保人的保护规则的，本编不再适用于小额贷款的担保物权。(2) 本编规定的事项受国际条约调整且约束成员国的，对成员国而言，该条约优先于本编规定而适用。

第二节　欧盟动产担保物权的相关定义

第Ⅸ—1：201 条（定义）：(1) 基于本编目的适用以下定义。

(2) 从物是指已经或即将与某一动产或不动产紧密结合，或者已经或即将成为某一动产或不动产的组成部分，可以在经济上合理地从该动产或不动产中分离出来且不损害该动产或不动产的有形动产。

(3) 融资办法包括：(a) 保留所有权交易。(b) 财产所有权转移给买受人时，设定于该财产之上的对以下权利的担保物权；(i) 卖方根据买卖合同所享有的给付价款请求权；(ii) 贷款人对于其发放给买方支付价款且确实已支付给卖方贷款的请求权。(c) 以担保上述 (a) (b) 项规定的款项的支付为目的，而受让上述 (a) (b) 项规定的权利的第三人所享有的权利。

(4) 物权担保合同是指涉及以下内容的合同：(a) 担保人承诺为担保权人设立担保物权；(b) 当标的物所有权转移给作为担保人的受让人时，担保权人有权保留担保物权；(c) 出卖人、出租人或其他财产提供方为了担保其债权的实现，有权保留所提供财产的所有权。

(5) 违约是指：(a) 债务人不履行担保物权所担保债务；(b) 担保人和担保权人约定的可以赋予担保权人行使担保物权的其他情形或事件。

(6) 金融资产是指金融证券和现金支付请求权。

(7) 金融证券是指：(a) 可转让的股权凭证和类似的证券，以及可转让证券和类似债权凭证；(b) 任何其他能够交易和授权取得此类金融证券或进行现金结算的票据，但支付工具除外；(c) 集体投资中的股权；(d) 金融市场工具；(e) 本款 (a) (b) 项中所述金融证券上的权利或与之相关的权利。

(8) 无形资产是指非物质的财产，包括未持有凭证的和间接持有的证券，以及共有人对共有的有形财产或者对共同投资或基金所享有的不可分割的股权。

(9) 根据本规则的目的，所有权的客体包括有形动产和无形资产。

(10) 占有性担保物权是指由担保权人或其他第三人占有有形的担保财产为条件的担保物权。

(11) 收益是指任何来自担保财产的价值，例如：(a) 通过出卖或其他处分行为收取款项所实现的价值；(b) 因缺陷、损害或损失而取得的损害赔偿金或保险金；(c) 法定的或天然的孳息，包括分红；(d) 收益的收益。

(12) 担保权人，可以是权利被担保的债权人，或是以其本人名义为债权人持有担保物权的第三人，特别是作为受托人。

(13) 担保人，可以是担保物权所担保的债务的债务人，也可以是第三人。

第二章　欧盟动产担保物权的设立和效力范围

第一节　欧盟动产担保物权的设立

第一分节　欧盟动产担保物权设立的一般规定

第Ⅸ—2：101条（设立担保物权的方式）：动产担保物权可以通过以下方式设立：(a) 担保人授权为担保权人设立担保物权；(b) 担保权人在转移财产所有权给担保人时，保留担保物权；(c) 担保权人因留置权而占有标的物。

第Ⅸ—2：102条（设立担保物权的一般要件）：设立动产担保物权应当符合以下条件：(a) 该动产客观存在；(b) 该动产可以转让；(c) 所担保的权利存在；(d) 符合通过担保人授权、保留所有权交易或留置标的物而设立担保物权的各种补充条件。

第Ⅸ—2：103 条（转移占有和非转移占有担保物权）：依合同设立担保物权，不需要担保权人占有担保财产，当事人另有约定的除外。

第Ⅸ—2：104 条（可转让性、现实存在和特定化的特别规定）：（1）金钱债权之外的其他债权，无论其是否能够转让，只要能转化为金钱债权，均可创设担保物权。（2）任何动产都可设立担保物权，即使其所有权人已经承诺对该动产不予以转让或不设立权利负担。该规则同样适用于债权，而且无论其是合同之债还是非合同之债，除非依据第Ⅲ—5：109 条（可转让性：专属于债权人的权利）第 1 款的规定该债权不可转让。（3）若当事人旨在未来的、种类物或不可转让的财产之上设立担保物权，则仅在该财产客观存在、已特定化或可转让的情况下，担保物权才生效。本条第 2 款的适用不受影响。（4）本条第 3 款第一句经适当调整可准用于在附条件权利之上所设立的担保物权，包括第 3 款所涵盖的权利。担保物权可以在目前的附条件的权利之上设立，尤其是在附条件转让所有权时受让人所享有的权利之上设立担保物权。（5）本条第 3 款第一句经变通可以准用于为了担保未来的或附条件的权利而设立担保物权。

第二分节　担保物权的创设

第Ⅸ—2：105 条（创设担保物权的要件）：除了上述所规定的那些条件之外，在动产之上创设担保物权还需要满足以下要件：（a）当事人应当对该担保财产进行特定化；（b）担保人有权利或权限在该财产之上设立担保物权；（c）担保权人有权依据物权担保合同所授予的担保物权对抗担保人；（d）担保权人和担保人协商一致为担保权人创设担保物权。

第Ⅸ—2：106 条（通过创设行为而设立担保物权的时间）：在符合第Ⅸ—2：110 条（迟延成立）之规定时，通过创设行为而设立担保物权的时间为前述条款所规定的各项条件成就之时，当事人另有约定的除外。只有在符合前条规定的所有条件的情况下才能创设担保物权，即符合设立担保物权的一般要件的规定，但并非要求在缔结物权担保合同时必须满足所有的条件。如果其中一些条件是在稍后的时间内才满足，也不会导致整个交易的无效；相反，在上述缺少的条件成就时担保物权即成立。依据第Ⅸ—2：110 条（迟延成立）的规定所包含的创设应符合第Ⅸ—2：107 条（消费者所创设的担保物权）所规定的附加条件，或符合第Ⅸ—2：108 条（担保物权的善意取得）规定的可替代的条件，而担保人没有创设担保物权的权利或权限，因此即使在之后也不符合第Ⅸ—2：105 条（创设担保物权的要件）（b）项规定的条件。在上述情况下，只有所有的附加条件（第Ⅸ—2：107 条）或替代性条件（第Ⅸ—2：108 条）成就时，才能创设担保物权。本条款的最后部分明确规定了当事人之间约定担保物权成立时间的可能性，即允许当事人特别约定在满足一定的附加条件后担保物权才能成立，或约定在物权担保合同缔结时担保物权并不能立即设立，而是在稍后才能成立。予以明定并不是为了满足担保权人迟延设立担保物权的意图，这种迟延设立担保物权的可能性主要是考虑一些情况较为特殊的当事人的利益，譬如，第三方担保人要求只有规定了反担保条款才愿意设立附条件的担保。

第Ⅸ—2：107 条（消费者所创设的担保物权）：（1）由消费者作为担保人通过授权而设立的担保物权，只有在以下情形下才有效：（a）担保财产应当加以个别区分；（b）签订物权担保合同时消费者尚未取得所有权的财产（本条第 2 款规定的金钱债权除外），仅能作为消费者为购买该财产而取得贷款的担保。（2）消费者作为担保人时，其所享有的未来的薪酬、退休金或其他同类的收入等金钱债权，在满足消费者个人及其家庭的基本生活需要的范围内，不得设定担保物权。

第Ⅸ—2：108 条（担保物权的善意取得）：（1）即使担保人没有

权利或权限处分有形资产，但如符合以下条件，担保权人依然有权取得该财产之上的担保物权：（a）在设立担保物权时，设定担保的财产或可流通票据是由担保人占有，或如果需要登记，该财产在国际或国内所有权登记簿上登记的所有权人是担保人；（b）在担保物权设立之时，担保权人不知道以及不可能知道担保人没有权利或权限在该财产之上创设担保物权。（2）就本条第1款（b）项而言，已经依据第三章第三节的规定对保留所有权交易的标的物登记以对抗担保人的，应当认定在该财产上取得担保物权的担保权人明知其没有权利或权限创设担保物权。（3）从所有权人或合法占有人处盗窃的财产，不适用担保物权的善意取得。

第Ⅸ—2：109条（在有形担保财产之上善意取得担保物权）：（1）如果有形财产之上已有担保物权或其他定限物权负担，并且担保人受该定限物权的限制，没有权利或权限处分该财产，担保权人在以下情况可以取得不受这些定限物权限制的担保物权：（a）符合前条第1款（a）项规定的条件；（b）担保物权设立时，担保权人不知道或不应该知道担保人没有权利或权限而不顾第三人的定限物权创设担保物权。（2）依据本条第1款（b）项的规定，在先担保物权为对抗第三人已经根据第三章第三节的规定进行了登记，在该担保财产之上取得担保物权的担保权人，被视为知道担保人没有权利或权限不顾在先担保物权在该财产之上创设担保物权。（3）不符合本条第1款规定的条件，但符合前条规定条件的，担保权人取得担保财产之上的担保物权。该担保物权与在先权利的优先权依据一般规定确定。

第Ⅸ—2：110条（迟延成立）：根据第Ⅸ—2：106条（通过创设设立担保物权的时间）的规定在有关财产之上设立担保物权时，还未符合第Ⅸ—2：107条（消费者所创设的担保物权）和第Ⅸ—2：108条（担保物权的善意取得）规定条件的，一旦实现上述规定条件，该担保物权即自动设立。

第Ⅸ—2：111 条（现金、流通票据和无记名凭证之上的担保物权）：现金、流通票据、无记名凭证之上的担保物权可以不受在先权利的约束而设立，只要这些财产由担保权人直接占有，即使不符合第Ⅸ—2：105 条（创设担保物权的要件）（b）项、第Ⅸ—2：108 条（担保物权的善意取得）及第Ⅸ—2：109 条（在有形担保财产之上善意取得担保物权）规定的条件，也不影响其效力。

第Ⅸ—2：112 条（物权法的一般问题）：第八卷第二章中物权法的一般问题的规定，经变通之后适用于欧盟动产担保物权制度。

第三分节 担保物权的保留

第Ⅸ—2：113 条（担保物权保留的条件）：（1）除了第一节规定的条件外，依保留方式设立动产担保物权时还应符合下列条件：（a）担保权人为对抗受让人有权保留依物权担保合同设立的担保物权；（b）担保权人将保留担保物权的担保财产的所有权让与受让人。（2）担保物权在前款规定的全部条件成就时即通过保留方式设立。（3）根据本编规则的规定，此时的受让人视为担保人。

第四分节 留 置 权

第Ⅸ—2：114 条（留置权）：依据合同约定或法律规定，某人为对抗财产的所有权人，有权留置该财产作为其履行请求权的担保，该留置权产生占有担保物权。

第二节 保留所有权交易的成立

第Ⅸ—2：201 条（保留所有权交易）：（1）符合以下条件的，保留所有权交易在第Ⅸ—1：103 条（保留所有权交易：范围）第 2 款规定的情况下产生：（a）卖方、供应商或出租人是所提供财产的所有权人或有权处分这些财产；（b）物权担保合同明确指定该财产；（c）被担保的权利存在；（d）卖方、供应商或出租人保留所有权。（2）转让以债务履行作为停止条件的，也构成本条第 1 款（d）项规定的保留所有权。

第三节 在特定种类财产之上设立担保物权

第Ⅸ—2：301 条（金钱债权的担保物权）：（1）金钱债权之上的担保物权还应符合下列特别规定。（2）本示范法（DCFR）第三卷第五章的规定经变通后均可适用于金钱债权的担保，不包括第Ⅲ—5：108 条（可转让性：合同禁止的效力）第 2 款和第 3 款及第Ⅲ—5：121 条（连续受让人之间的冲突）的规定。（3）担保人对担保权人享有的金钱债权，也可用来为担保权人设定担保。（4）金钱债权之上的担保物权的效力及于任何对该金钱债权进行担保的保证担保或担保物权。

第Ⅸ—2：302 条（公司股份之上的担保物权）：（1）直接持有公司的可流通股票，视为占有公司股份。（2）为满足第 1 款中规定条件的公司股份，无论其是否经过登记，都不受占有性担保物权的支配。（3）公司股份之上设立的担保物权其效力可以及于股息、红利以及其他通过股票所获得的财产之上，但仅限于股票和此类财产的货币价值。

第Ⅸ—2：303 条（债券之上的担保物权）：前条第 1 款和第 2 款的规定也适用于债券。

第Ⅸ—2：304 条（流通物权凭证和流通票据之上的担保物权）：（1）流通物权凭证的效力及于动产的，物权凭证之上的担保物权也及于该动产。（2）对于流通票据，流通票据之上的担保物权也及于该票据所体现的权利。（3）占有流通物权凭证和流通票据的，视为占有物权凭证所代表的财产或享有票据所体现的权利。

第Ⅸ—2：305 条（从物之上的担保物权）：（1）动产或不动产的从物之上可以设立担保物权，不动产物权有特别规定的，担保物权的设立还应适用这些特别规则。(2) 已经设定担保物权的动产成为动产或不动产的从物的，该担保物权继续存在。

第Ⅸ—2：306 条（原担保财产的收益）：(1) 担保物权的效力及于因原担保财产的缺陷、损坏或灭失而产生的给付请求权，包括保险收益。(2) 占有型担保物权的效力及于原担保财产的法定孳息和天然孳息，但当事人另有约定的除外。(3) 经当事人同意，担保物权的效力也及于原担保财产的其他收益。

第Ⅸ—2：307 条（担保财产用于加工或附合）：(1) 担保人已经设立担保物权的原材料被用来加工新产品，经当事人同意，担保物权的效力及于：(a) 新产品；(b) 担保人作为原材料的所有人依第Ⅷ—5：201 条（加工）的规定因加工而享有对加工者的付款请求权。(2) 物的结合已构成第Ⅷ—5：203 条（附合）所规定的不可能分离或分离在经济上不合理情况的，前款规定也相应地予以适用。(3) 由于原材料的加工或附合，非保留所有权交易持有人的物的前所有人是否依法取得担保物权，依据该担保物权的效力优先权等，适用第八卷第五章的规定。如果这些担保物权因当事人的合意而设立，则须遵守第九卷的规定，但根据第Ⅷ—5：204 条（关于担保物权的补充规定）第 3 款的规定享有超级优先权。(4) 在本条第 1 款（b）项规定的情况下，作为原材料的前担保权人，其权利效力及于第 3 款规定的担保物权。

第Ⅸ—2：308 条（保留所有权交易的标的物的加工或附合）：(1) 保留所有权交易的标的物的加工或附合的法律后果，适用第八卷第五章的规定（加工、附合和混合）的规定，动产的所有权人视为买方、分期付款购买人、承租人或承销人。(2) 保留所有权交易项下的原材料被加工成新产品的，经当事人约定，卖方、供应商或出租人可以在以下财产之上取得担保物权：(a) 加工的新产品；(b) 基于本条第 1 款规定被视为原材料的前所有权人的买方、分期付款购买方、承租人或承销人依据第Ⅷ—5：201 条（加工）的规定享有的对加工人的付款请求权。(3) 前款规定相应地适用于动产附合的情形。(4) 在本条第 2 款 (b) 项规定的情形下，卖方、供应商或出租人的权利的效力及于买方、分期付款购买方、承租人或承销人由于加工或组合所取得的在加工物或组合物之上的担保物权。

第Ⅸ—2：309 条 (担保财产的混合)：(1) 担保财产混合后，将一体物或混合物分离成其原有成分不可能或在经济上不合理，但有可能在经济上合理地按比例区分一体物或混合物的数量，则根据第Ⅷ—5：202 条 (混合) 第 1 款的规定，原担保财产之上的担保物权继续存在于物的前所有权人对一体物或混合物享有的权利之上。该担保物权以混合时各物的价值所占的份额为限。(2) 依据前款规定而混合的物受保留所有权交易限制的，第Ⅷ—5：202 条 (混合) 第 1 款适用时应附以下限制条件，即保留所有权交易持有人的权利延续至混合时各物的价值在一体物或混合物的相应份额之上。(3) 任何担保权人都有权行使担保人作为共有人的权利，有权分割其在不可分离的一体物或混合物中的份额 [第Ⅷ—5：202 条 (混合) 第 2 款]。(4) 担保人持有的金融财产在基金中混合的，担保权人对这项基金中的相应份额享有相应的权利。对此问题，本条第 1 款可以变通适用。(5) 如果在第 1 款、第 2 款、第 4 款所规定的情形下，混合物或基金并不足以清偿全体共有人的，适用第Ⅷ—2：305 条 (构成集合物组成部分的动产的转让) 第 4 款和第 5 款的规定。

第四节 担保物权的效力范围

第Ⅸ—2：401 条 (担保物权的效力范围)：(1) 担保物权在最高限额内 (如果有的话)，不仅担保主债权，而且担保债权人对债务人的从债权，特别是以下的给付请求权：(a) 约定的违约利息；(b) 债务人不履行合同所产生的损害赔偿金、罚金或其他约定赔偿金；(c) 非司法途径。(2) 对担保人和非担保人的债务人的债务提起诉讼和执行程序所产生的合理费用的给付请求权，担保权人在进行法律程序之前已经在足够的时间内通知了债务人以避免上述费用的，也属于担保物权的效力范围。(3) 总括担保仅担保因债权人和债务人之间合同所产生的权利。

第三章　对抗第三人的效力

第一节　一 般 规 则

第Ⅸ—3：101 条（对抗第三人的效力）：(1) 依本卷第二章规定创设的担保物权不具有对抗以下类别第三人的效力：(a) 担保财产之上的物权的持有人，包括有效的担保权人；(b) 已经金融担保财产执行程序的，并依法取得优先保护地位以对抗轮候执行的债权人；(c) 符合本章规定条件的担保人的破产管理人，构成例外情况的例外。(2) 依据本章的规定取得对抗第三人效力的担保物权，根据本卷规定不需要另外约定，其效力可以扩展至原担保财产之外的其他财产之上的，担保物权效力的扩展不受本章要求的限制。(3) 依善意取得原则取得的担保物权，即使不符合本章规定的条件，也具有对抗保留所有权交易的持有人或在先担保权人的效力，而不必顾及该保留所有权交易或担保财产之上存在的在先担保物权。善意取得的担保物权人对抗其他第三人的效力问题，仍然受本章其他规则的约束。

第Ⅸ—3：102 条（担保物权生效的方式）：(1) 所有类型财产之上的担保物权，均可依据本章第三节之规定，通过登记生效。(2) 担保物权也可以根据本章第二节的规定生效：(a) 对于有形财产，担保权人通过占有担保财产；(b) 对于无形财产，担保权人通过控制担保财产。

第Ⅸ—3：103 条（担保物权生效的多种方式）：(1) 担保物权通过登记、占有和控制生效，也可以通过其他方式生效。各种方式的生效不同，所选择方式中具有更强的效力者优先。(2) 前款规则也适用于不受本章规定条件限制的担保物权通过登记、占有或控制生效的情形。

第Ⅸ—3：104 条（担保物权生效方式的变更）：担保物权生效方式变更的，只要前一个方式终止时能够立刻符合新生效方式的条件，其效力延续。

第Ⅸ—3：105 条（不动产添附物之上的担保物权）：土地登记法律有相应规定的，不动产添附物之上的担保物权可以在添附之时经土地登记簿的登记或标注而生效。

第Ⅸ—3：106 条（混合财产之上的担保物权）：(1) 已经生效的担保物权项下的有形财产发生混合时，依第Ⅸ—2：309 条（担保财产的混合）规定的混合物相应份额上的担保物权继续有效。(2) 前款规定准用于金融财产在基金中混合的情形。

第Ⅸ—3：107 条（融资购买交易的登记）：(1) 所有权担保方式只有通过登记，才能生效；(2) 在相关财产交付之日起 35 日内进行登记的，所有权担保方式从设立之日起即生效；(3) 相关财产交付之日起 35 日之后进行登记的，所有权担保方式只能自登记时起生效，并且不具有第Ⅸ—4：102 条（超级优先顺位）规定的优先权；(4) 提供给消费者的信贷由所有权担保方式担保的，该担保物权不需要登记即可生效，该例外规定不适用于收益和所提供的财产之外的其他财产的情形。

第Ⅸ—3：108 条（担保财产的进口）：担保财产来自欧盟以外的国家，只要在 3 个月内满足本章规定的要件，则任何在先的担保物权仍然继续有效。

第二节 债权人占有或控制担保财产

第Ⅸ—3：201 条（占有）：有形财产之上的担保物权，可以通过担保权人占有担保财产而生效：（a）担保权人或担保权人的代理人（非担保人）对担保财产实施直接的物理控制；（b）第三人（非担保人）占有担保财产的，第三人和担保权人达成协议，仅为担保权人占有担保财产；（c）担保权人和担保人共同占有担保财产，或第三人为双方当事人占有担保财产的，未经担保权人的明示同意，担保人不能使用担保财产。

第Ⅸ—3：202 条（流通物权凭证和流通票据）：（1）占有流通物权凭证或流通票据，足以使流通物权凭证代表的货物或流通票据所体现的权利之上的担保物权生效；（2）本条第 1 款规定的物权凭证所代表的货物，根据标注了合理日期的信托收据交付给担保人或其他人，为期至多 10 日，以供货物的装卸、出售、交换的，或以除了设立竞争性的担保物权之外的其他方式处分该货物的，在该货物之上的担保物权不受影响。

第Ⅸ—3：203 条（有证书的股票和债券）：占有可流通的直接持有的公司股票证书及直接持有的债券证书的，准用前条第 1 款的规定。

第Ⅸ—3：204 条（金融财产的控制）：（1）担保权人可以通过行使以下控制方式，使担保物权生效：（a）为金融财产在金融机构开立的账户（中介金融财产）；（b）非中介金融工具在登记簿上的登记，该登记簿由发行人持有或为发行人持有，或者依据国内法该登记簿对物权有决定性的影响。（2）具有以下情况之一的，构成担保权人对本条第 1 款（a）项规定的财产的控制：（a）经担保人同意，担保权人指示管理账户的金融机构，未经担保权人同意，不得许可担保人处分账户中的财产；（b）金融机构在特殊账户中为担保权人持有财产；（c）金融机构就是担保权人。（3）前款规定准用于担保权人对本条第 1 款（b）项规定的财产的控制。（4）符合本条第 2 款、第 3 款规定的条件的，必须通过书面、电子形式或其他耐久的介质的记载证明。

第三节　登　　记

第一分节　担保物权登记程序

第Ⅸ—3：301 条（担保物权登记簿；其他登记或备案系统）：（1）本编要求或允许的任何担保物权或保留所有权交易的登记均可在欧洲物权担保登记簿上进行，但本条第 2 款另有规定的除外。（2）特定类型财产的担保物权，已经在登记系统或权利凭证备案系统登记或备案的，其效力取决于是否遵守了这些系统的强制性规定。依据成员国的法律建立的登记系统，适用第Ⅸ—3：312 条（根据国内法建立的关于其他登记或备案系统中有关登记事项的过渡性规定）的规定。（3）金融工具之上的担保物权在发行人所持有或为发行人持有的登记簿上，或者在依据国内法对物权有决定性影响的登记簿上登记并不构成本节所称的登记。但如果符合第Ⅸ—3：204 条（金融财产的控制）第 3 款的条件，则可能构成控制。

第Ⅸ—3：302 条（登记簿的结果和运作）：（1）欧洲担保物权登记簿是对人登记系统，是针对认证的担保人登记有关的担保物权；（2）登记簿通过电子方式运作，用户可以在网上直接访问。

第Ⅸ—3：303 条（保留所有权交易和担保物权）：（1）基于欧洲担保物权登记簿的目的，并未区分保留所有权交易和担保物权；（2）本节中，任何有关担保物权的规定均适用于保留所有权交易。

第Ⅸ—3：304 条（验证是登记的前提条件）：（1）在网上登记簿提交的任何声明，比如登记申请、修改、注销登记事项，或同意的声明，都要求声明人予以验证。（2）验证要求：（a）使用网上登记系统为每个用户发送登录信息进行验证，该信息是用户初次登录系统后经验证其身份和联系方式所形成的；（b）在欧盟或成员国采用普遍应用的网上安全身份验证系统后，可以适用这些系统进行验证。

第二分节　登记事项

第Ⅸ—3：305条（担保权人登记的事项和预告登记）：（1）担保权人可以直接在登记簿上填写登记事项；（2）在有关担保物权设立或物权担保合同缔结之前或之后，都可以进行登记。

第Ⅸ—3：306条（登记内容的最低要求）：（1）仅在以下情况登记事项才可以记入登记簿：（a）有经认证的担保人；（b）包含有关担保财产的最低限度的声明；（c）就一个或多个财产类型表中指出担保财产所属的财产类别；（d）满足担保人同意的要件；（e）附有担保权人声明，表明承担因错误登记给担保人和第三人造成损害的赔偿责任。（2）本条第1款（b）项所称的声明，仅说明担保权人在担保人财产之上设立担保物权或保留担保财产的所有权作为担保即可。

第Ⅸ—3：307条（登记事项的附加内容）：登记簿的登记事项可以包括以下附加内容：（a）债权人提供的关于担保财产或担保物权内容的其他信息；（b）在通常的5年期限届满之前，登记到期日；（c）担保的最高限额。

第Ⅸ—3：308条（登记簿上所显示的内容）：就每一项登记而言，登记簿上显示以下内容，任何用户均可查询到：（a）担保人的名称和联系方式；（b）担保权人的名称和联系方式；（c）登记日期；（d）第Ⅸ—3：306条（登记内容的最低要求）第1款（b）（c）项规定的必备登记事项；（e）第Ⅸ—3：307条（登记事项的附加内容）（a）（c）项规定的附加登记事项。

第Ⅸ—3：309条（必须经担保人同意）：（1）只有担保人向登记簿提交同意登记的声明，登记事项才能记载入登记簿。通过向登记簿提交终止声明，担保人可以自由地终止此种同意，但终止同意不影响终止声明提交登记簿之前已登记事项的效力。（2）担保人同意登记的声明，在某种程度上依据物权担保合同是设立担保物权的必要条件的，担保权人可以要求担保人提交同意声明。(3) 本条不影响担保人和担保权人之间任何协议的有效性、条款或效力，但同意登记的声明除外。

第Ⅸ—3：310 条（担保人的身份、担保财产的说明和登记的效力）：(1) 根据本卷规定，特定担保人财产之上担保物权的效力或优先权是取决于登记的，只有符合以下条件，依据本分节的规定，登记簿上的登记才是充足的：(a) 登记事项登记在正确的担保人名下；(b) 担保权人关于担保财产的声明和登记簿上显示的担保财产涵盖了担保物权项下的财产；(c) 担保财产事实上属于登记簿上所表明的某一类或某几类财产；(d) 担保权人声明使用的是欧盟的官方语言，担保权人可以附上翻译。(2) 就本条第 1 款 (b) 项的目的而言：(a) 只有担保权人在有关担保财产的声明中包含了原担保财产之上的孳息、加工物、收益和其他财产时，登记才对这些财产有效；(b) 对担保财产的说明没有必要标识单个的财产。(3) 进行登记的担保权人承担以下风险：(a) 担保财产的说明错误、对说明的翻译错误或担保财产的类型标示错误；(b) 登记事项登记在错误的人名下。

第Ⅸ—3：311 条（登记事项的修改）：(1) 登记之后，担保权人可以修改其登记的任何事项。(2) 只有符合以下条件，修改的登记事项才可以记入登记簿：(a) 对特定的登记项目的修改；(b) 包括关于修改内容的声明；(c) 附有担保权人的声明，表明其将承担对原登记的错误修改对担保人或第三人所造成的损失的赔偿责任。(3) 修改后，登记簿同时保存和显示原文本和修改文本，包括修改日期。(4) 登记事项的修改，仅在不扩大担保权人权利的情况下才有效。修改有限制担保权人权利的作用，尤其是：使担保权人的权利劣后于其他债权人；表明将担保物权转让给其他债权人；限制担保权人关于担保财产的同意声明中担保财产的范围；设定或提起登记的有效期。(5) 担保权人权利的扩展，只有规定在新的登记事项中才会生效。

第Ⅸ—3：312 条（根据国内法建立的关于其他登记或备案系统中

有关登记事项的过渡性规定）：（1）根据成员国的国内法，担保物权在另一个登记系统中登记或在另一个权利凭证备案系统中备案时，只要这些系统还在对特定类型财产之上的担保物权运营，主管该系统的机构应在欧洲担保物权登记簿上登记，重申登记和备案的内容，包括登记和备案的日期，以对抗担保人。在欧洲担保物权登记簿登记，是本卷规定的登记和备案有效的必要条件。（2）关于第四章所规定的优先权，在国内系统中登记或备案的时间具有决定性作用。

第Ⅸ—3：313 条（登记证书自动发送至担保权人和担保人）：在对登记事项或修改登记作出备案后，有关证书自动发送至担保权人和担保人。

第Ⅸ—3：314 条（担任担保权人代理人的第三人）：（1）担保权人可以指定第三人作为其代理人，并作为补充内容进行登记。登记簿上显示代理人而不显示担保权人的名称和联系方式。此种情况下，除了符合上述条款的条件，同时依第Ⅸ—3：309 条（必须经担保人同意）第 1 款、第 3 款的变通规定，第三人也同意的，该登记事项才能载入登记簿。（2）担保权人按照第Ⅸ—3：309 条第 1 款、第 3 款的变通规定向登记簿提交声明，可以授权第三人代表自己向登记簿提交声明。（3）登记事项确认第三人担任担保权人的代理人之后，担保权人和第三人作为连带债务人对担保权人依本节规定所负的全部债务承担连带责任。

第三分节　对担保人的保护

第Ⅸ—3：315 条（担保人注销或修改登记的请求权）：相应的担保物权不存在的，担保人有权要求担保权人注销或修改。

第Ⅸ—3：316 条（登记机构对登记争议的审查）：（1）担保人在行使请求权要求担保权人注销或修改登记时，可以申请登记机构协助。（2）依担保人的申请，登记机构应该询问担保权人是否同意担保人的请求。（3）登记机构根据第 2 款的规定询问担保权人之后两个月内，担保权人未表示反对的，将依担保人的请求注销或修改登记事项。(4) 担保权人在第3款规定的两个月期限内表示反对的，在担保人请求的范围内作为争议事项进行标注。(5) 争议事项的标注一直持续至：(a) 担保人向登记机构提交声明撤回申请；(b) 担保权人向登记机构提交声明同意担保人的请求；(c) 担保权人注销登记事项；(d) 主管法院根据担保人的请求作出最终裁判。

第四分节 访问、查询登记簿

第Ⅸ—3：317条（以查询为目的的访问登记簿）：为查询之目的，任何人只要付费都可以访问登记簿，不需要经过担保人或担保权人的同意。

第Ⅸ—3：318条（查询登记簿）：可以查询登记簿中个别担保人的登记事项，或具体说明担保财产的登记事项。

第五分节 登记的担保权人提供信息的义务

第Ⅸ—3：319条（提供信息的义务）：(1) 经担保人同意，任何已登记的担保权人均有义务答复查询人提供的关于登记事项中的担保物权和担保财产的信息请求。(2) 请求必须使用担保权人的营业地、公司所在地或居住地所在地的欧盟成员国的官方语言或英语。(3) 担保权人必须自收到请求及担保人的同意函后14日之内答复请求。(4) 担保权人对查询人和担保人依据上述各款规定提出的信息请求均有答复义务。担保权人对其违反答复义务给这两方第三人造成的损失承担损害赔偿责任。

第Ⅸ—3：320条（信息的内容）：(1) 担保权人必须答复依据前条规定提出的信息要求，提供当时在特定财产之上担保物权存在的信息。(2) 担保权人提供信息的方式如下：(a) 明确地指出相关的财产是否已为担保权人提供担保；(b) 转发担保人和担保权人之间关于授予或保留担保物权协议的相关部分。(3) 担保物权已经转让的，登记簿上记载的担保权人必须公开受让人的名称和联系方式。(4) 提供信息必须使用营业地、注册地或居住地所在的欧盟成员国官方语言或英语。(5) 以下信息无须提供：(a) 登记事项符合本条第 4 款的要求，从登记事项可以明显地、直接地看出相关财产未设定担保；(b) 担保权人已经在过去 3 个月内答复了同一查询人关于同一财产的信息请求，且所提供的信息仍然是正确的。(6) 本条规定并不影响担保权人依据第Ⅸ—5：401 条（担保权人提供担保物权信息的义务）的规定应承担的提供被担保债务的信息义务，不影响对担保人应该承担的提供该信息的同等义务，也不影响担保人因不履行这些义务应该承担的法律后果。

第Ⅸ—3：321 条（担保权人提供正确信息的法律后果）：(1) 担保权人根据本分节的规定，准确地告知查询人相关的财产未设定担保，随后为该担保权人利用在这些财产之上设立的担保物权，不能依初始登记取得优先于查询人的担保物权的优先权。该规则仅适用于查询人提供信息请求后 3 个月内取得担保物权的情形。(2) 担保权人根据本分节的规定，准确地告知查询人相关财产已经设定担保的，即使查询人符合善意取得的条件，在该担保财产之上也不能取得不受担保权人的在先担保物权约束的担保物权。

第Ⅸ—3：322 条（担保权人提供错误信息的法律后果）：(1) 根据本分节的规定，担保权人错误地告知查询人相关的财产没有设定担保的，即使登记簿上已经记载了该担保权人的权利，依据善意取得原则，查询人依然可以在 3 个月内在该财产之上取得不受为担保权人设立的担保物权限制的物权。(2) 根据本分节的规定，担保权人错误地告知查询人相关的财产已经设定担保，而且查询人仍然从担保人处取得相关财产之上的担保物权的，准用第Ⅸ—3：321 条第 1 款第一句的规定。

第Ⅸ—3：323 条（担保权人未提供信息的法律后果）：（1）担保权人没有根据第Ⅸ—3：319 条（提供信息的义务）和第Ⅸ—3：320 条（信息的内容）的规定答复信息请求的，或者错误地答复了相关财产之上的担保物权已经转让的，视为担保权人已经告知了查询人相关财产没有设定担保的信息。对此，可分别准用第Ⅸ—3：321 条（担保权人提供正确信息的法律后果）第 1 款或者第Ⅸ—3：322 条（担保权人提供错误信息的法律后果）第 1 款的规定。（2）依据第Ⅸ—3：319 条（提供信息的义务）和第Ⅸ—3：320 条（信息的内容）的规定，担保权人迟延答复信息请求，且在担保权人答复信息之前查询人已经设立并取得物权的，适用前款规定。

第Ⅸ—3：324 条（请求的形式和提供信息的形式）：根据本分节的规定，信息请求和答复都必须使用文本形式。二者均可以使用登记机构提供的电子通讯方式，这样，查询或答复的证明可以通过登记机构发送给查询人或担保权人，其分别作为另一方收到请求或答复的证明。

第六分节　登记的期间、续期和涂销

第Ⅸ—3：325 条（期间）：（1）登记事项自载入登记簿 5 年后或登记中载明的有效期届满时失效。（2）一旦登记事项失效，则不再显示在登记簿上，任何用户不再能直接访问。它将不再具有本节规定的任何法律效力。登记事项的内容被保存在登记机构的档案文件中以备查考。

第Ⅸ—3：326 条（续期）：（1）除非登记事项中载明了有效期，登记事项可以在正常有效期间届满之前再续期 5 年。（2）登记事项的续期依担保权人向登记机构发出续期声明而生效。

第Ⅸ—3：327 条（涂销）：（1）担保权人可以在任何时间向登记机构发出涂销声明而涂销登记事项。（2）就前款所规定声明的法律后

果而言，准用第Ⅸ—3：325 条（期间）第 2 款的规定。

第七分节　担保物权或担保财产的转让

第Ⅸ—3：328 条（一般规则）：(1) 即使担保物权被转让，它仍将因初始登记而继续有效。(2) 即使没有依据第Ⅸ—3：329 条（转让声明）的规定作出转让声明，自转让之日起，受让人像担保人一样受到本章第五分节的约束。(3) 转让人对因与登记事项有关的行为所造成的任何损失对受让人承担责任，同时，转让人对担保物权转让后，转让声明登记之前，或转让人根据第Ⅸ—3：329 条（转让声明）的规定宣布同意这一声明之前的修正或涂销登记行为所造成的损失也要向受让人承担责任。

第Ⅸ—3：329 条（转让声明）：(1) 当担保物权转让时，初始登记依转让声明而修正。(2) 转让声明受第Ⅸ—3：311 条（登记事项的修正）和本条所规定的补充规定的约束。(3) 只有在以下情况，转让声明才能记入登记簿：(a) 指向特定的登记事项；(b) 表明了被转让的担保物权；(c) 指明了受让人；(d) 附有作为登记修正人的声明，表明他将承担因错误登记而给担保人或第三人造成损害的责任。(4) 转让声明可以由转让人登记，或得到转让人的同意后，由受让人登记。(5) 在担保物权转让的基础上和限度内，担保人有权请求转让人作出转让声明，且受让人有权请求转让人根据前款作出同意的表示，主张这些权利可以参照第Ⅸ—3：316 条（登记机构对登记争议的审查）的规定。(6) 一旦转让声明被登记，初始登记即作出相应修正，且其效力不再及于已被转让的担保物权。(7) 一旦转让声明被登记，对担保人的新登记事项会自动生成，新登记事项将重申初始登记的内容，并表示该担保物权已经转让给受让人。(8) 依新登记，受让人取得本节中所称担保权人的地位，就被转让的担保物权而言，新登记维持原始登记所确立的优先顺位。

第Ⅸ—3：330 条（担保物权的转让：一般规则）：（1）无须在登记簿上进行新的登记，担保财产的所有权即可转移，但仍应受既存担保物权的约束。（2）登记簿上的初始登记所确立的担保财产之上的担保物权的对抗效力和优先顺位的持续，适用第Ⅸ—5：303 条（担保财产的转让）的规定。（3）在本节中，自转让之日起，受让人即取得被转让财产之上的担保物权的担保人地位。（4）买受人、分期付款购买人、承租人和受托人对所提供的财产或与其有关的权利被转让，且受既存的保留所有权交易约束的，可以准用前款的规定。

第Ⅸ—3：331 条（担保物权的转让：转让声明）：（1）取得受限于既存担保物权的担保财产物的所有权的受让人，有义务在登记簿中记载转让实现，但担保人已经登记了该转让声明的除外。（2）受让人对因违反前款规定的义务而给持有被转让财产的担保物权之担保权人所造成的损失承担责任。（3）在以下情况转让声明可以由受让人或担保权人进行：（a）它表明了特定的担保人是受让人；（b）它指明作为转让人的特定担保人的身份；（c）它最低限度地描述了被转让财产；（d）它指明了被转让财产所属的某一或某些财产种类；（e）附有作出转让声明的人的声明，表明他将承担因错误登记而给受让人、担保人或第三人造成的损害的责任。（4）适用于买受人、分期付款购买人、承租人、受托人对所提供的财产或与此财产相关的权利被转让时，若受既存的保留所有权交易的限制，则可以准用前款的规定。

第八分节　费　　用

第Ⅸ—3：332 条（费用）：（1）在当事人之间：（a）每一方须承担网上安全身份识别系统的注册费用或准入费用；（b）担保人需要承担其他由担保人支出的与登记有关的合理费用。（2）问询和回复问询的费用由问询者承担。

第九分节　登记制度建立前设立的担保物权

第Ⅸ—3：333 条（登记制度建立前设立的担保物权）：（1）欧盟担保物权登记簿启用之前已生效的担保物权，无须依本节规定登记，即可保持其效力。（2）根据成员国的国内法，担保物权已经在权利凭证登记或备案系统登记或备案的，一旦本登记簿得以建立，原主管该登记系统的机构应在欧盟担保物权登记簿登记，重申登记或备案的内容，包括登记或备案的日期，以对抗担保人。

第四章　优先顺位

第Ⅸ—4：101 条（优先顺位：一般规则）：（1）同一财产之上，数个担保物权之间及担保物权与其他定限物权之间的优先顺位由相关时间的先后而确定，但有例外规定的除外。（2）相关时间是指：（a）就担保物权而言，如果登记了，是依本卷第三章第三节规定登记的时间，或是担保物权依本卷第三章其他规则的规定而取得对抗效力的时间，以两者在先者为准；（b）就其他定限物权而言，指设立的时间。（3）已经取得对抗效力的担保物权的效力优于未取得对抗效力的担保物权，即使后者设立的时间在先。（4）两个或更多未取得对抗效力的担保物权之间依其设立时间确定其优先顺位。（5）保留所有权交易的标的物之上依善意取得规则取得的担保物权，或同一财产上不顾在先权利负担而依善意取得的担保物权，优先于保留所有权交易或在先的担保物权，但第Ⅸ—4：108 条（优先顺位的变动）另有规定的除外。

第Ⅸ—4：102 条（超级优先顺位）：（1）根据本卷第三章的规定，具有对抗第三人效力的保留所有权交易，优先于担保人设立的任何担保物权或其他定限物权。（2）应按照第Ⅸ—3：204 条（金融财产的控制）所规定的控制，或依据占有而取得对抗效力的金融财产之上的担保物权，优先于担保人所设立的任何担保物权或其他定限物权。

如果已为不同的担保人取得了控制，则适用第Ⅸ—4：101条（优先顺位：一般规则）第1款和第2款（a）项的规定。（3）依据第Ⅸ—2：114条（留置权）的规定，因留置标的物所产生的担保物权优先于该财产上的其他任何权利。（4）两个或更多未取得对抗效力的担保物权之间依其设立时间确定其优先顺位。（5）上述规定受第Ⅸ—4：101条（优先顺位：一般规则）第5款和第Ⅸ—4：108条（优先顺位的变动）的规定的约束。

第Ⅸ—4：103条（优先顺位的持续）：（1）担保财产发生以下变化时，原优先顺位不受影响：（a）担保财产成为动产的添附物；（b）担保财产被用于加工成新物，或与其他财产相互混合或附合，只要担保物权的效力及于担保人对加工、混合而形成的财产所享有的权利。（2）动产成为不动产的添附物时，除调整不动产的法律另有规定外，也适用本条第1款（a）项。

第Ⅸ—4：104条（孳息和收益：一般规则）：（1）以下类型的财产上的孳息和收益之上的担保物权，维持初始担保财产之上的担保物权的优先顺位：（a）与初始担保财产种类相同的孳息和收益；（b）因初始担保财产的缺陷、损坏或灭失而产生的给付请求权，包括保险收益；（c）初始担保财产的担保物权登记的已经涵盖的孳息和收益。（2）在未为第1款所规定的情况下，孳息和收益之上的担保物权的优先顺位，依第Ⅸ—4：101条（优先顺位：一般规则）第Ⅸ—4：102条（超级优先顺位）予以确定。

第Ⅸ—4：105条（孳息和收益：例外规定）：（1）所有权担保方式的标的物或第Ⅷ—5：204条（关于担保物权的补充规定）第3款所规定的财产的孳息和收益之上担保物权，不具有初始担保财产之上的担保物权的超级优先顺位。（2）前款规定并不影响以下财产之上的担保物权的超级优先顺位：（a）由于初始担保财产的缺陷、损坏或灭失而产生的给付请求权，包括保险收益；（b）初始担保财产的变价收益。

第Ⅸ—4：106 条（担保财产的进口）：担保财产从欧盟成员国之外带入本地区的，在进入欧盟之前已经生效的担保物权，只有符合第Ⅸ—3：108 条（担保财产的进口）规定的条件，其优先顺位才予以保留。

第Ⅸ—4：107 条（债权人执行的优先顺位）：就优先顺位的确定而言，只要根据执行地的程序规则，对这些财产的执行程序的所有前提条件都已经实现，执行债权人自对特定财产开始执行之时起，即被视为取得有对抗效力的担保物权。

第Ⅸ—4：108 条（优先顺位的变动）：（1）同一财产的担保物权与其他担保物权以及其他定限物权之间的优先顺位，可以依其权利因优先顺位的改变而受影响的所有权利人的文本形式的协议而改变。（2）取得因优先顺位的改变而受到不利影响的担保物权或限定物权的第三人，只有在欧盟担保物权登记簿的担保物权登记已作相应修改的情况下，或在转让时第三人知道或应当知道优先顺位改变时，才受到约束。

第五章　违约前的规则

第一节　一般原则

第Ⅸ—5：101 条（一般原则）：（1）担保人和担保权人可以自由决定与担保财产相关的相互关系，但本示范规则另有规定的除外。（2）违约前所达成的担保权人取得担保财产所有权的协议，或有类似效果的协议，均为无效，但另有明确规定的除外，本款不适用于保留所有权交易。

第二节　担保财产

第Ⅸ—5：201 条（担保财产的保管和保险）：（1）占有担保财产

的当事人有义务将这些财产与其他人的财产区分开来保管，且必须善尽合理的注意义务，以保持和维护这些财产。(2) 其他当事人有权在任何合理的时间检查这些担保财产。(3) 担保人有义务像一个审慎的所有人在财产处于相同情形时通常会投保的那样为担保财产投保，以抵御相关风险。应担保权人的请求，担保人必须提供承保范围的证明，没有或仅有不充足的承保范围或没有此类证明的，担保权人有权办理充足的保险，且将相关费用加入担保债权的范围内。

第一分节 担保人的权利和义务

第Ⅸ—5：202 条（一般权利）：担保人有权占有担保财产时，担保人才有权以合理方式使用这些财产。

第Ⅸ—5：203 条（已担保的工业原料的使用）：占有已经设定担保的工业原料（比如原材料或半成品）的担保人，可以加工这些原料，但当事人明文禁止的除外。

第Ⅸ—5：204 条（销售者和制造者处分担保财产）：(1) 在正常的经营活动中，作为销售者或制造者的担保人，可以处分其占有的一项类型的担保财产，并免于担保物权的约束：(a) 标明出售或出租的财产，以及工业原料或存货；(b) 工业原料的加工物。(2) 销售者和制造商不得处分已设定担保的设备，但担保权人有明确授权的除外。

第Ⅸ—5：205 条（未经授权的使用或处分）：(1) 占有担保财产的担保人对担保权人赋予不得违背本分节前条的限制性规定而使用或处分该担保财产的义务。(2) 除了应对不履行本条第 1 款规定的义务所造成的损失承担责任之外，违反这些限制性规定的担保人，还应当向担保权人说明并返还因使用所取得的价值，同时说明并返还因处分所得的收益，但以担保债权未受清偿的数额为限。

第二分节 担保权人的权利和义务

第Ⅸ—5：206 条（限制的使用权）：占有或控制担保财产的担保

权人无权使用担保财产，但仅为保管和保护财产所必需的正当使用除外。

第Ⅸ—5：207 条（有权处分金融财产的银行）：（1）经明确同意，作为担保权人持有金融财产的银行或其他金融机构，有权使用、占有和处分担保财产。（2）担保物权一旦实现，担保权人仅负有向担保人转移同种类、同性质和同价值的金融财产的义务。

第Ⅸ—5：208 条（以法定孳息抵偿债务）：如果担保物权的效力及于初始担保财产的法定孳息，担保权人就有权收取并以之充抵担保债权。即使担保债权未届清偿期，也不例外。

第三节　当事人变更

第Ⅸ—5：301 条（担保物权的转让）：（1）担保物权转让给其他债权人的，担保物权也随之转让。（2）转让人必须告知受让人担保被转让权利实现的任何担保物权。（3）担保物权可以通过以下方式取得对抗第三人的效力：（a）依据第Ⅸ—3：328 条（一般规则）第 1 款所规定的初始登记；（b）受让人取得担保财产的占有或控制；（c）转让人同意为受让人占有或控制；（d）没有满足第三章规定要求的担保物权也是有效的。（4）担保物权仍然有效的，其优先顺位不受转让的影响。

第Ⅸ—5：302 条（担保物权的部分转让）：部分转让担保物权，或将整个担保物权转让给不同的受让人，每个受让人仅取得其中的一部分，导致担保物权被分成几个部分，则：（a）每部分担保物权的持有者按其担保物权占整个担保物权的比例，享有部分担保物权。（b）每部分担保物权的持有者的担保物权的对抗效力将分别予以确定，对担保财产的占有或控制也可以由部分担保物权人代表其他人实施。

第Ⅸ—5：303 条（担保财产的转让）：（1）担保财产所有权转让

给其他人的，担保财产之上担保物权的存在和对抗第三人的效力均不受影响。(2) 转让人经授权处分担保财产并免受担保物权约束的，或受让人基于善意取得担保财产并免受担保物权约束的，不适用前款规定。(3) 在担保财产的所有权转移之前，已在新所有人的未来财产之上为另一担保权人所设立的担保物权，不具有优先于在转让时被转让财产之上担保物权的顺位。(4) 买受人、分期付款购买人、承租人、受托人在既存保留所有权交易的标的物之上的或与该标的物有关的权利转让，准用本条上述规定。

第四节　担保权人告知担保物权内容的义务

第Ⅸ—5：401 条（担保权人告知担保物权内容的义务）：(1) 担保权人有义务应担保人的请求，提供与担保债务数额有关的信息。担保人还可以要求将此信息提供给第三人。(2) 担保人不是担保债务的债务人的，担保人依据前款规定所享有的权利规则取决于债务人的同意。

第六章　欧盟动产担保物权的消灭

第Ⅸ—6：101 条（担保物权消灭的情形）：(1) 以下情形出现时，担保物权消灭：(a) 担保权人和担保人同意消灭；(b) 担保权人放弃担保物权，担保人恢复对担保财产的占有的，推定担保权人放弃担保物权；(c) 担保财产灭失；(d) 担保权人获得了担保财产的所有权；(e) 第三人取得担保财产的所有权，并免受该担保物权的约束；(f) 其他规定中规定或隐含的消灭情形，例如担保物权的债务人和债权人因继承或混同等变成同一人。(2) 担保债权完全消灭的，担保物权也消灭，尤其是担保权人已经获得足额清偿的情形下，但担保物权连同担保债权已经转让给另外的人，该受让人向原担保权人所作的清偿除外。(3) 保留所有权交易的消灭准用本条第 1 款 (a) (b) (c) （e）（f）项和第 2 款的规定。如果买受人、分期付款买受人、承租人或受托人依据买卖合同、分期付款买卖合同、融资租赁合同或寄售合同所取得的，对所提供财产的权利或与该财产有关的权利不再存在的，保留所有权交易也因此消灭。

第Ⅸ—6：102 条（所有权的善意取得导致担保物权的丧失）：（1）第三人善意取得担保财产的所有权并免受担保物权的约束，是否导致担保物权的丧失，适用第Ⅷ—3：102 条（善意取得所有权并免除受定限物权的约束）的规定。（2）就第Ⅷ—3：102 条（善意取得所有权并免除受定限物权的约束）第 1 款（d）项第一句而言，担保物权已经按照第三章第三节登记的，即视为受让人知道转让人没有权利或权限转让免受担保物权约束的所有权，但以下情形除外：（a）转让人在从事政策的经营活动中实施交易行为；（b）登记簿显示的担保人并非转让人。（3）第三人善意取得被提供财产的所有权是否导致保留所有权交易的丧失，由第Ⅷ—3：101 条（通过没有权利或权限转让所有权的人善意取得）第 2 款的规定决定，本条第 2 款可予以准用。

第Ⅸ—6：103 条（担保物权的消灭时效）：即使担保物权已过消灭时效，担保物权的债务人向债权人提出消灭时效后 2 年内，担保物权仍可强制执行。

第Ⅸ—6：104 条（消灭的法律后果）：（1）担保物权的全部或部分消灭，是指相关财产的权利负担相应地消灭。（2）担保物权消灭的，担保权人不再有权占有或控制担保财产，以对抗所有权人，欧盟担保物权登记簿的涂销请求权，适用第Ⅸ—3：315 条（担保人的涂销或修正登记事项请求权）的规定。（3）担保权人必须告知持有担保财产的第三人有关担保物权消灭的信息，第三人视为担保权人持有该财产的，担保权人必须征求担保人的指示。（4）给付请求权设定了担保，且已向第三方（给付请求权的债务人）通知了担保事项的，担保权人必须征求担保人的指示。（5）保留所有权交易消灭时，出卖人、供应商或出租人对提供的财产的所有权不再受本卷规定的约束。买受人、分期付款买受人、承租人或受托人取得所提供的财产的所有权或其使用所提供财产的权利，由当事人的协议调整。欧盟担保物权登记簿的登记涂销请求权，适用本条第 2 款第二句的规定。

第Ⅸ—6：105 条（担保权人清算收益的义务）：担保物权一旦消灭，担保权人即有义务清偿担保财产的收益，并且将其转移给担保人。不管其是否收到、使用或消费这些收益，担保权人均应清算。

第Ⅸ—6：106 条（物上保证人的追偿权）：（1）担保人不是担保物权的主债务人（物上保证人），且清偿了未偿付的担保债务的，准用第Ⅳ. G—2：113 条（保证人履行后的权利）、第Ⅳ. G—1：106 条（多数保证人的内部追索权）和第Ⅳ. G—1：107 条（多数保证人对债务人的追索权）。（2）物上保证人对债务人的地位与提供从属保证的人相同。

第七章　违约和担保物权的实现

第一节　一般规则

第Ⅸ—7：101 条（违约后担保权人的权利）：（1）违约事件发生后，只要符合第三人约定的其他条件，担保权人就可行使本章规定的权利。（2）涉及第Ⅸ—3：101 条（对抗第三人的效力）第 1 款所列举的第三人，且符合该条规定的条件的，只有在担保物权依据本卷第三章的规定具有对抗效力时，担保权人才可行使本章规定的权利。不涉及此类第三人的，只要担保物权被有效设立就够了，优先顺位的规则不受影响。

第Ⅸ—7：102 条（强制规则）：就实现担保物权的担保权人和担保人之间，本章的规则具有强制性，但另有相反规定的除外。

第Ⅸ—7：103 条（实现担保物权的司法途径和非司法途径）：

(1) 除非另有约定，担保权人可以以非司法途径实现担保物权。(2) 消费者财产之上的担保物权只能由法院或其主管机关实现，但在违约之后，消费者担保人同意以非司法途径实现担保物权的除外。(3) 就保留所有权交易而言，当事人不得约定排除实现担保物权的非司法途径，本条第2款不适用。(4) 担保权人应以商业上合理的方式实现担保物权，并尽可能取得担保人的合作，在涉及第三人的情况下，还要尽可能取得第三人的合作。

第Ⅸ—7：104条（寻求法庭救济的权利和损害赔偿请求权）：权利受到执行担保物权的措施侵犯或对合法的执行措施享有抗辩权的当事人或第三人，可以：(a) 请求管辖法院或其他机关迅速作出裁决，指令当事人依据本章规定采取实现措施；(b) 请求责任方赔偿损失。

第Ⅸ—7：105条（流质契约）：(1) 违约前所达成的在违约后由担保权人取得担保财产的所有权的协议，或有类似效果的，均属无效。(2) 本条第1款不适用于：(a) 担保财产是在公认的市场上以公开价格进行交易的可替代物；(b) 当事人事先约定了便于确定合理的市场价格的其他方法。(3) 本条第2款 (b) 项不适用于消费者担保人。(4) 允许以物抵债的，担保权人也仅有权在以物抵债时公认的或同意的市场价格的范围内，取得担保财产的所有权。担保人有权要求返还超出担保债务的剩余部分。债务人对不足部分仍应承担清偿责任。(5) 本条不适用于保留所有权交易。

第Ⅸ—7：106条（担保人的赎回权）：(1) 即使在违约后，只要偿还了担保债务的未受清偿部分，担保人即可请求担保权人终止行使本章规定的权利，并返还担保财产的占有。(2) 在以下情况下，本条第1款所规定的担保人的权利可不再行使：(a) 在第二节规定的实现担保物权的过程中，担保财产已经被以物抵债或变卖，或者担保权人已经与第三人订立了有约束力的变卖财产的合同；(b) 在依据第三节行使权利的情形中，保留所有权交易的持有者已经终止了由买卖、分期付款、金融租赁或寄售合同所产生的关系。

第Ⅸ—7：107 条（对消费者实现担保物权的通知）：（1）担保权人至少应在开始实现担保物权之前 10 日内，以书面形式通知消费者担保人，且如果担保人不是债务人，债务人是消费者，还需要通知债务人。（2）实现担保物权的通知必须：（a）明确指明担保物权所担保的债务，并列明通知发送之前的未受清偿额；（b）说明当事人约定的事项以及担保物权的其他条件已经满足；（c）说明担保权人拟实现担保物权，并指明担保权人拟实现担保物权所针对的担保财产；（d）由担保权人签字或代表担保权人签字。（3）通知所使用的语言必须是消费者居所地的语言。

第Ⅸ—7：108 条（多数担保人的连带责任）：（1）数个担保物权担保同一债务或某一债务的相同部分的，担保权人可以选择行使任一、数个或所有担保物权以满足其债权，相应地适用第Ⅳ. G—1：105 条（多数保证人对债权人承担连带责任）。（2）除一个或多个担保物权之外，还有一人或多人提供了保证的，准用本条第 1 款。

第Ⅸ—7：109 条（物上保证人的追偿权）：担保债务已经通过对担保人的财产实现担保物权清偿的，数个物上保证人之间或物上保证人与保证人之间的追偿权，以及担保人对债务人的追偿权，准用第Ⅳ. G—2：113 条（保证人履行后的权利）、第Ⅳ. G—1：106 条（多数保证人的内部追索权）和第Ⅳ. G—1：107 条（多数保证人对债务人的追索权）。

第二节　担保物权的变现

第一分节　非司法途径：变现前的规则

第Ⅸ—7：201 条（担保权人占有有形财产的权利）：（1）担保权人没有权利占有有形担保财产，但以下情况除外：（a）担保权人行使这一权利时担保人同意；(b) 担保人已经依协议规定同意担保权人取得占有，且在担保权人行使这一权利时，担保人或实际持有人未反对。(2) 在对消费者实现担保物权时，实现担保物权的通知送达 10 日后，才能依本条第 1 款的规定取得占有。(3) 除非另外规定，本条第 1 款规定的取得占有的同意或协议，包括为取得占有而进入担保人或其他持有人的处所或场所的权利。

第Ⅸ—7：202 条（债权人固定和保存担保财产的权利）：(1) 担保权人有权采取必要的措施固定担保财产，以阻止无权使用或处分，并从物理上保护此财产，此时，准用前条第 1 款到第 3 款的规定。(2) 担保人有权：(a) 采取合理措施保存、维护担保财产或为其投保，且可以为此向担保人请求偿还；(b) 为保存担保财产的价值而将其出租给第三人；(c) 采取担保人同意的其他保护措施。

第Ⅸ—7：203 条（法院或其他机构的介入）：(1) 占有财产的担保人或第三人拒绝交付或拒绝担保权人接触的，担保权人可以向有管辖权的法院或其他机关申请裁定，以取得担保财产的占有或有权接触担保财产。(2) 一旦收到当事人的申请，法院或其他机关可以裁定采取前条所规定的保护措施。

第Ⅸ—7：204 条（给付请求权的担保）：(1) 担保财产是担保人对第三债务人所享有的给付请求权的，只有同时符合以下条件，担保权人才能行使本章规定的权利。(a) 担保权人向第三债务人送达以下通知：(i) 担保人是消费者的，一份符合第Ⅸ—7：107 条（对消费者实现担保物权的通知）所有条件的实现担保物权的通知的副本；(ii) 其他情形的，一份符合第Ⅸ—7：107 条（对消费者实现担保物权的通知）第 2 款 (a) (d) 项规定所有条件的实现担保物权的通知。(b) 担保权人尽可能精确地告知第三债务人，担保人对第三债务人的给付请求权的性质、数额和到期日等信息。(2) 第三债务人必须告知正在实现担保物权的担保权人，其所知道的其他担保权人的竞合权利的数额和到期日。

第Ⅸ—7：205 条（流通票据）：（1）第Ⅸ—7：201 条（担保权人占有有形财产的权利）、第Ⅸ—7：202 条（债权人固定和保存担保财产的权利）和第Ⅸ—7：203 条（法院或其他机关的介入）的规定，也适用于流通票据的取得占有。（2）第Ⅸ—7：204 条（给付请求权的担保）的规定不适用于流通票据。第Ⅸ—7：206 条（流通物权凭证）前条规定也适用于流通物权凭证的取得占有。

第二分节　非司法途径：担保财产的变现

第Ⅸ—7：207 条（变现的一般规则）：（1）担保权人有权通过以下方式之一将担保财产变现，并以其收益清偿担保债权：（a）依第Ⅸ—7：211 条（通过强制拍卖、任意拍卖或私下交易而变卖）的规定变卖担保财产，但当事人另有约定的除外；（b）向第三人出租担保财产并收取孳息；（c）依第Ⅸ—7：216 条（担保权人以担保财产抵偿债务）的规定取得担保财产的所有权；（d）依第Ⅸ—7：214 条（给付请求权或流通票据之上担保物权的变现）的规定，采取给付请求权和流通票据的变现方法（收款、变卖或以物抵债）。（2）依第Ⅸ—7：107 条（对消费者实现担保物权的通知）的规定应当发出实现担保物权的通知的，只有在该通知发送 10 日后，才适用本条第 1 款的规定。（3）担保权人可以聘任私人代理或向管辖法院执行官员申请，采取措施以变现担保财产。

第Ⅸ—7：208 条（以非司法途径处分担保财产的通知）：（1）担保权人只有在通知了其处分意图时，才能行使处分担保财产的权利。（2）担保财产容易腐烂的，价值有快速减少的可能的，或是可快速在公认的市场上以公开的价格进行交易的可替代物的，不适用第 1 款的规定。

第Ⅸ—7：209 条（通知的收件人）：前条所规定的通知，必须发至：(a) 担保人，债务人（如果不是担保人）以及担保权人所知道的对担保义务负责的其他人。(b) 对担保财产享有权利的下列人员：(i) 其他已经登记了担保物权的担保权人；(ii) 开始实现担保物权时占有或控制担保财产的人；(iii) 担保权人实际知道的对担保财产享有权利的其他人。

第Ⅸ—7：210 条（通知的时间和内容）：（1）第Ⅸ—7：208 条（以非司法途径处分担保财产的通知）所规定的通知必须适时发出。至少在处分前 10 日送达收件人的，被视为适时发出通知。(2) 该处分通知必须指明：(a) 拟处分担保财产的时间和地点；(b) 拟处分担保财产的合理描述；(c) 处分担保财产的最低价位和支付条款；(d) 担保人、债务人和其他利害关系人通过偿付担保债务的未受清偿部分而避免担保财产的处分的权利。(3) 该处分通知必须使用能够预期通知到其收件人的语言。

第Ⅸ—7：211 条（通过强制拍卖、任意拍卖或私下交易而变卖）：(1) 以变卖方式变现所有或部分担保财产，可以采取官方监督的拍卖（强制拍卖）或邀请公众参加的拍卖（任意拍卖）的方式。(2) 以变卖的方式变现所有或部分担保财产，可以采取私下交易的方式，不过，此种方式应该经当事人同意，或担保财产有公开的市场价格。(3) 依上述规定而变卖担保财产的具体细节，可由担保权人决定。(4) 该转让受既存在先权利的约束，应买受人的要求，担保权人必须向买受人披露相关细节。(5) 担保权人在强制拍卖或任意拍卖过程中取得担保财产的，担保人可以在拍卖 10 日之内撤销交易。(6) 担保财产的所有人作为买受人参加了根据本条规定的担保财产的变现活动时，该变现即视为同意解除担保财产之上的担保负担。

第Ⅸ—7：212 条（商业合理价格）：（1）担保权人必须以商业合理价格变现担保财产。(2) 有担保权人可以进入的公开市场，按照当时的市价出售，并已经适当考虑到担保财产特征的，该价格是商业合理价格。(3) 前款规定无法适用时，担保权人如已经采取在具体情况下可能采取的措施，则此价格就是商业合理价格。(4) 变现采用私人交易方式的，担保人可以请求担保权人告知其预定的价格或价格范围。担保人能够证明此价格范围明显低于强制拍卖或任意拍卖可能合理达到的价格的，担保人可请求担保权人准备任意拍卖或强制拍卖。除前条第5款另有规定之外，通过此种方式形成的价格对当事人均有约束力。

第Ⅸ—7：213条（以变卖方式变现后买受人对财产的权利）：(1) 买受人取得被变卖财产的权利，并不受以下权利的约束：(a) 担保人的权利；(b) 执行担保权人的权利；(c) 顺位在后的担保权人的权利，无论是担保权人还是保留所有权交易的持有人；(d) 顺位低于正在实现担保物权的其他定限物权持有人的权利。(2) 除非正在实现担保物权的担保权人经授权处分免受担保物权约束的担保财产，或买受人依据第Ⅸ—6：102条（所有权的善意取得导致担保物权的丧失）的规定善意取得担保财产，变卖的财产之上的以下权利在转让后仍然存在：(a) 顺位在先的担保权人的权利，无论是担保物权还是保留所有权交易的持有人；(b) 其他顺位在先的定限物权。(3) 未遵守本章规定的通知要求，或违反了本章规定的拍卖或私人交易的程序性规定，都不影响买受人的地位。(4) 担保权人或担保人作为买受人参加通过变卖方式的变现活动的，准用本条上述规定中关于变卖后果的规定。

第Ⅸ—7：214条（给付请求权或流通票据之上担保物权的变现）：(1) 担保财产是给付请求权或流通票据的，担保权人可就未清偿的债务向第三债务人收款，或变卖和转让给给付请求权或流通票据的权利。(2) 作为担保财产的给付请求权或流通票据之上还有其他顺位在先的担保物权的，担保权人无权向顺位在先的担保权人主张给付请求权或流通票据。(3) 除了流通票据中的债务人，第三债务人也可拒绝偿付，除非担保权人送达了一式两份的写明具体数额的通知，并附有足够证据。(4) 担保权人也可以收款或以其他方式，实现按照第Ⅸ—2：301条（金钱债权的担保物权）第4款的规定，作为给付请求权之上的担保物权效力所及的保证债权和担保物权。

第Ⅸ—7：215条（收益的分配）：(1) 依前述规定，以非司法途径变现担保财产所取得的收益，由担保权人根据以下顺序进行分配。(2) 已经实现担保物权的担保权人，可以以该收益清偿担保物权，以及因实现担保物权所发生的费用。(3) 扣除本条第2款规定数额后，收益仍有剩余的，顺位低于正在实现担保物权的担保权人的，在其担保物权所担保的债务数额范围内受偿。存在数个顺位在后的担保权人的，剩余收益将按照这些权利之间的优先顺位予以分配。前段规定，可准用于其顺位在后与执行担保权人的其他定限物权的持有人，这些定限物权的价值而非担保债务起着决定性的作用。(4) 按照本条第2款和第3款的规定，扣除后的剩余收益必须返还给担保人。(5) 担保权人的受偿额不得超过约定的或登记的该担保权人的担保物权的最高数额，这一限制不适用于因执行而产生的合理费用。

第Ⅸ—7：216条（担保权人以担保财产抵偿债务）：在以下条件下，担保权人可以以担保财产全部或部分抵偿担保物权：(a) 担保权人必须事先通知欲以担保财产全部或部分抵偿担保债务的意图，具体说明相关细节。(b) 该动议必须发送至第Ⅸ—7：209条（通知的收件人）所规定的人。(c) 必须符合第Ⅸ—7：210条（通知的时间和内容）第1款、第2款（b）项和（d）项和第3款及第Ⅸ—7：212条（商业合理价格）第1款所规定的条件参照适用。(d) 该动议必须指明在动议发送前营业日结束时未受清偿的担保数额，以及意欲以担保财产抵偿的债务的数额。(e) 每个收件人收到该动议10日之内都没有以书面形式反对该动议。

第三分节　以司法途径来实现担保物权

第Ⅸ—7：217条（法律适用）：(1) 以司法途径实现担保物权，

将依担保权人请求执行的法庭或其他主管机关执行所在地的成员国的程序规则进行。(2) 担保权人可以请求法庭或其他主管机关行使前述各分节所规定的任何权利。根据前述各分节的规定，无论这些权利是否依赖于当事人协议或同意，或者是否被当事人的协议或约定所排除，也无论是否存在担保人或其他人的反对意见，这些权利可由法庭或其他主管机关行使。

第三节 保留所有权交易的特殊规则

第Ⅸ—7：301 条（保留所有权交易的违约后果）：(1) 保留所有权交易的持有人，可以通过依第三卷第三章第五节的规定终止买卖合同、分期付款合同、融资租赁合同或寄售合同中的合同关系，而行使其在保留所有权交易中所享有权利。(2) 买受人、分期付款买受人、承租人或受托人转让或设立的被提供财产之上的任何权利将终止，除非：(a) 买受人等已经获得授权设立或转让此种权利；(b) 受让人受到第Ⅸ—2：108 条（担保物权的善意取得）至第Ⅸ—2：111 条（现金、流通票据和无记名单证之上的担保物权）或第Ⅸ—6：102 条（所有权的善意取得导致担保物权的损失）的保护；(c) 受让人的权利例外地享有优先于交易的持有人的顺位。(3) 一旦转卖或转租，保留所有权交易的持有人有权获得超过所提供财产可被变现的原始价款的多余部分。(4) 依协议约定或法律规定而受让保留所有权交易的第三人享有本条第 1 款到第 3 款所规定的权利。

第Ⅸ—7：302 条（占有、固定和保存）：本章关于担保权人重新占有和债务人违约后的保护措施的规定也适用于保留所有权交易。

第一章 欧盟保证制度的一般规则

第Ⅳ. G—1：101 条（定义）：本部分所谓的：(a) 从属保证是指担保人为了保证债务人对债权人的现在或将来的债务而对债权人承担

的债务，该债务在主债权应当履行的时间及应当履行的范围内履行；

（b）独立保证是指担保人为担保目的而对债权人承担的债务，该债务明示或默示地表示不依赖于他人对债权人负有的债务；

（c）保证人是指为保证目的而对债权人承担债务的人；

（d）债务人是指对债权人负有被担保债务（如果有的话）的人，在与表面债务有关的条款中，包括表见债务人；

（e）为担保目的的共同债务是指由两个或多个债务人（其中一个债务人是保证人）承担的债务，保证人承担债务的主要目的是向债权人提供担保；

（f）概括保证是指为了保证债务人对债权人之所有债务或者往来账户借方余额的从属保证，或者与之范围相当的保证；

（g）财产担保包括在所有类型财产上设立的担保，不论其为动产或不动产，有体物或无体物；

（h）被担保债务是指请求履行的权利附有担保的债务。

第Ⅳ. G—1：102 条（适用范围）：(1) 本编适用于所有自愿承担的保证类型，尤其适用于：(a) 从属保证，包括通过有约束力的安慰函所承担的保证；(b) 独立保证，包括通过备用信用证承担的保证；(c) 为担保目的的共同债务。(2) 本编的规定不适用于保险合同。至于有担保的保险，本编仅在保险人签发了包含为债权人提供保证的文件的情况下及范围内适用。(3) 本编的规定不影响可转让票据的保兑和担保背书规则，但适用于为产生自票据保兑或担保背书的债务提供的保证。

第Ⅳ. G—1：103 条（债务人的承诺）：债务人的承诺是指如果当事人意图通过合同设立保证，则当设立保证的要约到达债权人之时即认为其对要约表示了承诺，除非要约要求承诺以明示方式为之，或者债权人并无不当迟延地表示拒绝或需要时间考虑。保证也可以通过当事人意图其具有法律约束力的单方允诺设立而不再需要债权人承诺，对通过单方允诺设立的保证，准用本部分之规定。

第Ⅳ. G—1：104 条（为担保目的的共同债务）：为担保目的的共同债务同适用第一章和第四章的规定，同时适用第三卷第四章第一节（多数债务人）的规定补充适用。

第Ⅳ. G—1：105 条（多数保证人对债权人承担连带责任）：（1）多数保证人为同一债务或某一债务的相同部分提供保证或为同一担保目的提供保证的，每个保证人在其对债权人所承担的保证范围内与其他保证人对债权人负连带责任。保证人独立承担保证责任的，该规则同样适用。（2）债务人或第三人在保证之外提供了财产担保的，准用前句的规定。

第Ⅳ. G—1：106 条（多数保证人的内部追索权）：（1）前条情形下的保证人之间或保证人与财产担保人之间的追索权适用连带债务人之间的追索权的规定，并满足如下条件。（2）除第 8 款的不同规定外，每个担保人所承担的比例根据第 3 款到第 7 款的规定确定。（3）除担保人之间另有约定外，每个担保人按其所承担的担保额占所有担保人所承担的担保额的比例承担保证责任。确定该比例的时间标准为最后一笔担保设立之时。（4）保证的担保额由当事人约定。未约定担保额的，被担保债务的数额或者在对现金账户提供担保时的信用额度是决定性的。被担保债务的数额未作限制的，其最后余额是决定性的。（5）财产担保的担保额由当事人约定。未约定担保额的，用于担保的财产的价值是决定性的。（6）第 4 款第一句规定的担保额或第 5 款规定的担保额或财产价值高于最后一笔担保设立时被担保债务数额的，该数额决定担保额。（7）在以无限额的保证担保无限额的借贷时，其他保证或财产担保的担保额超过被担保借贷的最后余额的，该最后余额为担保额。（8）第 3 款到第 7 款的规定不适用于由债务人提供的财产担保以及在债权人受清偿时已经不再对其承担债务的担保人。

第Ⅳ. G—1：107 条（多数保证人对债务人的追索权）：（1）满足

了另一担保人之追偿请求的保证人得依保证人履行后的权利的规定在清偿范围内代位行使其他担保人对债务人的权利，包括对债务人提供财产担保的权利。债权权利的限制规定在加以适当修改的前提下可以适用。(2) 担保人根据保证人履行后的权利的规定，对债务人包括债务人所提供的财产担保权利有追索权的，每个保证人有权根据多数保证人的内部追索权和连带债务人之间的追索权确定的份额向债务人予以追偿。债权人权利限制的规定在加以适当修改的前提下可以适用。(3) 除非有相反的明确表示，否则不适用于由债务人提供的财产担保。

第二章　欧盟从属保证

第Ⅳ. G—2：101 条（从属保证推定）：(1) 意在担保所作的任何向债权人支付、为其他履行或赔偿损失的允诺都被推定为产生从属保证，债权人证明有不同约定的除外。(2) 有约定的安慰函被推定为产生从属保证。

第Ⅳ. G—2：102 条（保证人义务的从属性）：(1) 从属保证人是否应当以及应当在什么范围内履行保证义务取决于债务人是否应当以及应当在什么范围内履行其对债权人的债务。(2) 保证人的义务不得超过被担保的债务，但主债务在下列情形被减少或免除的除外：(a) 债务人进入破产程序的；(b) 因债务人破产而无力清偿导致其他情形的；(c) 因为影响债务人的重要事件的发生而根据法律减少或免除其债务的。(3) 除概括保证外，担保额尚未确定又不能根据当事人之间的协议决定的，保证担保的范围限于担保生效时的被担保债务额。除概括保证外，在保证债务生效之后，债权人与债务人关于主债务提前到期，或通过改变债务履行的条件而增加了债务履行难度，或增加主债务数额的任何约定都不对保证人的债务产生影响。

第Ⅳ. G—2：103 条（保证人可主张的债务人的抗辩）：(1) 保证

人得主张债务人就被担保债务所享有的任何抗辩以对抗债权人，即便债务人因为其在保证生效后的作为或不作为已不得再主张该抗辩。（2）保证人有权拒绝履行保证债务，如果：（a）债务人有权根据撤销权的规定撤销其与债权人的合同；（b）债务人有权依据中止履行对待债务的权利的规定中止履行；（c）债务人有权依据终止的规定终止其与债权人的合同。（3）如果在担保生效时保证人知道这些相关事实，则保证人不得援引作为自然人或法人的债务人行为的欠缺或作为法人的债务人的不存在作为抗辩。债务人有权依据前述各款以外的理由撤销作为主债务基础的合同而不行使该撤销权的，保证人即有权拒绝履行债务。主债务可抵销的，前述各款规定得准用之。

第Ⅳ. G—2：104 条（保证担保的范围）：（1）保证担保的范围在担保额度内不仅限于主债务，亦及于债务人对债权人的从属性债务，特别包括：（a）主债务利息及滞纳利息；（b）损害赔偿金、债务不履行的罚金或约定赔偿额；（c）通过诉讼外途径主张以上各项而发生的合理费用。（2）保证担保的范围亦及于债权人对债务人采取法律诉讼以及强制执行程序的费用，只要保证人知道债权人意图对债务人采取此种程序并有充足时间防止这些程序费用的发生。（3）概括保证担保的范围仅限于产生于债权人与债务人间合同的债务。

第Ⅳ. G—2：105 条（保证人的连带责任）：除另有约定外，债务人与保证人承担连带责任，债权人可以选择请求债务人或在保证范围内请求保证人连带履行。

第Ⅳ. G—2：106 条（保证人的补充责任）：（1）如果有约定，保证人得主张其保证责任的补充性质以对抗债权人。有约束力的安慰函被推定为仅仅创设补充责任。（2）除第 3 款的不同规定外，债权人在要求保证人清偿债务之前，必须已为适当尝试要求债务人以及其他就同一债务承担了连带责任的保证人或财产担保人清偿债务。（3）如果明显不可能或异常困难，债权人不必依前款尝试要求债务人以及其他担保人清偿债务。这种除外规定特别适用于针对前述债务人以及担保人的破产程序或相当程序已经启动，或者财产不足清偿以致此类程序无法启动的情况，除非前述债务人以及担保人就同一债务提供了有效的财产担保。

第Ⅳ. G—2：107 条（债权人的通知义务）：债权人的通知义务是指：（1）在债务人不履行或不能履行债务时，债权人应无不当迟延地将此项事实以及履行宽限期通知保证人；此项通知必须包括截止到通知时被担保的主债务数额、利息以及债务人负担的其他从属性义务。在为前项通知后 3 个月内，债权人就新的不履行事实不必再通知。对于仅仅涉及债务人不履行从属性义务的事实不必为通知，除非未履行的被担保债务数额已经达到了被担保债务总额的 5%。（2）另外，在概括保证的情形下，债权人应将其与债务人约定增加债务额的事实通知担保人：（a）当债务增加额达到保证设立时被担保债务额的 20% 时；（b）被担保债务额较以本款为前次通知或应为前次通知时的债务额每增加 20% 时。（3）如果概括保证人知道或可以合理地被期待知道前述事实并在该范围内，第 1 款及第 2 款的规定不适用。（4）如果债权人怠于或迟延为本条所要求的通知，债权人对保证人的权利将受到限制以免保证人因为该怠于或迟延通知而遭受损失。

第Ⅳ. G—2：108 条（诉诸保证的期限）：（1）直接或间接约定保证人仅于一定期间内附连带保证责任的，保证人于该期间经过后即不再负保证责任。债权人到期后、保证期间经过前向保证人请求履行保证债务的，保证人须负保证责任。（2）直接或间接约定保证人仅于一定期间内负补充保证责任的，保证人于该期间经过后即不再负保证责任。但保证人仍须负保证责任，如果债权人：（a）在主债务到期后、保证期间经过前已告知保证人要求其履行保证债务的意图以及保证人补充责任第 2 款、第 3 款所要求的实现债权的适当尝试已经开始；（b）如果保证人有此要求，债权人应每 6 个月通知保证人实现债权尝试的进展情况。(3) 如果主债务的履行期限和保证期间同时或在保证期间经过前 14 天内届满，债权人得较第 2 款所规定的提前为履行债务的请求或根据第 1 款、第 2 款的规定所应为的通知，但不得超过保证期间经过前 14 天。(4) 如果债权人已依前列各项规定为适当措施，保证人的保证责任限于保证担保范围第 1 款、第 2 款所确定的被担保债务范围。确定该范围的时间标准为约定的保证期间届满时。

第Ⅳ. G—2：109 条（未附期限保证的担保范围）：未付期限保证的担保范围是指：(1) 如果担保范围并未限于产生的一切债务或履行期在约定期间内届满的债务，则任何一方得向他方为通知，并给予至少 3 个月的宽限期，以限制担保范围。如果担保范围被限于特定债务或产生于特定合同的债务，则前句规定不适用。(2) 由于通知，担保被限制在前款规定的宽限期生效时履行期间届满的主债务以及依第Ⅳ. F—2：104 条（保证担保范围）第 1 款和第 2 款确定的从属性义务范围内。

第Ⅳ. G—2：110 条（债权人权利的限制）：(1) 因为债权人的行为，保证人不能代位行使债权人对债务人以及债权人对向其提供了保证和财产担保的第三人的权利，或不能向债务人或其他担保人为充分追偿的，债权人对保证人的权利将受到限制以免保证人因为债权人的行为而蒙受损失。如果保证人已经履行了其担保债务，则有权要求债权人赔偿前述损失。(2) 前款规定仅当债权人的行为未尽到合理谨慎之人处理自己事务所应有的注意义务时方得适用。

第Ⅳ. G—2：111 条（债务人对保证人的救济）：(1) 保证人应债务人请求或经债务人明示或默示同意提供保证的，得请求债务人提供救济：(a) 主债务履行期届满而债务人不履行债务的；(b) 债务人不能清偿或财产状况严重恶化的；(c) 债权人就担保对保证人提起诉讼的。(2) 救济可以通过提供充分担保的方式进行。

第Ⅳ. G—2：112 条（保证人履行前的通知和查询义务）：(1) 保

证人向债权人为履行之前应通知债务人，并查询关于被担保债务的余额以及债务人得主张的所有抗辩或反诉的信息。(2) 若保证人未尽到第1款所规定的通知与查询义务或怠于主张债务人告知的或通过其他途径知道的抗辩，则保证人依据保证人履行后的权利的规定对债务人所享有的追索权将受到限制，以免债务人因为保证人的疏忽或懈怠蒙受损失。(3) 保证人对债权人的权利不受影响。

第Ⅳ.G—2：113条（保证人履行后的权利）：保证人履行后的权利是指：(1) 保证人履行担保义务后，有权于履行范围内向债务人追偿。此外，保证人得在前句规定范围内代位行使债权人对于债务人的权利。保证人对债务人的追索权与通过代位取得的权利同时发生。(2) 保证人部分履行的，债权人对债务人的剩余债权优先于保证人通过代位取得的权利。(3) 由于第1款的代位，债权人作为从属保证、独立保证以及财产担保的权利人所享有的一切权利都依法律规定移转于保证人，不论债务人就该权利的移转有任何限制或排除的约定。履行了担保义务的保证人对其他担保人的权利只能在多数保证人的内部追索权的规定范围内行使。(4) 债务人因为无行为能力不对债权人负有责任而保证人仍然负有保证责任并履行保证义务的，保证人对债务人的追索权被限制在债务人因为与债权人的交易而受利的范围内，作为债务人的法律尚未成立的，本规则仍然适用。

第三章　欧盟独立保证

第Ⅳ.G—3：101条（适用范围）：(1) 保证的独立性不因为仅仅概括地提及基础债务（包括保证）而受影响。(2) 独立保证的规定亦适用于备用信用证。

第Ⅳ.G—3：102条（保证人对债务人的通知义务）：(1) 保证人在收到债务履行的请求时负有立即通知债务人并说明依其看法是否应为履行的义务，在确认应为履行后负有立即通知债务人的义务；在拒绝履行时负有立即通知债务人并说明拒绝理由的义务。(2) 保证人未尽到通知义务的，应承担未通知对债务人造成的损失。

第Ⅳ. G—3：103 条（保证人的履行）：(1) 保证人仅在履行请求系以书面形式作出并且完全符合保证合同或其他法律行为的条款时才负有履行义务。(2) 倘若负有履行义务，保证人必须无不当迟延地并最迟在收到书面履行请求后 7 日内，按请求履行。(3) 倘若不负有履行义务，保证人应向债权人发出拒绝履行的通知并说明理由。

第Ⅳ. G—3：104 条（见索即付的独立保证）：(1) 被表述为见索即付或此种意思可以明白无误地从所使用的条款中推断出来的独立保证适用保证人的履行有关规定。(2) 见索即付的独立保证人只有在债权人的履行请求系以书面形式作出，并确认所有保证债务履行所需要具备的条件都已得到满足时，才有义务履行其保证债务。(3) 前条第 2 款规定不适用。

第Ⅳ. G—3：105 条（明显滥用或欺诈的履行请求）：(1) 如果现在有证据证明债权人的请求明显滥用或欺诈，保证人不负有履行该请求的义务。(2) 在前款规定的情形下，债务人不得要求保证人履行，不得对债权人的履行请求投保或利用。

第Ⅳ. G—3：106 条（保证人请求返还的权利）：(1) 保证人有权要求债权人返还其取得的利益，如果债权人请求履行的条件没有得到满足或嗣后消灭；或者债权人的履行请求存在权利明显滥用或欺诈。(2) 保证人请求返还利益的权利适用第七卷（不当得利）的规定。

第Ⅳ. G—3：107 条（定期或未定期独立保证）：(1) 虽然直接或间接地约定了保证期间，但债权人在保证期间经过前有权要求保证人履行并根据独立保证人的履行条款或见索即付的独立保证的有关规定要求保证人履行保证债务的，保证人即便在保证期间经过后仍须例外地负有保证责任。诉诸保证的期间的规定准用之。保证人的责任范围限于当保证期间届满时债权人可以请求的数额。(2) 没有约定保证期间的，保证人得以通知形式设置至少 3 个月的保证期间。保证人的保证责任范围限于在其设定的保证期间届满时债权人可以请求的数额。如果保证系为特定目的而设立，不适用前句规定。

第Ⅳ. G—3：108 条（保证权利的转让）：(1) 债权人请求保证人履行的权利可转让或以其他形式转移。(2) 但是，在见索即付的独立保证情况下，请求履行的权利不得转让或以其他形式转移，而只能由原始债权人行使，除非保证有不同规定。前句规定不妨碍担保利益的转移。

第Ⅳ. G—3：109 条（独立保证人履行后的权利）：经适当调整，第Ⅳ. G—2：113 条（保证人履行后的权利）适用于独立保证人履行后可以行使的权利。

第四章　欧盟消费者保证

第Ⅳ. G—4：101 条（适用范围）：(1) 除该条第 2 款的不同规定外，消费者保证的特殊规则适用于保证由消费者提供的情形。(2) 本章规定不适用于以下情形：(a) 债权人也是消费者；(b) 作为消费者的保证人能够对作为非自然人的债务人施加实质性影响。

第Ⅳ. G—4：102 条（适用规则）：(1) 除本章的不同规定外，消费者保证同样第一章及第二章的规定。(2) 当事人不得排除本章规定的适用，或者对其效力进行限制或变更而使作为消费者的保证人蒙受损失。

第Ⅳ. G—4：103 条（债权人的先合同义务）：(1) 债权人在保证人提供保证之前，有义务向其说明保证的一般法律效果，以及根据债权人所掌握的信息，鉴于债务人的财务状况保证人可能面临的具体风险。(2) 债权人负有确定消费者保证人已从第三人处获得独立咨询的义务。(3) 但该独立咨询可由提供法律援助的消费者组织或机构提供，由此产生的费用由保证人或债务人来承担。在保证人签署保证要约或创设保证合同至少5天前，消费者保证人仍未得到上述信息或独立咨询的，可以在得到上述信息或独立咨询后的合理期间内撤销要约或宣告合同无效。5天被视为合理期间，除非情况另有不同规定。（4）若与上述规定相反，且保证人并没有得到有关信息或独立咨询，则其可以在任何时候撤销保证要约或宣告保证合同无效。（5）若保证人依法撤销了保证要约或宣告保证合同无效，当事人获得利益的返还应适用不当得利规则。

第Ⅳ. G—4：104条（形式）：保证合同必须在耐久媒质上采用文本形式并由保证人签名加以公布。不符合前句规定的，保证合同无效。

第Ⅳ. G—4：105条（适用范围）：就本章的适用而言：（a）一个旨在设立没有最高担保额的保证的协议，不论其是否为概括保证，都被视为设立了一个担保额依照第Ⅳ. G—2：102条（保证人义务的从属性）确定的从属保证；（b）除有明确的不同约定，从属保证人责任的性质为第Ⅳ. G—2：106条（保证人的补充责任）所指的补充责任；（c）一个旨在设立独立保证的协议，如果没有明确表示其不依赖于其他人对债权人的债务，只要具备了从属保证的其他条件，将被视为设立了一个从属保证。

第Ⅳ. G—4：106条（债权人的年度通知义务）：（1）经债务人同意，债权人必须每年向保证人通知截至通知时被担保的主债务数额、利息及债务人负担的其他从属性义务。债务人的同意表示一经作出不得撤销。（2）第Ⅳ. G—2：107条（债务人的通知义务）第3款、第4款的规定准用之。

第Ⅳ. G—4：107条（定期保证的担保范围）：（1）如果保证担保的范围及于产生的一切债务或履行期在约定期间内届满的债务，则在保证生效后3年后，保证人得通过向债权人为通知并给予至少3个月宽限期的方式来限制保证范围。如果保证范围限于特定债务或基于特定合同产生的债务，则前句规定不适用。债权人在收到保证人限制保证范围的通知后，应立即通知债务人。(2) 因为该通知，保证担保的范围依据第Ⅳ. G—2：109 条（未附期限保证的担保范围）第 2 款的规定而受到限制。